프레지 개정판!

프레젠테이션

PERFECT PRESENTATION TOOLS

YoungJin.com Y.
영진닷컴

독자님의 의견을 받습니다

이 책을 구입한 독자님은 (주)영진닷컴의 가장 중요한 비평가이자 조언가입니다. 저희 책의 장점과 문제점이 무엇인지, 어떤 책이 출판되기를 바라는지, 책을 더욱 알차게 꾸밀 수 있는 아이디어가 있으면 팩스나 이메일, 또는 우편으로 연락주시기 바랍니다. 의견을 주실 때에는 책 제목 및 독자님의 성함과 연락처(전화번호나 이메일)를 꼭 남겨 주시기 바랍니다. 독자님의 의견에 대해 바로 답변을 드리고, 또 독자님의 의견을 다음 책에 충분히 반영하도록 늘 노력하겠습니다.

이메일 : support@youngjin.com

주 소 : (우)137-878 서울 금천구 가산동 664번지 대륭테크노타운 13차 10층 (주)영진닷컴

팩 스 : 02-2105-2206

내용 문의 메일 : mtj798@nate.com

원격연수 문의 : www.education.or.kr/02-572-8300

프레지 예제 파일 제공 : 천재교육 교수 · 학습자료 사이트 T셀파(http://www.tsherpa.co.kr)

STAFF

저자 문택주, 정동임 | **기획** 기획1팀 | **총괄** 김태경 | **진행** 정소현

본문 편집 영진닷컴 디자인팀 | **표지 디자인** 지화경

머 리 말

　프레젠테이션의 궁극적인 목적은 자신이 가지고 있는 정보를 청중에게 최대한 효과적이면서도 정확하게 전달하는 것이라고 합니다. 선생님들의 수업을 예로 들면 직접 말로 설명을 하실 수도 있고, 수업 자료를 인쇄한 후 배부하여 설명하실 수도 있습니다. 예전으로 치면 설명 자료를 OHP 필름에 인쇄하여 수업에 활용하실 수 있으실 것입니다. 하지만 이런 방법만으로는 학생들의 다양한 욕구를 충족시켜주기 어렵고, 학생들을 수업에 몰입시키기가 힘들다는 생각이 듭니다.

　최근에 선생님들께서도 수업 자료로 파워포인트를 많이 활용하게 되면서 이제는 프레젠테이션이라는 단어가 전혀 생소하게 느껴지지 않고 있습니다.

　그렇다면 선생님들께서 수업에서 활용하는 프레젠테이션 도구의 종류는 몇 가지인가요?

　수업 자료로 활용하실 수 있는 도구가 파워포인트만 있다고 생각하시는 선생님들도 계시겠지만, 사실 파워포인트는 수많은 프레젠테이션 도구 중 하나일 뿐입니다. 다른 도구들은 선생님들께서 쉽게 접하실 수 없으시겠지만, 막상 사용법을 익히시고, 다양한 도구들을 직접 수업에 활용해 보신다면 각자 장점이 많다는 사실을 알게 될 것입니다.

　프레젠테이션 도구의 대명사라고 불리는 파워포인트의 경우 텍스트, 그림, 동영상, 도해를 사용하면 복잡한 내용을 보다 쉽고 재미있게 학생들에게 이해시킬 수 있습니다. 그래서 현재 선생님들의 수업 자료 커뮤니티에 올라오는 자료가 실제로 수업 중에 가장 많이 활용되는 파워포인트 자료가 아닌가 합니다. 하지만 최근에 들어서 프레지로 만든 수업 자료가 수업 자료 커뮤니티에 올라오는 것이 눈에 띠게 증가하고 있습니다. 프레지로 만든 수업 자료가 많아지는 것에 비해, 도대체 이 프레지는 어떻게 만드는 것인지 명쾌하게 알려주는 곳은 많지 않다는 생각이 들었습니다.

파워포인트의 버전은 2007, 2010으로 업그레이드되었음에도 아직도 예전 버전의 기능만을 생각하시고, 익숙한 기능만을 사용하시는 경우를 종종 보게 됩니다. 대표적인 기능인 파워포인트의 '스마트아트 그래픽' 기능을 제대로 활용하면 초보자 선생님들께서도 몇 번의 클릭만으로도 파워포인트 전문가와 같이 멋진 자료를 만드실 수 있습니다.

본 교재는 수업에 활용될 수 있는 여러 가지의 프레젠테이션 도구에 대한 소개와 함께 기본적인 사용법과, 실제 학교 업무에서 바로 활용할 수 있도록 현직 교사의 노하우를 선생님들에게 전달하기 위하여 제작이 되었습니다. 특히 파워포인트 2010, 프레지, 기타 프레젠테이션 도구의 '공유와 협업' 기능을 이용하신다면 학생 모두가 각자의 역할을 맡아서 발표 자료의 일부분을 완성하는 성취감도 맛보게 할 수 있을 것입니다.

교원정보화연수를 진행하며 가장 뿌듯했던 경험은 선생님들께서 연수를 통해 익히신 프로그램을 학생들에게 지도하시고 좋은 반응을 얻으셨다는 소식을 들을 때입니다. 본 교재에서 다루고 있는 여러 가지의 프레젠테이션 도구들을 선생님의 학교 업무에 적용하시고, 더 나아가 학생들에게 지도하신다면 더욱 빛나는 과제 결과물을 얻으실 수 있으실 것입니다.

저의 작은 노력이 선생님의 수업 자료 제작과 학교 업무에 작은 도움이나마 될 수 있기를 간절히 기원 드립니다. 감사합니다.

저자. 문 택 주

- 서울갈현초등학교교사, 서울교대 컴퓨터과 대학원
- 서울시 교육청 특수 분야, 서울시 교육연수원 강의
- 대전교육연수원, 충북교육연수원 수석교사 강의
- 경기도 교육청, 한국교육개발원 연수 강의
- 서부교육청 교장(교감), 정보부장 연수 강의
- 서울초중등교육공학연구회 연수 강사

여전히 선생님들께 가장 사랑받는 프레젠테이션 도구는 파워포인트 2010일 것입니다. 대부분의 선생님들께서는 아마도 파워포인트 외에 프레젠테이션 도구는 상상조차 못하실 지도 모릅니다.

제가 처음 프레지의 간결하면서도 역동적인 메시지를 접하게 되었을 때 키노트의 세련된 디자인에 감동받고 파워포인트 외에도 여러 프레젠테이션 도구가 있음을 깨닫고 따라 해보기 시작했습니다. 그리고 눈을 돌려 온라인에서 찾아보니 무료로 즐길 수 있는 프레젠테이션 도구가 무척 많았습니다.

스마트폰이 대중화 되면서 온라인에 업로드한 문서를 언제 어디서나 볼 수 있고, 남들과 쉽게 공유할 수 있게 되었습니다.

그러면서 제가 느낀 감동을 여러 선생님들과 공유하기 위해서 이 책에서는 프레지, 파워포인트 2010을 소개하면서 쉽게 활용할 수 있는 방법을 소개하게 되었습니다.

이 책에서는 온라인의 여러 프레젠테이션 도구도 다루고 있어서 선생님들께서 수업을 진행하면서 학생들과 협업하는 방법, 페이스북이나 트위터로 공유하는 방법도 소개하고 있습니다. 선생님들이 이 책의 내용을 따라하면서 수업에 활용하시면 분명 좋은 효과를 보실 수 있을 거라 생각이 됩니다.

전에 컴퓨터로 준비하는 수행평가 책을 쓰면서부터 교육 쪽에 관심을 갖고 몇 권의 책을 쓰게 되었습니다. 많은 업무에 시달리시는 선생님들께 조금이나마 도움이 되는 책이 되길 바랍니다.

끝으로, 이 책을 쓰면서 많은 도움을 주셨던 분들께 감사의 마음을 전합니다.

저자. 정동임

저 서	• 업무에 바로쓰는 엑셀 & 파워포인트 2007
	• 업무에 바로쓰는 파워포인트 2010
	• ICT 교수학습 자료 제작
	• 컴퓨터로 준비하는 중학 수행평가 완벽대비
	• 교직실무 교사 ICT 마스터북
	• GTQ 포토샵 1급
	• 완전 소중한 다이어리 꾸미기

효율적인 학습을 위한 본문 구성 살펴보기

Section 제목

수업 시간에 활용할 기능 중 가장 유용한 기능을 쉽고 빠르게 찾아볼 수 있도록 구성하였습니다.

Section 리드문

해당 Section에서 다루는 내용을 간결하게 설명합니다.

예제 파일 경로

작업하는 문서의 완성 파일 경로를 한눈에 알아볼 수 있도록 정리하였습니다.

문서 미리 보기

작업하게 될 문서를 미리 보여 줍니다.

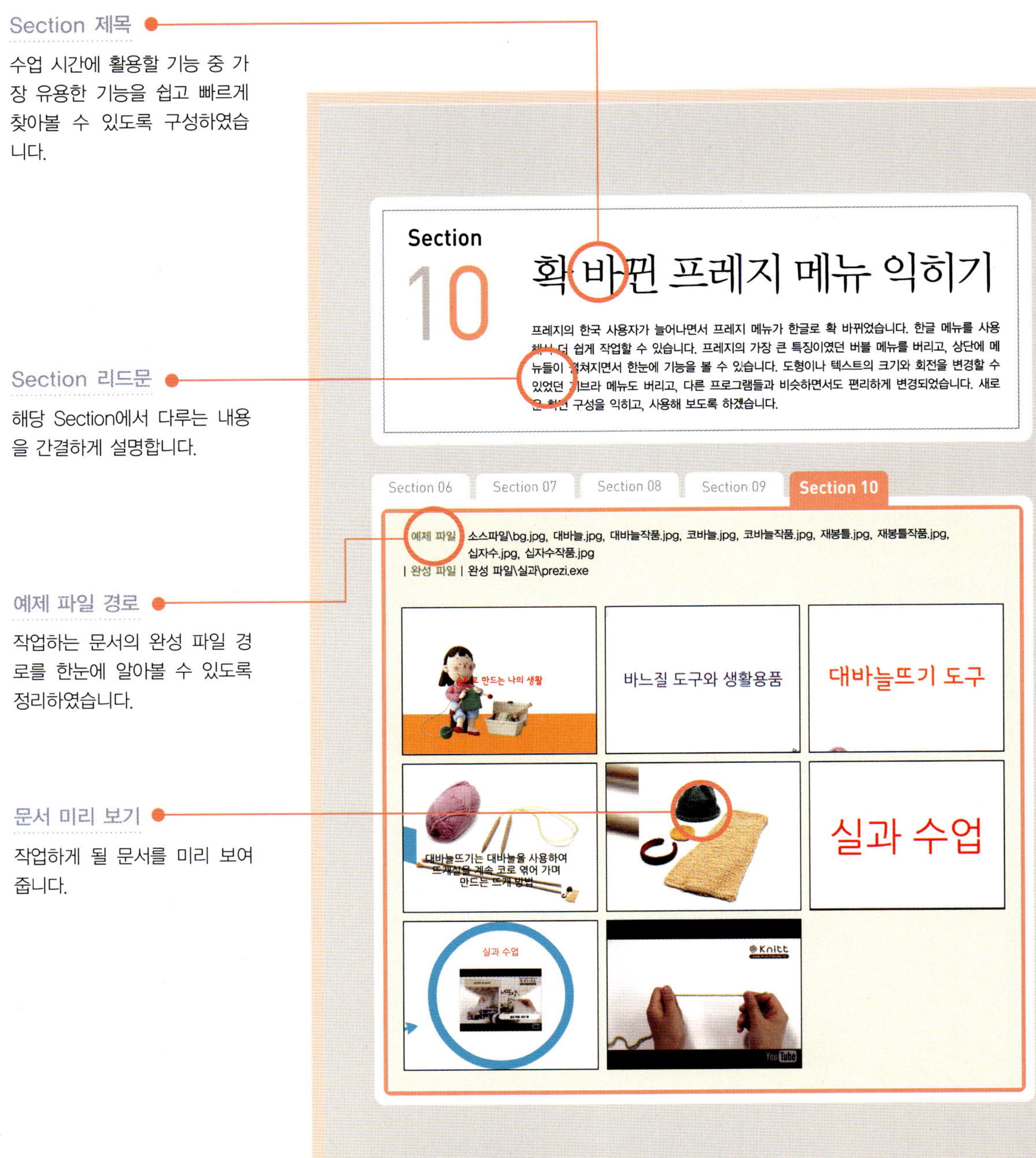

실제 따라하는 과정의 단계입니다.

화면 구성 알아보기

Step 01

이런 기능들이 사용됐어요 ➡ 화면 구성, 프레지 메뉴

01 》 [내 프레지] 탭을 클릭한 후 새 프레지를 만들기 위해 [새로운 프레지]를 클릭합니다.

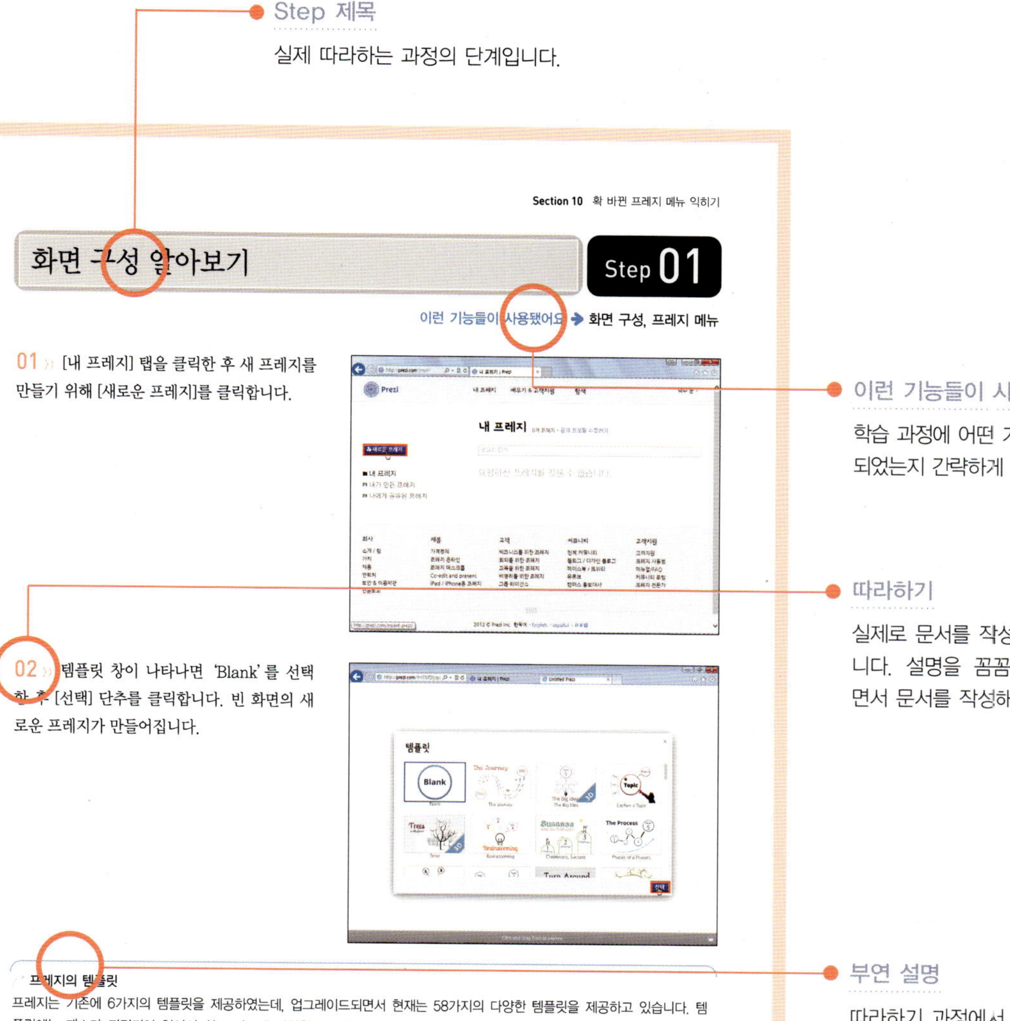

이런 기능들이 사용됐어요

학습 과정에 어떤 기능들이 사용되었는지 간략하게 짚어줍니다.

따라하기

실제로 문서를 작성하는 내용입니다. 설명을 꼼꼼하게 확인하면서 문서를 작성해 봅니다.

02 》 템플릿 창이 나타나면 'Blank'를 선택한 후 [선택] 단추를 클릭합니다. 빈 화면의 새로운 프레지가 만들어집니다.

부연 설명

따라하기 과정에서 설명하지 못한 내용이나 단축키 등을 부연으로 설명해 줍니다. 문서 작성 과정에 도움이 되는 설명이므로 꼼꼼하게 읽어 봅니다.

프레지의 템플릿

프레지는 기존에 6가지의 템플릿을 제공하였는데, 업그레이드되면서 현재는 58가지의 다양한 템플릿을 제공하고 있습니다. 템플릿에는 패스가 지정되어 있어서 쉽고 빠르게 작업할 수 있습니다. 3D 템플릿까지 제공하고 있어서 입체적인 효과도 기대할 수 있습니다.

Contents

Contents

학교에서 통하는 프레젠테이션

선생님이 꼭 알아야 할 프레젠테이션 이론

학교 업무와 수업 자료 제작을 위해 가장 많이 사용되는 프레젠테이션 도구는 파워포인트입니다. 아마 많은 분들이 프레젠테이션 도구로 파워포인트 외에 다른 도구를 알지 못하는 경우도 있을 것입니다. 학교 업무와 수업 준비로 바쁜 선생님들께서 좀 더 빠르게 작업할 수 있는 프레젠테이션 도구를 사용할 수 있다면 훨씬 수월해지실 것입니다. 여기서는 프레젠테이션을 기획하는 방법과 프레젠테이션의 다양한 도구를 소개하여 선생님들이 효율적으로 프레젠테이션을 제작하실 수 있도록 도와 드리겠습니다.

통일성 있는 프레젠테이션 문서 제작을 위한 노하우

선생님들이 제작한 프레젠테이션을 보면 가독성이 떨어지고, 한 슬라이드에 지나치게 많은 내용을 담아 보기 어려운 경우가 있습니다. 프레젠테이션 제작을 위해서만 만들기 때문에 학생들에게 인쇄해 주려면 따로 작업을 해야 하는 경우도 있습니다. 처음부터 전체적으로 통일성 있게 폰트나 정렬, 기준선도 지켜서 만들어야 합니다.

Section 01　　Section 02　　Section 03　　Section 04　　Section 05

창의적 재량·체험활동

영역	설문 내용	결과(%)
선택운영	· 1,2학년 창의적 체험 / 3,4,5,6학년 현행대로	77%
	· 전 학년 창의적 체험 활동	23%
시간운영	· 1, 2학년 (인성/안전)	35% / 28%
	· 3, 4학년 (인성/성교육)	47% / 25%
	· 5, 6학년 (인성/성교육/진로)	23/ 20/18%
부서조직	· 현행대로 학급별 운영	60%
	· 학년에서 통합 운영	28%
	· 3, 4학년 / 5, 6학년 군으로 묶어 운영	12%

슬라이드를 전체적으로 통일성 있게 제작하기 Step 01

이런 기능들이 사용됐어요 ➡ 테마

01 》 프레젠테이션 도구로 어떤 것을 선택하든 전체적으로 디자인에 통일성이 있어야 보기에 좋습니다. 파워포인트에서는 다양한 테마를 제공하고 있는데 전체적으로 통일성 있게 꾸미려면 테마를 사용하는 것이 좋습니다. 테마를 사용하면 테마 색, 글꼴 및 효과를 한번에 적용하여 전문가 수준의 프레젠테이션을 비교적 간단하게 만들 수 있습니다.

파워포인트 테마

파워포인트에서는 [디자인] 탭 – [테마] 그룹 – [자세히(▼)] 단추를 눌러 테마를 선택합니다.

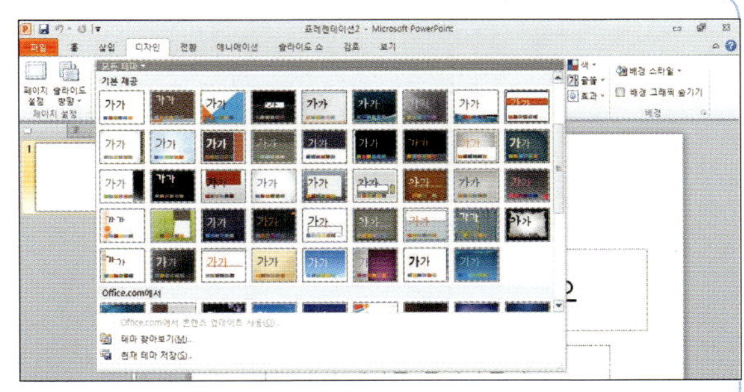

02 ›› 동일한 테마를 사용하더라도 제목 색이나 도형, SmartArt 그래픽 등의 표현이나 색상이 통일되지 않으면 통일된 경우에 비해 집중도가 떨어집니다. 한 슬라이드에 너무 많은 색상을 사용하지 말고, 색상도 통일감 있게 사용하는 것이 좋습니다.

▶ 색상이 통일되지 않은 경우

  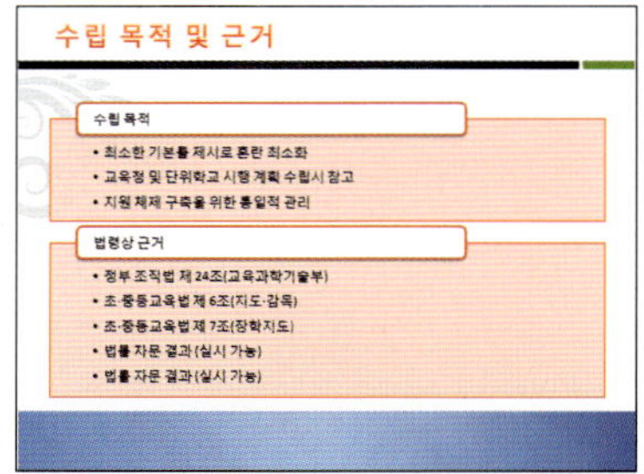

▶ 색상이 통일된 경우

  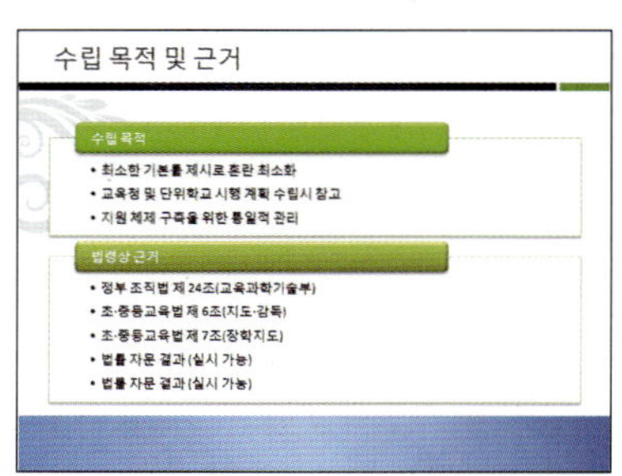

가독성이 좋은 글꼴

파워포인트의 한글 기본 글꼴은 맑은 고딕입니다. 프레젠테이션 시 명조체에 비해 가독성이 높아 고딕 계열의 서체를 많이 사용합니다. 한 슬라이드에 너무 많은 서체를 쓰게 되면 조잡해 보여서 오히려 방해가 됩니다. 같은 서체로 모두 통일한 경우에는 제목을 굵게 하여 강조하는 것이 좋습니다.

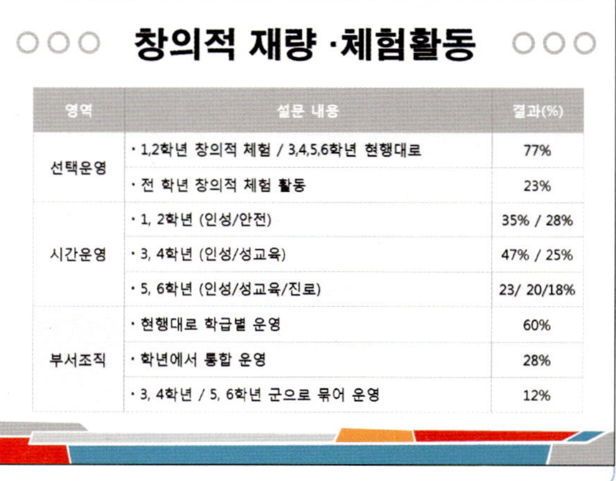

영역	설문 내용	결과(%)
선택운영	·1,2학년 창의적 체험 / 3,4,5,6학년 현행대로	77%
	· 전 학년 창의적 체험 활동	23%
시간운영	· 1, 2학년 (인성/안전)	35% / 28%
	· 3, 4학년 (인성/성교육)	47% / 25%
	· 5, 6학년 (인성/성교육/진로)	23/ 20/18%
부서조직	· 현행대로 학급별 운영	60%
	· 학년에서 통합 운영	28%
	· 3, 4학년 / 5, 6학년 군으로 묶어 운영	12%

기준 위치를 정하고 정렬하기   Step 02

이런 기능들이 사용됐어요 ➜ 안내선, 눈금선, 정렬

01 ›› 기준선에 맞춰서 정렬하기

슬라이드에서 텍스트, 도형, 그림의 위치는 기준선을 정하여 정렬합니다. 파워포인트에서는 안내선을 불러와서 안내선에 맞춰 정돈하거나 눈금선에 맞춰 정돈합니다. 정돈되지 않은 경우에는 시선이 분산되어 학생들의 집중도가 떨어집니다.

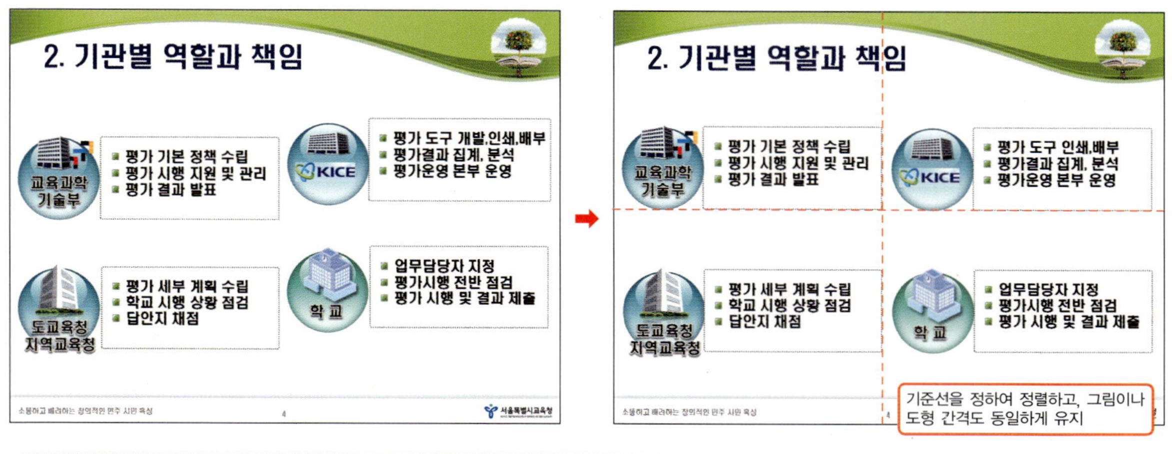

파워포인트에서 **Shift** + **F9** 를 누르면 눈금선을 불러올 수 있습니다.

02 ›› 표 안에 텍스트 정렬하기

파워포인트에서 표를 그리면 자동으로 왼쪽으로 정렬됩니다. 제목이나 소항목의 경우는 가운데 정렬하는 것이 좋고, 숫자는 오른쪽 정렬하는 것이 좋습니다. 숫자와 텍스트를 함께 쓴 경우에는 왼쪽 정렬하는 것이 좋습니다. 텍스트 정렬을 잘 해야 보기에도 좋으므로 유의해서 작성하도록 합니다.

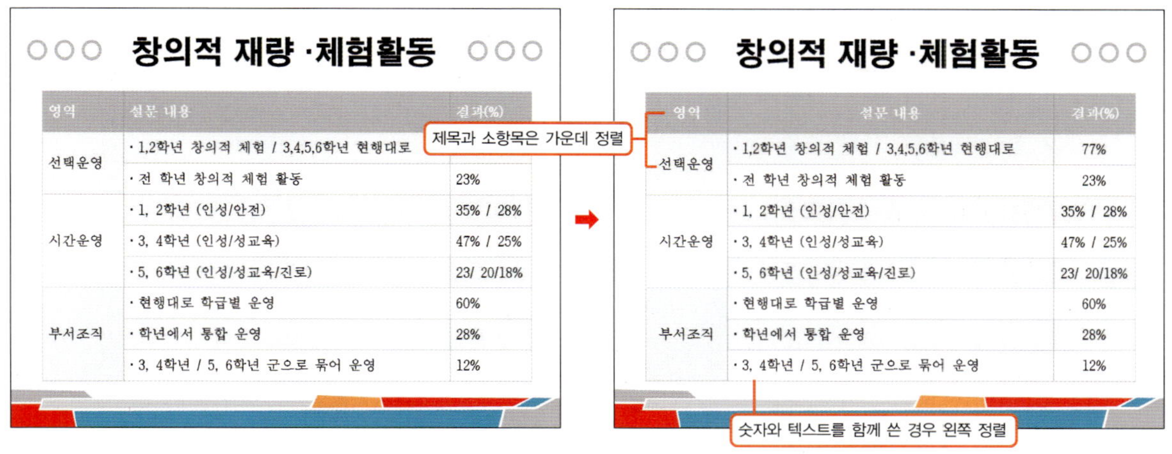

도해를 사용해서 시각화하기   Step **03**

도해를 사용하면 텍스트로 되어 있는 슬라이드에 비해 주목성이 높아져 한눈에 파악하기 쉽습니다. 하지만 지나치게 화려한 도해를 사용하면 상대적으로 텍스트가 작아져서 오히려 방해가 되므로 적절하게 사용하는 것이 좋습니다.

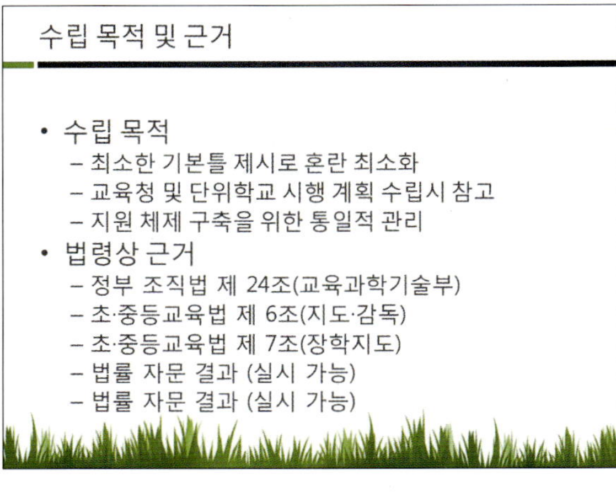

▲ 좋은 예

▲ 좋지 않은 예

차트와 애니메이션 활용하기

Step 04

01 ›› 차트 활용하기

파워포인트에서는 차트를 삽입하여 데이터를 비교할 수 있습니다. 가로 막대형, 원형, 꺾은선형, 영역형, 표면형 등 다양한 차트를 제공합니다. 표는 정확한 수치를 알 수 있으나, 표를 차트로 나타내면 한눈에 알아보기 쉽습니다. 표를 시각화하여 차트로 나타내면 보기도 좋고, 이해하기 쉽습니다.

02 ›› 애니메이션 효과로 포인트 강조하기

파워포인트에서 차트를 그린 후 차트 요소별로 애니메이션 효과를 줄 수 있습니다. 차트를 하나의 개체로 애니메이션 효과를 줄 수도 있지만, 요소별로 애니메이션 효과를 주면 진행되는 동안 차근차근 설명할 수 있고, 중요한 부분은 애니메이션 효과로 강조할 수도 있습니다. 적절한 애니메이션 효과로 지루하지 않은 프레젠테이션을 만들면 학생들의 흥미를 유발시킬 수 있습니다.

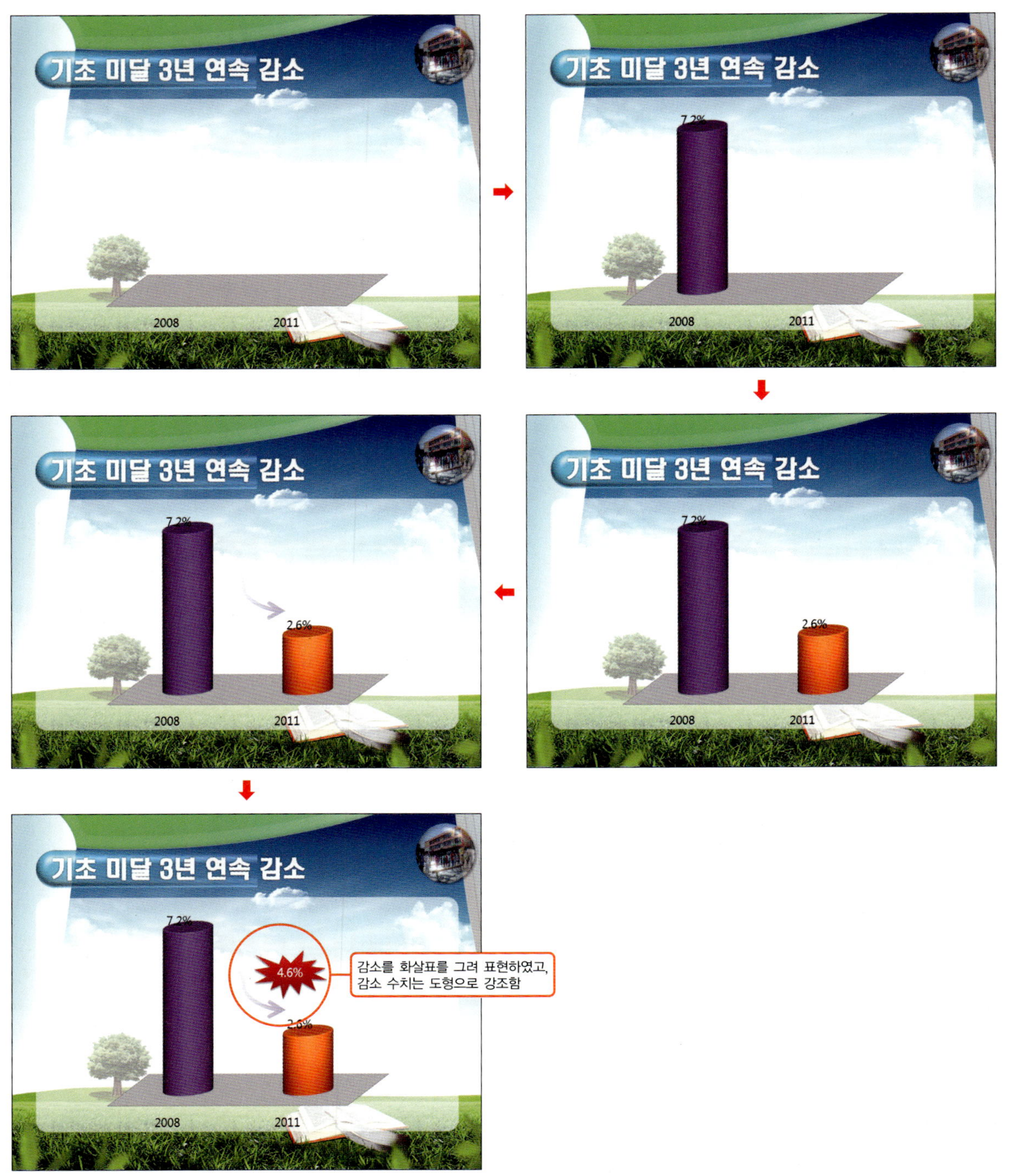

애니메이션을 사용하면 슬라이드를 더욱 역동적으로 만들어 효과적으로 정보를 전달할 수 있습니다. 파워포인트에서 자주 사용하는 애니메이션 효과로는 나타내기 및 끝내기가 있습니다. 애니메이션 효과를 더욱 강조하기 위해 소리를 추가할 수도 있습니다.

화면 전환 효과로 학생 관심 높이기

Step 05

이런 기능들이 사용됐어요 ➡ 전환 효과

지나치게 화려한 화면 전환 효과는 오히려 역효과가 일어날 수도 있으나, 많은 사람들이 화려한 화면 전환 효과 때문에 애플의 키노트를 선호하는 것을 보면 화면 전환 효과는 그만큼 중요합니다. 프레지에서는 줌인/줌아웃 기능으로 화면을 역동적으로 전환하고, 파워포인트 2010 버전에서는 새로 추가된 동적 콘텐츠의 화면 전환 효과를 사용해서 슬라이드를 역동적으로 전환합니다.

사용자가 발표 내용과 전환 효과를 적절하게 조절한다면 학생의 관심을 높일 수 있는 하나의 수단으로 작용할 것입니다.

파워포인트에서 화면 전환은 슬라이드 쇼 보기에서 프레젠테이션 중 슬라이드 사이를 이동할 때 발생하는 동작 효과입니다. 속도를 제어하고 소리를 추가할 수 있을 뿐만 아니라 전환 효과의 속성도 사용자가 지정할 수 있습니다.

프레젠테이션 작업 시 파워포인트 활용하기

프레젠테이션을 기획할 때는 아이디어들을 나열해야 하는데, 파워포인트의 개요 기능을 활용하면 효율성을 높일 수 있습니다. 프레젠테이션을 공동 작업할 때는 파워포인트의 슬라이드 브로드캐스트 기능을 사용하고, 프레젠테이션을 실시할 때도 파워포인트를 활용하면 좀 더 쉽게 프레젠테이션을 실시할 수 있습니다.

Section 01   **Section 02**   Section 03   Section 04   Section 05

프레젠테이션 기획 시 파워포인트 활용하기 Step 01

이런 기능들이 사용됐어요 ➜ 개요, 하이퍼링크

01 ›› 개요 기능 활용하여 전체 구성하기

파워포인트의 개요 기능은 아이디어를 구상하고 발표 방법을 계획할 때 사용하면 편리합니다. [개요] 탭은 슬라이드 텍스트를 개요 형식으로 보여줍니다.

❶ 프레젠테이션 주제에 대해서 말하고 싶은 것을 짧은 문장 또는 키워드로 입력합니다.

❷ **Ctrl** + **Enter** 를 눌러 행을 바꿔가며 자유롭게 입력합니다. 추가, 삭제, 변환을 할 수 있습니다.

❸ 서론, 본론, 결론의 전체 흐름을 생각하고 논리를 세워가면서 입력합니다. 본론은 어떤 구성 유형을 적용할지 생각하면서 정리합니다.

❹ 전체를 생각하면서 항목을 나누거나 통합합니다.

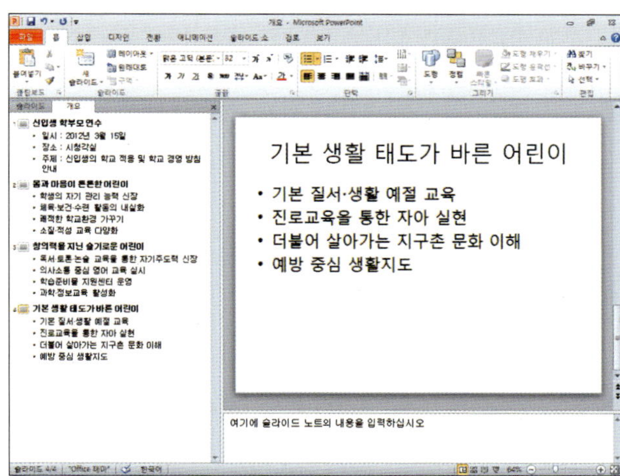

❺ ▭를 더블 클릭하여 제목만 보이게 하고 전체 흐름에 문제가 없는지 확인합니다.

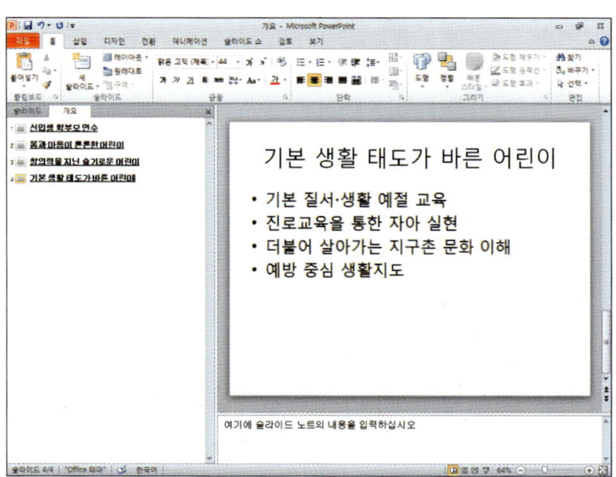

❻ ▣를 다시 더블 클릭하여 한 번 더 전체 흐름을 체크하고 항목의 제목이나 순서를 바꿉니다.

❼ [개요 및 슬라이드] 창에서 슬라이드 탭을 눌러 슬라이드 편집 모드로 전환한 다음 테마나 그림, 레이아웃을 추가하거나 수정합니다.

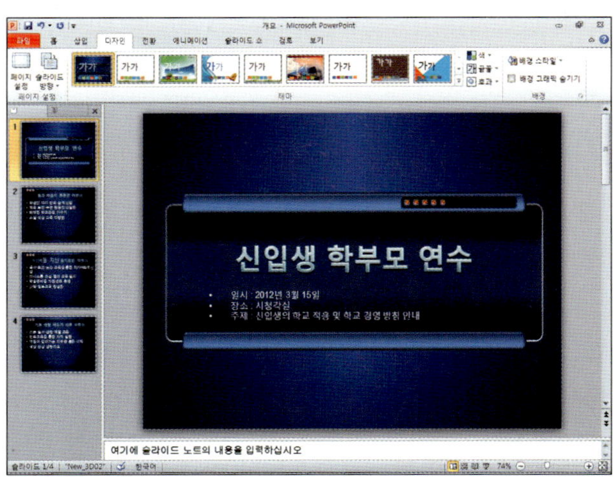

개요 인쇄하기

개요만 인쇄한 후 전체 흐름에 이상이 없는지 다시 한 번 살펴보고 추가 부분은 추가하고, 불필요한 부분은 삭제합니다. [파일] 탭 – [인쇄]를 클릭한 후 [전체 페이지 슬라이드]의 ▼를 클릭하여 [개요]를 선택하고 [인쇄] 단추를 눌러 인쇄합니다.

02 ›› 하이퍼링크 기능 활용하기

프레젠테이션을 작성하다 보면 참고 정보, 사례 등을 그대로 프레젠테이션 전체 구성에 포함하여 흐름의 맥락을 끊어놓는 경우가 있습니다. 이런 참고 자료는 본 프레젠테이션 안에 넣기 보다는 밖으로 빼내어 하이퍼링크를 걸어 주는 것이 좋습니다. 본 프레젠테이션에서 하이퍼링크된 텍스트나 도형 등을 클릭하면 참고 자료 문서로 이동하여 정보를 확인한 후 다시 프레젠테이션으로 되돌아올 수 있습니다.

▶ 하이퍼링크 전   ▶ 하이퍼링크 후

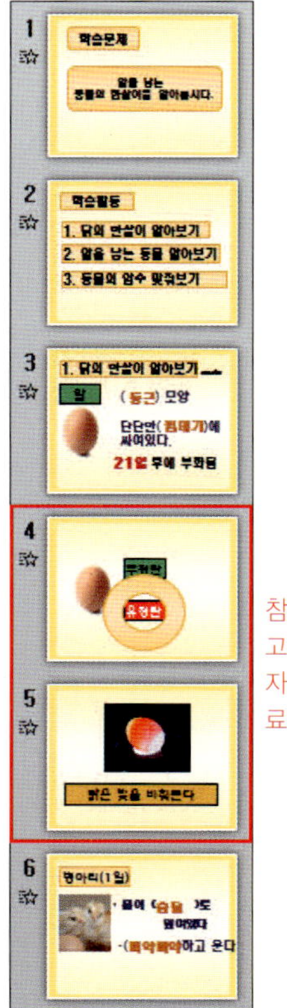

프레젠테이션을 기획 시 하이퍼링크로 연결할 부분까지 생각하여 전개의 흐름을 깨지 않고 구성할 방법을 생각해 봅니다. 인터넷 접속이 가능한 곳에서 프레젠테이션을 할 경우 필요 시에는 URL도 링크하여 참고할 사이트를 보여줄 수 있습니다.

공동 작업 시 파워포인트 활용하기   Step 02

이런 기능들이 사용됐어요 ➡ 슬라이드 쇼 브로드캐스트

01 ›› 프레젠테이션을 공유하고, 공동 작업할 때 파워포인트를 활용할 수 있습니다. 파워포인트 2010의 새로운 기능 중 구역을 추가합니다.

✑ 구역을 지정하면 같은 반 학생들과 공동 작업을 할 때 구역별로 편집을 할 수 있어서 편리합니다. 소유권이 확실하여 누가 어떤 부분을 작업했는지 알 수 있습니다.

02 ›› 공유하려면 [슬라이드 쇼] 탭 – [슬라이드 쇼 시작] 그룹의 [슬라이드 쇼 브로드캐스트]를 클릭합니다. [브로드캐스트 시작] 단추를 클릭한 후 'Windows Live ID' 창에 메일 주소와 암호를 입력하여 로그인합니다.

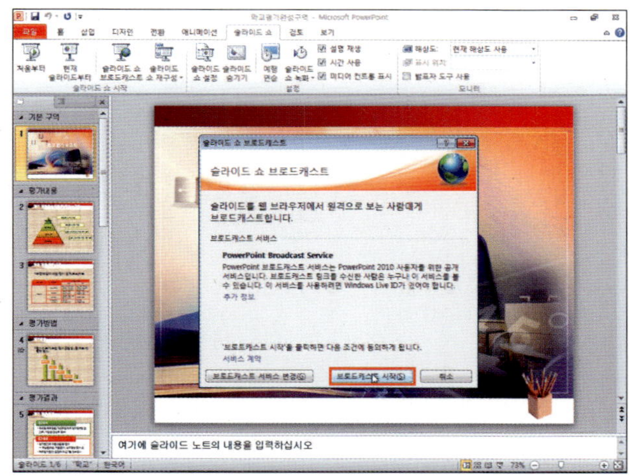

✑ 미리 Windows Live에 계정이 등록되어 있어야만 로그인할 수 있습니다.

03 ›› 공유할 슬라이드 쇼 URL이 생성되면 복사하여 공유할 학생의 메일로 보냅니다. [슬라이드 쇼 시작] 단추를 클릭하여 브로드캐스트를 시작합니다.

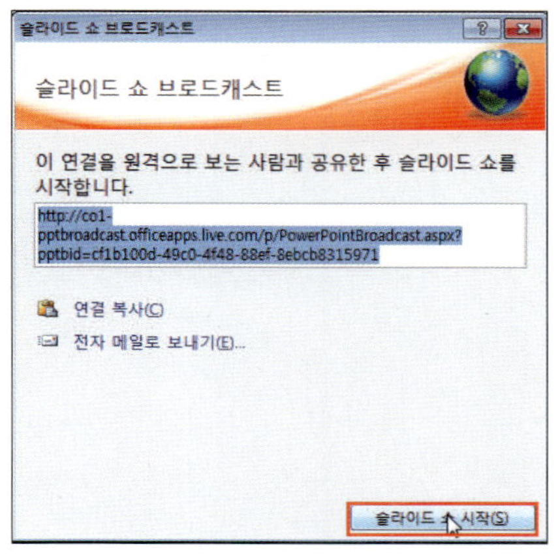

04 ›› 브로드캐스트 쇼가 시작되면 메일을 받은 학생은 공유한 URL을 클릭하여 브로드캐스트 쇼를 볼 수 있습니다.

05 ›› 웹에 저장(Windows Live SkyDrive)한 후 SkyDrive(http://skydrive.live.com)에 접속합니다. 업로드된 파일을 공유하고 공동 작업할 수 있습니다. 공동 작업할 사람에게 메일을 보냅니다.

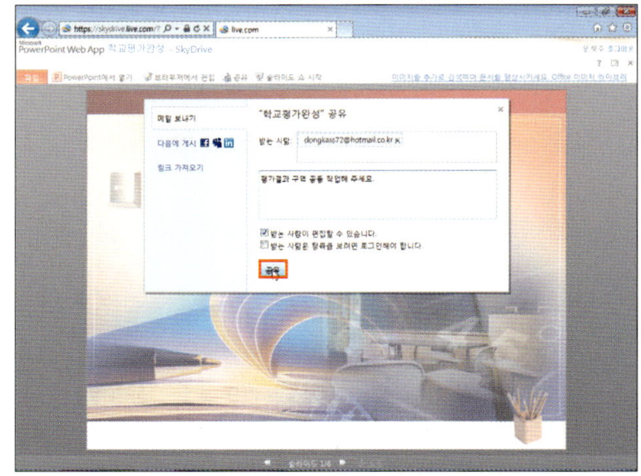

06 ›› 메일을 받은 사람은 링크를 클릭하여 Windows Live에 로그인한 후 접속합니다.

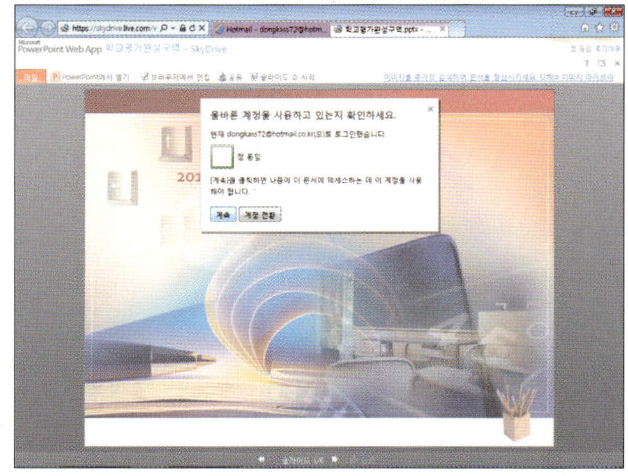

07 ›› 브라우저에서 편집할 수도 있고 파워포인트를 열어 편집할 수도 있습니다. 해당 구역을 편집합니다.

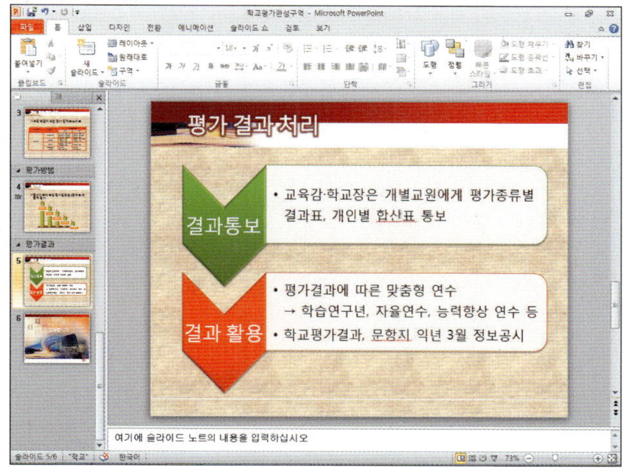

08 ›› 파일 소유자의 웹에서도 해당 구역이 수정된 것을 확인할 수 있습니다.

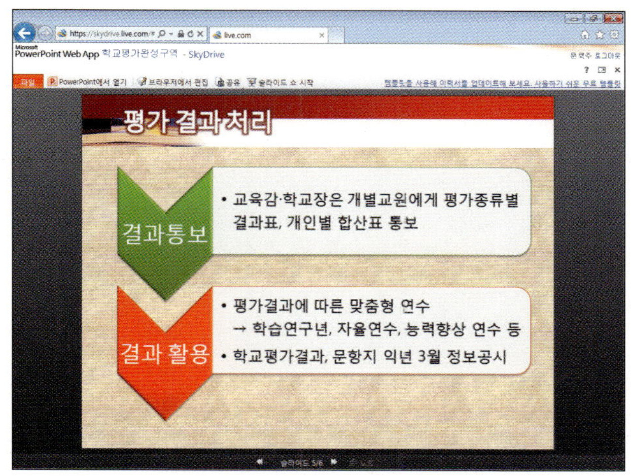

09 ›› 파일 소유자의 SkyDrive에서 문서를 마지막에 수정한 사람과 공유된 사람을 볼 수 있습니다.

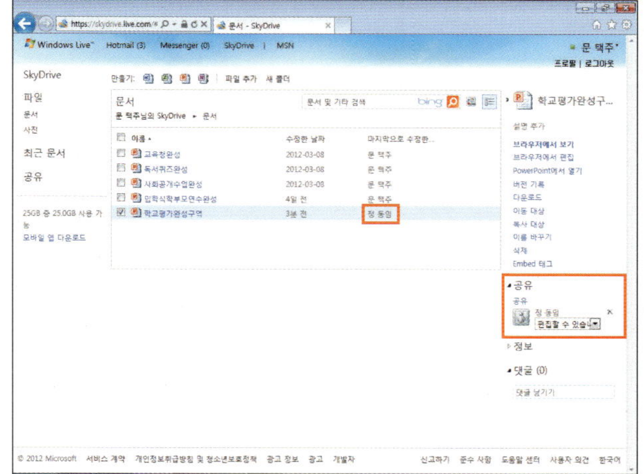

프레젠테이션 진행 시 파워포인트 활용하기　Step 03

이런 기능들이 사용됐어요 ➔ 블랙아웃 효과, 슬라이드 쇼

■ 슬라이드 쇼 화면 바로 보여 주기

01 ›› 프레젠테이션을 할 때는 파워포인트의 편집 화면을 학생들에게 보이지 않고 곧바로 슬라이드 쇼를 시작해야 합니다. 파워포인트의 편집 화면을 보이지 않게 하려면 블랙아웃 상태에서 준비합니다. 슬라이드 쇼를 실행한 후 **B**를 눌러 검정색의 블랙아웃 상태로 둔 후 프레젠테이션이 시작할 때까지 기다립니다. 프레젠테이션을 시작하려면 다시 **B**를 누릅니다.

> **프레젠테이션 중 블랙아웃 효과를 사용하는 경우**
> • 미리 슬라이드 쇼를 실행한 후 프레젠테이션 시간을 기다릴 때
> • 슬라이드 쇼 중 이야기가 길어질 때
> • 일시적으로 화면을 끄고 싶을 때

02 ›› 슬라이드 쇼 형식으로 저장한 후 실행하면 바로 슬라이드 쇼가 진행됩니다. 바탕화면에서 실행해야 하므로 미리 바탕화면을 정리해 둡니다.

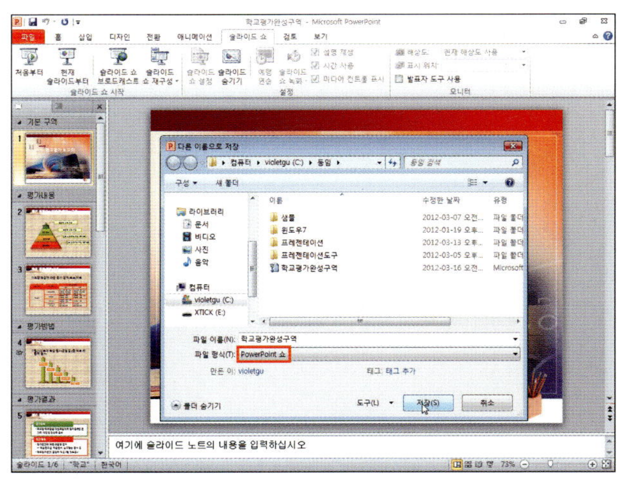

> [파일] 탭 – [다른 이름으로 저장]을 클릭하여 '파일 형식'을 'PowerPoint 쇼'로 지정합니다. 파일 확장자는 '*.ppsx'가 됩니다.

■ 슬라이드 쇼 화면에서 펜 사용하기

01 ›› 슬라이드 쇼를 시작하기 전에 [슬라이드 쇼] 탭 – [슬라이드 쇼 시작] 그룹의 [슬라이드 쇼 설정]을 클릭합니다. [쇼 설정] 대화 상자에서 펜 색과 레이저 포인터 색을 설정합니다.

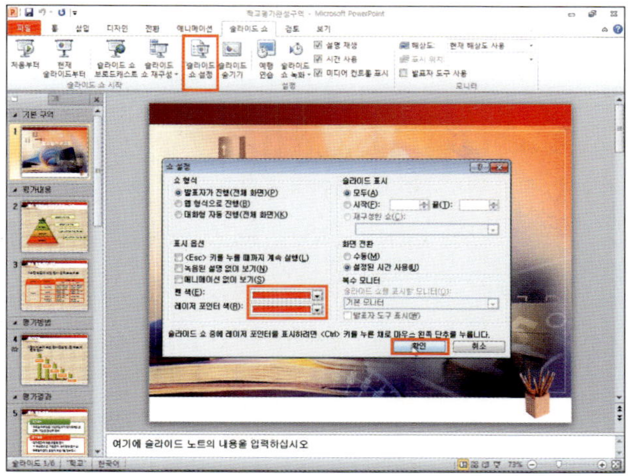

02 ›› 슬라이드 쇼 진행 중 `Ctrl`+`P`를 누르면 마우스 포인터가 펜 모양으로 변경되어 선을 그릴 수 있습니다. 펜 기능을 사용하면 화면에서 중요한 부분을 강조할 수 있습니다.

> 🖜 **펜 색 바꾸기**
> 마우스 오른쪽 단추를 눌러 [포인터 옵션] – [잉크 색]을 클릭하면 펜의 색을 바꿀 수 있습니다.

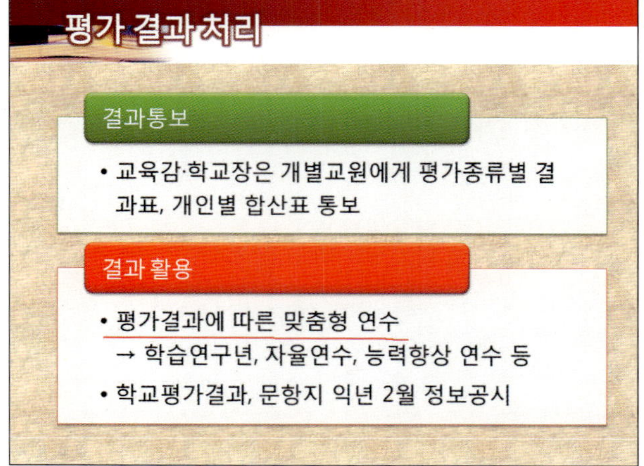

03 ›› 슬라이드 쇼가 끝나면 `Esc`를 눌러 편집 화면으로 되돌아옵니다.

> 🖜 **그린 선 삭제**
> • `E`를 누르면 모두 없어집니다.
> • `Ctrl`+`A`나 `Esc`를 누르면 마우스 포인터가 원래 상태로 되돌아갑니다.

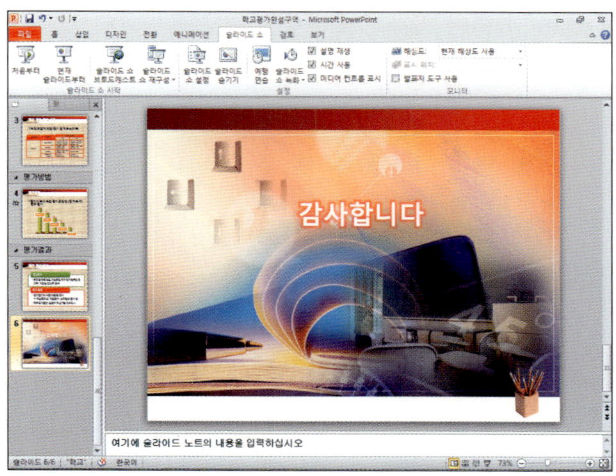

Section 03

문 선생님의 프레젠테이션 제작 과정 따라하기

프레젠테이션 제작을 잘 하려면 무엇을 설득할지 목표와 방향을 설정하고, 먼저 듣는 사람이 누구인지 파악해야 합니다. 그에 따라 자료를 수집하고 조사합니다. 이를 바탕으로 원고를 작성하고 프레젠테이션을 제작합니다. 프레젠테이션을 제작하였으면 실제 프레젠테이션을 위해 전략을 구상하고 예행연습을 한 후 청중 앞에서 발표를 해야 실수가 없습니다. 그럼 프레젠테이션 제작 과정을 알아보겠습니다.

[슬라이드 제목]	
[레이아웃]	[슬라이드 번호]
	[발표 내용]
[기타 특기 사항]	[화면 전환 내용 및 전환 방법]

프레젠테이션 기획 순서

Step 01

프레젠테이션을 성공적으로 이끌려면 무엇보다 기획 순서에 맞게 제작해야 합니다. 이때 정보 수집 능력, 논리 능력, 콘셉트 도출 능력, 과제 해결 능력 등이 필요합니다. 프레젠테이션의 목표와 방향이 결정되었다면 다음 순서에 맞게 프레젠테이션 제작을 시작합니다.

청중 분석하기　　Step 02

프레젠테이션을 성공적으로 하려면 청중을 잘 설득할 수 있어야 합니다. 그러기 위해서는 먼저 청중 분석이 필요합니다. 청중에 대해 많이 알면 알수록 그들을 설득하기 쉽습니다. 청중은 학생이 될 수도 있고, 선생님, 또는 학부모가 될 수도 있습니다.

수업을 위해 학생에게 프레젠테이션 할 때는 학생이 수업에 잘 집중할 수 있도록 지루하지 않은 역동적이면서도 수업 내용을 정확히 전달할 수 있어야 합니다.

선생님이나 학부모를 대상으로 프레젠테이션 할 때는 분석 자료를 바탕으로 교육 현황이나 제안 내용을 전달합니다. 완곡하면서도 때론 정서에 호소하는 방법으로 설득할 수도 있습니다.

청중 분석에 따라 자료 수집, 스토리보드, 프레젠테이션 도구가 달라지므로, 정확하게 분석하여 프레젠테이션을 준비하도록 합니다. 학생들에게 수업용으로 개념을 전달하려면 프레지를 선택하는 것이 좋고, 분석 현황을 복잡한 차트로 교육청 등에 보고하려면 파워포인트를 선택하는 것이 좋습니다.

▲ 프레지

▲ 파워포인트

자료 수집 및 조사하기

Step 03

01 ›› 다양한 매체를 통해 정확한 자료를 수집합니다.

자료를 수집하는 방법에는 여러 가지가 있습니다. 교육청이나 학교 보고서라면 학교 문서나 설문조사, 보고 자료, 통계 자료 등에서 정보를 수집할 수 있습니다. 또한 신문이나 잡지뿐만 아니라 요즘은 인터넷이 발달되어 있으므로, 교사들의 커뮤니티나 카페 등에서 정보를 수집하고 공유할 수 있습니다.

02 ›› 수집하는 자료가 많을수록 좋은 프레젠테이션을 구성할 수 있습니다.

방대한 자료를 그냥 나열한다고 해서 좋은 프레젠테이션이라고 할 수는 없지만 좋은 자료가 많으면 많을수록 필요한 자료만 뽑아서 쓸 수 있기 때문에 처음 단계에서는 원하는 자료가 아니더라도 수집을 해 놓는 것이 좋습니다.

목표나 전략은 때에 따라 달라질 수 있고, 버려진 자료라도 중요한 자료가 되는 경우도 있기 때문에 연관된 자료라면 수집해 놓는 것이 좋습니다.

03 ›› 자료와 정보를 보는 안목이 필요합니다.

프레젠테이션에 반영하기 위해서는 수집한 자료들을 프레젠테이션에 적용 시 어떤 효과를 기대할 수 있을지를 미리 검토합니다. 수집한 자료가 아까워서 무조건 프레젠테이션에 다 넣는다면 조잡한 프레젠테이션이 될 것입니다.

04 ›› 자료 수집 과정은 다음과 같습니다.

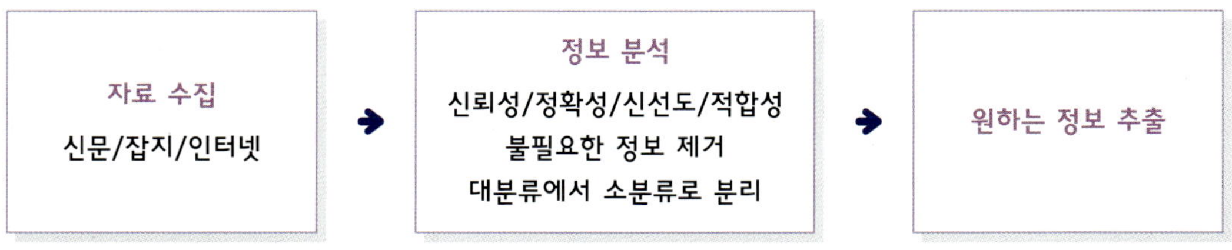

자료 수집 시 유의할 점

- 자료는 최대한 많이 수집합니다.
- 교육청이나 학교 보고서 정보도 수집합니다.
- 신문이나 잡지, 전문지 등의 가공된 정보를 최대한 활용합니다.
- 출처는 반드시 표기하며 오류를 확인합니다.

스토리보드 작성하기 Step 04

스토리보드는 실제 프레젠테이션 제작에 필요한 것을 모두 기록하는 작업으로 제목, 도해, 발표할 내용, 애니메이션 등을 포함합니다. 미리 작성해 보는 문서이기 때문에 전체적인 구성을 미리 파악할 수 있고, 실제 작업 시간 및 과정을 상당 부분 단축할 수 있습니다.

01 ›› 스토리보드 작성 순서

스토리보드를 작성할 때에는 전체적인 내용이 프레젠테이션 주제에 맞게 유기적으로 연결될 수 있도록 구성해야 합니다. 스토리보드는 팀별로 프로젝트 형식으로 구성될 경우가 많기 때문에 충분한 콘셉트 회의를 거쳐 처음 접하는 사람도 내용을 이해하기 쉽게 작성합니다.

02 ›› 스토리보드에 기록해야 하는 것

- 슬라이드 제목 : 제목
- 레이아웃 : 텍스트, 도해(차트, 표, 그림 등), 애니메이션 효과 및 위치까지 기록
- 슬라이드 번호 : 번호
- 발표 내용 : 발표 내용을 기록
- 화면 전환 내용 및 전환 방법 : 전환 효과 기록
- 기타 특기 사항 : 예상 발표 시간 기록

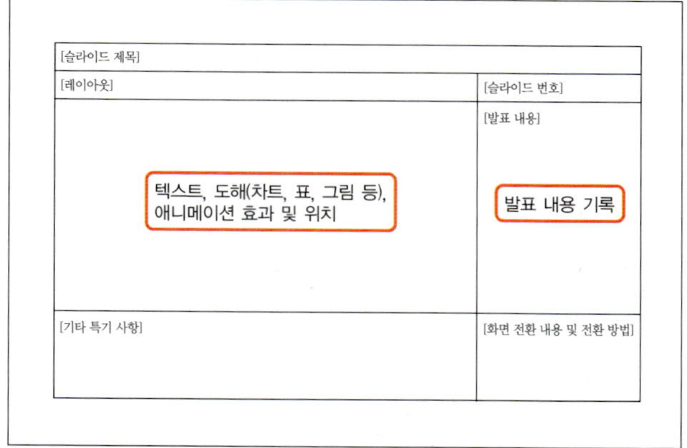

▲ 스토리보드 양식

03 ›› 스토리보드 작성하기

❶ 제목 및 핵심 내용을 작성합니다.
❷ 도해(차트, 표, 그림 등)를 스케치합니다.
❸ 발표할 내용을 기술합니다.
❹ 전체적으로 읽어본 후 빠진 것이 없는지 불필요한 것이 없는지 확인하고 수정합니다.

04 ›› 스토리보드 작성 시 장점

- 상상력이 풍부해집니다. 프레젠테이션 도구의 제안된 공간에 비해 연필로 스케치하면 무한한 상상력을 펼칠 수 있습니다.
- 논리적인 프레젠테이션 구성이 가능합니다. 미리 작성해 보면 전체적인 구성을 한눈에 파악할 수 있어서 논리적인 구성이 가능합니다.
- 프레젠테이션 과정이 단축됩니다. 프레젠테이션 제작 과정을 먼저 점검한 후에 프레젠테이션을 제작하기 때문에 실제 작업 시간과 과정을 단축할 수 있습니다.

스토리보드 작성 시 유의할 점
- 전체적인 내용이 프레젠테이션 주제에 맞게 유기적으로 연결되어야 합니다.
- 처음 접하는 사람도 내용을 이해하기 쉽게 작성해야 합니다.
- 여러 사람이 공동 작업이 가능하도록 수정과 보완이 용이하게 작성해야 합니다.

프레젠테이션 작성과 표현하기　　Step 05

01 》 프레젠테이션 작성 시 고려할 점

- 프레젠테이션을 작성할 때는 청중의 수준이나 연령, 스타일에 맞게 작성합니다.
- 프레젠테이션의 내용은 정확해야 합니다. 내용의 출처는 밝히고, 미사어구 등은 사용하지 않습니다.
- 문서의 구조를 단순화하여 한눈에 내용이 들어오게 합니다. 문장을 가감하여 압축하고, 텍스트보다는 도형이나 차트를 사용합니다.
- 내용을 알기 쉽게 작성하여 가독성을 높입니다. 중복 어구는 피하여 청중이 지루하게 느끼지 않도록 합니다.
- 본론의 내용을 구성할 때에는 먼저 기본적인 골격, 즉 항목을 먼저 작성하고 세부 내용에 살을 붙여가며 작성합니다.

02 》 프레젠테이션 작성과 표현

프레젠테이션 작성 시 청중에게 적합한 내용을 효과적으로 표현하기 위해서는 다음과 같은 능력을 길러야 합니다.

작성 능력	표현 능력
· 청중의 흥미 유발을 위한 능력	· 레이아웃, 디자인 표현 능력
· 빠른 이해를 돕기 위한 능력	· 메시지를 쉽게 전달하는 표현 능력
· 중심 내용을 알 수 있는 능력	· 적절한 색 조화의 표현 능력
· 내용을 도해로 바꾸는 능력	· 다른 프로그램을 활용한 표현 능력
· 차트나 표 작성 능력	· 멀티미디어를 활용한 표현 능력

03 》 프레젠테이션 도구 선택

- 전 세계적으로 가장 많이 사용하는 프레젠테이션 도구는 파워포인트이지만, 파워포인트는 한 슬라이드에 너무 많은 내용을 담다보면 자칫 지루해 질 수 있습니다.
- 프레지는 화려하고 역동적이지만 잘못 사용하면 눈의 피로와 어지러움을 호소하는 청중이 발생할 수 있습니다.
- 키노트는 심플하고 깔끔하지만 남는 것이 없는 프레젠테이션이 될 수도 있습니다.
- 그 외에도 온라인에서 할 수 있는 다양한 웹 오피스 프로그램이 있습니다.
- 미리 스토리보드로 작성한 내용을 바탕으로 가장 자신이 기획한 내용을 적절히 표현할 수 있는 프레젠테이션 도구를 선택하여 작성합니다.

프레젠테이션 실시하기   Step 06

01 ›› 예행연습

일반적인 선생님은 프레젠테이션에 많은 경험이 없기 때문에 예행연습을 충분히 할 필요가 있습니다. 발표를 앞두고 예행연습을 충분히 한 후 프레젠테이션을 진행하면 전체 프로세스에 대한 실수나 발표 시간상의 오차를 줄여 성공적인 프레젠테이션을 진행할 수 있습니다.

02 ›› 프레젠테이션 진행 시 고려할 점

- 선생님, 자신의 언어로 진행합니다.
- 자신감을 갖고 당당하게 발표합니다.
- 적절한 시선 안배로 친숙해지기 쉬운 분위기를 유도합니다.
- 성의를 가지고 표현합니다.
- 긍정적인 마인드로 진행합니다.
- 적절한 속도, 성량, 발음으로 진행합니다.
- 다양한 제스처를 사용하여 수업이나 발표 내용에 집중할 수 있도록 합니다.

03 ›› 피드백

피드백은 성공적인 프레젠테이션을 위해 반드시 필요한 과정으로 피드백을 통해 부족한 부분을 보완할 수 있습니다. 피드백을 통해 최종 자료를 검토하고 프레젠테이션에 주어진 시간과 슬라이드 발표 시간상의 오차를 조절할 수 있으며, 여러 가지 문제점을 파악하여 수정과 보완이 가능합니다.

피드백 시 고려할 점

피드백 시 다음 내용을 한번 더 검토한 후 수정, 보완해야 합니다.

- 정확성 : 데이터 등 내용의 신빙성이 있는가?
- 흥미 : 내용이 청중이 듣기에 흥미롭거나 신선한가?
- 유익함 : 청중의 기대와 욕구에 부합하는가?

04

프레젠테이션 문서 제작을 위해 꼭 알아야할 기능

음식을 할 때 주메뉴는 항상 바뀌더라도 어떤 음식에든 필요한 양념이 있습니다. 어떤 프레젠테이션 도구로 프레젠테이션을 만들더라도 항상 필요한 양념 같은 존재가 있습니다. 클립 아트, 서체, 슬라이드 마스터, 도형 등이 여기에 해당합니다. 양념으로 쓸 도구는 꼭 필요할 때 사용할 수 있도록 잘 정리해 두어야 합니다. 언제 어디서든 사용할 수 있도록 USB에 담아서 가지고 다니거나 웹 클라우드에 보관해 두는 것이 좋습니다.

Section 01　　Section 02　　Section 03　　**Section 04**　　Section 05

클립 아트

Step 01

이런 기능들이 사용됐어요 ➜ 스크린샷, 클립 아트, 다시 칠하기

01 ›› 클립 아트는 특정 개념을 나타내는 그림, 동영상, 소리, 사진 등을 일컫습니다. 클립 아트는 특정 개념을 설명하고 시각적 효과를 높이기 때문에 프레젠테이션 문서를 만들 때 자주 사용됩니다. 학교에서 가장 많이 사용하는 클립 아트는 로고이므로, 학교 홈페이지에 접속한 후 파워포인트 2010을 실행합니다. [삽입] 탭 – [이미지] 그룹의 [스크린샷]–[화면 캡처]를 클릭하여 로고 위에서 드래그합니다.

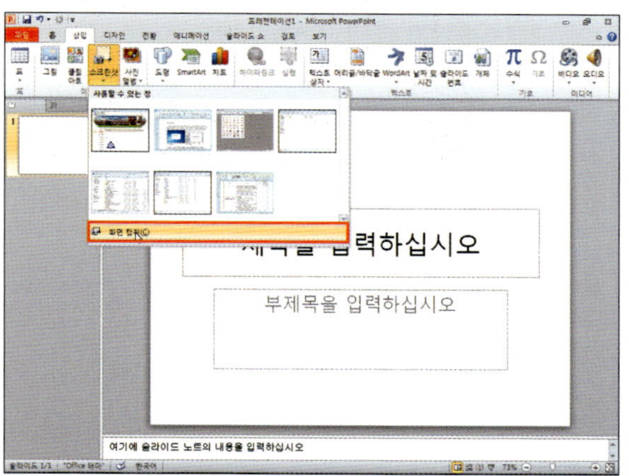 

> 캡처 프로그램을 사용하여 로고를 캡처하거나, 학교 홈페이지에 따라 로고를 제공하는 경우에는 로고를 다운로드하여 사용합니다.

02 ›› 파워포인트 2010에 캡처 그림이 나타나면 마우스 오른쪽 단추를 눌러 [그림으로 저장]을 클릭합니다. 파일 이름을 입력한 후 파일 형식을 'JPEG'로 지정하고 [저장] 단추를 클릭합니다.

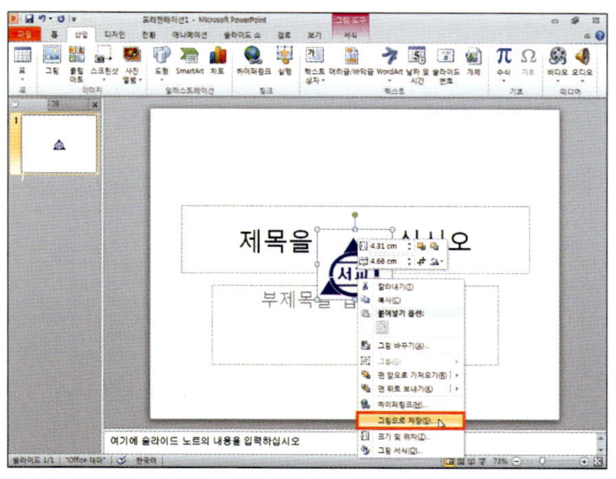 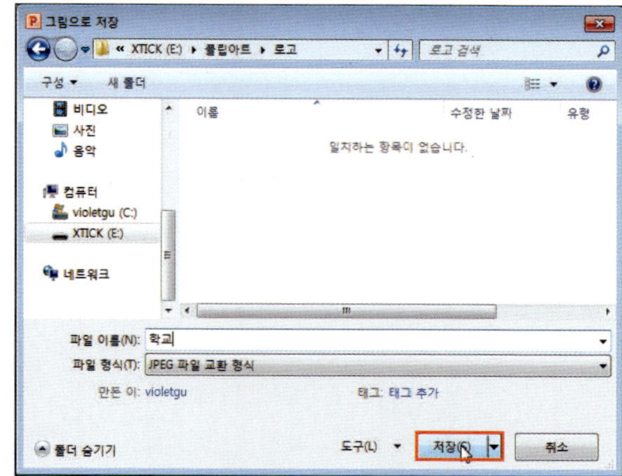

03 ›› 프레젠테이션의 배경색이 지정된 경우 로고의 배경색이 나타나므로 배경을 제거하기 위해 [그림 도구] – [서식] 탭 – [조정] 그룹의 [배경 제거]를 클릭합니다. 로고가 모두 포함되도록 크기 조절점을 조절한 후 [변경 내용 유지]를 클릭합니다.

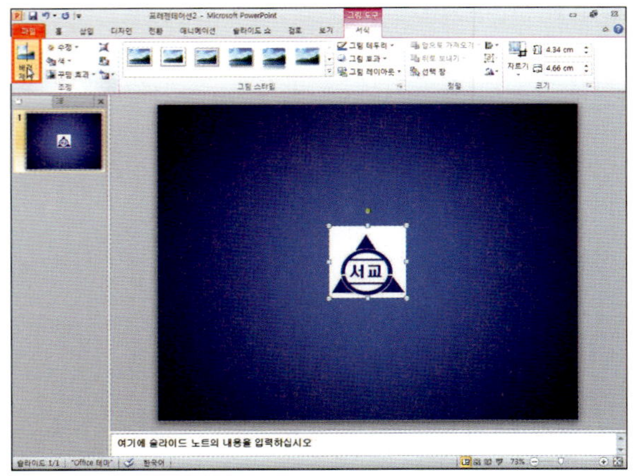 

04 ›› 배경이 제거된 로고도 그림으로 저장합니다. 파일 이름을 입력하고, 파일 형식은 'PNG' 로 지정해야 배경이 제거된 채로 저장됩니다.

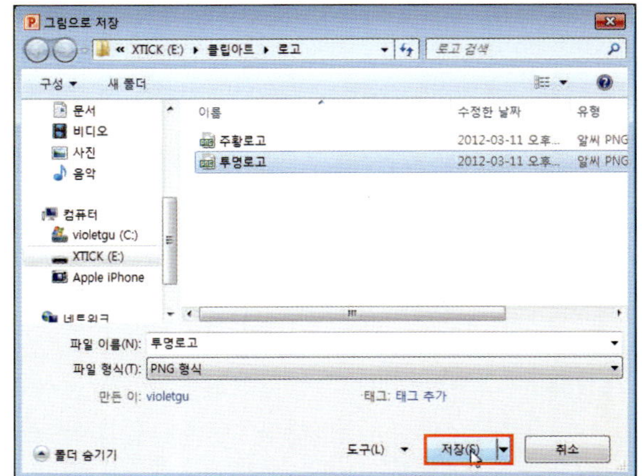

웹 파일 형식

- JPG : 웹 파일 형식 중 화질이 가장 나쁜 편에 속하지만, 사진을 보는 데는 큰 지장이 없고 파일 크기가 작아 편리하게 이용할 수 있으며 가장 널리 사용되는 포맷입니다.
- GIF : 파일의 화질이 좋은 편은 아니지만 여러 장의 이미지를 움직이게 할 수가 있습니다.
- PNG : 웹 파일 형식 중 가장 화질이 좋습니다. PNG 파일은 카페나 블로그의 글쓰기로는 업로드가 가능하지만, 스킨으로는 올릴 수 없습니다. 배경이 없는 그림을 PNG 포맷으로 저장하면 삽입할 때도 배경이 제거된 그림으로 불러올 수 있습니다.

05 ›› [그림 도구] – [서식] 탭 – [조정] 그룹의 [색]을 클릭하여 '다시 칠하기'에서 색을 지정하여 그림으로 저장합니다. 클립 아트 중 로고가 가장 많이 쓰이므로, 다양하게 저장해 두면 나중에 요긴하게 쓸 수 있습니다.

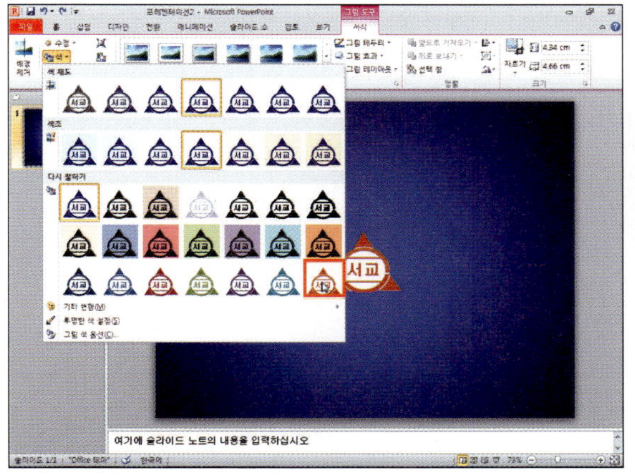

06 ›› 해외 사이트나 국내 사이트에서 무료 클립 아트를 서비스 하는 곳이 있습니다. 클립 아트를 다운로드하여 잘 정리해 두는 것이 좋습니다.

• http://office.microsoft.com/ko-kr/images
한글이 지원되는 무료 클립 아트 모음 사이트입니다. 일러스트레이션, 사진, 애니메이션, 소리를 검색할 수 있습니다.

• http://www.clker.com
검색 방식으로 클립 아트를 찾을 수 있는 무료 클립 아트 모음 사이트입니다.

• http://kr.fotolia.com

포토리아에서는 고해상도의 이미지를 회원가입 후 하루에 15개씩 무료로 다운로드할 수 있습니다.

• http://www.freedigitalphotos.net

카테고리별로 사진, 클립 아트 등이 정리되어 있고, 검색해서 찾을 수 있으나, 다운로드할 때마다 보안 번호로 인증받아야 합니다.

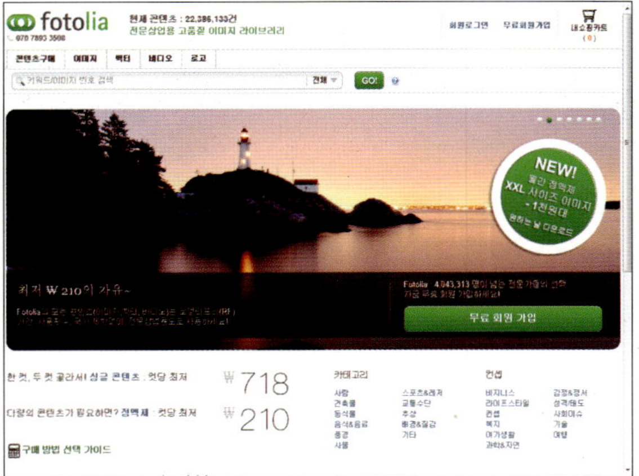

07 ›› 무료로 다운로드한 이미지는 클립 아트 폴더에 잘 정리해 둡니다.

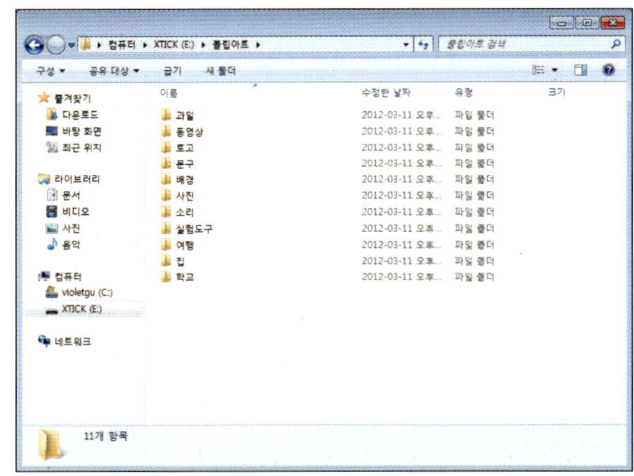

08 ›› 언제 어디서나 프레젠테이션을 만들 때 사용할 수 있도록 웹 클라우드나 USB에 담아 가지고 다닙니다.

서체

Step 02

01 ›› 가독성이 높은 글꼴을 사용해야 합니다.

프레젠테이션 문서를 만들 때 서체도 양념 중 하나입니다. 프레젠테이션을 할 때 가독성이 높은 서체를 사용해야 주목하기 쉽습니다.

• 한글 서체

• 영어 서체

02 ›› 내용에 따라 글꼴 크기도 중요합니다.

전달할 내용보다 글꼴 크기가 지나치게 크면 전달할 내용을 다 담기 힘들고, 글꼴 크기가 작으면 청중들이 보기가 어려워 이해하기 힘듭니다.

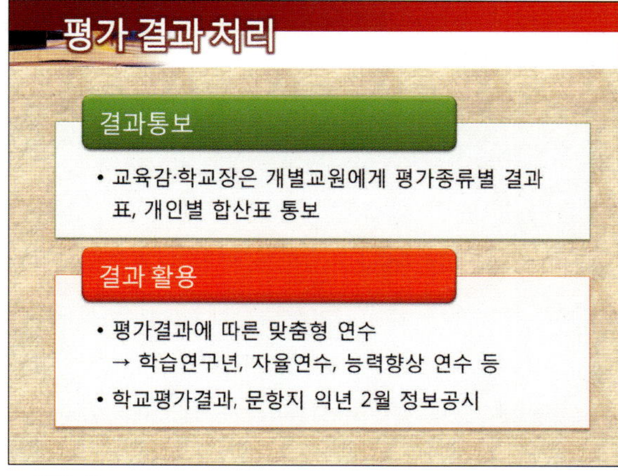

▲ 좋은 예

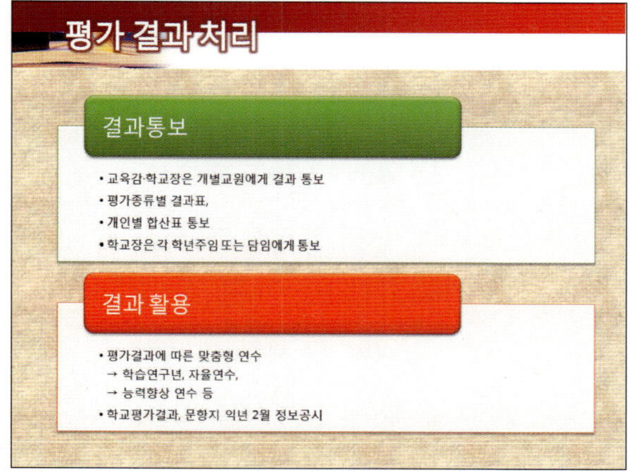

▲ 나쁜 예

03 ›› 지나치게 많은 서체를 사용하면 안 됩니다.

한 슬라이드 내에서 3가지 서체 이하로 사용하는 것이 좋습니다. 지나치게 많은 서체는 프레젠테이션 시 가독성을 떨어뜨립니다. 또한 다른 컴퓨터에 서체가 없을 경우 레이아웃이 흐트러지므로 기본 서체를 사용하는 것이 좋습니다.

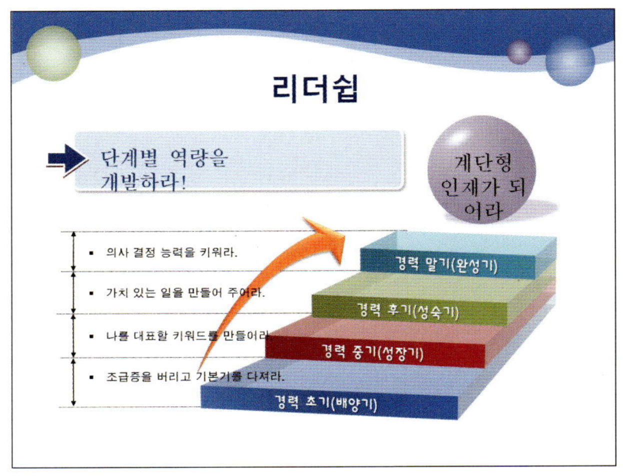

04 ›› 디자인 콘셉트에 맞는 서체를 사용해야 합니다.

예를 들어 디자인 콘셉트는 한국적인데, 서체를 손글씨나 헤드라인체로 쓰면 어울리지 않습니다. 명조체나 휴먼옛체 등을 사용하는 것이 좋습니다.

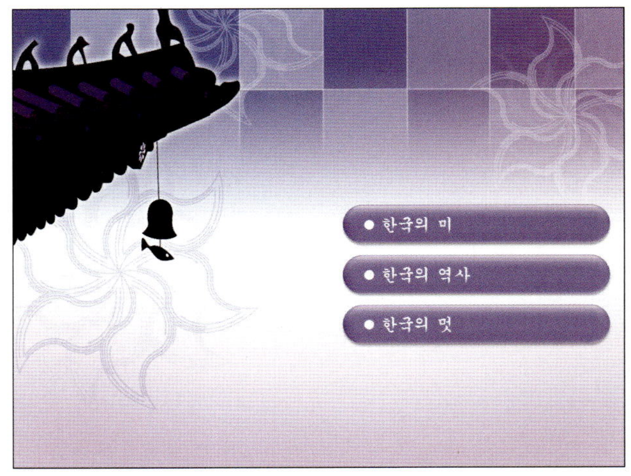

05 ›› 문자 균형을 맞춰야 합니다.

종결 어미나 글자 수를 맞춰야 보기도 좋고 발표할 때 설명하기도 좋습니다.

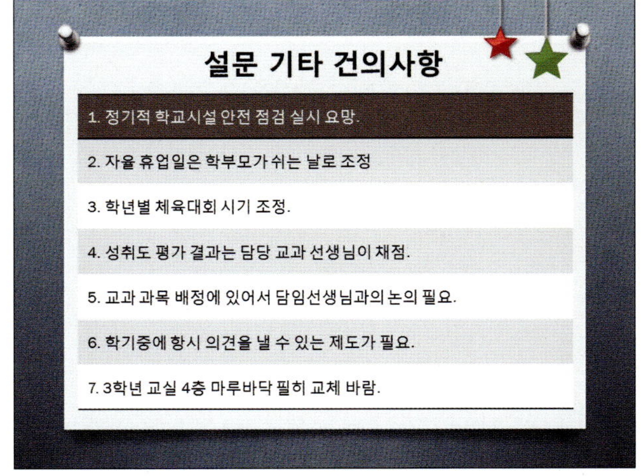

슬라이드 마스터

Step 03

이런 기능들이 사용됐어요 ➜ 현재 테마 저장 기능

01 ›› 프레젠테이션을 할 때마다 슬라이드 마스터를 새롭게 만들려면 상당한 시간이 소비됩니다. 파워포인트 2010에서는 잘 만들어놓은 슬라이드 마스터를 [현재 테마 저장] 기능을 사용해서 저장한 후 다른 프레젠테이션 문서를 만들 때 적용할 수 있습니다.

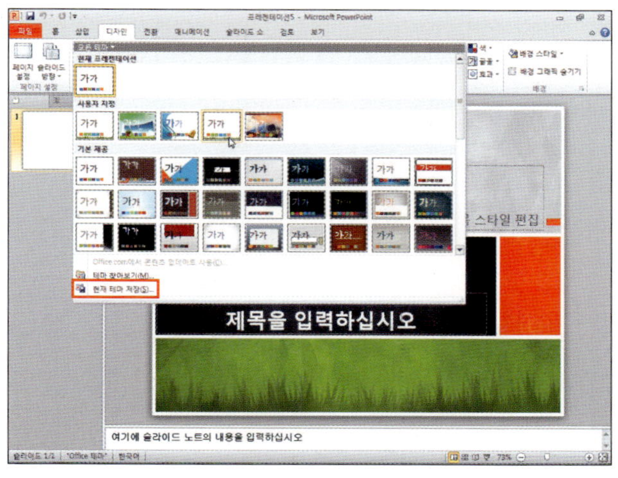

02 ›› 교육 자료 카페 등에서 교육청 슬라이드 마스터를 다운로드하여 사용할 수 있습니다.

03 ›› 마이크로소프트 오피스 사이트에서 서식 파일을 다운로드하여 사용할 수 있습니다. (http://office.microsoft.com/ko-kr/templates)

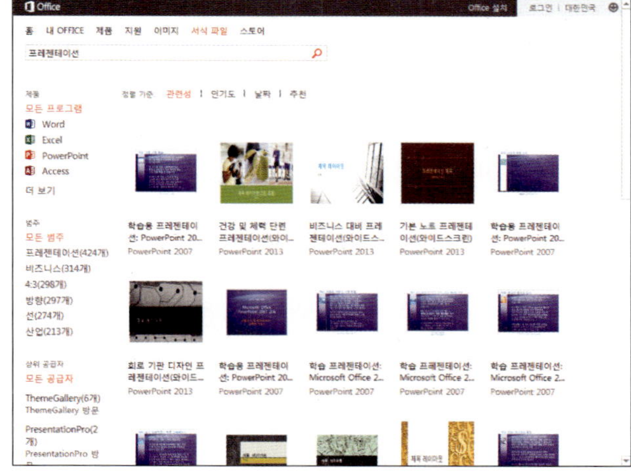

도형

Step 04

01 ›› 클립 아트처럼 도형도 프레젠테이션 문서를 만들 때 꼭 필요한 양념 역할을 합니다. 자주 사용하는 도형은 만들어놓고 복사해서 사용하는 것이 좋습니다.

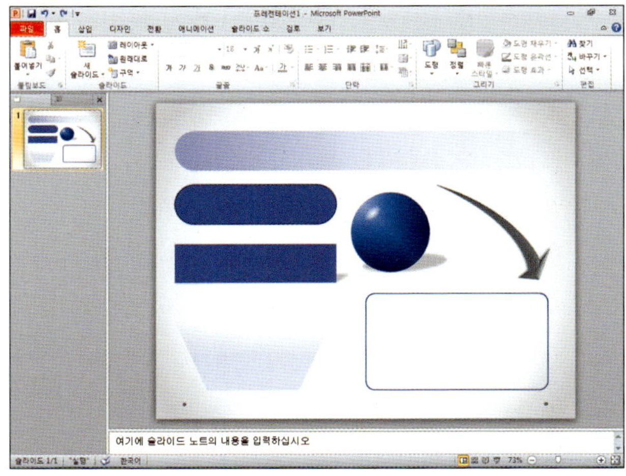

02 ›› 도형을 슬라이드 마스터에 삽입하여 사용할 수도 있고, 따로 파일로 만들어 사용할 수도 있습니다. 파워포인트 2010에서는 붙여넣기 옵션에서 [대상 테마 사용] 기능으로 대상 테마에 맞게 색상을 자동으로 변경할 수 있습니다.

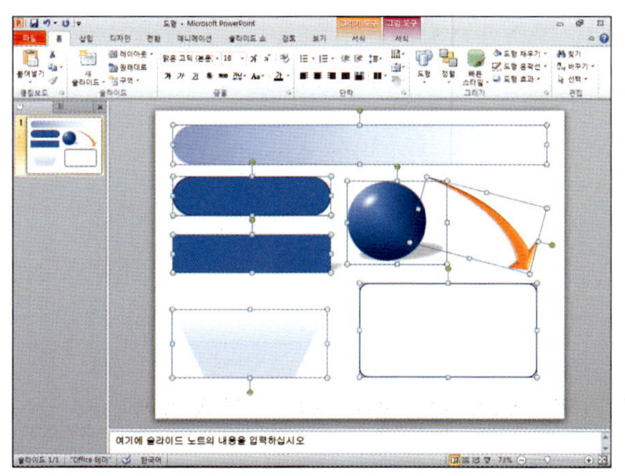

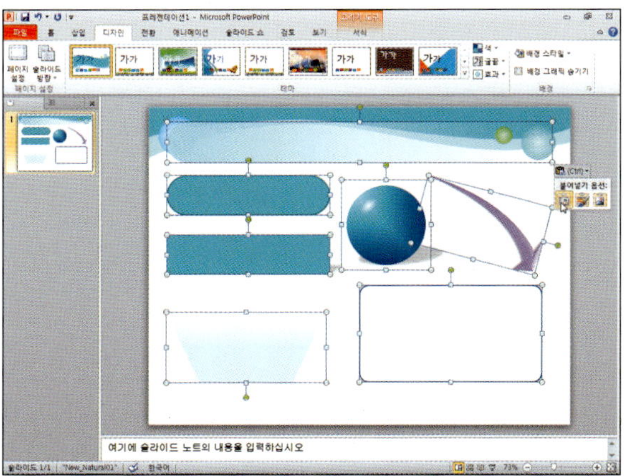

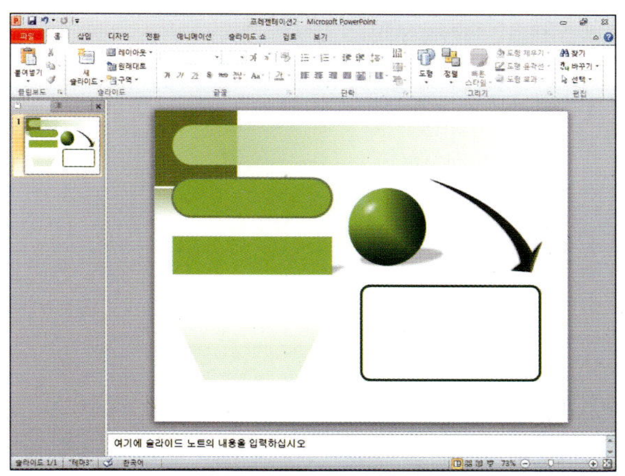

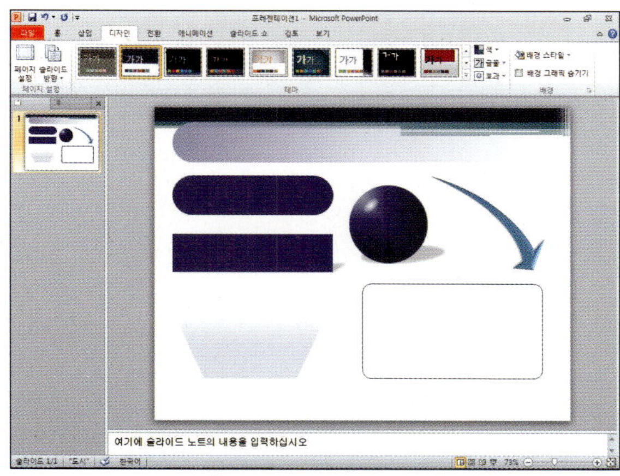

그림 다시 칠하기

그라데이션 효과를 넣어 그룹을 만든 도형을 다른 테마에 복사하여 붙여넣기하면 테마 색으로 변해서 원하던 도형 색으로 나타
나지 않을 수 있습니다. 이럴 경우 그림으로 저장한 후 다른 테마에 붙여넣기하고, 저장한 그림을 불러와서 원하는 색으로 다시
칠하기 해 줍니다.

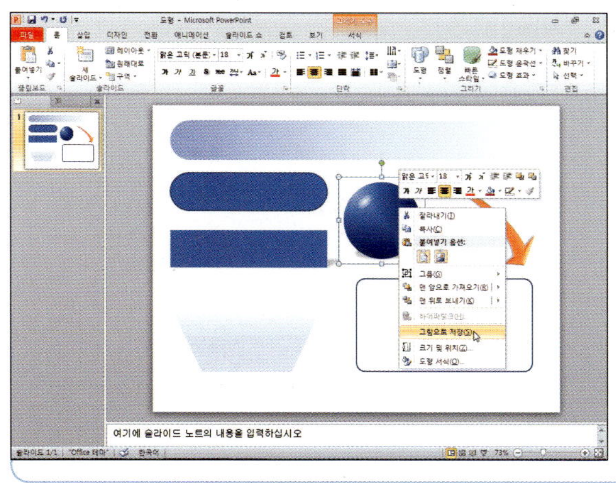

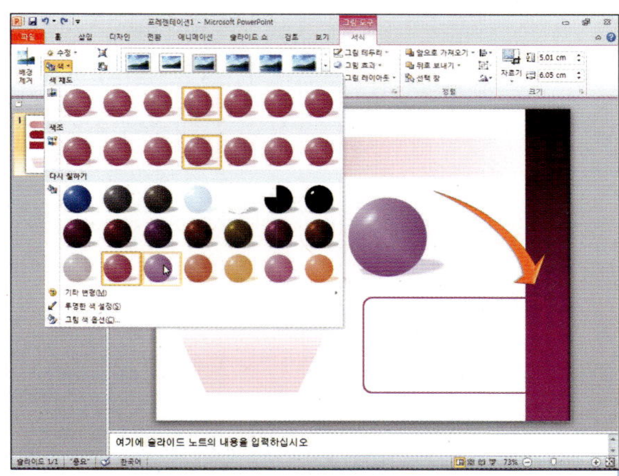

다양한 프레젠테이션 도구의 장단점

프레젠테이션 도구에는 가장 많이 알려진 파워포인트나 애플 제품에서만 사용할 수 있는 키노트, 요즘 많은 사람들이 사용하는 프레지가 있습니다. 이 외에도 한글과컴퓨터에서 만든 한쇼와 무료로 사용할 수 있는 다양한 웹 오피스 제품이 있습니다. 웹 오피스 제품은 파워포인트와 사용법이 비슷하여 쉽게 작업하고 다른 사람과 공유할 수 있어 편리합니다. 여기서는 다양한 프레젠테이션 도구의 장단점을 알아보겠습니다.

Section 01   Section 02   Section 03   Section 04   **Section 05**

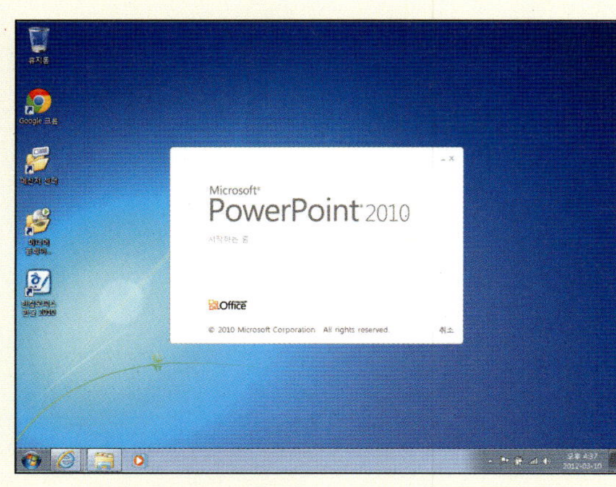

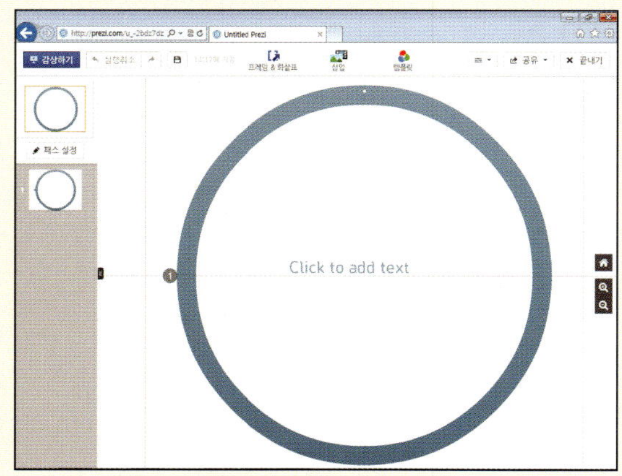

가장 많이 알려진 파워포인트 2010

Step 01

01 ›› 파워포인트는 전 세계적으로 가장 많이 사용되는 프레젠테이션 도구입니다.

파워포인트는 Microsoft사에서 만든 프레젠테이션 도구로 어느 컴퓨터에서나 쉽게 호환되며, 공유되고 있는 서식 등이 많기 때문에 많은 사람들에게 사랑받고 있습니다.

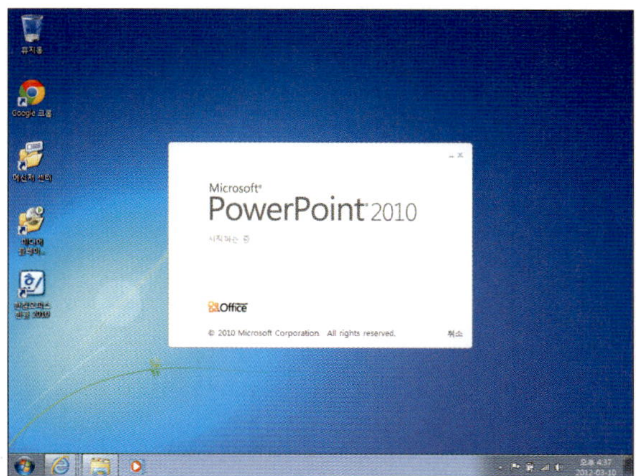
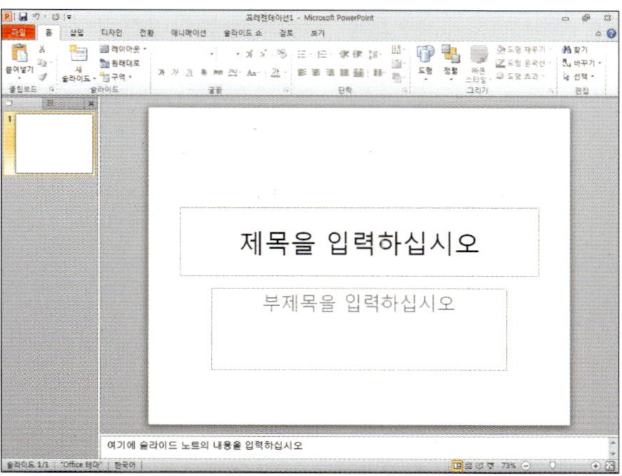

02 ›› 슬라이드 쇼 브로드캐스트를 사용하면 어디서나 프레젠테이션을 만들 수 있습니다.

슬라이드 쇼 브로드캐스트 기능을 사용하면 웹 브라우저를 통해 1 ~ 100명까지 원격으로 청중에게 파워포인트 2010 프레젠테이션을 브로드캐스트할 수 있습니다. 청중의 PC에는 파워포인트가 설치되어 있지 않아도 상관없습니다.

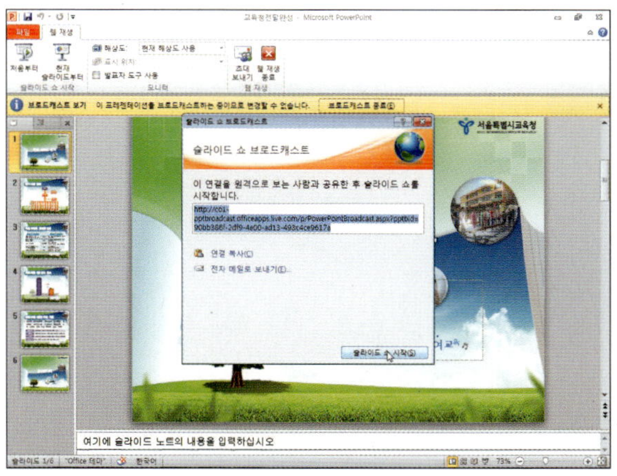

03 ›› 파워포인트를 사용하여 생동감 넘치는 프레젠테이션을 만들 수 있습니다.

파워포인트 2010에서는 비디오 편집 기능, 동적 화면 전환 효과, 애니메이션 기능, 개선된 차트 도구, Smart Art 그래픽을 사용하여 시각적 효과를 더욱 높였습니다. 다른 그래픽 프로그램 없이도 생동감 넘치는 프레젠테이션을 만들 수 있습니다.

04 ›› Office Web Apps를 사용하여 거의 모든 장소에서 문서를 액세스, 편집 및 공유할 수 있습니다.

Windows Live에 로그인한 후 파워포인트에서 만든 문서를 업로드하면 인터넷 접속이 가능한 거의 모든 장소에서 Office Web Apps로 문서를 확인 및 편집할 수 있습니다. 집 또는 학교를 벗어나서도 어디서든 Office Web Apps를 사용하여 문서를 공유하고 학생들과 공동 작업을 할 수 있습니다.

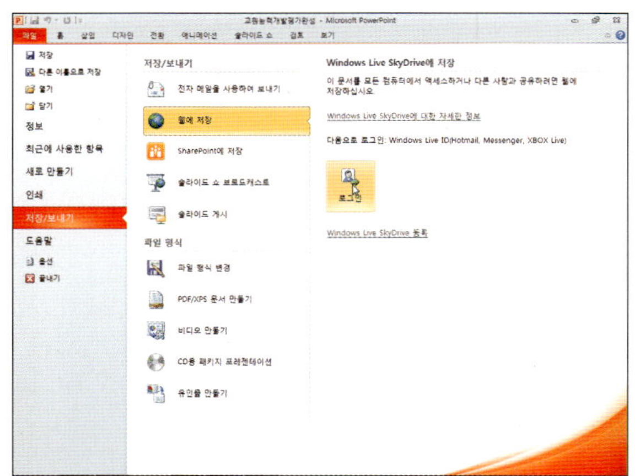

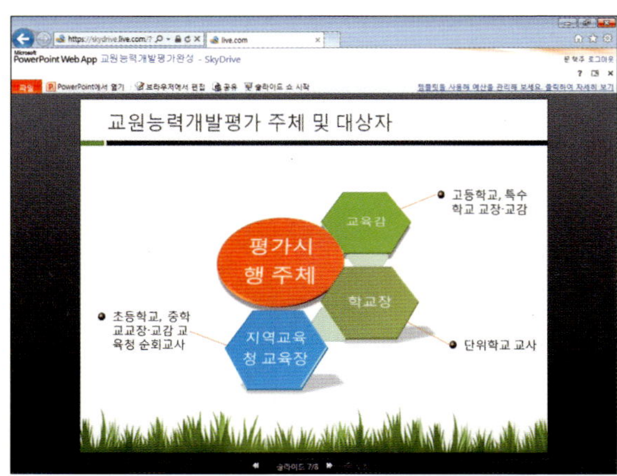

특정인만 사용할 수 있는 키노트　　Step 02

01 ›› **키노트(Keynote)는 애플사에서 만든 프레젠테이션 도구입니다.**

애플 제품에서만 사용이 가능하기 때문에 파워포인트에 비해 사용자가 적지만, 아이폰과 아이패드 사용자가 급격히 늘어나면서 키노트 사용자도 늘어나고 있습니다.

02 ›› **심플한 이미지와 내용으로 하나의 슬라이드에 하나의 메시지만을 전달하고 싶을 때 사용합니다.**

스티브잡스는 신제품 발표회 때마다 언제나 키노트를 사용하여 프레젠테이션을 하였고, 하나의 메시지를 전달하는데 심플하면서도 세련된 디자인으로 강렬한 인상을 남겼습니다. 그래서 사람들은 스티브잡스의 ‘프레젠테이션’ 자체를 ‘키노트한다’ 라고 말할 정도로 키노트의 프레젠테이션은 새로운 흐름을 만들었습니다.

03 ›› **다양한 방법으로 발표할 수 있습니다.**

‘프레젠터 디스플레이’ 기능을 활용하면 청중이 보는 스크린에 프레젠테이션을 띄우고, 발표자가 사용하는 작은 디스플레이에는 현재 슬라이드와 다음 슬라이드, 슬라이드 발표용 노트, 시계, 타이머가 표시됩니다. 회의실에 가지 못하더라도, 프레젠테이션을 진행할 수 있습니다.
아이폰이나 아이패드를 사용하면 발표장을 자유롭게 누비면서 프레젠테이션을 할 수 있어 더욱 편리합니다.

04 〉〉 키노트는 움직이는 프레젠테이션을 만들고, 가지고 다닐 수 있습니다.

아이폰, 아이패드에서 프레젠테이션 문서를 만들고, 프레젠테이션을 진행하며, 공유할 수 있습니다. 어떤 기기에서 작업하든 아이클라우드가 자동으로 최신 상태로 업그레이드 해줍니다.

05 〉〉 키노트 파일을 다양한 형식으로 저장하여 서로 공유할 수 있습니다.

파워포인트에서 만든 프레젠테이션을 키노트로 가져올 수 있으며, 키노트에서 만든 프레젠테이션을 파워포인트 파일로도 쉽게 저장할 수 있습니다. 또한 프레젠테이션을 QuickTime 동영상, PDF, HTML, 이미지 파일로도 내보낼 수 있습니다. 키노트는 윈도우 XP, 혹은 윈도우 7이 설치되어 있는 일반 컴퓨터에서는 사용할 수 없으나 파일 형식을 변환하여 사용할 수 있습니다.

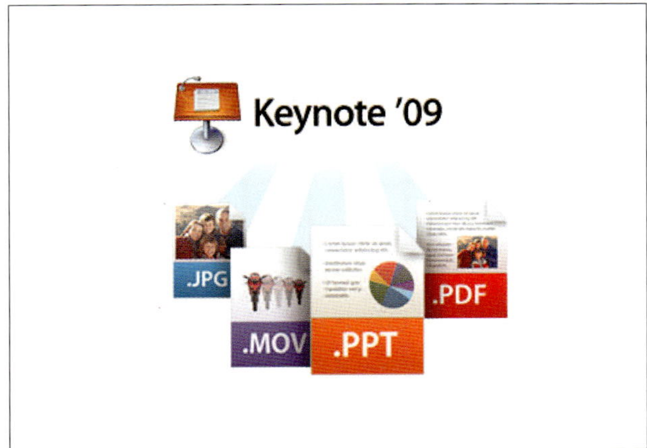

※ 그림 출처는 애플코리아(http://www.apple.com/kr)입니다.

스토리가 역동적인 프레지

Step 03

01 ›› **프레지는 무한 캔버스에 이야기를 만들어가는 프레젠테이션 도구입니다.**

한 장의 캔버스에 프레젠테이션에 들어갈 내용을 모두 입력합니다. 파워포인트나 키노트처럼 한장 한장 슬라이드로 이루어진 것이 아니라 전체 내용이 하나의 캔버스로 되어 있기 때문에 슬라이드가 끝날 때마다 발표자가 다음 전개로의 개념을 지을 필요 없이 청중이 한 편의 영화를 보듯 이야기를 듣고 이해합니다.

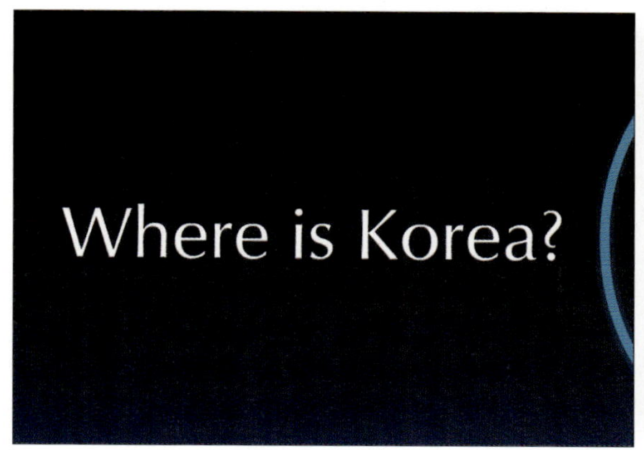

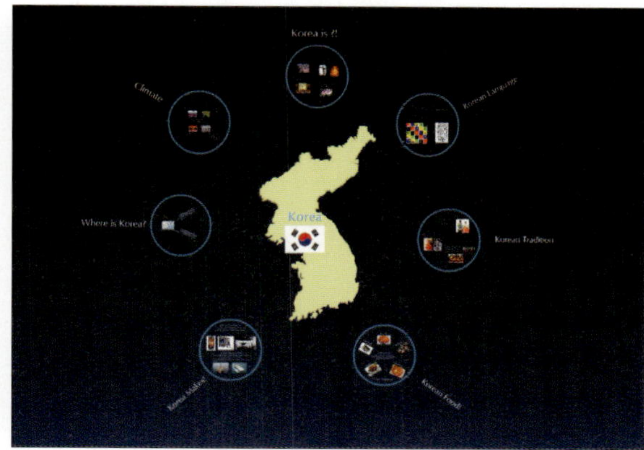

02 ›› **프레지는 줌인, 줌아웃으로 구성된 새로운 프레젠테이션 도구입니다.**

프레지는 마치 비디오 카메라처럼 피사체를 줌인했다가 다시 줌아웃합니다. 애니메이션이나 화면 전환 효과를 사용하지 않아도 살아 있는 듯한 역동적인 프레젠테이션을 구성할 수 있습니다.

03 〉〉 프레지는 온라인 기반의 프레젠테이션 도구입니다.

모든 작업이 인터넷에서 이루어지고, 모든 자료가 웹에 탑재되기 때문에 다른 어떤 프레젠테이션 도구보다 여러 사람이 함께 공유하고 공동 작업하기 쉽습니다.

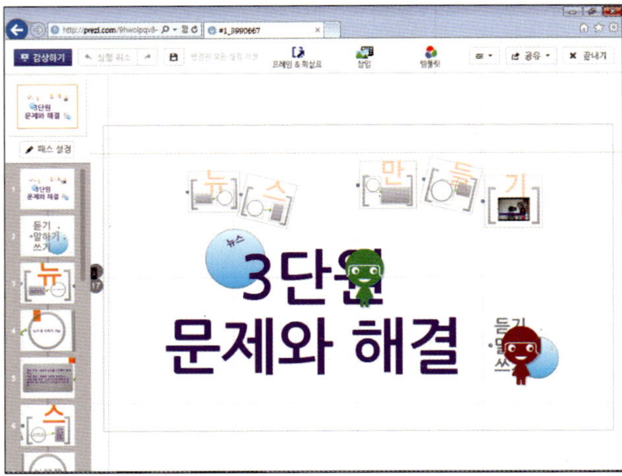

04 〉〉 프레지는 단순하기 때문에 초보자가 배우기 쉽습니다.

프레지에서는 작업 메뉴만 익히면 몇 시간 만에 금방 프레젠테이션 문서를 만들 수 있습니다. 프레지는 기능적인 것보다 좋은 기획으로 탄탄한 스토리를 짜임새 있게 구성하여 프레젠테이션 문서를 만들어야 청중의 이목을 집중시킬 수 있습니다. 프레젠테이션 기획과 상상력을 무한히 발전시킬 수 있습니다.

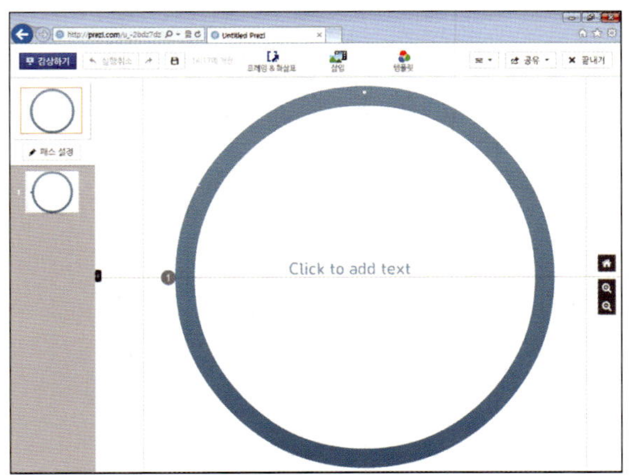

그 밖의 다양한 프레젠테이션 도구   Step **04**

01 ›› 한글과컴퓨터에서 만든 프레젠테이션 도구 한쇼 2010

한쇼 2010은 윈도우용 프레젠테이션 프로그램으로 한글과컴퓨터에서 만들었습니다. 마이크로소프트 파워포인트와 호환되며 유사한 메뉴 구조를 가지고 있기 때문에 기존의 파워포인트 사용자라면 한쇼를 익숙하게 다룰수 있습니다. 다양하고 화사한 테마와 여러 가지 애니메이션 효과를 제공하여 쉽고 빠르게 멋진 프레젠테이션을 만들 수 있습니다.

02 ›› 최초의 온라인 오피스 씽크프리(Think Free) – http://www.thinkfree.com

씽크프리는 한글과컴퓨터에서 만든 세계 최초의 웹 오피스 프로그램입니다. 씽크프리에서는 1GB의 무료 온라인 저장 공간인 마이오피스를 제공합니다. 한글과컴퓨터에서 만들었기 때문에 한글, 한셀과의 호환은 기본이며, MS 오피스의 파워포인트, 워드, 엑셀과도 완벽히 호환되어 온라인과 오프라인에서 모두 사용할 수 있습니다. 웹 기반이므로 다른 사람과 공유하고 공동 작업하기 쉽습니다.

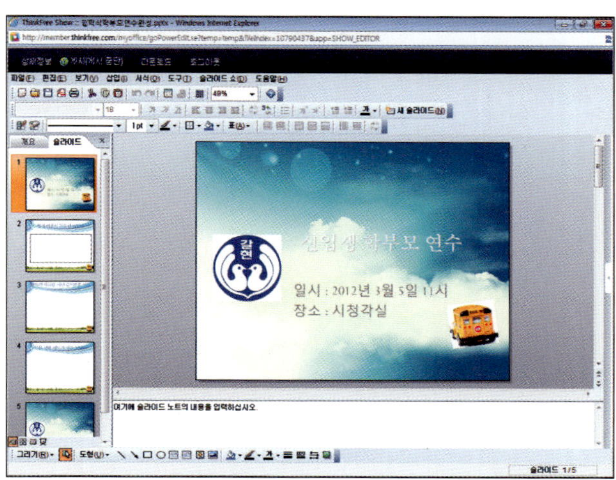

03 ›› SkyDrive의 Office web app – http:// skydrive.live.com

Microsoft에서 제공하는 Office web app은 Windows Live 계정이 있다면 무료로 사용할 수 있습니다. SkyDrive에서는 무려 25GB까지 파워포인트를 비롯하여 오피스 문서를 저장하고 공유할 수 있습니다. 파워포인트에서 제공하는 기본적인 기능은 웹 오피스에서도 충분히 작업할 수 있습니다.

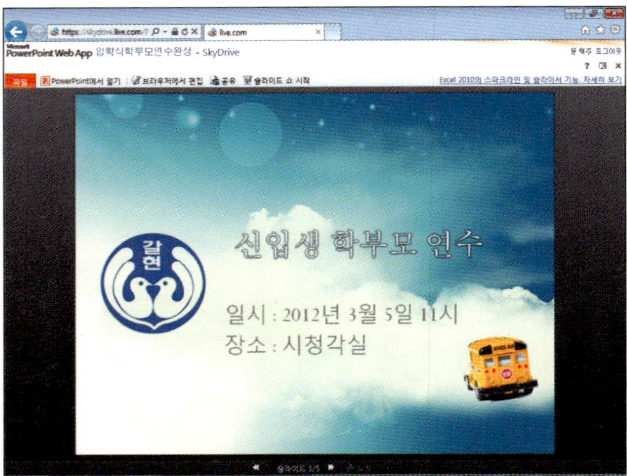

04 ›› 페이스북에서 공유하는 독스(Docs) – http://Docs.com

Microsoft와 페이스북이 함께 온라인 문서 공유 사이트인 Docs.com을 런칭했습니다. 이 사이트는 페이스북의 사용자가 Microsoft 오피스 제품군을 무료로 사용해 편집하거나 공유할 수 있는 서비스입니다. 페이스북의 친구들과 함께 문서를 공유하려면 Docs.com을 사용하는 것이 좋습니다.

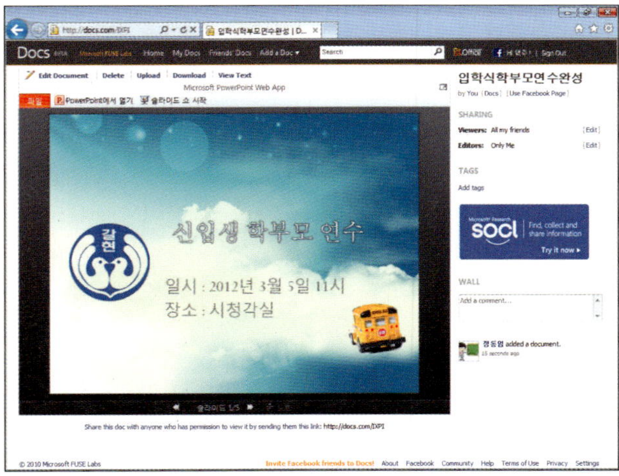

05 ›› 실시간으로 공동 작업이 가능한 구글 문서도구(Google Docs) – http://www. google.com

구글 문서도구는 사용자가 다른 종류의 문서를 만들고 다른 사용자와 실시간으로 공동 작업하며 문서 및 다른 파일을 모두 온라인에서 무료로 저장할 수 있습니다. 구글 문서도구에서는 Microsoft의 엑셀, 파워포인트, 워드 문서뿐 아니라 PDF, HTML, CSV, RTF 파일 등을 읽거나 저장하는 서비스를 제공하고 있습니다.

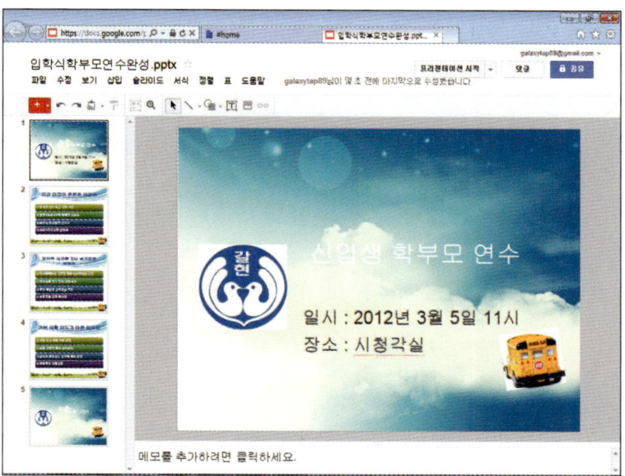

06 ›› 최강의 자료실 슬라이드쉐어(Slideshare) – http://www.slideshare.net

슬라이드쉐어는 프레젠테이션 파일이나 PDF, Word 파일 등을 공유하는 사이트입니다. 공유된 자료도 카테고리별로 잘 정리되어 있으며, 원하는 파일을 다운로드할 수도 있습니다. 매일 다양한 주제의 프레젠테이션 슬라이드가 업로드되고, 유저들에게 가장 많은 표를 얻은 슬라이드를 소개하기도 합니다.

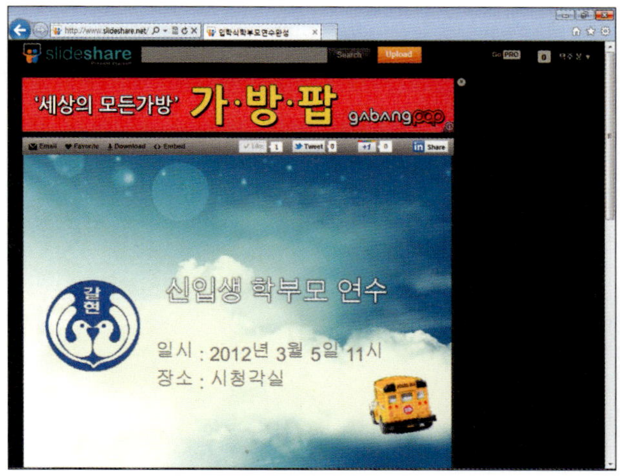

3D 화면 전환 효과를 제공하는 슬라이드로켓(Slide Rocket) – http://www.sliderocket.com

슬라이드로켓은 온라인 프레젠테이션 도구로 예전부터 키노트에서만 제공되던 3D 화면 전환 효과를 제공하고 있습니다. 인터넷을 연결해야만 사용이 가능하다는 온라인 서비스의 단점을 해소하기 위해서 유료 데스크톱 버전도 제공됩니다.

학 교 에 서 통 하 는 프 레 젠 테 이 션

스토리텔링 수업을 위한 프레젠테이션 도구 – 프레지

프레젠테이션 도구 중 가장 많이 사용하는 것이 파워포인트라면 프레지는 스토리텔러들에게 가장 인기 있는 도구입니다. 커다란 캔버스에서 역동적으로 움직이는 단순하면서도 강한 전달력을 갖은 프레지는 무한한 상상력과 아이디어로 얼마든지 다양한 생각과 내용을 기술할 수 있습니다. 프레지의 작업 메뉴만 익히면 단 몇 분만에 프레젠테이션을 만들 수 있습니다. 학생들의 집중도를 높일 수 있는 프레젠테이션을 프레지를 사용하여 만들어 보겠습니다.

선생님들에게 프레지란 무엇인가?

프레지는 불과 몇 년 만에 많은 사람들에게 사랑받는 프레젠테이션 도구가 되었습니다. 파워포인트나 키노트는 슬라이드로 제한되어 있으나 프레지는 커다란 캔버스에 자기 마음대로 그려 넣을 수 있습니다. 탄탄한 스토리를 갖고 있다면 누구든지 프레지를 이용하여 멋진 프레젠테이션 문서를 만들 수 있습니다. 온라인 기반인 프레지를 사용하면 선생님과 학생이 쉽게 공유하고 공동 작업을 할 수 있어 수업에 많은 도움이 됩니다.

Section 06 · Section 07 · Section 08 · Section 09 · Section 10

프레지란?

Step 01

갓 태어난 웹 서비스 회사 Prezi의 CEO 피터 알바이(Peter Arvai)는 미국에서 헝거리 부다페스트로 건너온 TED 컨퍼런스의 투자자들 앞에서 프레지를 사용해 25분 만에 발표 자료를 만들어 보여주었고, 발표가 끝나자 투자자들은 그 자리에서 바로 투자를 승인했다고 합니다.

Prezi가 2009년 4월 새로운 형식의 프레젠테이션 도구로 출시된 직후부터 TED 컨퍼런스에 올라온 전 세계의 스토리텔러들은 단순하면서도 강한 전달력을 갖고 있는 프레지(Prezi)의 매력에 빠지게 되었습니다.

프레젠테이션에 가장 많이 사용하는 파워포인트와 달리 프레지는 스토리텔러들에게 최적화된 도구로 알려져 있습니다.
프레지는 모든 아이디어를 큰 캔버스에 쏟아붓고 각 아이디어를 모으고 자르고 붙이는 작업을 통해 만들어집니다. 새로운 아이디어를 처음 대중에게 알리거나 시간적, 공간적 이동을 필요로 하는 자료를 만들기엔 프레지가 적격입니다.

새로운 것을 학생들에게 알려주는 수업 자료를 만들 때 프레지를 사용하는 것이 다른 어떤 도구를 사용하는 것보다 효율적입니다. 메뉴의 단순함과 직관적인 사용자 인터페이스는 누구나 쉽고 빠르게 익히기 때문에 자신의 생각을 자유롭게 표현할 수 있습니다. 프레지를 사용하면 프레젠테이션이 역동적이며 때론 자극적이고, 호기심을 유발하기 때문에 학생들의 이목을 집중시키기에 충분합니다.

선생님들에게 왜 프레지가 필요할까? Step 02

01 >> 프레지는 웹을 기반으로 합니다.

플래시 기반의 온라인 프레젠테이션 도구로 프레지 홈페이지(http://prezi.com)에 접속하면 프레지 도구를
회원가입 후 사용할 수 있습니다.

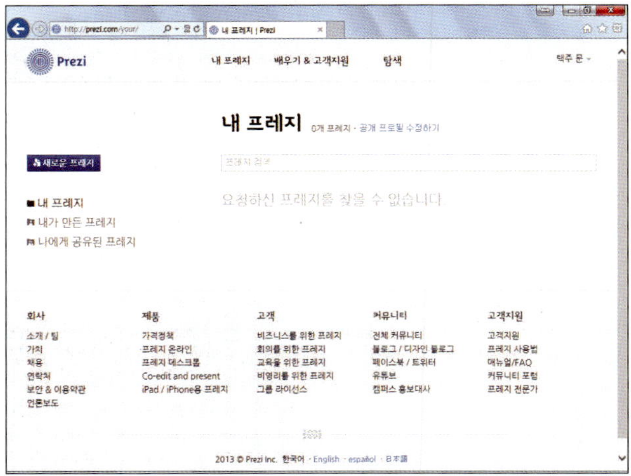

02 >> 프레지는 무료로 사용할 수 있습니다.

프레지는 무료로 거의 대부분의 기능을 활용할 수 있습니다. 물론 유료 버전도 있지만 일반용 계정에 비해 교
육용 계정을 사용하면 더 많은 용량을 사용할 수 있기 때문에 선생님과 학생들이 사용하기 더 좋습니다.

03 >> 배우기가 쉽습니다.

메뉴의 단순함과 직관적인 사용자 인터페이스로 계정을 등록한지 1시간이면 누구나 쉽게 프레지로 작업할 수
있어 선생님들께서도 배우기 쉽고 활용하기 좋습니다.

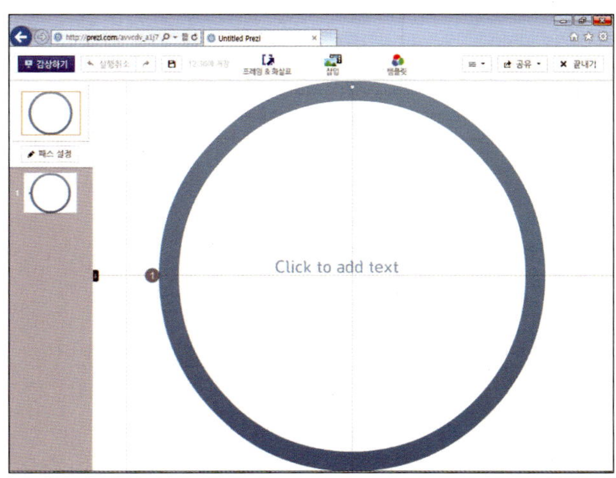

프레지는 온라인을 기반으로 하고 있기 때문에 수시로
업그레이드가 이루어지므로 보시는 화면과 다를 수 있습
니다.

04 〉〉 역동적인 장면을 만들 수 있습니다.

프레지의 최대 장점은 줌인/줌아웃 기능으로 큰 캔버스를 물 흐르듯 이동하며 중간에 멈추어 현미경으로 살펴보거나 인공위성에서 내려다보는 듯한 역동성입니다. 역동성 있는 장면은 학생들의 호기심을 자극합니다.

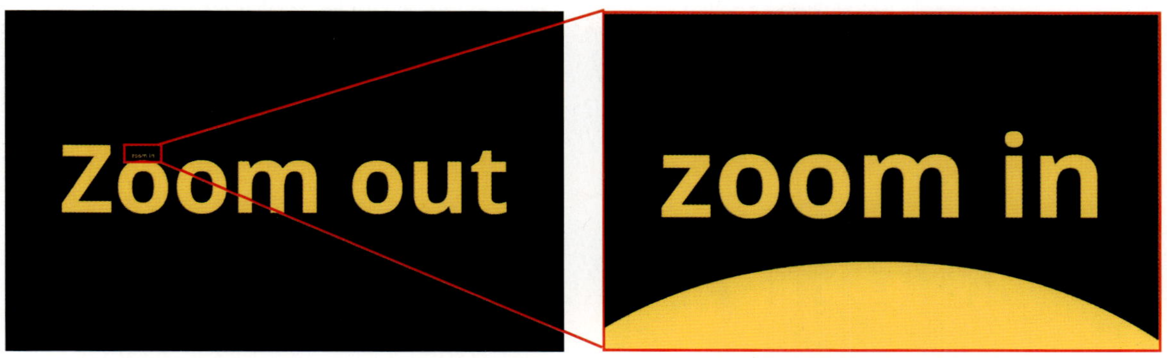

05 〉〉 학생들과 공유하고 공동 작업할 수 있습니다.

프레지는 웹을 기반으로 하기 때문에 모든 자료가 웹에 있습니다. 따라서 인터넷이 가능한 곳이라면 어디서든 프레지의 공동 작업 기능을 활용하여 프레지 파일을 공유하고 편집할 수 있습니다. 학생들과 프레지 파일을 공유하여 공동 작업을 할 수 있고, 프레지 쇼도 공유할 수 있기 때문에 선생님들간 화상 회의를 진행할 수도 있습니다.

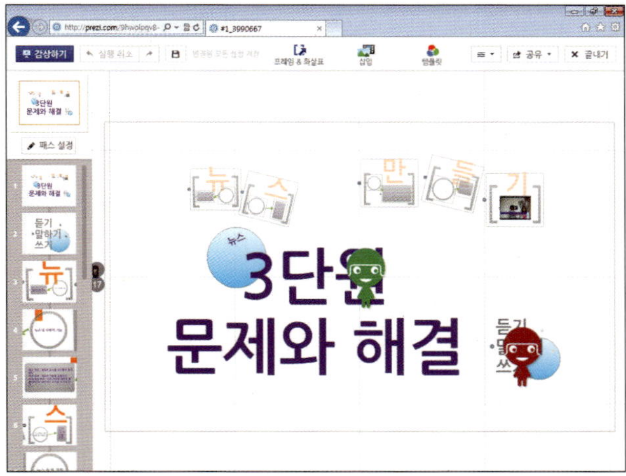

06 〉〉 스토리텔링 도구입니다.

파워포인트나 키노트는 각각의 슬라이드로 내용이 구성되기에 흐름을 제대로 이어갈 수 없지만 프레지는 한 장의 캔버스 안에서 자신의 이야기를 자연스럽게 이어갈 수 있습니다. 마치 브레인스토밍 과정처럼 아이디어에 살을 붙이는 발산적 사고를 통해 이루어진다고 볼 수 있습니다. 이야기를 어떻게 이어갈지 고민하다보면 상상력도 풍부해집니다.

프레지를 시작하기 전 이것만은 꼭!!   Step 03

01 ›› 상상력을 키우는 캔버스

프레지를 열면 커다란 캔버스 하나만 존재합니다. 파워포인트나 키노트처럼 슬라이드 한장 한장의 개념이 아니라 무한 캔버스 개념입니다. 이 캔버스는 넓이에 대한 경계도 높이에 대한 경계도 없습니다. 캔버스의 크기와 높이를 결정짓는 것은 작업하는 사람의 상상력입니다. 무한한 캔버스에 어떤 그림을 그릴지는 작업하는 사람의 상상력으로 결정됩니다.

02 ›› 줌인/줌아웃 기능으로 영상처럼 보이는 프레지

파워포인트나 키노트는 슬라이드 구성으로 평면적으로 보이지만 프레지는 줌인/줌아웃 기능이 자유로워서 마치 영상처럼 보입니다. 비디오 카메라처럼 특정 부분을 줌인한 후 다시 줌아웃하여 화면 전환을 할 수 있습니다. 줌인/줌아웃 기능을 적절하게 사용해야지 별내용 없이 계속 빙글빙글 돌아가게만 한다면 학생들은 어지러움을 호소하고 내용 자체에 집중하지 못할 것입니다.

03 ›› 화면을 재구성해 주는 프레임

기존에 있는 것들을 화면에 어떻게 보여줄지 재구성하는 역할을 프레임이 합니다. 카메라로 사진을 찍을 때
한 프레임 안에 무엇이 들어갈지 고민하듯이 여러 개체를 그룹화하여 한 프레임에 넣을 수 있습니다. 프레임
으로 큰 사진의 일부분만 지정하여 보여주면 무엇인지 몰라 상상하게 만듭니다. 프레임은 프레지를 만들 때
중요한 역할을 합니다.

04 ›› 경로를 설정해 주는 패스

프레지를 이용해서 프레젠테이션을 하기 위해서는 캔버스 위의 텍스트, 그림, 프레임 등을 발표 순서에 맞게
경로를 설정해 주어야 합니다. 이 기능을 하는 것이 패스입니다. 화면상의 작은 개체라도 패스로 설정되면 줌
인하여 화면에 꽉 차 보이게 할 수 있습니다. 모든 개체를 패스로 지정할 필요는 없습니다. 같은 개체를 반복
해서 지정할 수도 있고, 모든 개체를 프레임으로 그룹화하여 한 화면에 보이게 할 수도 있습니다. 처음에 스토
리라인을 잘 짜서 경로를 설정해야 합니다.

이미지를 삽입할 때 해상도는 보통 1024 x 768로 설정하는 것이 좋습니다. 프로젝트로 프레젠테이션을 하기 때문에 프로젝
트 크기인 1024 x 768을 고려합니다.

프레지로 만든 과목별 수업 자료 예시

프레지 작업을 할 때 과목별 특성에 맞게 그림, 동영상 등을 삽입하고, 화살표나 곡선으로 지시선을 만들어 청중의 시선이 따라 갈 수 있도록 만듭니다. 또한 줌인/줌아웃 기능을 사용해서 역동적인 프레지 쇼를 만듭니다. 적절한 줌인/줌아웃 기능과 불필요한 회전을 자제하여 학습에 도움이 되는 좋은 자료를 만들기 위해 과목별 수업 자료 예시를 살펴보겠습니다.

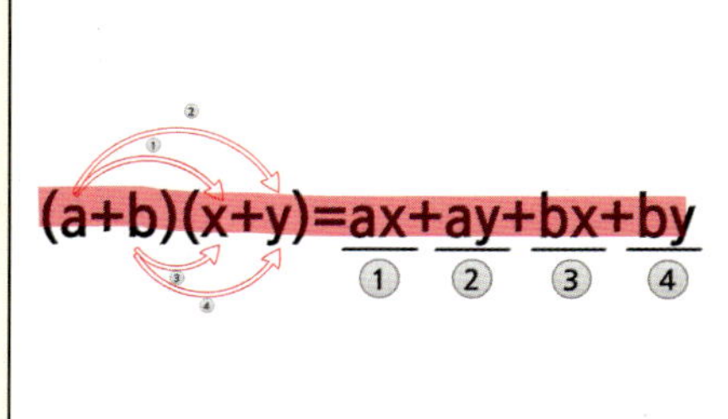

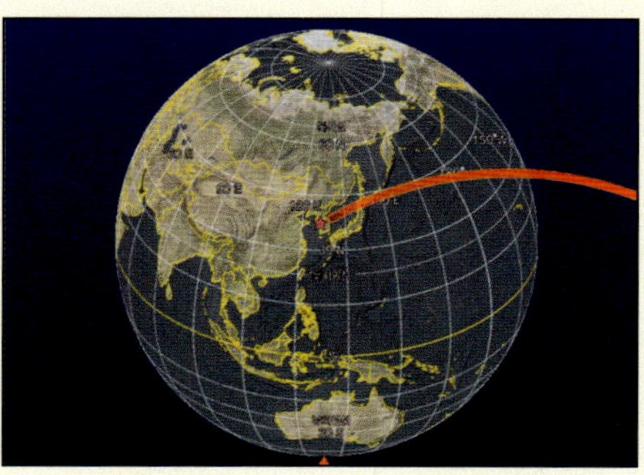

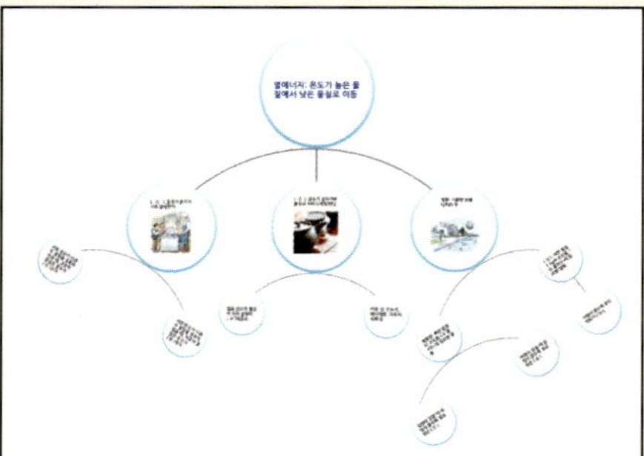

과목별 수업 자료 예시-국어   Step 01

국어는 영역별로 듣기, 말하기, 쓰기, 읽기를 배우게 됩니다. 국어 수업 자료를 만들 때는 영역별 주제에 맞는 스토리라인을 만들어야 합니다. 자료 예시에서는 주제를 먼저 보여주고, 주제와 관련된 내용을 차례로 보여줍니다. 모둠별로 역할극 등을 과제로 내줄 경우에는 유튜브에서 관련 샘플을 검색하여 삽입한 후 프레지 쇼로 보여주는 것이 좋습니다. 전체 화면을 보여줄 때는 소주제와의 연관성을 고려하여 레이아웃을 정해야 합니다.

과목별 수업 자료 예시-수학   Step 02

수학 수업 자료를 프레지로 만들 때는 [프레임 & 화살표] 메뉴를 사용하여 직선, 곡선, 사각형, 화살표 등으로 공식이나 그래프를 그립니다. 큰 화면에서는 공식이나 정답은 보이지 않게 하였다가 마지막에 줌인 기능을 사용하여 보이게 합니다. 중요 부분은 형광펜을 사용하면 좀 더 잘 보이게 할 수 있습니다. 프레지의 단순한 메뉴로도 다양한 표현을 할 수 있습니다.

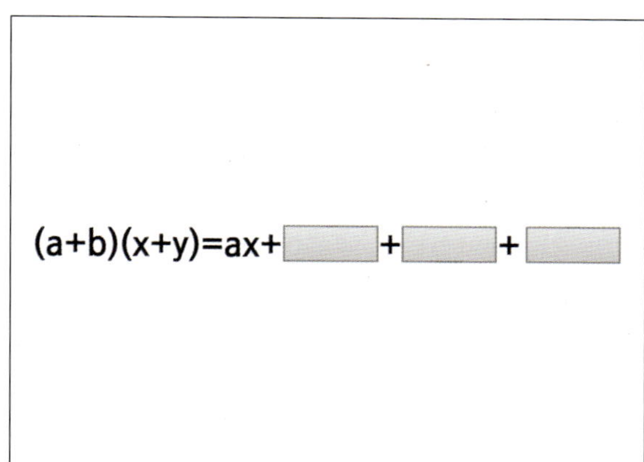

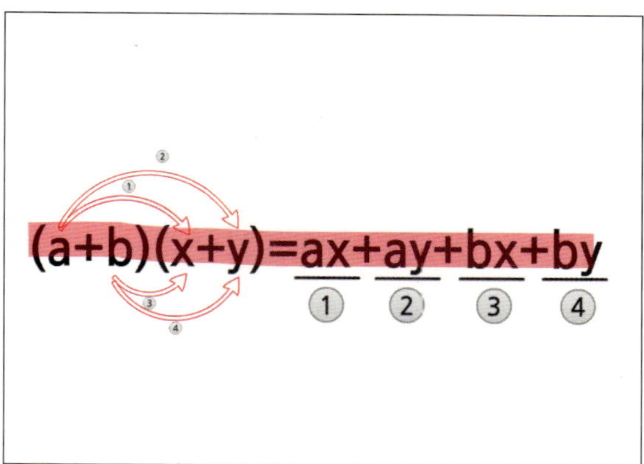

과목별 수업 자료 예시-사회   Step 03

사회 수업 자료를 프레지로 만들 때는 지도 등 다양한 그림을 삽입하여 표현합니다. 예제에서는 평면적인 그림만 보여주는 것이 아니라 화살표를 따라가면서 더 자세한 지역을 찾아가는 내용을 담고 있습니다. 프레지에서는 URL을 하이퍼링크할 수 있어서 학습 내용과 관련된 사이트에 접속하여 더 많은 정보를 얻을 수도 있습니다. 학습 내용을 잘 전달하려면 과목에 상관없이 프레지의 가장 핵심 기능인 줌인/줌아웃 기능을 적절히 사용하는 것이 중요합니다.

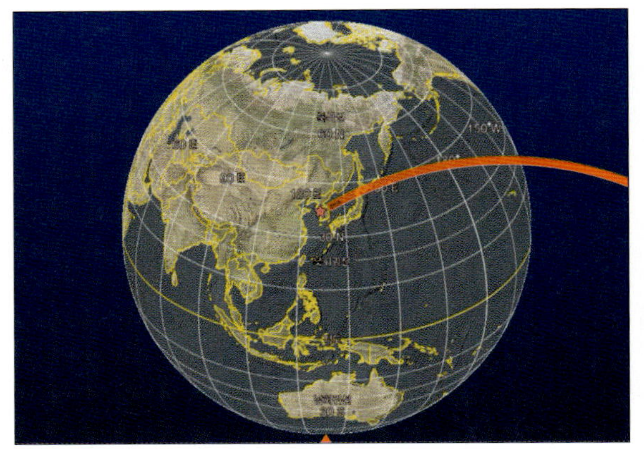
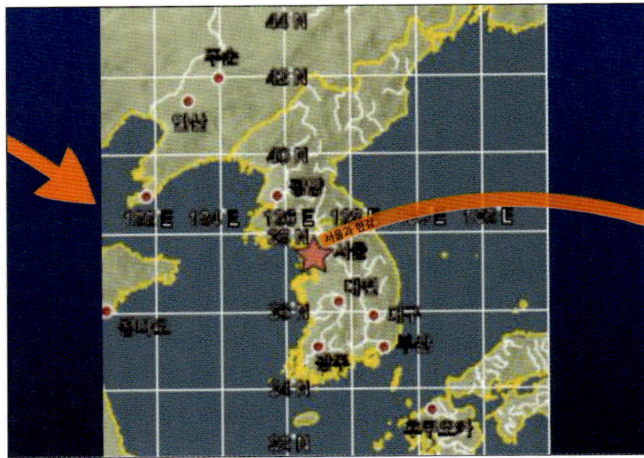

과목별 수업 자료 예시-과학   Step 04

과학은 주로 실험을 통해 결과에 도달하므로, 실험을 나타내는 이미지와 결과를 보이지 않게 하기 위한 줌인 기능을 사용합니다. 프레지를 처음 만드는 사람들에게 가장 어려운 것은 스토리를 잘 표현할 수 있는 구조를 만드는 것입니다. 이럴 때 프레지에서 제공하는 템플릿이나 다이어그램을 사용하면 쉽게 작업할 수 있습니다. 예제에서는 미리 만들어져 있는 다이어그램에 텍스트와 그림을 삽입했습니다.

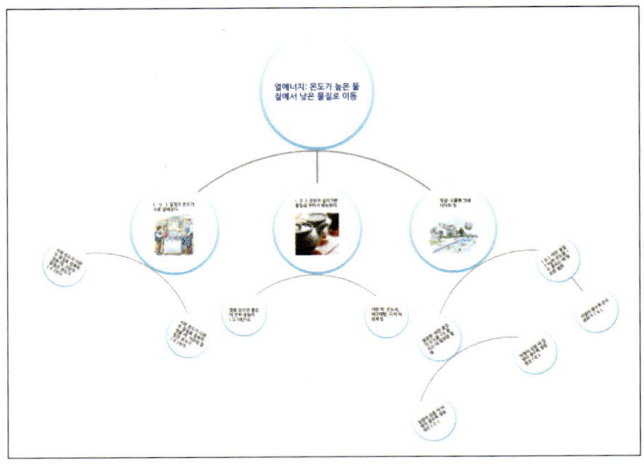

과목별 수업 자료 예시-영어   Step 05

영어 수업 자료를 프레지로 만들 때는 알파벳을 배열하거나 노래로 따라 배울 수 있는 동영상 등을 삽입하여 만듭니다. 예제에서는 원형 프레임을 따라 단어를 제시하고, 알파벳을 재배열하여 정답을 줌인 기능으로 보여주고 다시 줌아웃하였습니다. 단어의 올바른 소리를 삽입하려면 데스크톱 버전에서는 플래시 파일만 삽입이 가능하므로, 동영상을 삽입하여야 합니다.

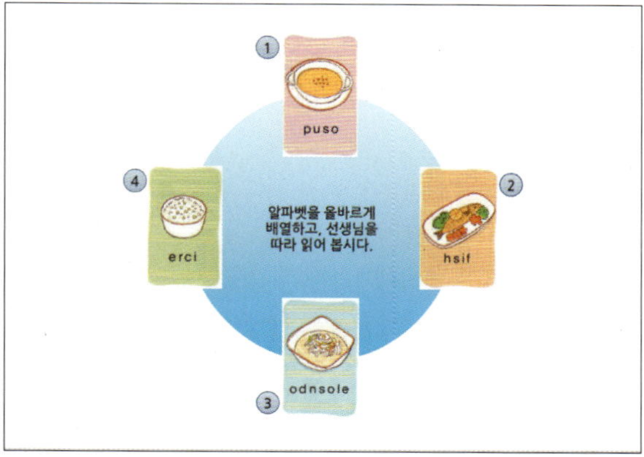

프레지 시작하기
(교육용 계정 가입하기)

프레지는 웹을 기반으로 하는 스토리텔링 프레젠테이션 도구입니다. 프레지를 사용하려면 먼저 프레지 사이트에 방문하여 회원가입부터 해야 합니다. 회원가입은 크게 일반용과 교육용 계정이 있는데, 학생이나 교사의 경우 교육용 계정으로 가입하면 무료로 500MB까지 사용할 수 있습니다.

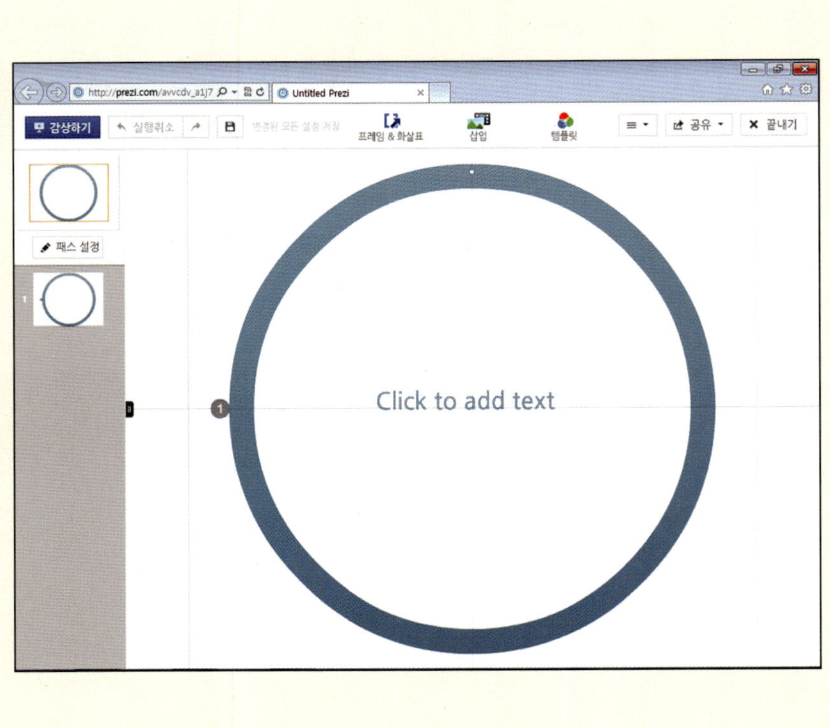

프레지 시작하기

Step 01

01 ›› 프레지(http://prezi.com)에 접속합니다. 회원가입하기 위해 우측 상단의 [가입하기] 단추나 하단의 [가입하기] 단추를 클릭합니다.

페이스북의 아이디가 있는 경우에는 [가입하기]를 눌러 로그인 후 프레지를 사용할 수 있습니다. 또는 페이스북에 회원가입한 후에 사용할 수도 있습니다.

02 ›› 계정 중 일반용을 선택하려면 'Public'의 [가입하기] 단추를 눌러서 회원가입하고, 교육쪽 관련 일을 하는 경우에는 [학생 & 교사] 단추를 클릭합니다. [학생 & 교사 라이선스] 창이 열리면 'Enjoy Edu'의 [가입하기] 단추를 클릭합니다.

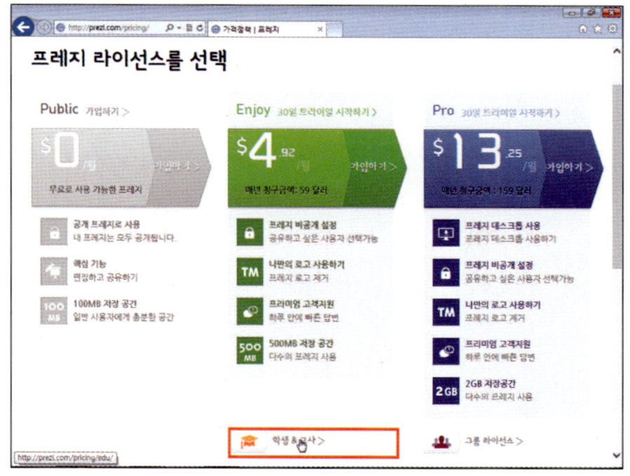

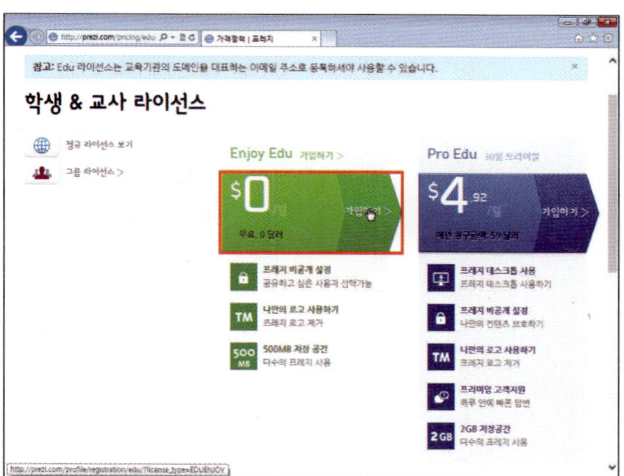

계정 중 일반용인 'Pubic'을 선택하면 100MB를 사용할 수 있고, 교사용을 선택하면 500MB까지 사용할 수 있습니다.

03 ›› 이메일 주소를 입력합니다. 교육용 계정은 학교 계정의 이메일을 입력하여 인증 과정을 거쳐야 합니다. 인증이 완료되면 [가입하기] 단추를 클릭합니다. 입력한 이메일이 로그인 시 아이디가 되므로 잘 기억해 둡니다.

학교 계정의 이메일은 @****.ac.kr 또는 @****.ac로 끝나는 메일을 입력해야 합니다. ac는 교육 기관 메일입니다. 현재까지는 Nate와 Daum 메일로도 교육용 무료 계정을 만들 수 있지만 네이버, 구글 메일은 무료 계정으로 가입할 수 없습니다. 나중에는 Nate와 Daum 메일로는 교육용 계정으로 사용하지 못할 수 있으므로 이런 경우엔 일반 계정으로 가입해서 활용하는 것이 좋습니다.

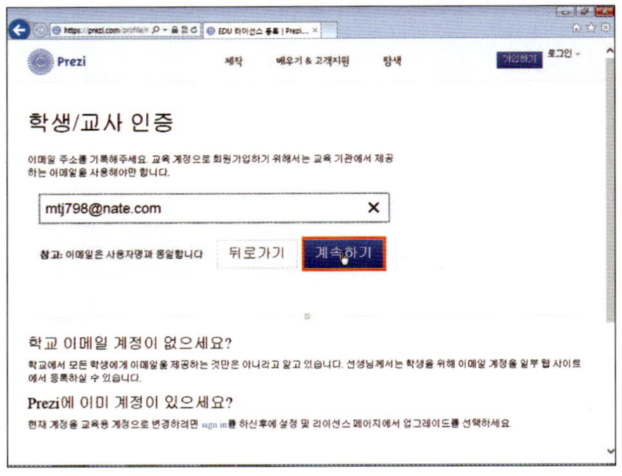

04 ›› 학교명, 학교 소재 도시명, 국가명, 학교 홈페이지 주소를 입력합니다. 입력한 학교 정보를 증명한다는 내용에 체크 표시한 후 [계속하기] 단추를 클릭합니다.

교육용 무료 계정을 사용하기 위해서는 ac.kr이나 es.kr로 끝나는 학교 홈페이지 주소를 입력해야 합니다.

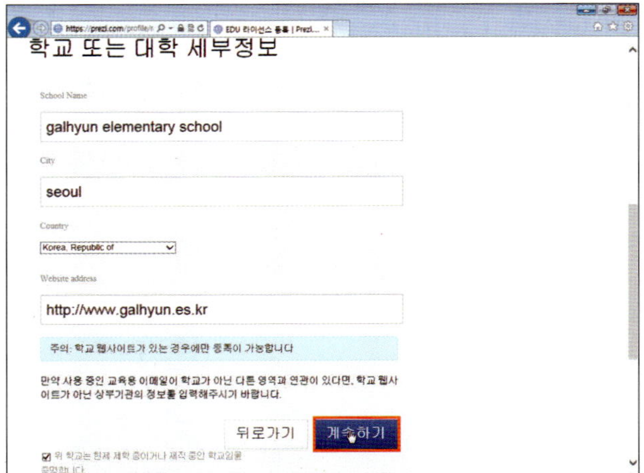

05 ›› 교육용 계정 가입이 완료되면 가입 시 입력한 이메일 계정에 접속하여 인증 과정을 거치라는 메시지 창이 나타납니다. [Close] 단추를 클릭합니다.

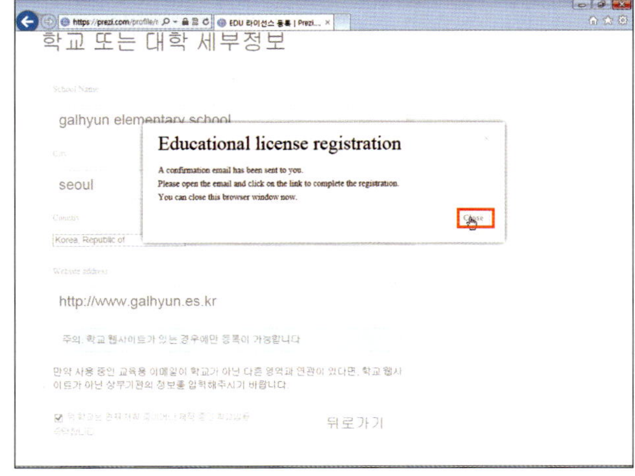

06 ›› 가입 시 입력한 이메일 계정으로 접속한 후 프레지로부터 온 편지를 클릭합니다. 'https://prezi.com/...' 부분을 드래그한 후 마우스 오른쪽 단추를 눌러 [복사] 메뉴를 클릭하고, 주소 표시줄에 붙여넣기하여 접속합니다.

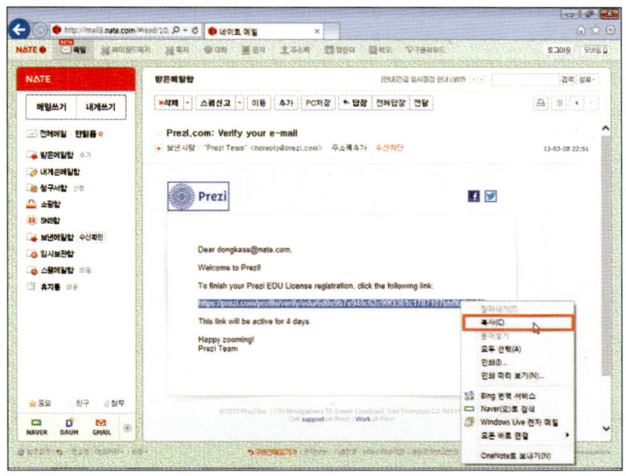

> 복사한 링크는 4일 동안만 활성화되므로, 4일 이내에 인증을 끝마쳐야 합니다.

07 ›› 복사한 링크에 접속되면 이름, 비밀번호, 비밀번호 확인을 차례로 입력합니다. 아래쪽의 이용약관 동의에 체크 표시하고, [가입하기] 단추를 클릭합니다.

08 ›› 이제 프레지를 시작합니다. 영문 버전으로 프레지가 열리므로, 아래쪽으로 스크롤을 내려서 '한국어'를 선택하면 언어가 변경됩니다.

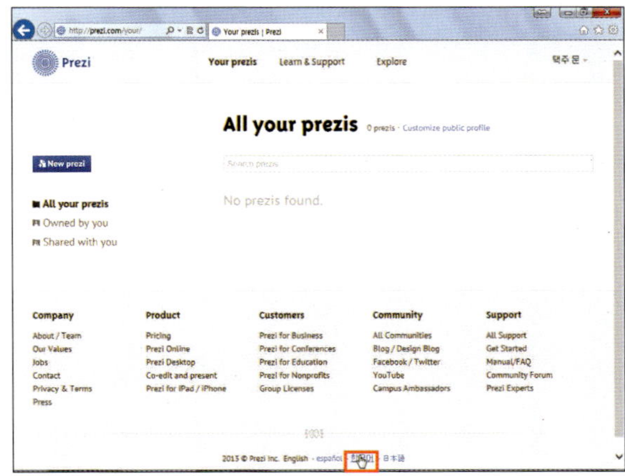

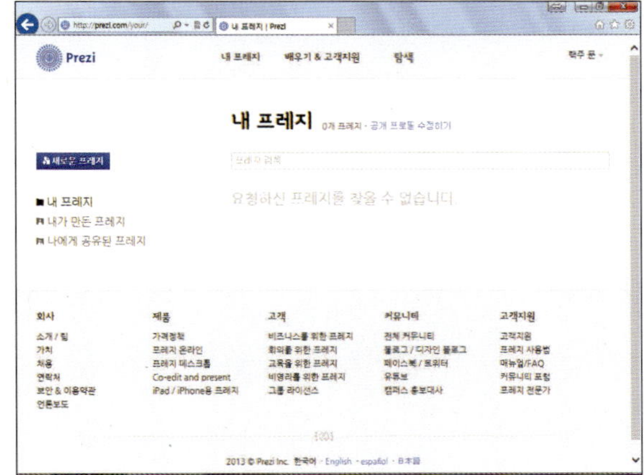

프레지 들어가기 

이런 기능들이 사용됐어요 ➜ 로그인, 로그아웃

01 ›› 프레지 사이트에 접속하였다면 프레지를 시작하기 위해 화면 우측 상단의 [로그인] 단추를 클릭합니다. 가입 시 입력한 메일과 비밀번호를 입력한 후 [로그인] 단추를 클릭합니다.

02 ›› 로그인 되면서 우측 상단에 접속자 이름이 표시됩니다. 로그아웃하려면 접속자 이름을 클릭하여 [로그 아웃]을 클릭합니다.

 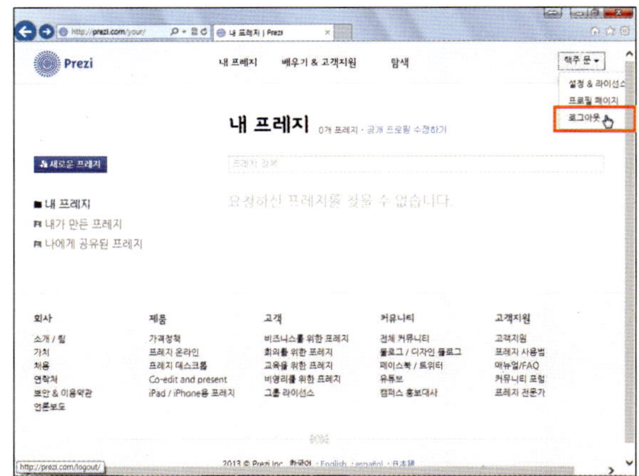

공공 PC를 사용하는 경우에는 반드시 로그아웃해야 합니다. 로그아웃하지 않을 경우 PC 재부팅해도 로그인이 되어 있으므로 로그아웃을 습관화하는 것이 좋습니다.

라이선스 및 셋팅 업그레이드하기

Step 03

이런 기능들이 사용됐어요 ➜ 설정 & 라이선스, 업그레이드

01 ≫ 프레지의 세부 설정을 하기 위해 화면 우측 상단의 접속자 이름을 클릭하고, [설정 & 라이선스]를 선택합니다.

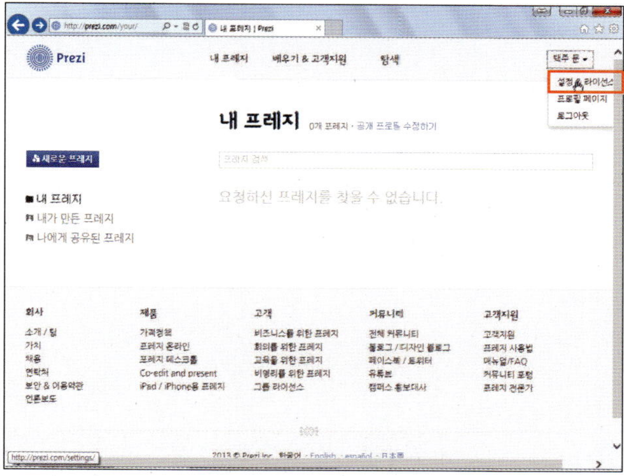

02 ≫ 사용자의 계정을 업그레이드하기 위해 스크롤을 내려서 '계정 & 라이선스'의 [라이선스 업그레이드] 단추를 클릭합니다.

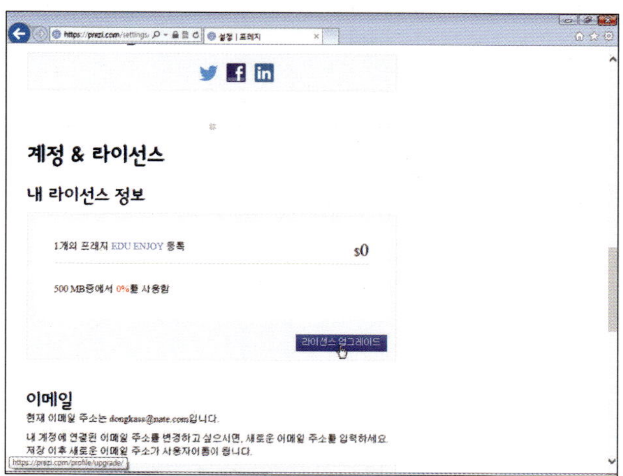

03 ≫ 업그레이드 페이지로 이동하면 [학생 & 교사] 단추를 눌러 업그레이드 항목을 살펴보고, 'Pro Edu'의 [업그레이드]를 클릭합니다.

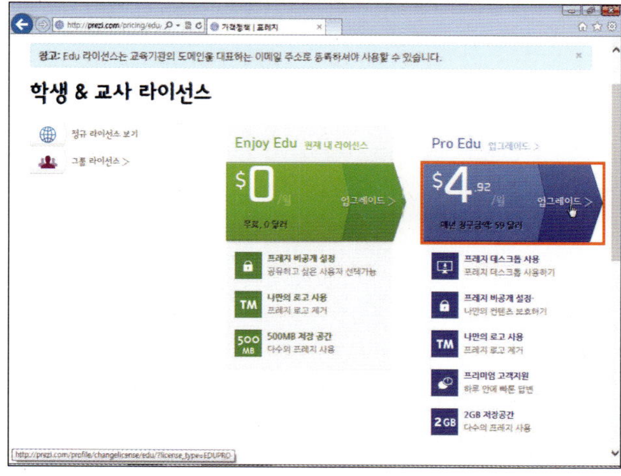

04 ›› 업그레이드하기 위해서는 다시 학교 인증 과정 절차를 거쳐야 합니다. 이메일 계정을 통해 받은 URL에 접속합니다.

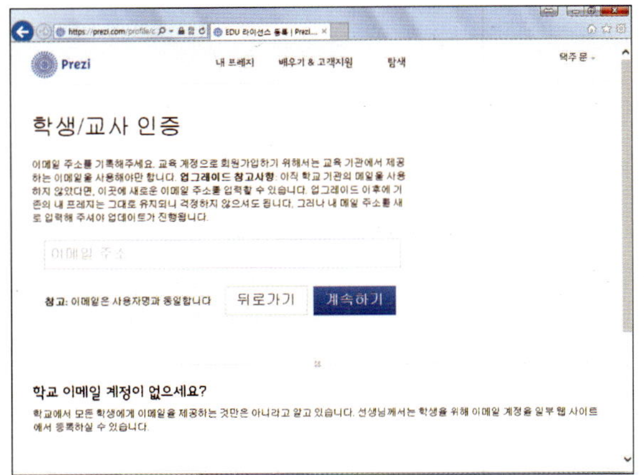

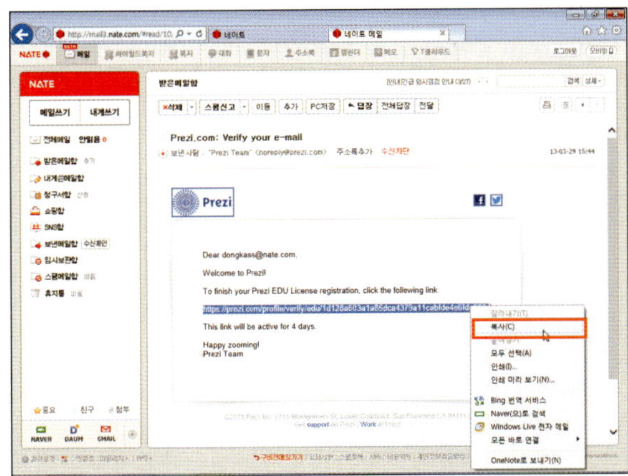

05 ›› 신용카드 정보를 입력하고 이용약관 동의에 체크 표시한 후 [계정 업그레이드] 단추를 클릭하면 업그레이드가 완료됩니다.

첫 30일 동안은 무료로 사용됩니다. 30일이 지나면 업그레이드한 계정 비용이 청구됩니다. 업그레이드 비용이 외에 신용카드에 따라 수수료가 발생할 수 있습니다.

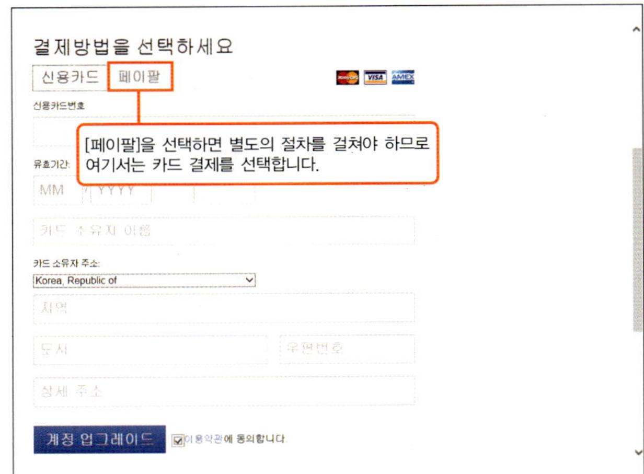

06 ›› 이제 세부 설정을 변경하기 위해 '내 프로필' 의 [페이스북 연결] 단추를 클릭합니다. 페이스북에 로그인한 후 [앱 약관·개인정보취급방침] 창에 [확인] 단추를 클릭하면 프레지 프로필에 페이스북 사진을 이용할 수 있습니다.

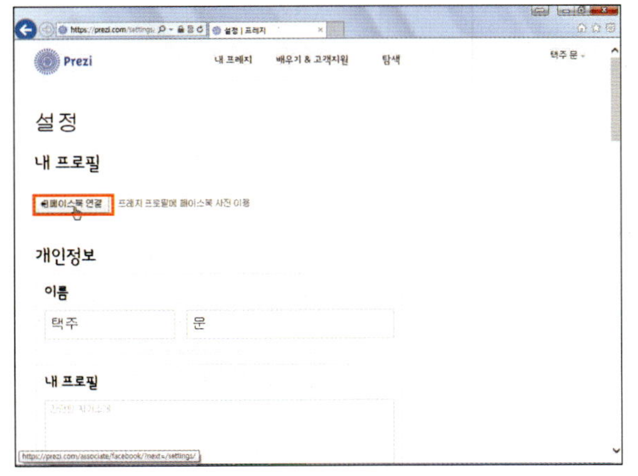

07 ›› '개인정보'의 '내 프로필'에 자기 소개글을 추가 입력하고 [저장] 단추를 클릭합니다.

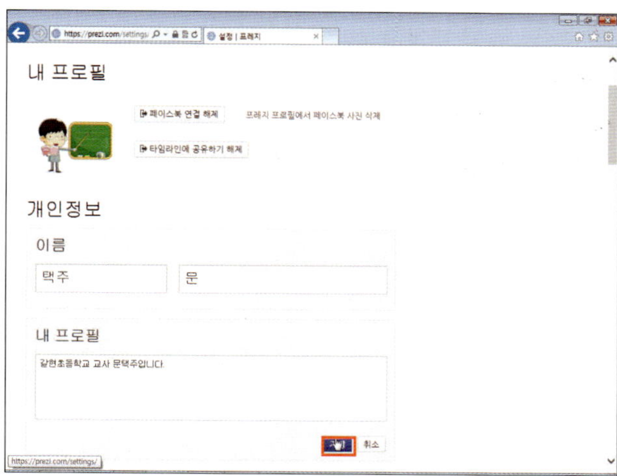

08 ›› 알림 설정을 하려면 프레지 작업 결과물의 'comment(덧글)'와 'reply(답글)'이 달렸을 때 알림을 받을 것인지 여부를 결정할 수 있습니다. 알림을 받으려면 체크 표시하고, 그렇지 않으면 체크 표시를 해제한 후 [저장] 단추를 클릭합니다.

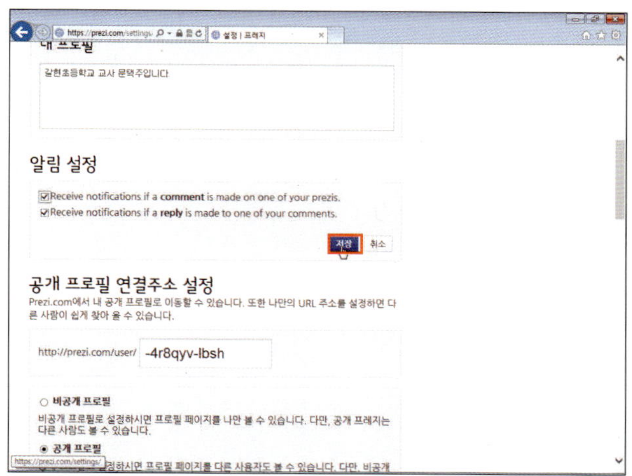

09 ›› 다른 사람들이 쉽게 나의 프레지 사이트를 찾을 수 있도록 '공개 프로필 연결주소 설정'에 이름이나 쉬운 단어를 입력하고 [저장] 단추를 클릭합니다. 개인 정보를 비공개로 하려면 '비공개 프로필'을 선택하고, 개인 정보를 공개하려면 '공개 프로필'을 선택한 후 [저장] 단추를 클릭합니다.

10 ›› 프레지를 다른 사람에게 추천하려면 'Prezi.com 추천하기'에서 (트위터), (페이스북), (링크드인) 중 하나를 선택하여 해당 사이트에 로그인한 후 눌러 링크 공유를 합니다.

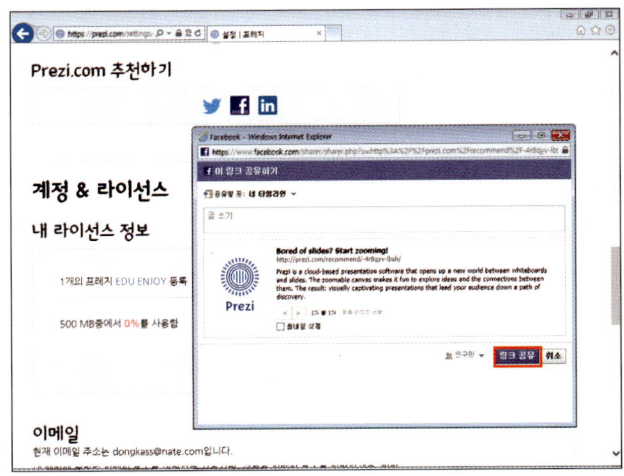

11 ›› '계정 & 라이선스'에서는 내가 가입한 라이선스 정보, 사용자의 주어진 저장 공간에서 얼마나 사용했는지 '%'로 나타내어 줍니다. 가입 시 이메일 정보를 확인할 수 있는데 변경하려면 새로운 이메일을 입력하고, [저장] 합니다.

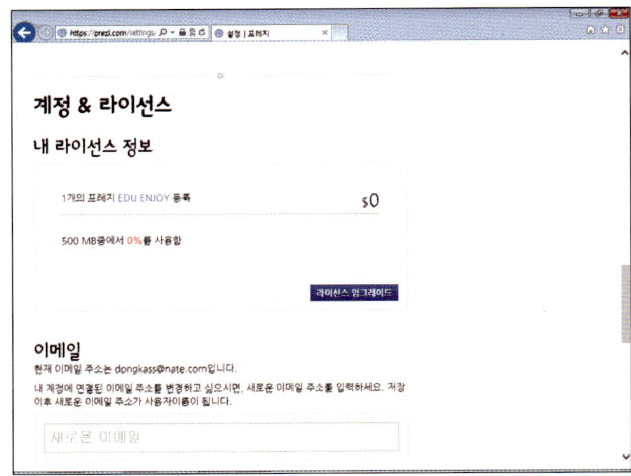

12 ›› 비밀 번호를 변경하려면 새로운 번호를 입력하고, 한 번 더 확인 입력 후 변경할 수 있습니다. 현재 라이선스 버전이 Pro라면 보안 연결을 설정할 수 있으나, Enjoy 버전이라면 업그레이드 후 설정해야 합니다. 계정을 삭제하려면 [계정 삭제] 단추를 클릭하여 삭제할 수 있으나, 한 번 삭제하면 포함된 모든 프레지 파일을 복구할 수 없으므로 신중을 기하여 삭제해야 합니다.

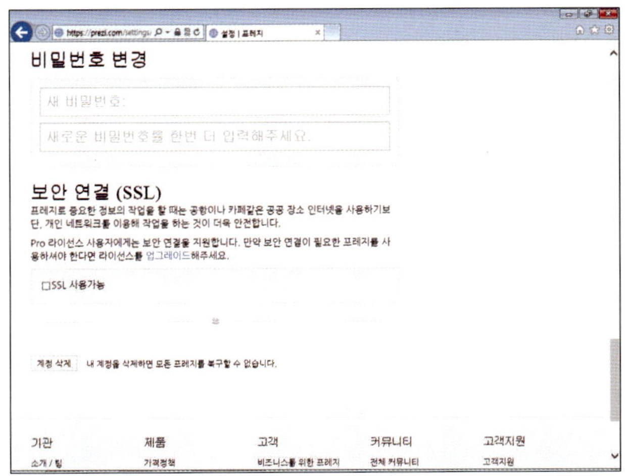

새 프레지 만들기

Step 04

이런 기능들이 사용됐어요 ➜ [새로운 프레지] 단추

01 ›› 프레지 사이트에 접속한 후 로그인합니다. 새 프레지를 만들기 위해 [내 프레지] 탭의 [새로운 프레지] 단추를 클릭합니다.

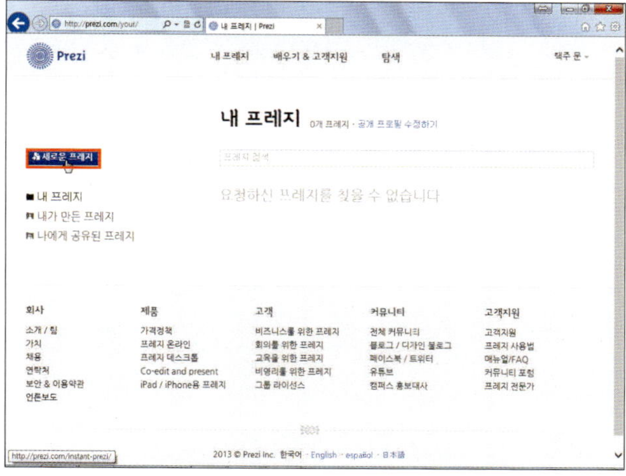

02 ›› [템플릿] 창이 나타나면 'Blank'를 선택한 후 [선택] 단추를 클릭합니다.

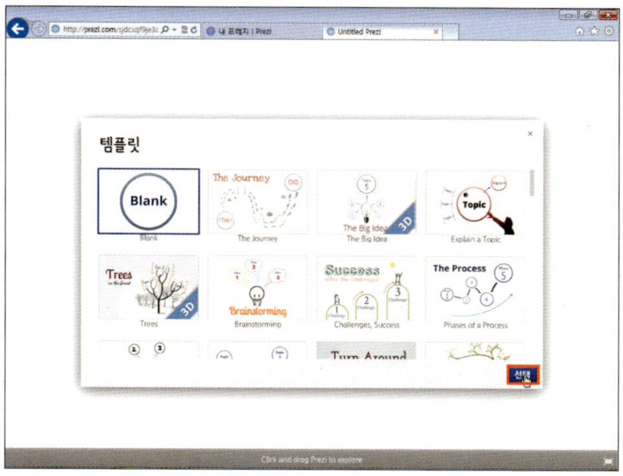

03 ›› 빈 화면의 새로운 프레지가 만들어지면서 편집할 수 있는 화면으로 이동됩니다.

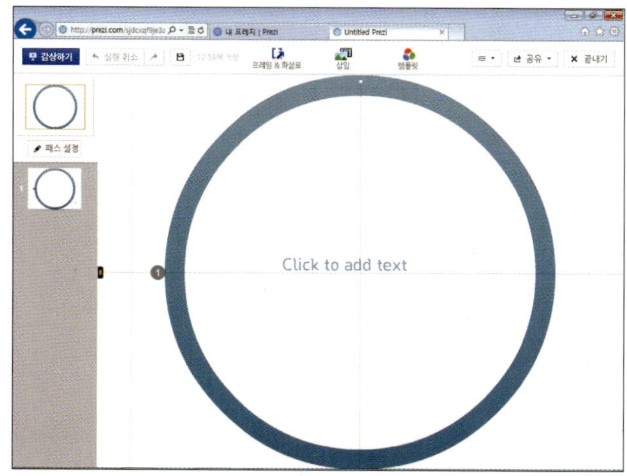

[교육]과 관련된 프레지 파일 탐색하기

프레지에는 세 가지 탭이 있습니다. 온라인에서 작업한 프레지 파일이 저장되어 있는 [내 프레지] 탭, 프레지를 배울 수 있는 [배우기 & 고객지원] 탭, 다른 사용자가 만든 공개된 프레지를 볼 수 있는 [탐색] 탭이 있습니다. [탐색] 탭에서 분야별로 정리된 프레지를 볼 수도 있고, 원하는 프레지를 직접 입력하여 검색할 수도 있습니다.

Section 06   Section 07   Section 08   **Section 09**   Section 10

프레지 둘러보기

Step 01

이런 기능들이 사용됐어요 ➔ 프레지 탭

01 ›› [내 프레지] 탭은 사용자가 자신의 프레지를 작업하는 곳입니다. 온라인에서 새로운 프레지를 생성할 수 있고, 만든 프레지를 저장할 수도 있습니다. 저장한 프레지를 편집하고 관리할 수 있는 곳입니다.

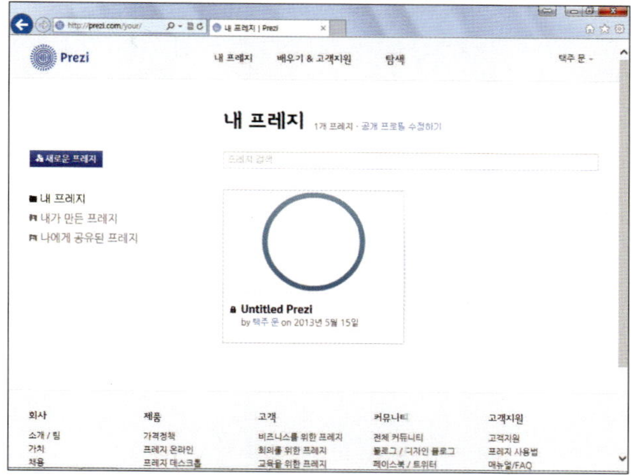

02 ›› [배우기 & 고객지원] 탭은 프레지를 배울 수 있는 곳입니다. 프레지를 시작하는 방법, 공동작업, 파워포인트 삽입 기능, 고급 기능을 배울 수 있도록 동영상을 제공합니다. '매뉴얼/FAQ'를 통해 궁금한 사항을 찾아볼 수 있고, '고객지원'에서는 모르는 것을 직접 물어보고 지원받을 수 있습니다.

✏ 매뉴얼/FAQ

매뉴얼/FAQ는 아직까지 영문으로 제공되기 때문에 불편합니다. 크롬 브라우저를 사용하면 한글로 바로 번역할 수 있어서 이해하기 쉽습니다. 크롬 브라우저는 'http://www.google.com/chrome'에서 다운로드하여 사용합니다.

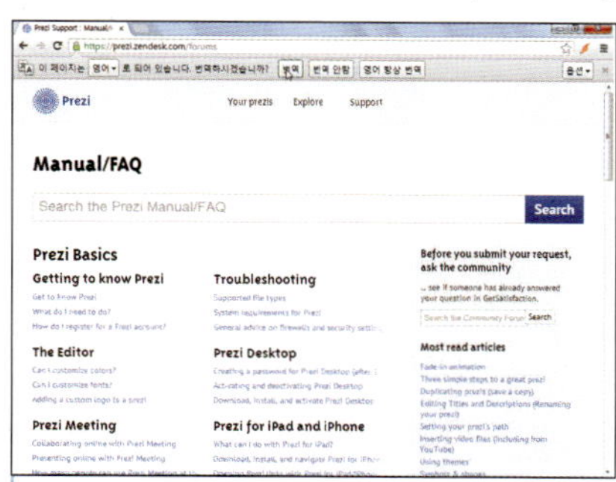

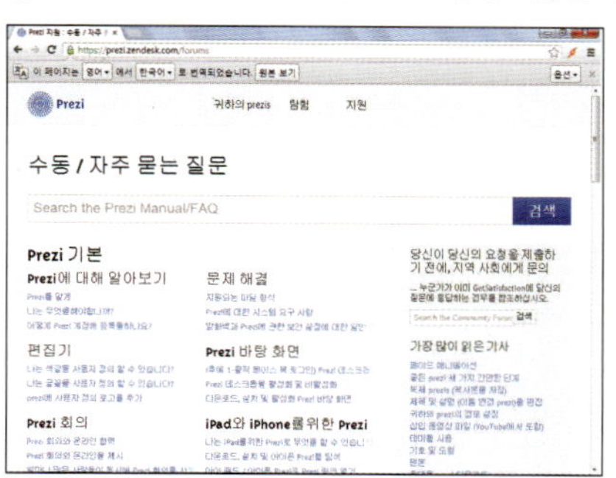

03 ›› [탐색] 탭은 다른 사용자가 만든 공개 프레지를 볼 수 있는 곳입니다. 각 카테고리별로 잘 정리가 되어 있으므로, 관심 분야의 카테고리를 클릭하여 공개된 프레지를 살펴봅니다.

프레지 파일 검색하기

Step 02

이런 기능들이 사용됐어요 ➜ [탐색] 탭의 카테고리

01 ›› [탐색] 탭을 클릭하면 여러 카테고리로 프레지가 정리되어 있습니다. '교육'과 관련된 프레지를 찾아보기 위해 '교육' 카테고리의 '더보기'를 클릭합니다.

02 ›› 교육과 관련된 프레지가 분류되어 표시됩니다. 원하는 프레지를 선택합니다.

03 ≫ 전체 화면으로 프레지를 보기 위해 [Fullscreen(▣)] 단추를 선택합니다.

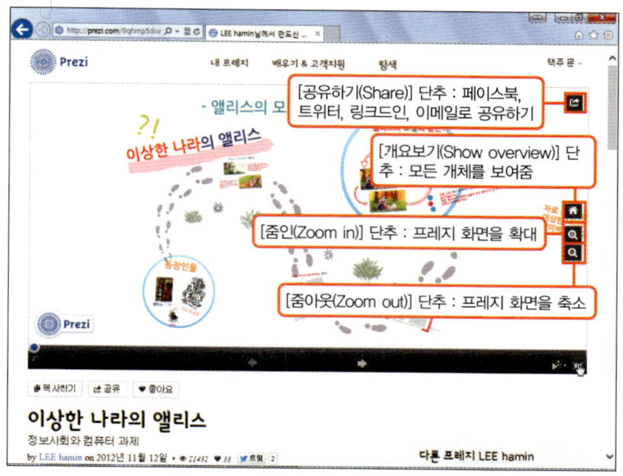

04 ≫ 프레지 파일이 전체 화면에서 보여집니다.

05 ≫ [Autoplay(▶)] 단추를 선택하여 4 sec, 10 sec, 20 sec 중 하나를 선택하여 자동 진행할 수 있습니다. 자동재생이 원치 않을 때는 Off를 누릅니다.

재사용 가능한 파일 불러오기　　Step 03

01 〉〉 [탐색] 탭을 클릭하고 아래쪽으로 스크롤을 내린 후 '인기 있는 프레지'의 '더보기'를 선택합니다. 공개된 모든 프레지 파일이 검색됩니다.

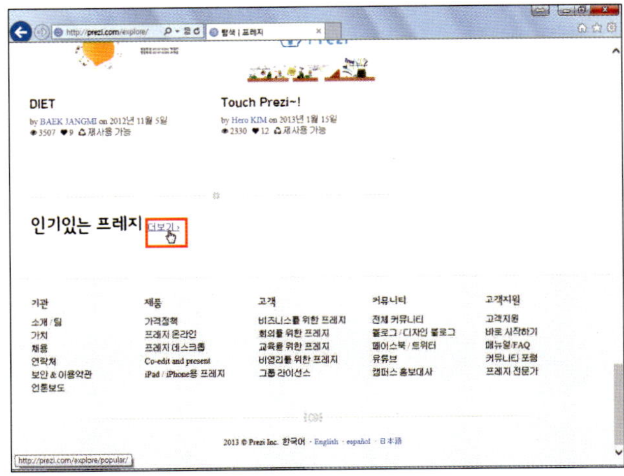

02 〉〉 전체 프레지 파일 중에서도 재사용이 가능한 프레지만 보기 위해 검색 창 아래의 '재사용 가능한 프레지만 보여주기'에 체크 표시합니다. 검색어를 입력한 후 █를 클릭합니다.

03 〉〉 검색된 프레지 파일 중 재사용할 프레지를 선택합니다.

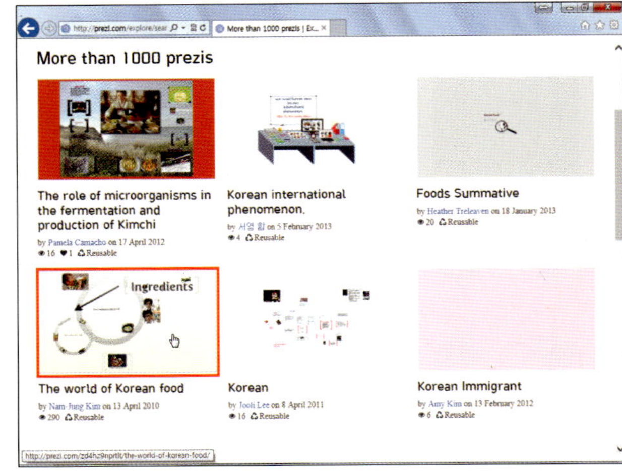

04 ›› ■➡를 클릭하여 프레지 파일을 재생합니다. 재사용하려는 프레지의 레이아웃이 마음에 들면 아래쪽의 [복사하기] 단추를 클릭합니다.

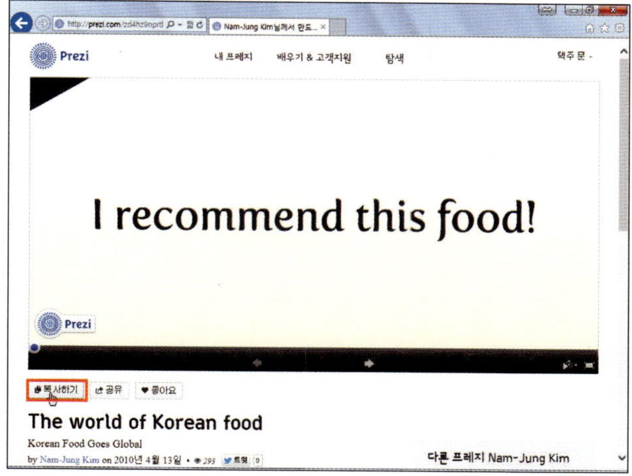

05 ›› 잠시 후에 [내 프레지] 탭이 열리면서 해당 파일이 복사된 것을 확인할 수 있습니다. 복사된 재사용 가능한 프레지 파일을 선택합니다.

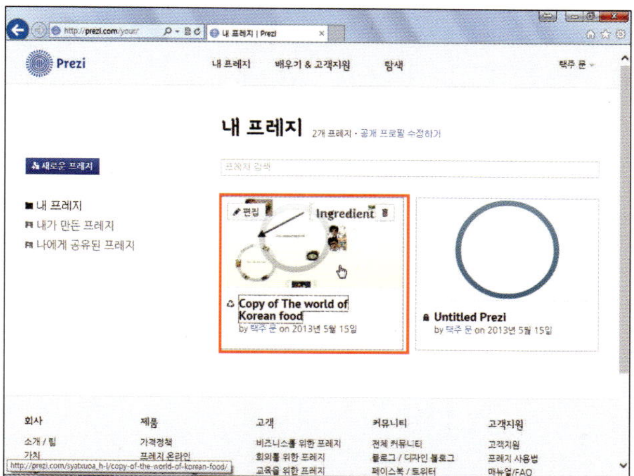

06 ›› 제목 옆의 ✎를 클릭합니다.

07 ›› 제목을 변경하여 입력한 후 [저장] 단추를 클릭합니다.

08 ›› 설명글 옆의 ✎ 를 클릭하여 설명글도 수정한 후 [저장] 단추를 클릭합니다.

09 ›› 복사해온 프레지 파일의 공개 설정은 '공개 & 재사용 가능' 으로 되어 있습니다. 공개 설정을 변경하려면 [공개 & 재사용 가능] 단추를 눌러 변경할 수 있습니다.

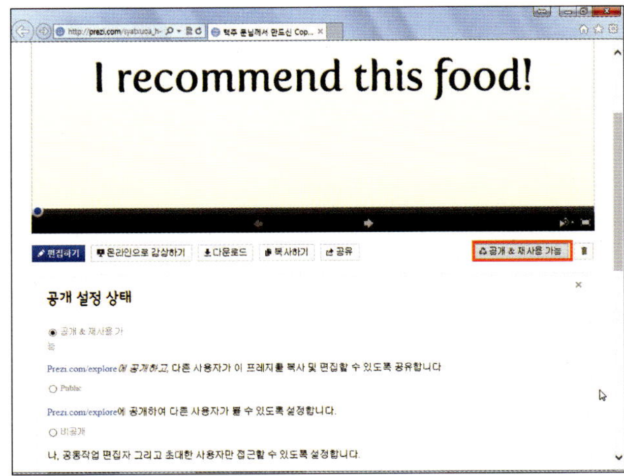

10 〉〉 프레지 파일을 편집하기 위해 아래쪽에서 [편집하기]를 클릭합니다.

프레지 파일 관리 단추

❶ 편집모드로 전환하기
❷ 링크 공유 및 프레지 쇼로 전환하기
❸ 파일 다운로드하기
❹ 동일한 파일 복사하기

❺ 프레지 화면 공유하기
❻ 공개 설정하기
❼ 파일 삭제하기

11 〉〉 편집 화면이 열립니다. 재사용 파일의 텍스트 변경만으로도 패스, 모양, 이미지 등을 그대로 사용할 수 있어서 쉽게 프레지를 만들 수 있습니다.

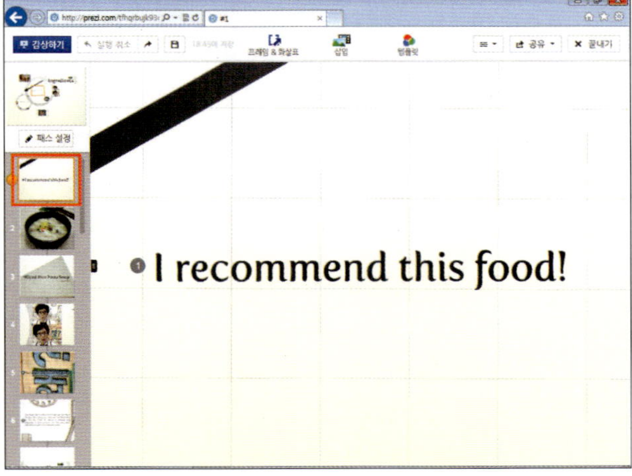

12 ›› 편집 화면이 열립니다. 상단 메뉴 중 [템플릿] 메뉴를 클릭하여 한글 템플릿을 선택할 수 있습니다. 현재 8개의 한글 템플릿을 제공하고 있습니다.

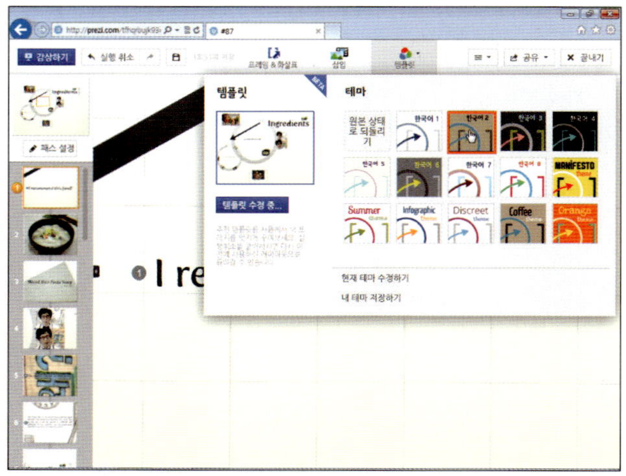

13 ›› 수정할 텍스트를 더블 클릭한 후 텍스트를 블록 지정하고 한글로 수정합니다.

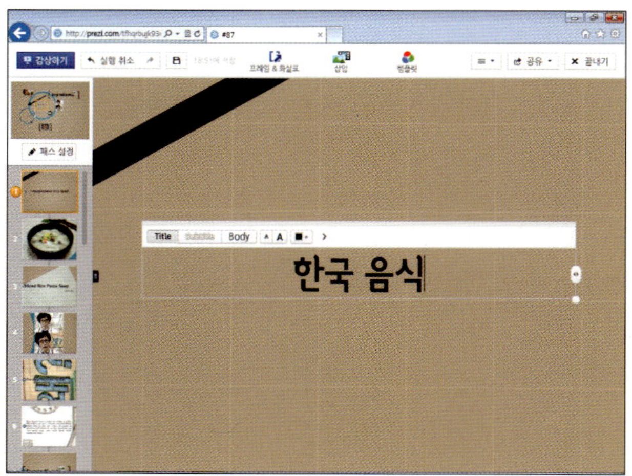

14 ›› 차례로 텍스트 부분만 더블 클릭하여 선택한 후 텍스트를 한글로 수정합니다. 텍스트에 맞게 그림을 드래그하여 알맞은 위치로 옮겨 줍니다. 불필요한 부분은 삭제하기 위해 해당 부분 위에서 Shift 를 누른 채 드래그하여 선택한 후 Delete 를 눌러 한꺼번에 삭제합니다.

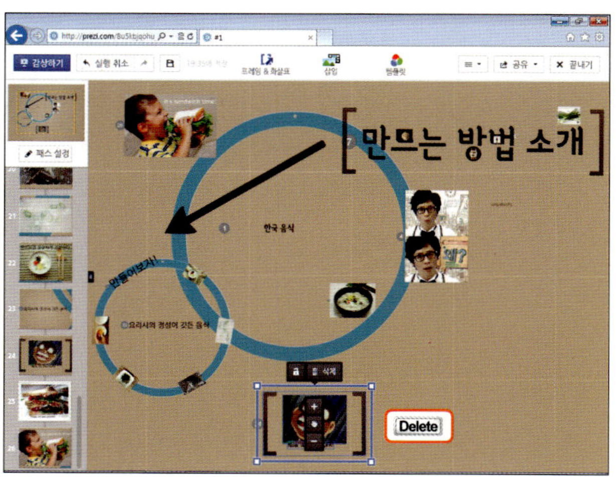

텍스트나 그림을 수정할 때 화면을 줌인/줌아웃하면서 수정해야 하는데, 확대할 때는 [🔍]를 누르거나 [1]를 반복적으로 눌러 원하는 크기로 확대하고, 축소할 때는 [🔍]를 누르거나 [2]를 누릅니다.

15 ›› 모든 편집을 완료되면 🖬 단추를 눌러 저장합니다. [끝내기] 단추를 눌러 편집 화면을 닫습니다.

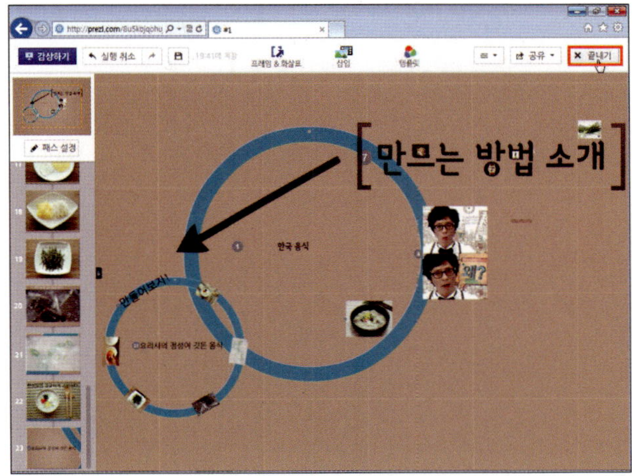

› 🖬 단추를 누르지 않아도 시간마다 자동으로 저장 됩니다.

16 ›› 편집이 완료된 프레지의 ➡을 클릭하여 수정한 프레지를 확인합니다.

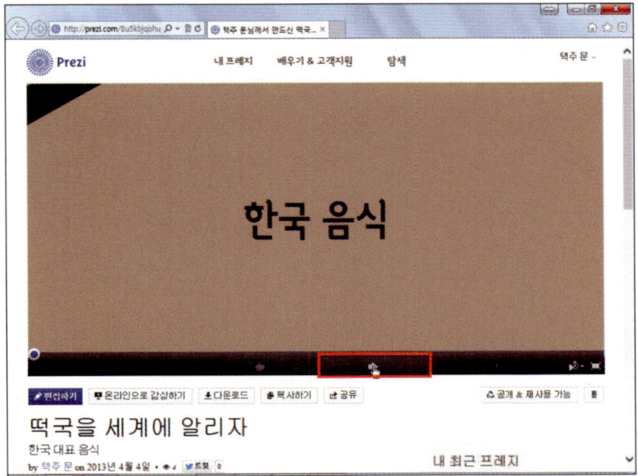

확 바뀐 프레지 메뉴 익히기

프레지의 한국 사용자가 늘어나면서 프레지 메뉴가 한글로 확 바뀌었습니다. 한글 메뉴를 사용해서 더 쉽게 작업할 수 있습니다. 프레지의 가장 큰 특징이였던 버블 메뉴를 버리고, 상단에 메뉴들이 펼쳐지면서 한눈에 기능을 볼 수 있습니다. 도형이나 텍스트의 크기와 회전을 변경할 수 있었던 지브라 메뉴도 버리고, 다른 프로그램들과 비슷하면서도 편리하게 변경되었습니다. 새로운 화면 구성을 익히고, 사용해 보도록 하겠습니다.

Section 06   Section 07   Section 08   Section 09   **Section 10**

| 예제 파일 | 소스파일\bg.jpg, 대바늘.jpg, 대바늘작품.jpg, 코바늘.jpg, 코바늘작품.jpg, 재봉틀.jpg, 재봉틀작품.jpg, 십자수.jpg, 십자수작품.jpg

| 완성 파일 | 완성파일\실과\prezi.exe

바느질 도구와 생활용품

대바늘뜨기 도구

실과 수업

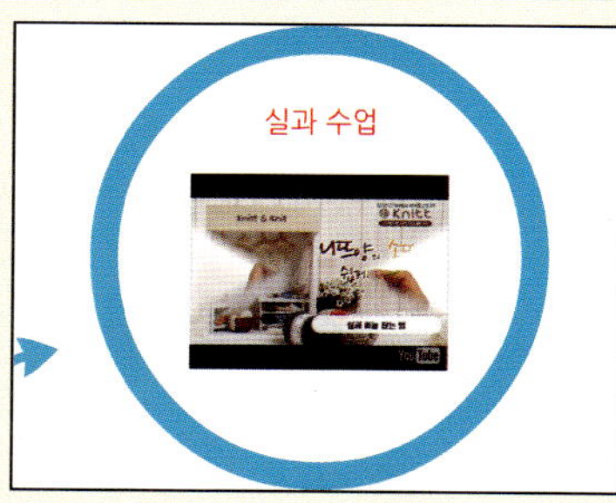

화면 구성 알아보기

이런 기능들이 사용됐어요 ➜ 화면 구성, 프레지 메뉴

01 ›› [내 프레지] 탭을 클릭한 후 새 프레지를 만들기 위해 [새로운 프레지]를 클릭합니다.

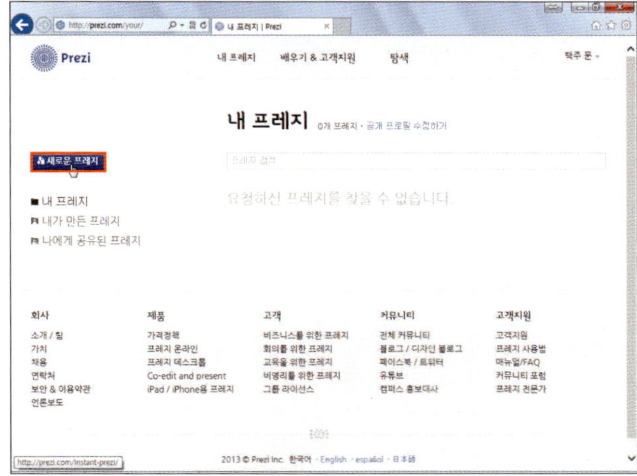

02 ›› 템플릿 창이 나타나면 'Blank'를 선택한 후 [선택] 단추를 클릭합니다. 빈 화면의 새로운 프레지가 만들어집니다.

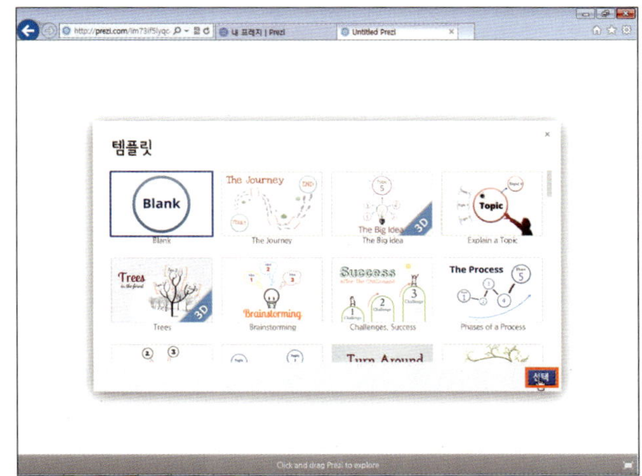

📌 **프레지의 템플릿**

프레지는 기존에 6가지의 템플릿을 제공하였는데, 업그레이드되면서 현재는 58가지의 다양한 템플릿을 제공하고 있습니다. 템플릿에는 패스가 지정되어 있어서 쉽고 빠르게 작업할 수 있습니다. 3D 템플릿까지 제공하고 있어서 입체적인 효과도 기대할 수 있습니다.

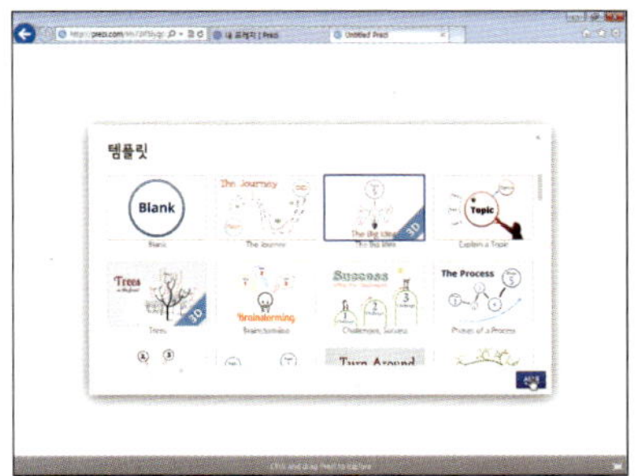
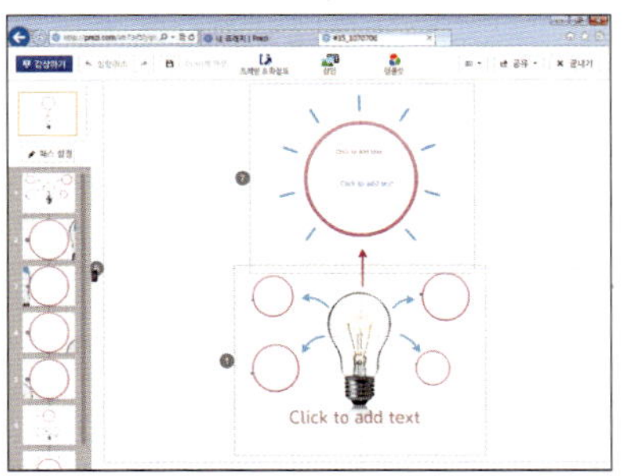

03 >> 프레지 화면 구성을 살펴봅니다.

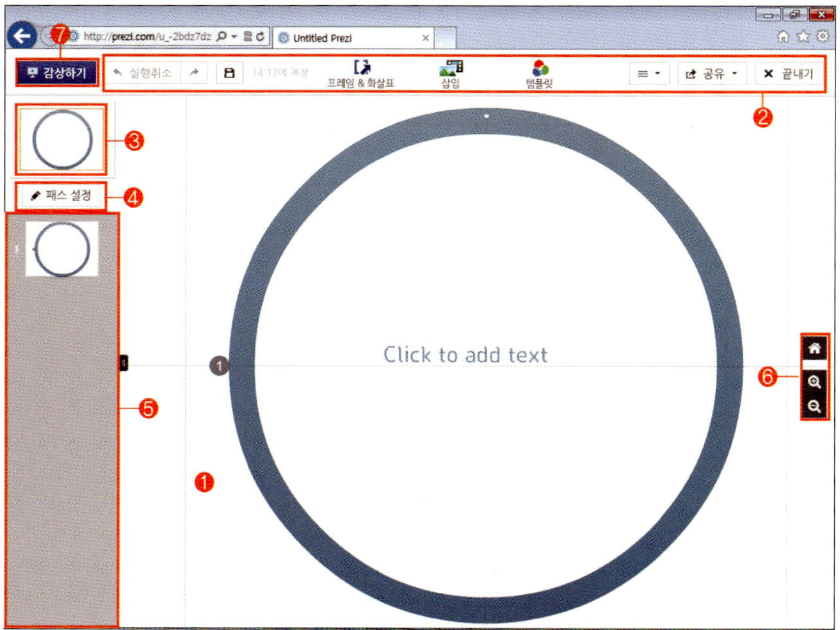

❶ **캔버스 :** 프레지의 작업 공간입니다. 텍스트, 이미지, 미디어 등을 삽입할 수 있고, 각 개체에 패스를 지정하여 개체간 자유롭게 이동할 수 있습니다.

❷ **작업 메뉴 :** 프레지를 작업하기 위한 모든 메뉴가 있습니다.

❸ **미리 보기 :** 경로 이동을 작은 화면으로 미리 볼 수 있습니다.

❹ **패스 설정 :** 패스를 지정, 순서 변경, 삭제할 수 있습니다.

❺ **경로 미리보기 :** 패스를 통해 지정한 경로를 미리 보기 화면으로 보여줍니다.

❻ **화면 조절 메뉴 :** 현재 작업 중인 화면을 한 화면으로 보여주거나, 줌인/줌아웃할 수 있습니다.

❼ **감상하기 :** 프리젠테이션을 시작할 수 있습니다.

> ✎ **수시로 업그레이드되는 프레지**
> 프레지는 웹을 기반으로 하고 있어서 수시로 업그레이드가 이루어지므로 보시는 화면과 다를 수 있습니다. 템플릿이나 클립 아트 등은 계속 추가될 수 있고, 한글 메뉴명 등도 변경될 수 있습니다.

04 >> 작업 메뉴를 살펴봅니다.

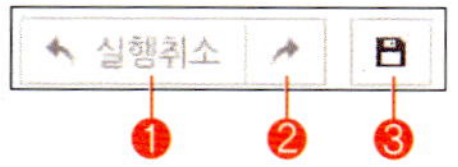

❶ **실행취소 :** `Ctrl` + `Z`

❷ **재복구 :** `Ctrl` + `Y`

❸ **저장 :** 자동 저장되며, 저장된 시간이 함께 표시됨

④ 프레임 & 화살표

프레임을 빠르게 추가하거나 괄호, 원, 사각형, 투명 프레임 중 선택한 모양의 프레임으로 그릴 수 있습니다. 화살표, 직선, 형광펜을 선택하여 삽입할 수 있습니다.

⑤ 삽입

- 이미지 : 구글에서 이미지를 검색하여 삽입하거나 내 컴퓨터에서 이미지 파일을 불러와서 삽입합니다.
- 심볼 & 모양 : 사각형, 원형, 삼각형을 비롯하여 여러 가지 다양한 심볼을 선택하여 삽입할 수 있습니다.
- 레이아웃 : 미리 만들어놓은 레이아웃을 선택하여 삽입합니다.
- 유튜브 동영상 : YouTube 동영상을 링크만으로 삽입할 수 있습니다.
- 배경음악 삽입 : 내 컴퓨터에서 음악 파일을 불러와서 배경 음악으로 삽입할 수 있습니다.
- 패스에 사운드 삽입 : 선택한 패스에 사운드를 삽입할 수 있습니다.
- 파일(PDF, 동영상)에서… : 내 컴퓨터에서 PDF를 비롯한 동영상 파일을 불러와 삽입할 수 있습니다.
- 내 컬렉션에서… : 프레지 안의 그림, 도형, 텍스트 어느 것이든 내 컬렉션에 추가할 수 있으며 저장해 둔 컬렉션을 필요할 때 불러와서 사용할 수 있습니다.
- 파워포인트 : 미리 제작해 둔 파워포인트 파일을 불러와서 삽입할 수 있습니다.

⑥ 템플릿

- 테마 : 프레지에서 제공하는 테마를 적용할 수 있습니다. 한글을 적용하려면 현재 제공하는 8가지 한글 테마 중 하나를 선택해야 합니다.
- [현재 테마 수정하기]를 클릭하면 프레지에서 제공하는 테마 외에 사용자가 원하는 스타일로 배경색 등을 자유롭게 변경할 수 있습니다.
- [내 테마 저장하기]에서는 스타일을 변경한 테마를 '내 테마' 에 저장해두었다가 필요할 때 다른 프레지에 적용할 수 있습니다.

⑦ 도움말 & 설정

화면 비율 조정과 단축키 사용 여부를 지정할 수 있습니다.

⑧ 공유하기

온라인상에서 다른 사람을 초대하여 공동 작업하거나 감상하기, 페이스북에 공유할 수 있습니다. 프레지 파일을 PDF로 저장할 수 있습니다.

⑨ 저장 후 닫기

텍스트 입력하기

Step 02

이런 기능들이 사용됐어요 ➜ 텍스트 확대/축소/이동

01 ›› 한글을 입력하기 위해 상단 메뉴 중 [템플릿] 메뉴 – [한국어 8]을 클릭합니다.

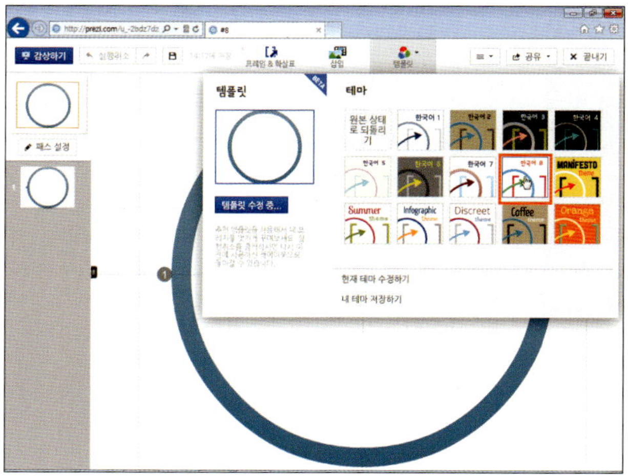

02 ›› 'Click to add text' 입력란을 클릭합니다. 그러면 텍스트를 입력할 수 있는 텍스트 수정 상태가 됩니다.

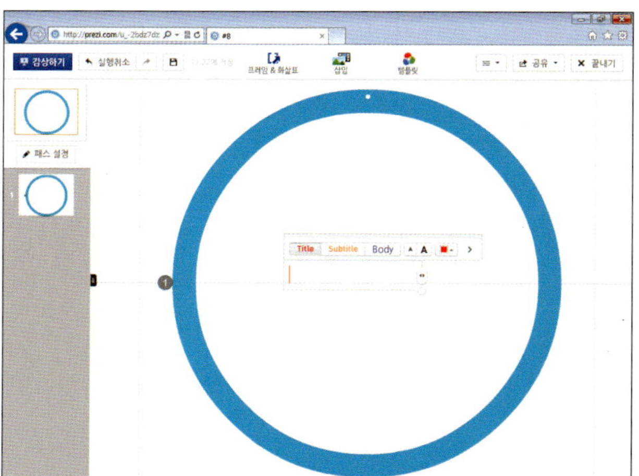

03 ›› 텍스트를 입력하고, 폰트는 [Title], 정렬은 ▤를 선택하여 가운데 정렬합니다.

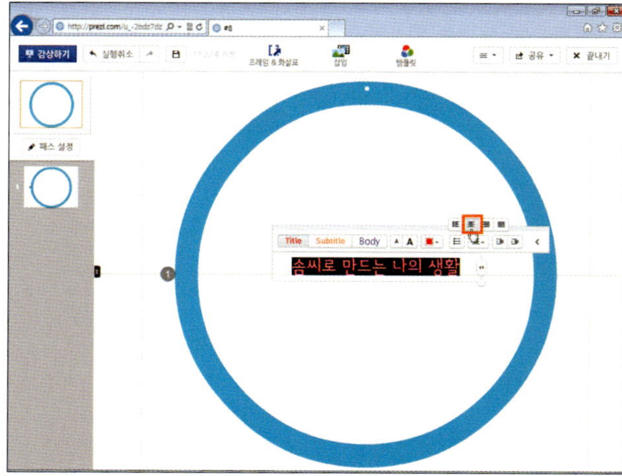

04 ›› 입력한 텍스트를 선택하면 지브라 도구가 표시됩니다. 텍스트 크기를 크게 하려면 ▣를 클릭합니다. 반대로 텍스트 크기를 줄이려면 ▬를 클릭합니다.

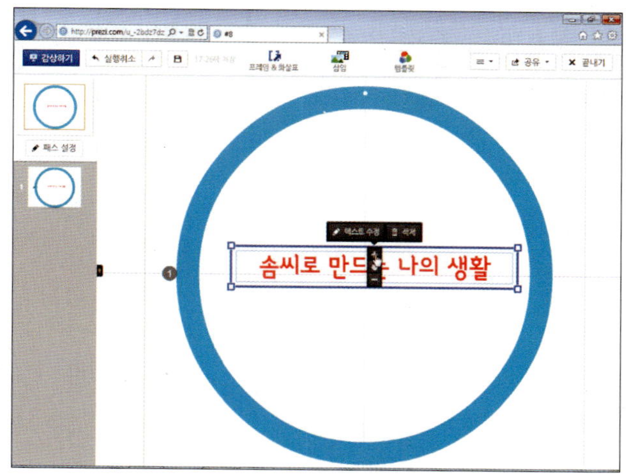

> 텍스트를 선택하면 모서리에 네 점이 생기는데, 마우스를 가져가면 ↗거나 ↻ 모양이 나타납니다. 크기를 확대하거나 축소하려면 ↗ 모양일 때 드래그하고, 회전하려면 ↻ 모양일 때 원하는 방향으로 드래그합니다.

05 ›› 텍스트를 선택하면 표시되는 도구의 중심부 ✋를 드래그하여 원하는 위치로 개체를 움직일 수 있습니다. 원 프레임의 가운데로 옮깁니다.

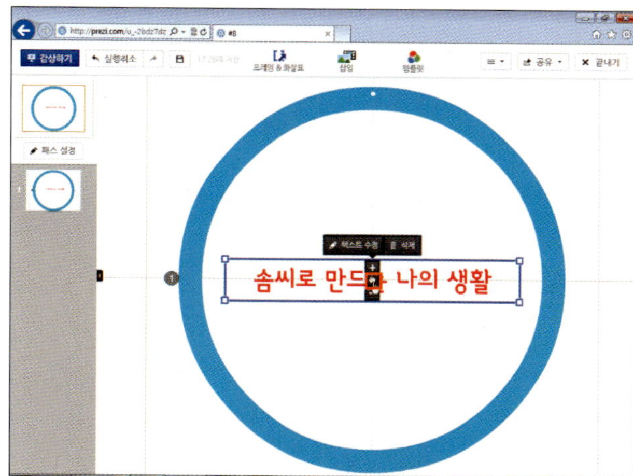

이미지 삽입하기　　　　　Step 03

이런 기능들이 사용됐어요 ➡ [프레임 & 화살표], [삽입] 메뉴

01 ›› [프레임 & 화살표] 메뉴 – [화살표]를 클릭합니다.

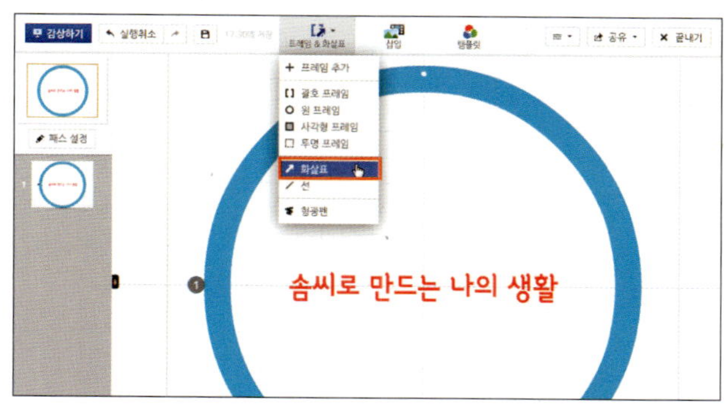

02 〉〉 캔버스 위에서 드래그하여 화살표를 그린 후 화살표를 선택하면 나타나는 메뉴 바에서 ■를 선택하여
화살표를 굵게 합니다. [스타일]을 클릭하여 하늘색을 선택하여 화살표의 색을 변경합니다.

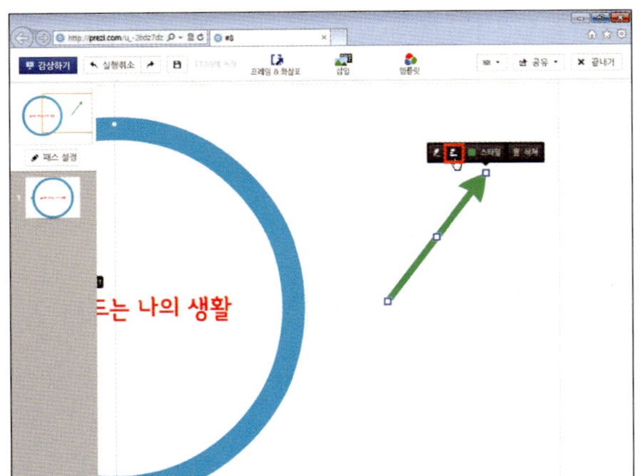
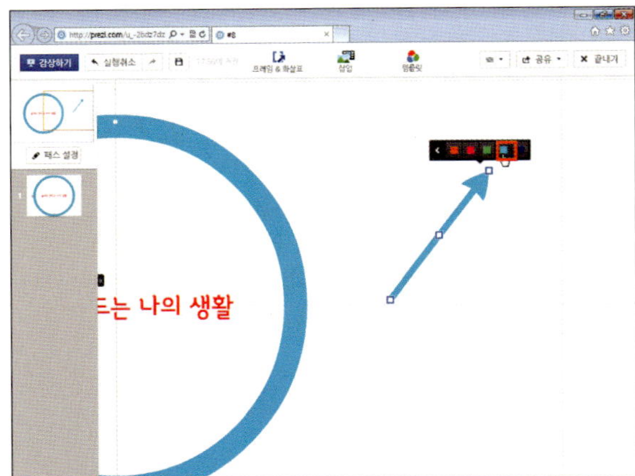

원형이나 사각형, 삼각형을 그리려면 [삽입] 메뉴 – [심볼 & 모양]을 클릭하여 선택합니다.

03 〉〉 화살표 양쪽 끝의 점을 드래그하여 길이
를 조정하고, 선의 가운데 점을 위쪽으로 드래
그하여 곡선으로 만들어 줍니다.

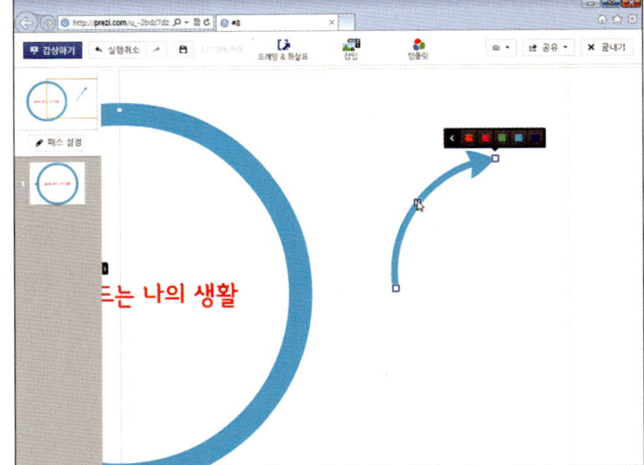

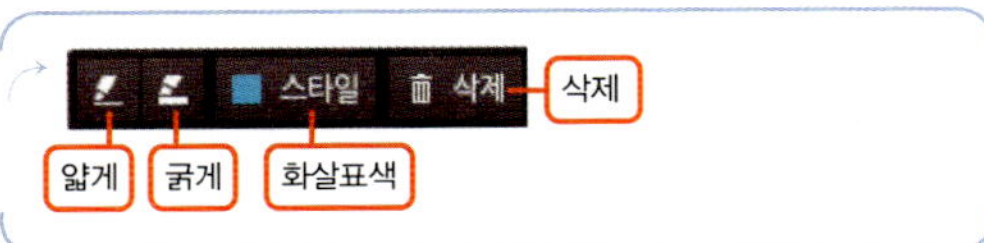

04 〉〉 이미지를 삽입하기 위해 [삽입] 메뉴 –
[이미지]를 클릭합니다.

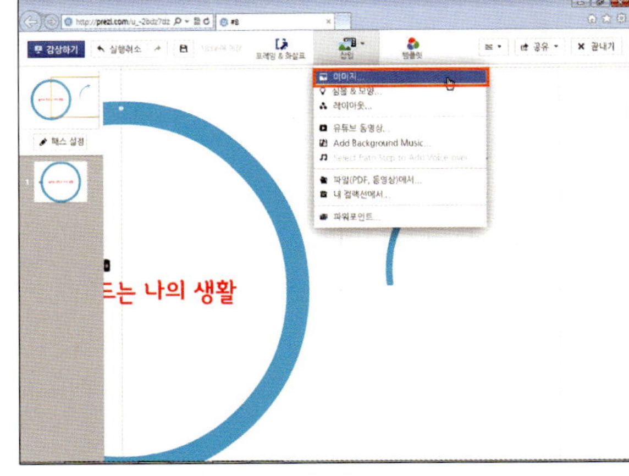

[이미지 삽입] 창의 [구글 이미지 검색에서]를 클릭
하면 구글에서 해당 이미지를 찾아줍니다.

05 ›› [이미지 삽입] 창의 '내 컴퓨터에서' 의 [파일 검색중...] 단추를 클릭합니다. 업로드할 파일을 '소스파일\bg.jpg' 에서 선택하고, [열기] 단추를 클릭하면 이미지가 삽입됩니다.

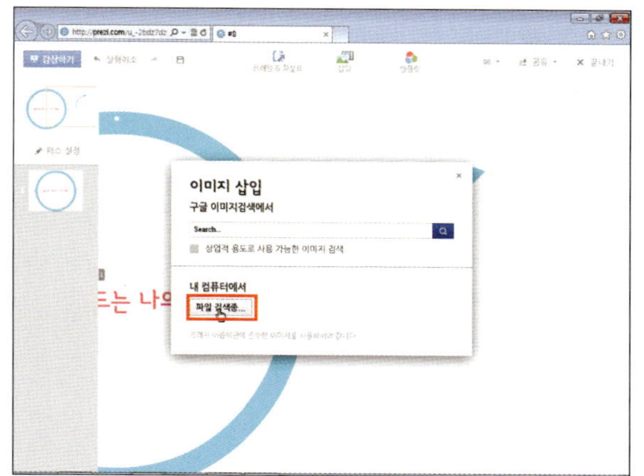
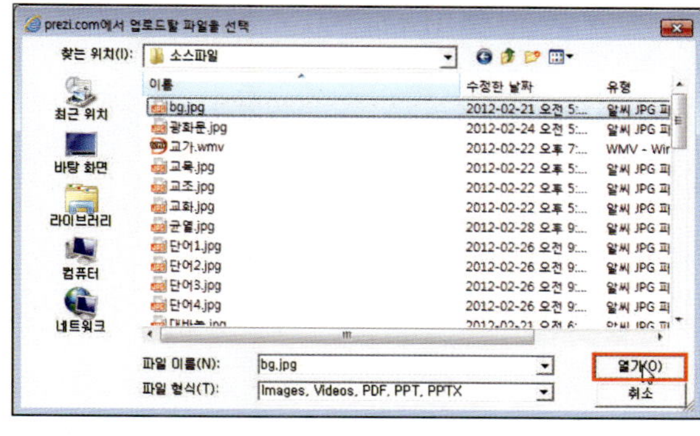

06 ›› 이미지의 모서리에 마우스를 가져갔을 때 ↗이 나타나면 드래그하여 이미지의 크기를 확대합니다.

07 ›› 배경 이미지는 텍스트 뒤에 있어야 하므로, 해당 이미지를 선택한 후 마우스 오른쪽 단추를 눌러 [맨 뒤로 보내기]를 클릭합니다. 이미지가 맨 뒤로 이동합니다.

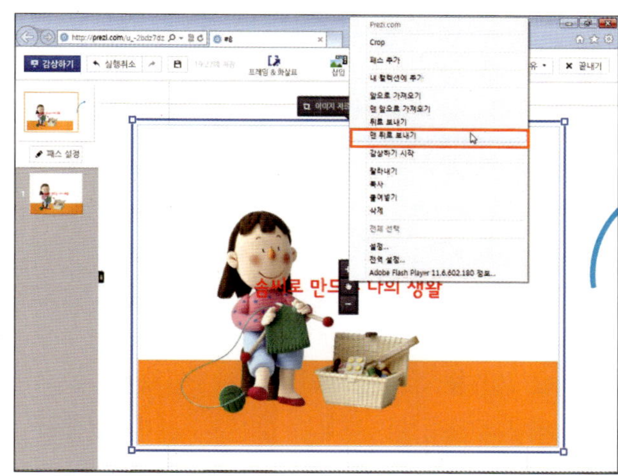

프레지 업그레이드에 따라 마우스 오른쪽 팝업 메뉴가 변경될 수 있습니다.

프레임 메뉴로 그룹화하기 Step 04

이런 기능들이 사용됐어요 ➜ 원 프레임, 투명 프레임, 개체 복사

01 ›› 캔버스를 클릭하면 텍스트를 입력할 수 있습니다. 텍스트를 입력하고 스타일을 지정한 후 ■를 눌러 크기를 축소합니다.

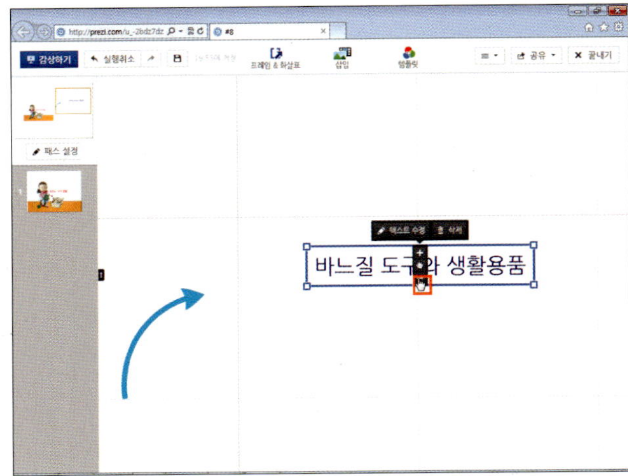

02 ›› 텍스트를 선택한 후 모서리로 마우스를 가져가 ↻가 나타나면 오른쪽으로 드래그하여 회전시킵니다.

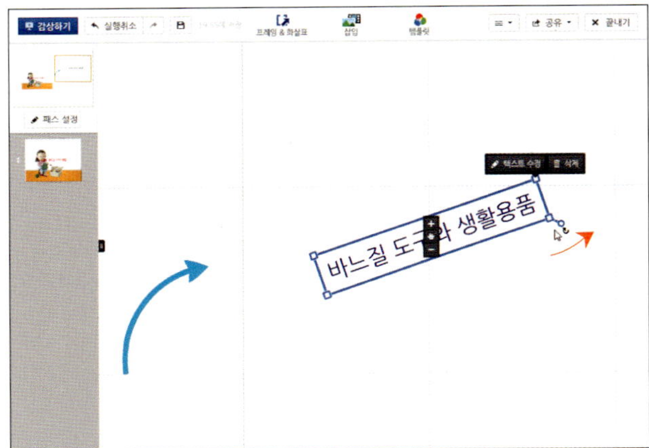

03 ›› [프레임 & 화살표] 메뉴 – [원 프레임]을 클릭한 후 텍스트 위에서 드래그하여 원 프레임을 추가합니다.

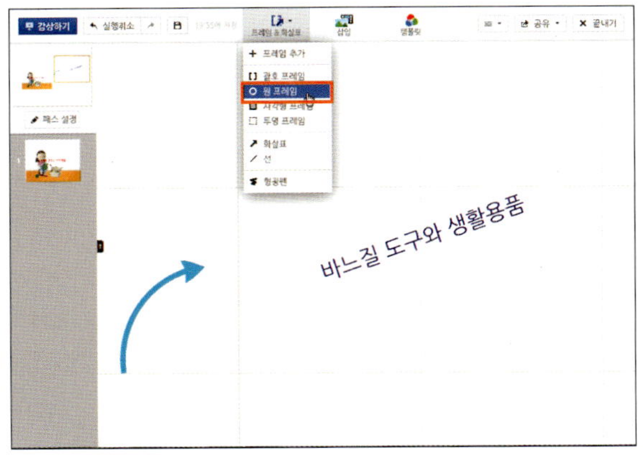

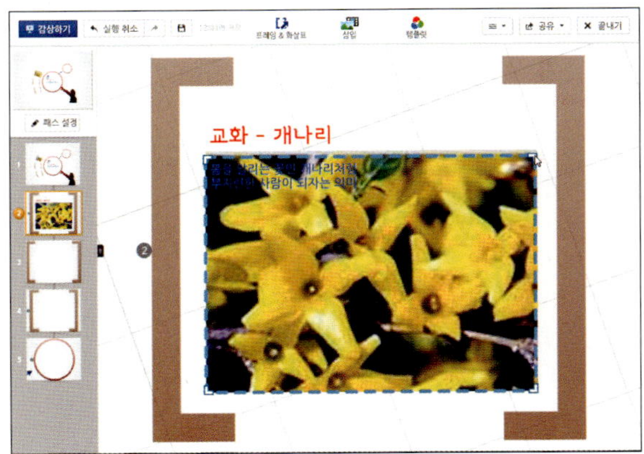

04 ›› [삽입] 메뉴 – [이미지]를 클릭한 후 [이미지 삽입] 창의 '내 컴퓨터에서'의 [파일 검색 중...] 단추를 클릭합니다. '소스파일\대바늘.jpg'을 삽입한 후 원 프레임 위에 그림을 위치시킵니다. 그림 위에 텍스트를 입력하고, 그림 제목도 입력한 후 텍스트 방향도 회전시킵니다.

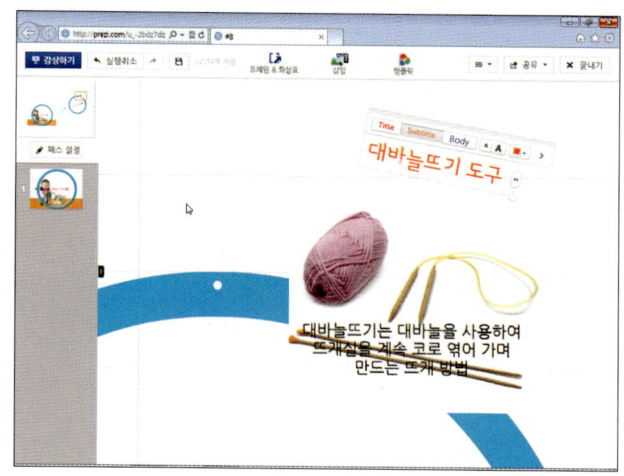

05 ›› [삽입] 메뉴 – [이미지]를 클릭한 후 [이미지 삽입] 창의 '내 컴퓨터에서'의 [파일 검색 중...] 단추를 클릭합니다. '소스파일\대바늘작품.jpg'을 삽입하고, 대바늘 그림의 오른쪽 아랫부분에 위치시킵니다. 그림 크기를 작게 조절합니다.

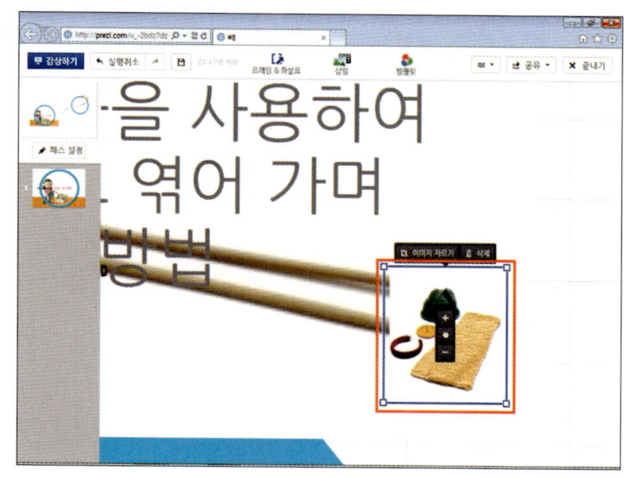

06 ›› 원 프레임 위에 코바늘뜨기 도구, 재봉틀, 십자수 도구도 동일한 방법으로 그림과 텍스트를 삽입합니다.

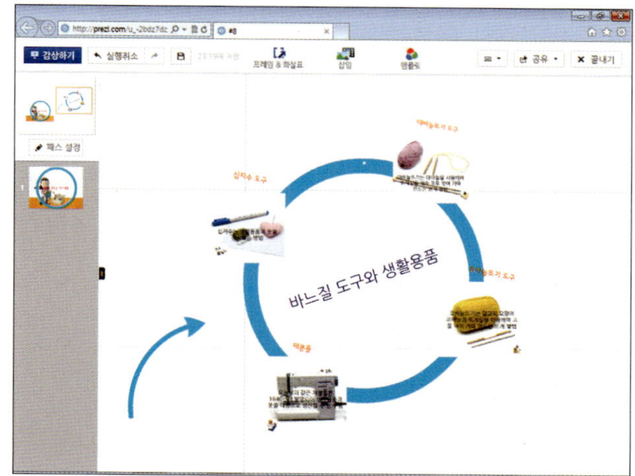

07 ›› '솜씨로 만드는 나의 생활' 텍스트의 원 프레임을 선택한 후 나타나는 메뉴 바에서 █ 을 클릭하여 [프레임만 제거]를 선택합니다.

프레임 메뉴 바에서 [삭제]를 클릭하거나, 키보드에서 **Delete** 를 누르면 프레임으로 그룹화된 개체 모두를 삭제하게 됩니다. 프레임 모양을 변경하려면 █ 를 클릭하여 다른 프레임 모양을 선택합니다.

08 ›› 화살표를 선택한 후 마우스 오른쪽 단추를 눌러 [복사] 메뉴를 선택합니다.

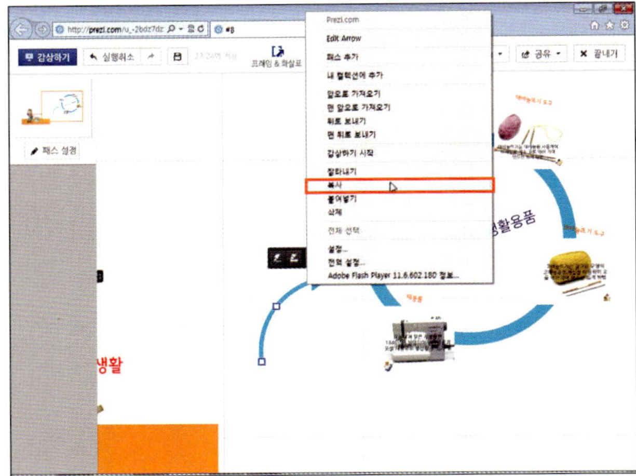

09 ›› 원 프레임 위쪽에서 마우스 오른쪽 단추를 눌러 [붙여넣기] 메뉴를 클릭합니다. 붙여넣기된 화살표를 원 프레임 위쪽에 위치시킵니다.

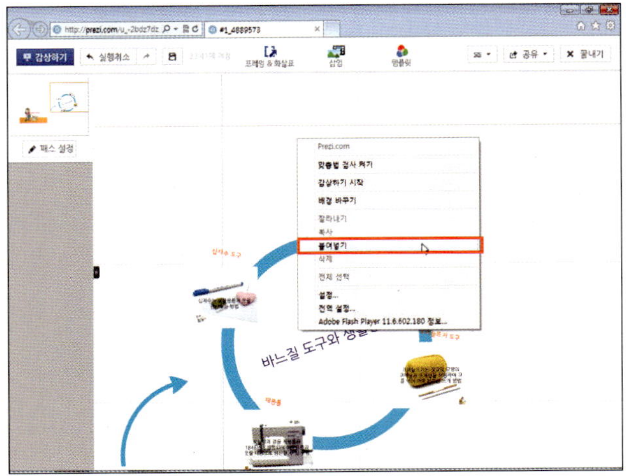

유튜브 동영상 삽입하기 Step 05

이런 기능들이 사용됐어요 ➜ [유튜브 동영상...] 메뉴

01 ›› 원형 프레임을 하나 더 그리고, 안에 텍스트를 입력하여 다음과 같이 준비해 둡니다.

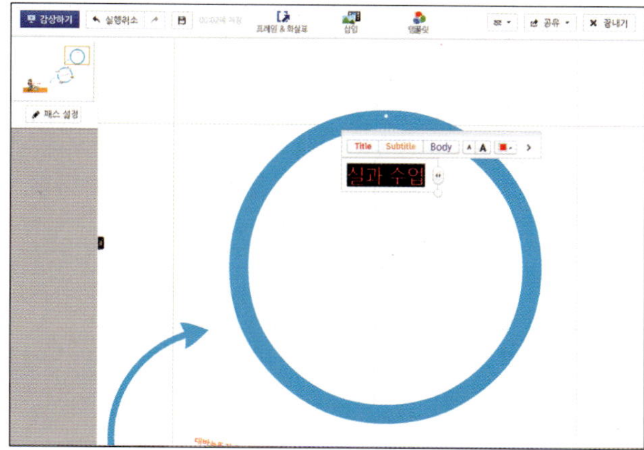

02 ›› 유튜브(http://www.youtube.com) 사이트에 접속한 후 원하는 동영상을 검색합니다. 검색된 해당 동영상의 URL을 복사하기 위해 주소 표시줄의 'URL'을 드래그하여 블록 지정한 후 마우스 오른쪽 단추를 눌러 [복사]를 클릭합니다.

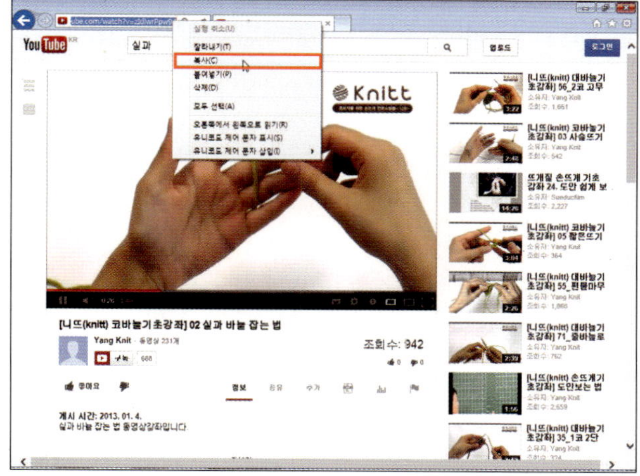

03 ›› [삽입] 메뉴 – [유튜브 동영상...]에서 클릭합니다. [유튜브에서 동영상 가져오기] 창의 입력란에 마우스 오른쪽 단추를 눌러 [붙여넣기]를 클릭합니다. URL이 붙여넣기한 후 [삽입] 단추를 클릭합니다.

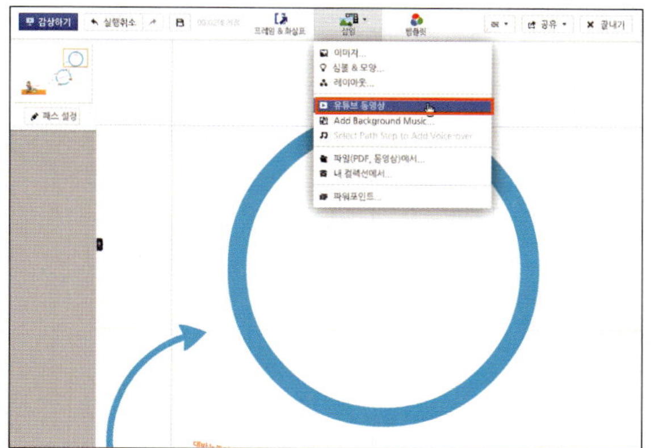

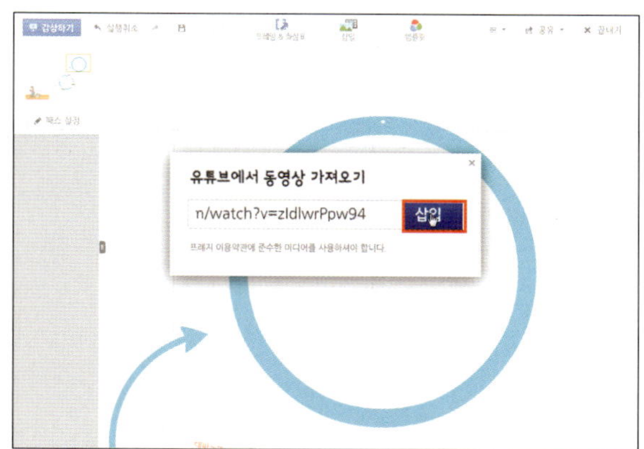

04 ›› 동영상이 삽입되면 원 프레임 안에 위치시키고, █를 눌러 크기를 축소합니다.

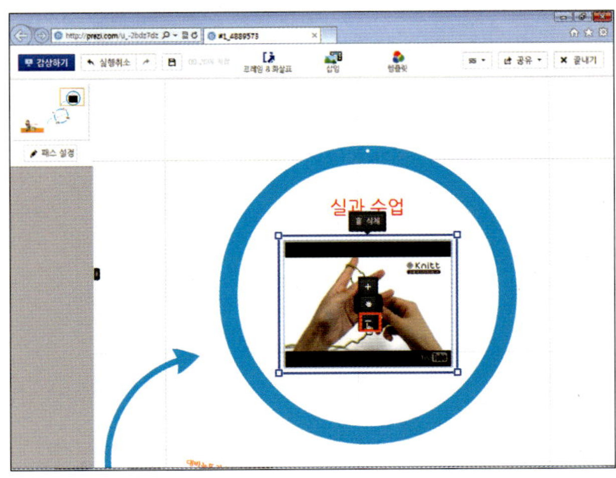

패스 설정하여 프레지 진행 순서 정하기　　Step 06

01 ›› 화면 왼쪽의 [경로 미리보기] 창에서 [패스 설정] 단추를 클릭합니다. 캔버스에서 'bg.jpg' 이미지를 선택합니다.

02 ›› 왼쪽의 [경로 미리보기] 창에 미리보기 화면으로 나타나면서 '❶'로 표시됩니다. 원 프레임 안의 제목 부분을 선택합니다.

03 ›› '❷'가 표시되면서 선택한 제목은 왼쪽의 [경로 미리보기] 창에 미리보기 화면으로 나타나면서 '❷'로 표시됩니다. 패스 '❸'을 만들기 위해 대바늘 그림을 선택합니다.

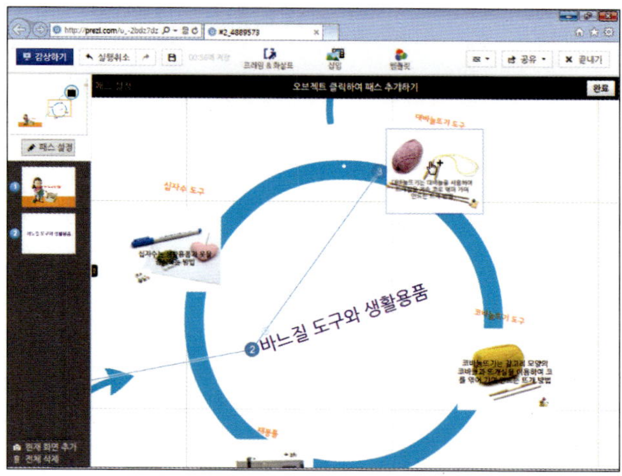

04 ›› 대바늘 그림 위에 '❸'이 표시되고, [경로 미리보기] 창에 미리보기 화면으로 나타나면서 '❸'이 표시됩니다. 패스 '❸'을 삭제하기 위해 [경로 미리보기] 창의 패스 '❸' 위로 마우스를 가져간 후 ❌를 클릭하여 삭제합니다.

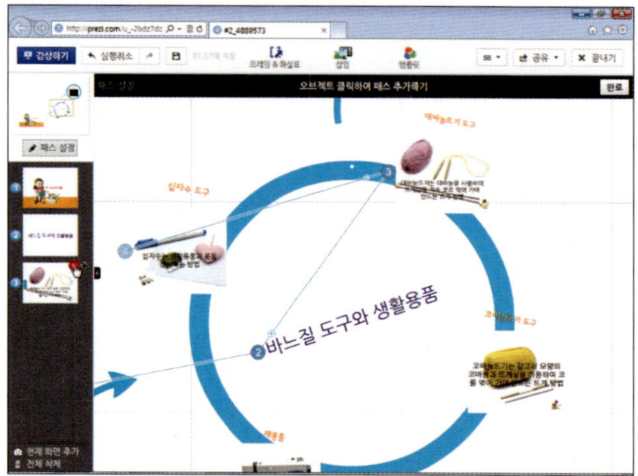

05 ›› '대바늘뜨기 도구' 텍스트를 선택하면 '❸'이 다시 표시되고, [경로 미리보기] 창에 미리보기 화면이 나타나면서 '❸'이 표시됩니다.

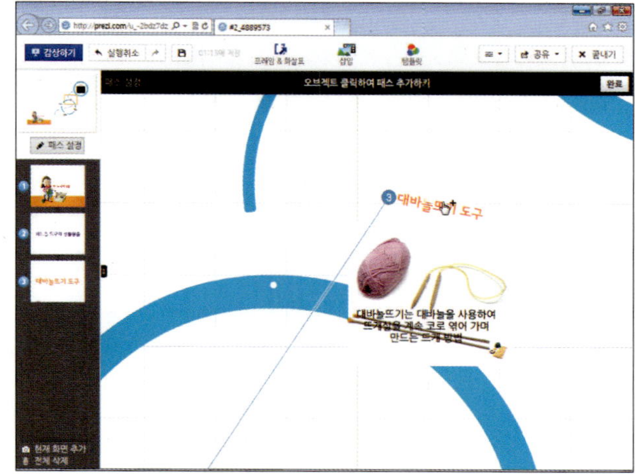

06 ›› 대바늘 그림을 선택하면 패스 '❹' 가 되고, 대바늘 작품 그림을 선택하면 패스 '❺' 가 됩니다.

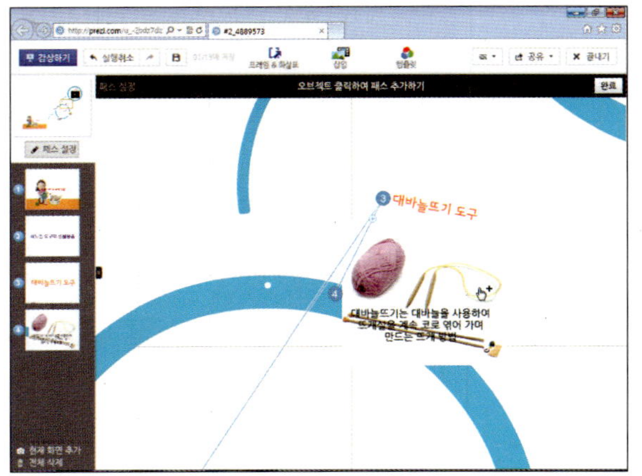

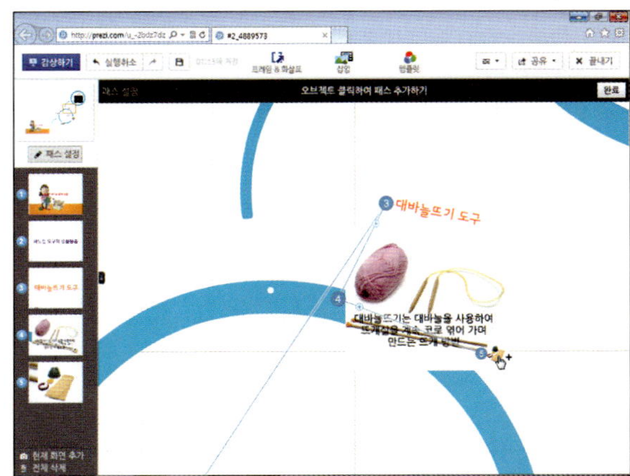

07 ›› 코바늘뜨기 도구, 재봉틀, 십자수 도구의 텍스트와 그림도 차례로 선택하여 패스를 추가합니다. 패스까지 추가되었습니다.

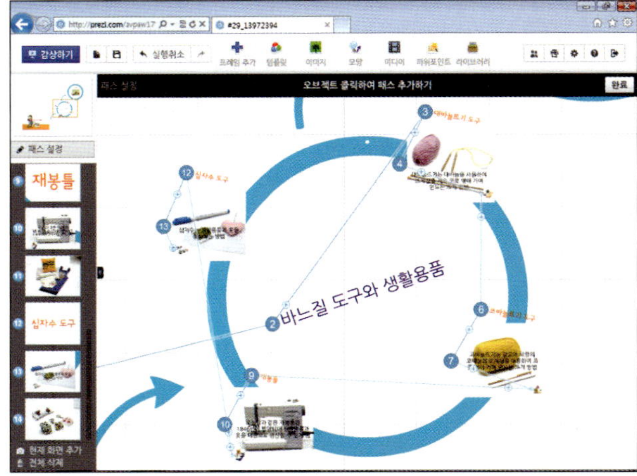

08 ›› 실과 수업과 원 프레임, 유튜브 동영상도 차례로 패스를 추가하여 마무리하고, [완료] 단추를 클릭합니다. 저장 단추를 누르지 않아도 자동 저장되지만, [저장(🖫)] 단추를 눌러 저장합니다. [감상하기] 단추를 클릭합니다.

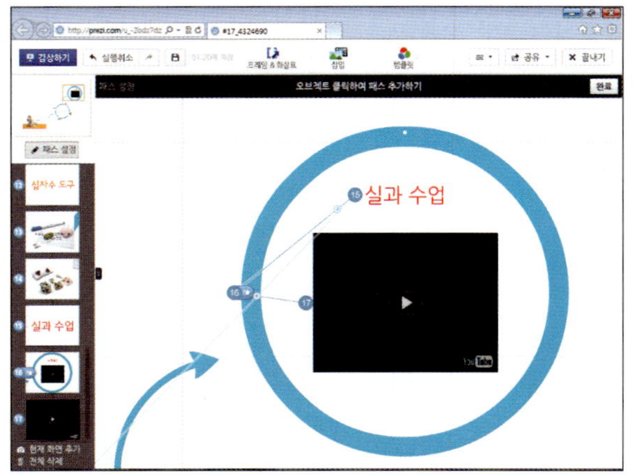

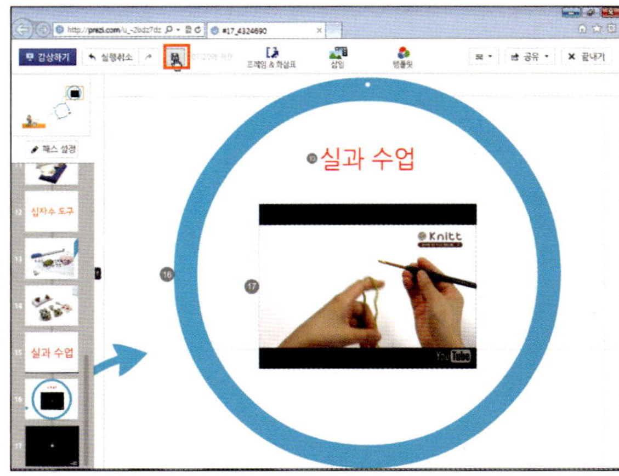

09 ›› 패스로 설정한 진행 순서를 확인합니다. 프레지 쇼를 마치려면 Esc 를 눌러 편집 화면으로 되돌아옵니다.

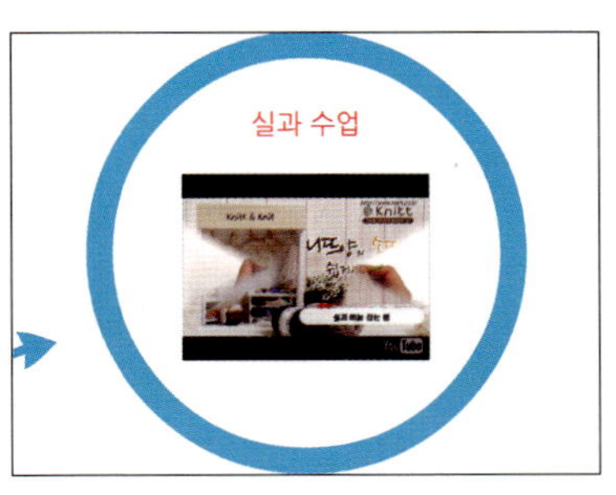

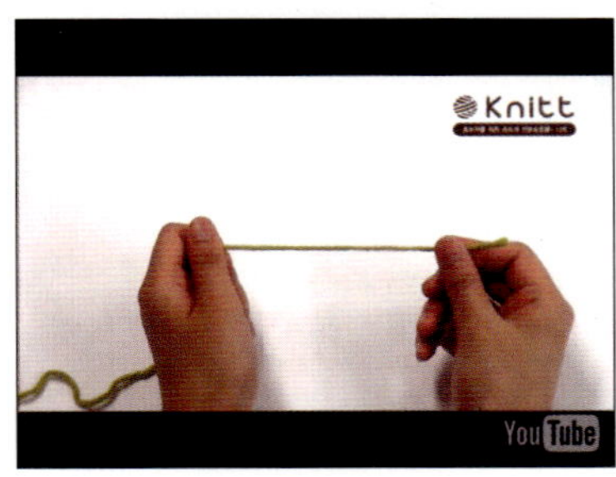

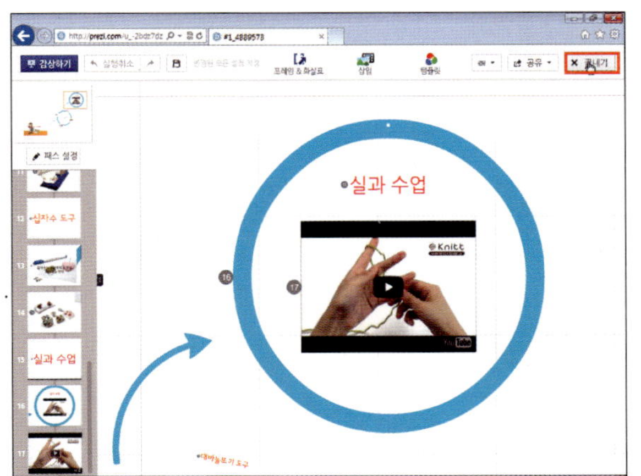

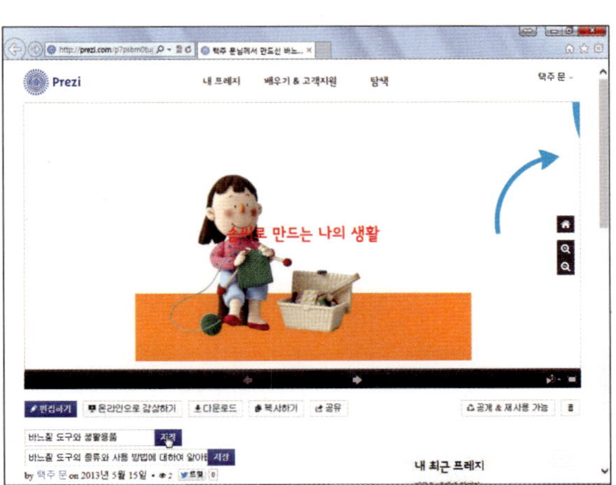

10 ›› [끝내기] 단추를 클릭한 후 파일 관리 모드에서 'Untitled Prezi' 옆의 🖉를 클릭하여 제목을 입력하고, '설명없음' 에는 상세 설명을 입력하고 각각 [저장] 단추를 클릭합니다.

107

Section 11

'학교 소개' 프레지 무작정 따라하기

프레지에서 현재 58개의 템플릿을 제공하고 있습니다. 템플릿에는 도형, 텍스트, 프레임, 패스가 지정되어 있어서 텍스트를 입력하고, 이미지 등을 삽입하면 쉽게 프레지 작업을 완성할 수 있습니다. 미리 짜여진 스토리에 내용만 삽입하면 되기 때문에 초보자가 사용하기 좋습니다. 처음 프레지를 작업할 때는 스토리를 어떻게 구성해야 할지 많이 망설여지므로 템플릿을 사용하여 만들면서 프레지 만드는 방법을 자연적으로 익혀봅니다.

Section 11 | Section 12 | Section 13 | Section 14 | Section 15

| 예제 파일 | 소스파일\로고.gif, 교가.wmv, 교화.jpg, 교목.jpg, 교조.jpg
| 완성 파일 | 완성파일\학교소개\prezi.exe

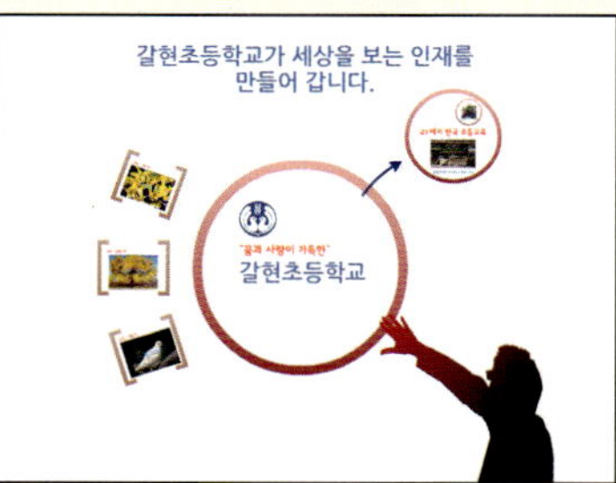

템플릿 사용하기 Step 01

01 ›› [내 프레지] 탭을 클릭한 후 새 프레지를 만들기 위해 [새로운 프레지]를 클릭합니다.

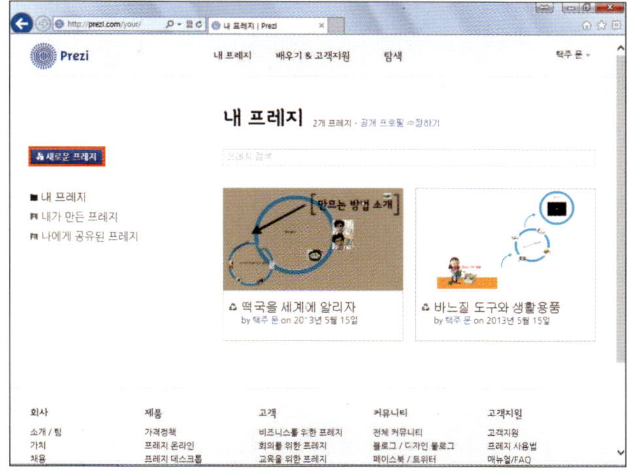

02 ›› [템플릿] 창에서 마음에 드는 'Explain a Topic'을 선택한 후 [선택] 단추를 클릭합니다.

03 ›› 편집 화면에 선택한 템플릿이 나타납니다.

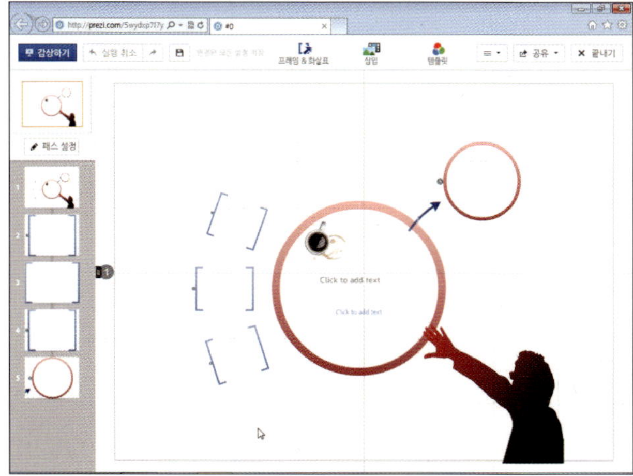

템플릿 변경하기

선택한 템플릿을 변경하고 싶을 때는 [템플릿] 메뉴 – [템플릿 수정 중] 단추를 클릭합니다. 그러면 다시 [템플릿] 창이 나타나는데, 다른 템플릿을 선택 후 [미리보기] 단추를 눌러 확인할 수 있습니다. [완료] 단추를 클릭하면 다시 선택한 템플릿으로 변경할 수 있고, [취소] 단추를 클릭하면 이전 템플릿으로 돌아갑니다.

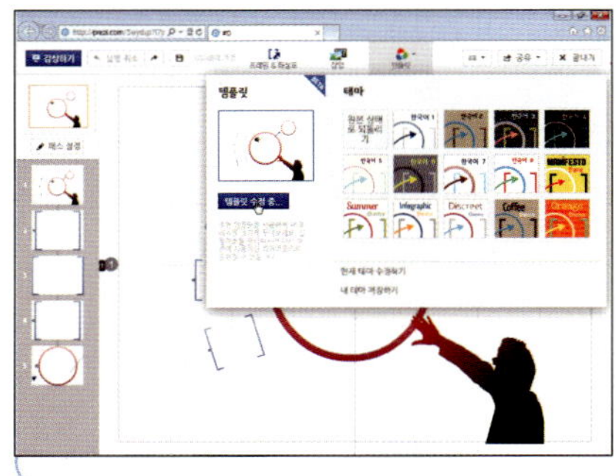
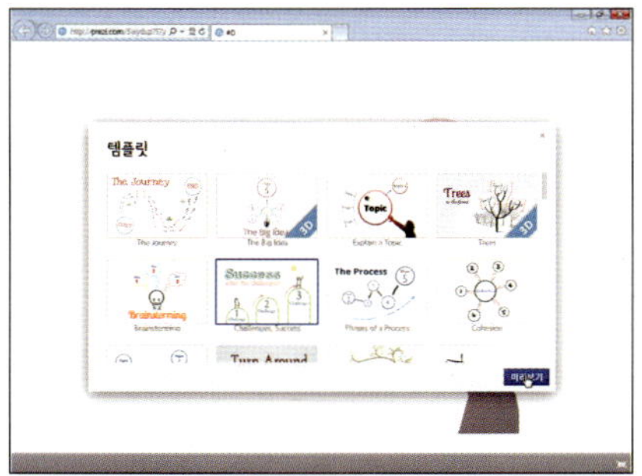

현재 테마 수정하기   Step 02

이런 기능들이 사용됐어요 ➡ Theme Wizard

01 ›› 현재 테마를 수정하기 위해 [템플릿] 메뉴 – [현재 테마 수정하기]를 클릭합니다.

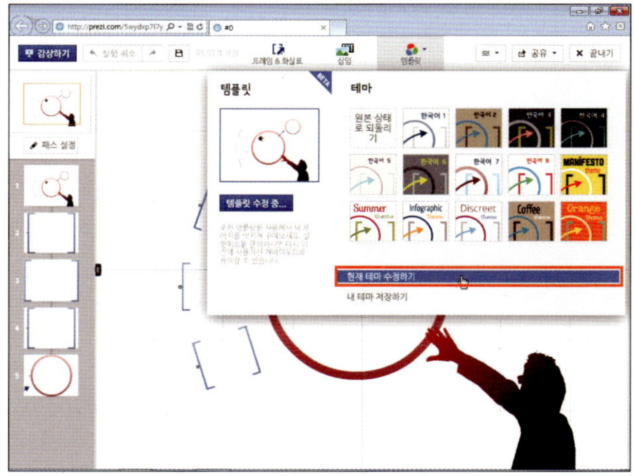

02 ›› 'Background' 의 색상은 옅은 회색으로 지정하고, [Next] 단추를 클릭합니다.

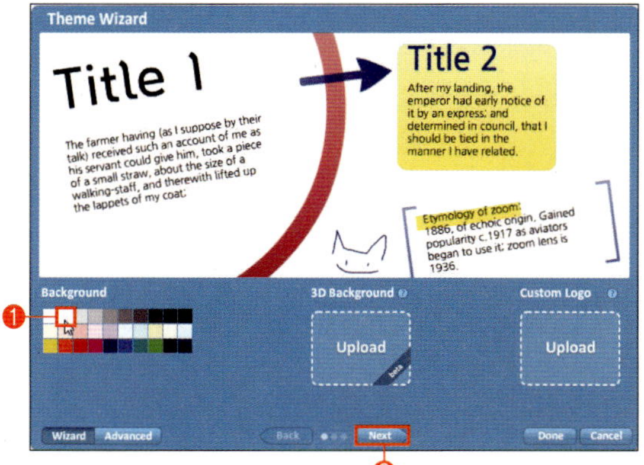

03 ›› 'Font & Color'에서 'Title 1'은 빨간색으로, 'Title 2'는 바다색으로 지정한 후 'Body'는 그대로 둔 채 [Next] 단추를 클릭합니다.

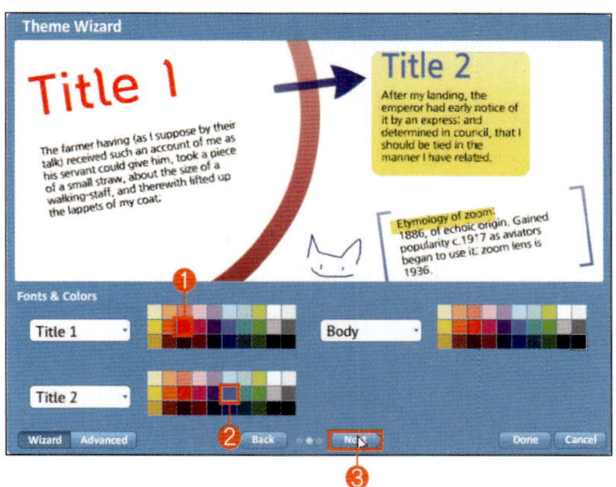

04 ›› 'Shapes'에서는 'Bracket Frame & Rectangle'의 색상만 갈색으로 지정하고 [Done] 단추를 클릭합니다.

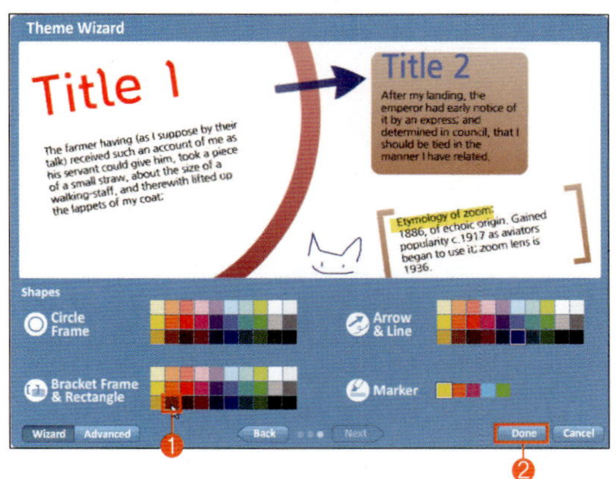

05 ›› 프레지 편집 화면에 배경, 텍스트, 프레임 색상이 변경된 것을 볼 수 있습니다.

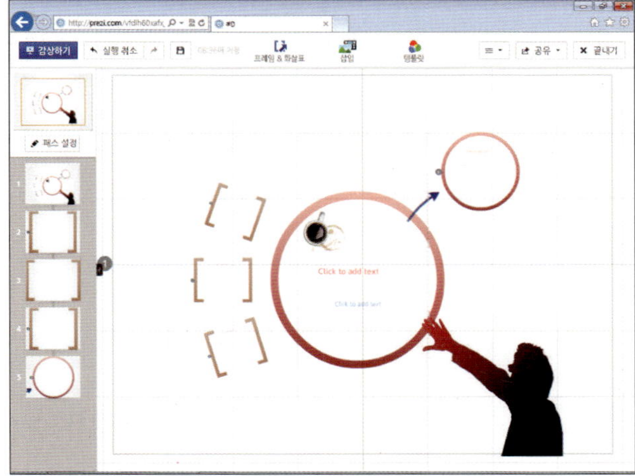

템플릿 편집하기   Step 03

이런 기능들이 사용됐어요 ➡ [이미지] 메뉴, 지브라 도구

01 ›› **1**을 반복적으로 눌러 화면을 원하는 크기로 확대한 후 빨간색의 'Click to add text' 를 클릭하여 "꿈과 사랑이 가득한"이라고 입력합니다. 바다색의 'Click to add text'도 클릭하여 갈현초등학교라고 입력합니다.

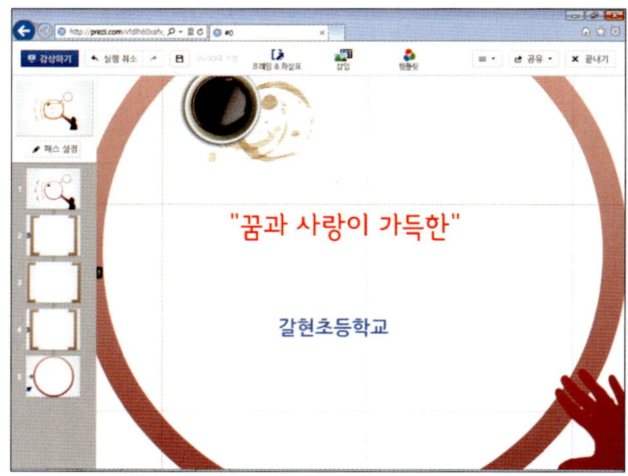

02 ›› 수정한 텍스트를 다시 선택하면 지브라 도구가 나타나는데, 빨간색 텍스트는 ▬를 클릭하여 크기를 줄이고, 바다색 텍스트는 ➕를 클릭하여 크기를 크게 합니다.

03 ›› **Shift**를 누른 채 그림 위에서 드래그하여 그림을 모두 선택한 후 **Delete**를 눌러 삭제합니다.

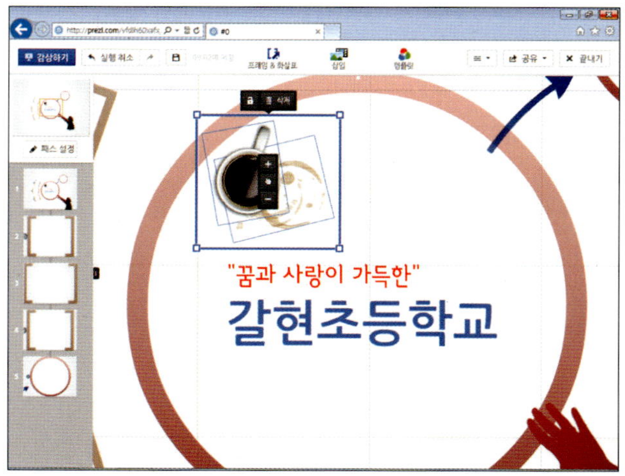

04 ›› 이미지를 삽입하기 위해 [삽입] 메뉴 – [이미지]를 클릭합니다. 내 컴퓨터에서 불러오기 위해 [파일 검색중…] 단추를 클릭합니다.

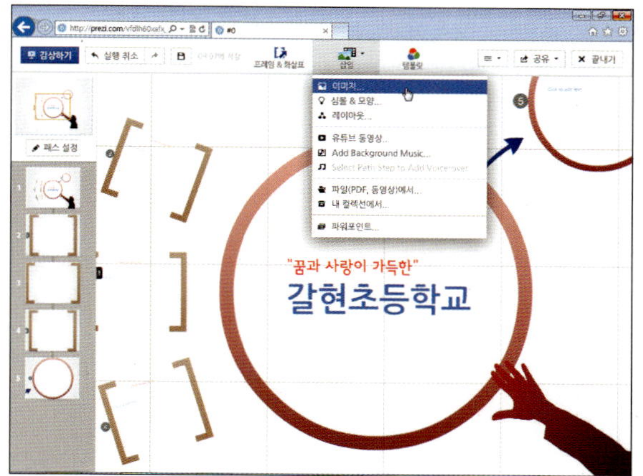
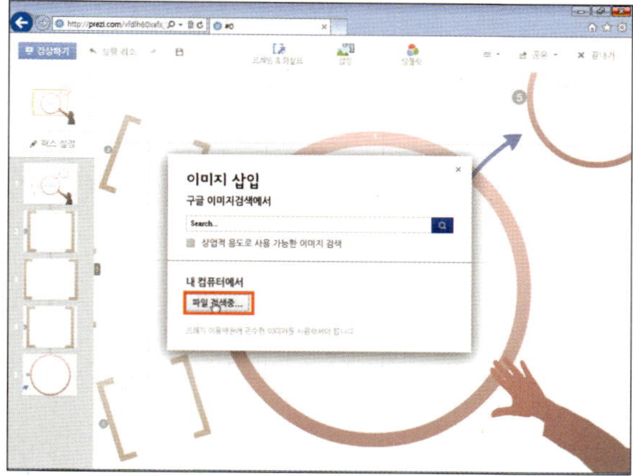

05 ›› '소스파일\로고.gif'를 선택하고, [열기] 단추를 클릭합니다. 로고가 삽입되면 위치를 이동하고, ■를 눌러 로고 크기를 줄입니다.

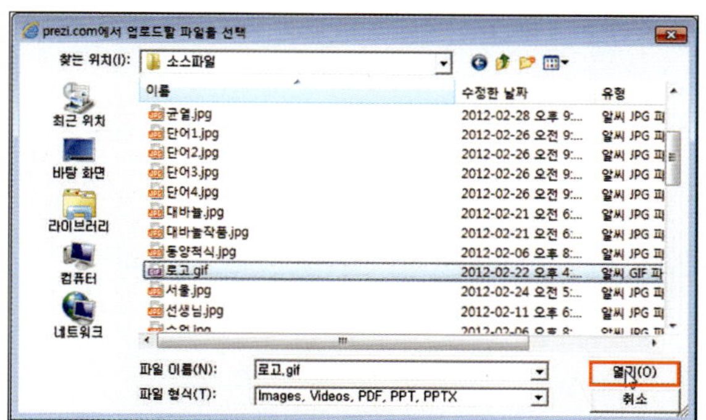
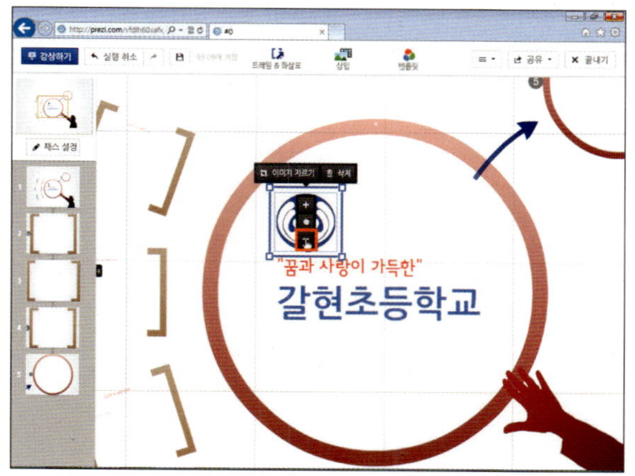

06 ›› [경로 미리 보기] 창의 2번째 미리 보기 화면을 선택하여 텍스트를 다음처럼 수정합니다.

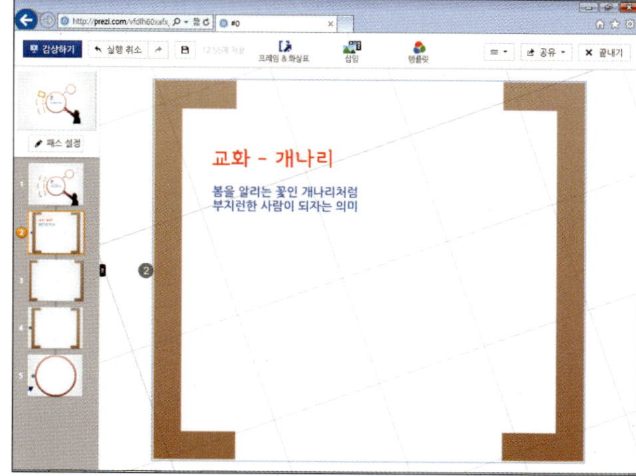

07 ≫ 상단 메뉴 중 [삽입] 메뉴 - [이미지]를 클릭하여 '소스파일\교화.jpg'를 불러옵니다. 이미지의 모서리에 네 점이 생기는데, 마우스를 가져가면 ⬈가 나타납니다. ⬈를 드래그하여 이미지 크기를 크게 합니다.

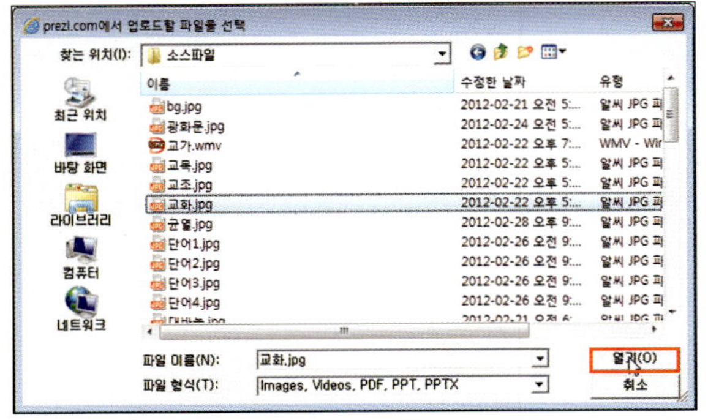

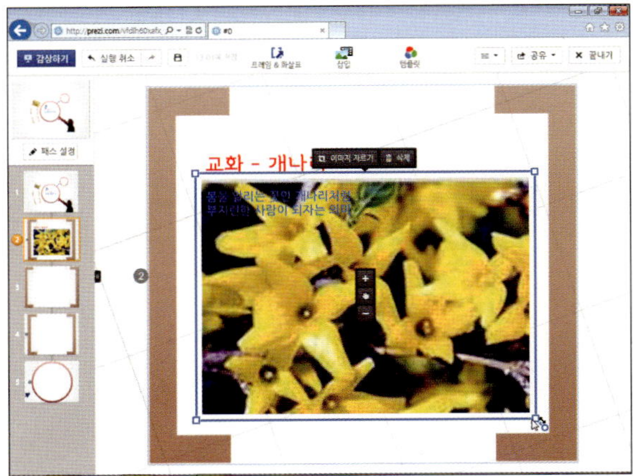

08 ≫ 이미지를 선택하면 나타나나는 메뉴 중 [이미지 자르기]를 클릭합니다. 자르기 선을 드래그하여 자를 부분을 설정한 후 캔버스 임의의 곳을 클릭합니다. 그림의 불필요한 부분이 제거되었습니다.

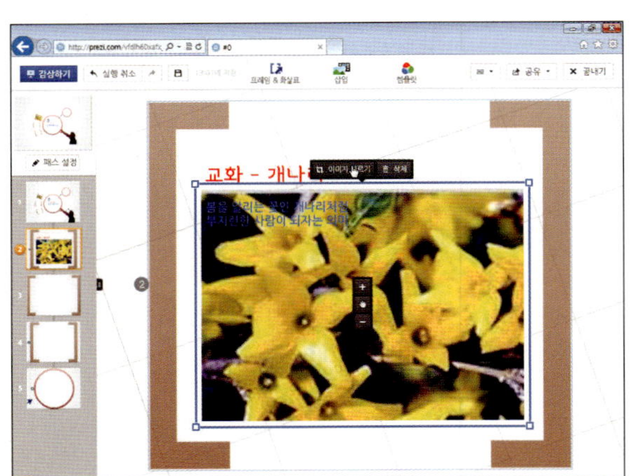

09 ≫ 텍스트를 클릭하면 지브라 도구가 표시되는데, ✋을 클릭하여 드래그합니다. 그림의 가운데 쪽으로 이동시키고, 마우스 오른쪽 단추를 눌러 [맨 앞으로 가져오기] 메뉴를 클릭합니다. 그림 위로 텍스트가 옮겨졌습니다.

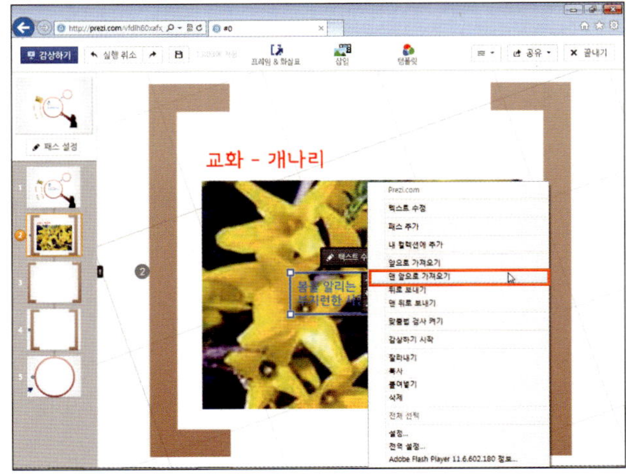

10 ›› 나머지 두 대괄호 프레임도 같은 방법으로 교목과 교조를 만듭니다. **2**를 눌러 화면을 축소하여 수정한 내용을 확인합니다.

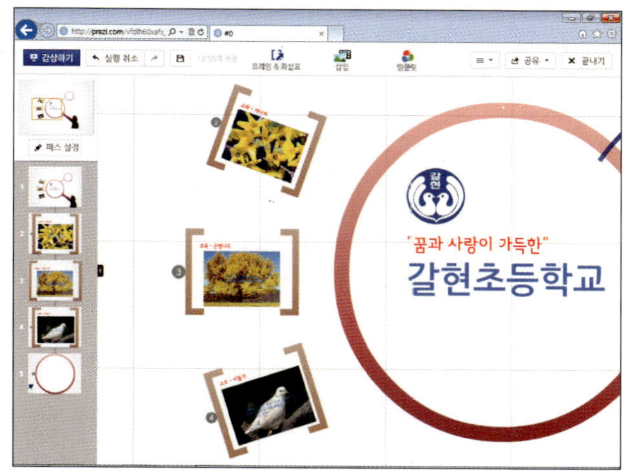

구글 이미지 삽입하기

이런 기능들이 사용됐어요 ➡ '구글 이미지 검색에서' 이미지 검색

01 ›› [경로 미리 보기] 창에서 5번째 미리 보기 화면을 선택하여 다음처럼 각각의 텍스트를 입력하고 위치시킵니다.

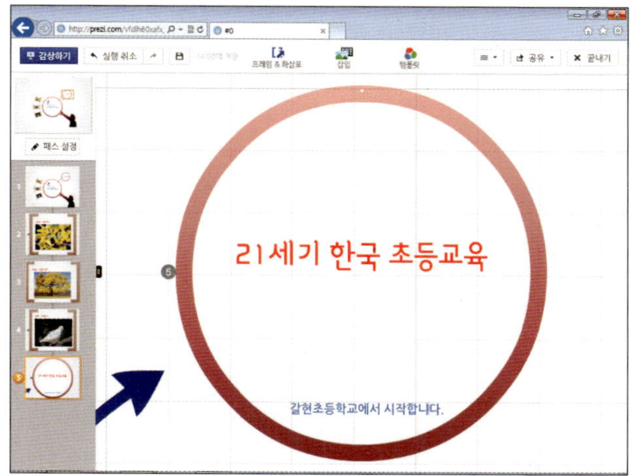

02 ›› [삽입] 메뉴 – [이미지]를 클릭합니다. [이
미지 삽입] 창이 열리면 '구글 이미지검색에서'
의 검색란에 '갈현초등'이라고 입력한 후 🔍 를
클릭합니다.

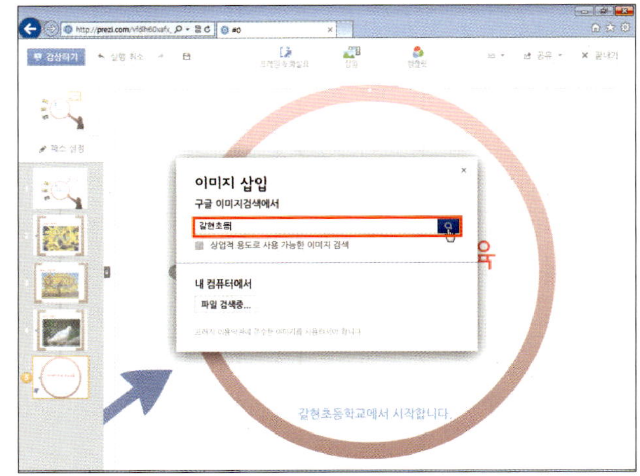

03 ›› 구글에서 이미지가 검색됩니다. 미리 보
기 화면과 함께 이미지 목록이 나타나는데, 이
미지 목록에서 원하는 이미지를 선택하여 미리
보기로 확인한 후 [삽입] 단추를 클릭하여 이미
지를 삽입합니다.

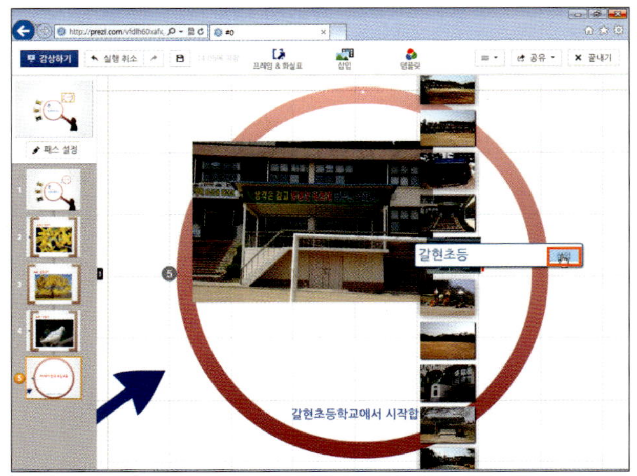

04 ›› 이미지가 삽입되면 크기와 위치를 적당
히 조절합니다.

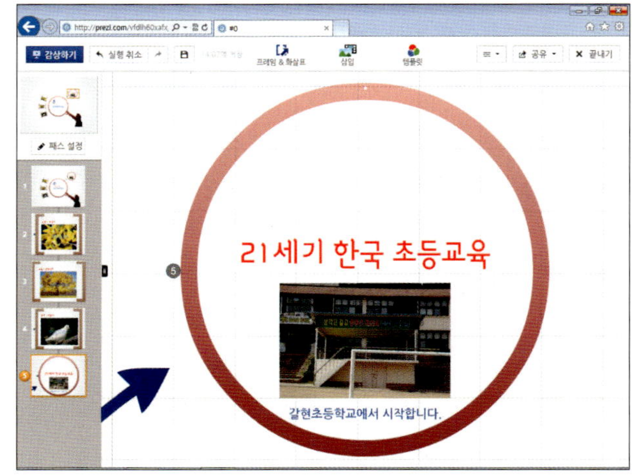

동영상 파일 삽입하기 Step 05

01 ›› **1**을 반복적으로 눌러 화면을 더 확대한 후 [프레임 & 화살표] 메뉴 – [원 프레임]을 클릭합니다.

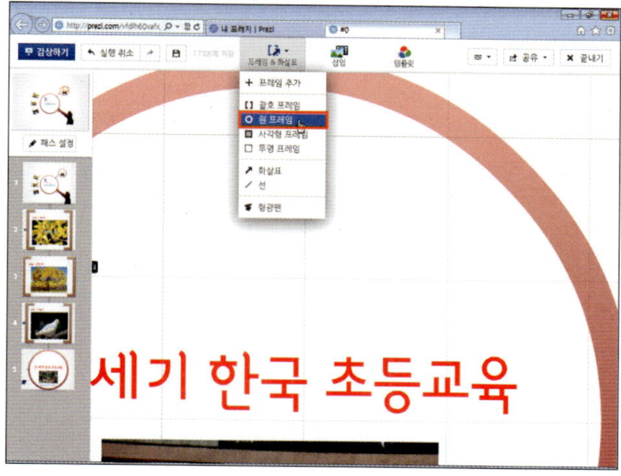

02 ›› '21세기 한국 초등교육' 텍스트 위쪽에서 드래그하여 원 프레임을 하나 더 만듭니다. 원 프레임 안에서 클릭하여 다음처럼 빨간색 텍스트와 바다색 텍스트를 추가 입력합니다.

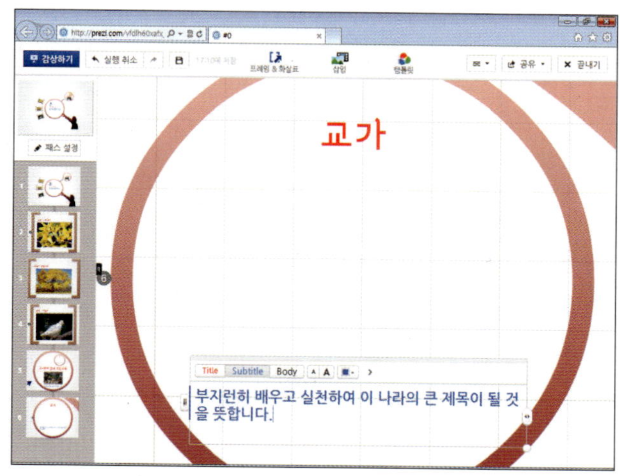

03 ›› 동영상을 삽입하기 위해 [삽입] 메뉴 – [파일(PDF, 동영상)에서...]를 클릭합니다.

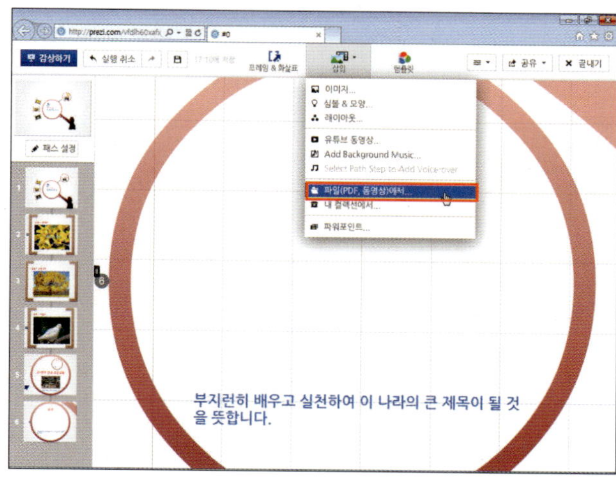

04 ›› '소스파일\교가.wmv'를 선택한 후 [열기] 단추를 클릭합니다.

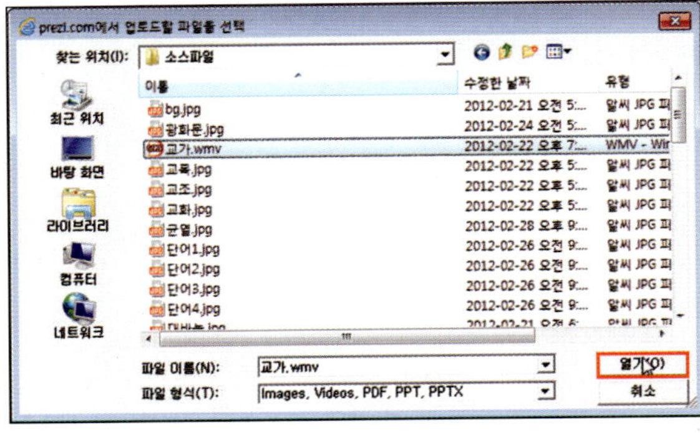

프레지에서 불러올 수 있는 파일 종류
- 이미지 : jpg, png, gif, swf
- 동영상 : flv, f4v, avi, mov, wmv, mpg, mpeg, mp4, m4v, 3gp

05 ›› 동영상을 선택하면 지브라 도구가 나타나는데, ■를 클릭하여 크기를 조절합니다. 동영상 위에 마우스 포인터를 가져가면 나타나는 [재생] 단추를 클릭합니다.

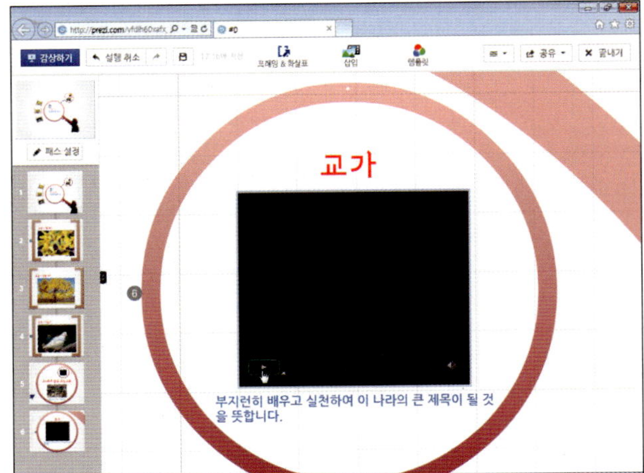

06 ›› 삽입한 동영상이 실행됩니다.

패스 수정하기

Step 06

이런 기능들이 사용됐어요 ➡ [패스 설정] 단추

01 ›› 단추를 눌러 화면에 개체 전체가 보이도록 한 후 캔버스 위쪽을 클릭하고, 다음처럼 입력합니다. 텍스트를 블록 지정한 후 를 눌러 가운데 정렬합니다.

Ctrl + Space Bar 를 눌러도 전체보기가 됩니다.

02 ›› 텍스트를 클릭하면 지브라 도구가 표시되는데, 을 클릭하여 가운데로 옮겨 줍니다.

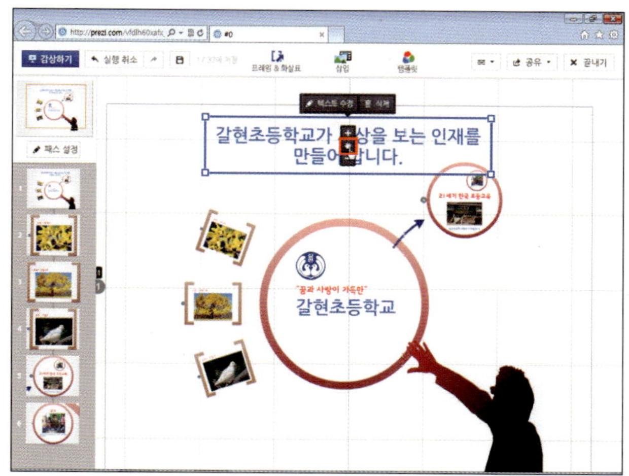

03 ›› [감상하기] 단추를 클릭하여 진행 순서를 확인합니다. 패스를 설정하지 않았는데도 템플릿을 사용하였기 때문에 프레지 쇼를 진행할 수 있습니다.

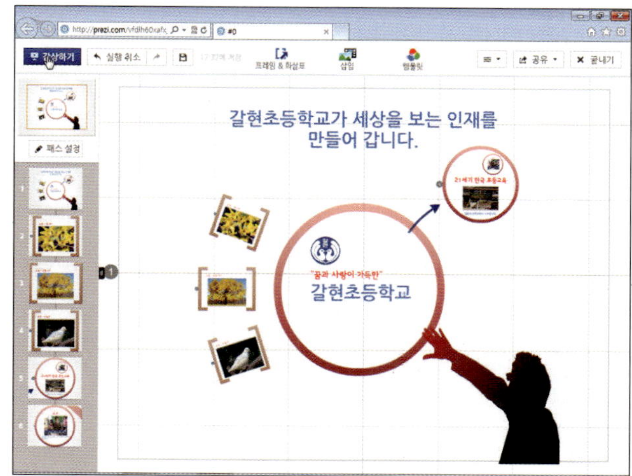

04 ›› ➡ 단추를 눌러 쇼가 끝날 때까지 진행합니다. `Esc` 를 눌러 프레지 쇼를 종료합니다.

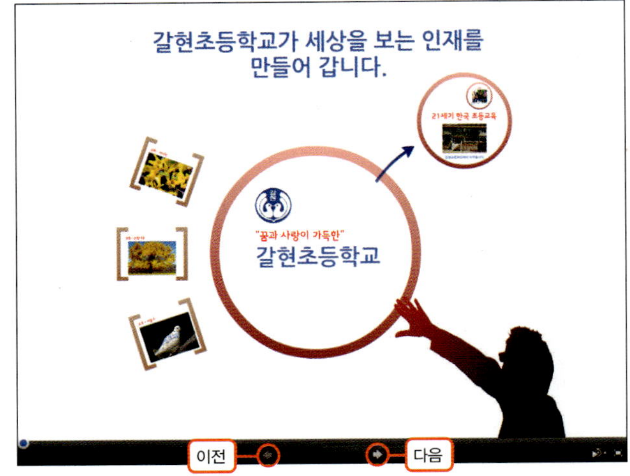

05 ›› 프레지 쇼에서 패스 진행을 확인하고, 수정을 원할 경우에는 화면 왼쪽의 [패스 설정] 단추를 클릭합니다. 정가운데의 원 프레임을 선택하면 '❼'이 표시되고, 왼쪽의 [경로 미리 보기] 창에 7번째 미리 보기 화면이 표시됩니다.

> 캔버스의 패스 번호를 더블 클릭해도 [패스 설정] 창이 열려서 패스를 수정할 수 있습니다.

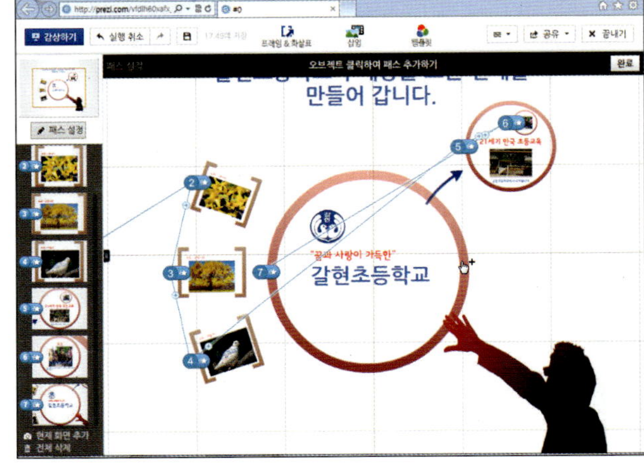

06 ›› 패스의 순서를 변경하기 위해 [경로 미리 보기] 창에서 패스 '❼'을 드래그하여 패스 '❶' 아래로 드래그합니다. 패스 '❼'이 패스 '❷'가 되었습니다.

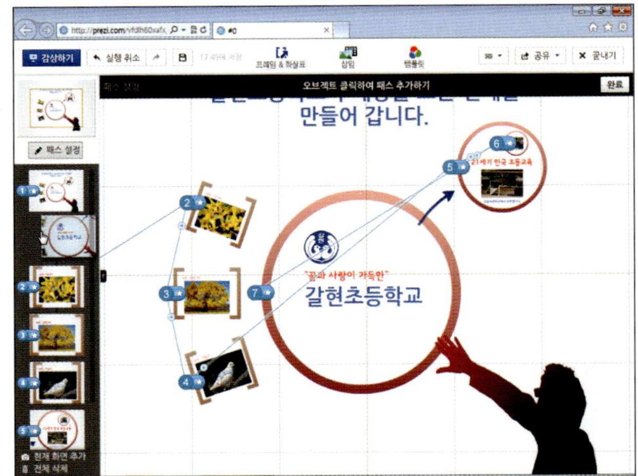

07 ›› 동영상을 클릭하면 '❽'이 되고, [경로 미리 보기] 창에도 8번째 미리 보기 화면이 추가됩니다. 화면 오른쪽 위의 [완료] 단추를 눌러서 패스 설정을 완료합니다. 프레지 편집 작업을 마치면 자동으로 저장됩니다.

08 ›› [감상하기] 단추를 다시 클릭하여 수정한 패스의 진행 순서를 확인합니다. ▶ 단추를 눌러 쇼가 끝날 때까지 진행합니다. ` Esc `를 눌러 프레지 쇼를 종료합니다.

'사회' 수업용 프레지 만들기

프레지는 웹을 기반으로 하기 때문에 다른 프로그램을 연결하는 기능은 없지만 웹 사이트는 하이퍼링크할 수 있습니다. 프레지 쇼 진행 중 웹 사이트에 방문하여 이것저것 찾아볼 수 있습니다. 사회 수업용 프레지를 작업하면서 웹 사이트를 링크하는 방법, 프레지 쇼를 진행하는 방법에 대해서 알아보겠습니다.

Section 11   **Section 12**   Section 13   Section 14   Section 15

| 예제 파일 | 소스파일\지구.gif, 한국.jpg, 서울.jpg, 광화문.jpg
| 완성 파일 | 완성파일\사회\prezi.exe

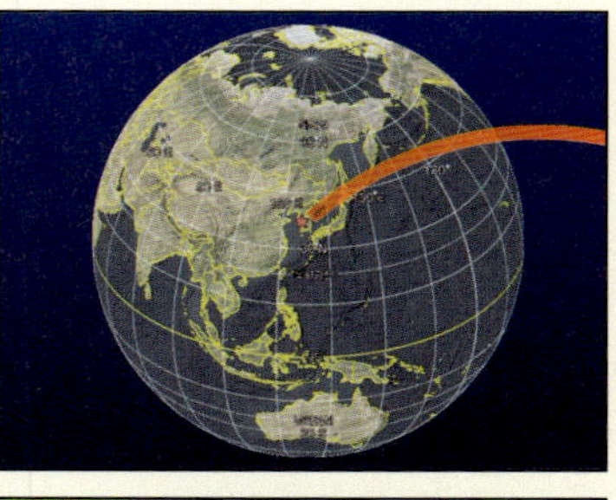

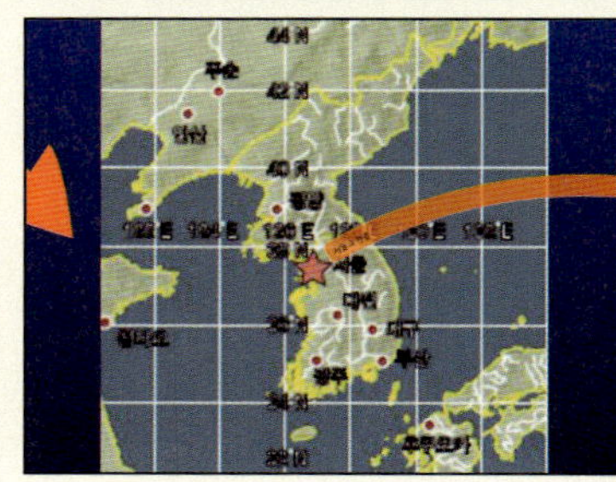

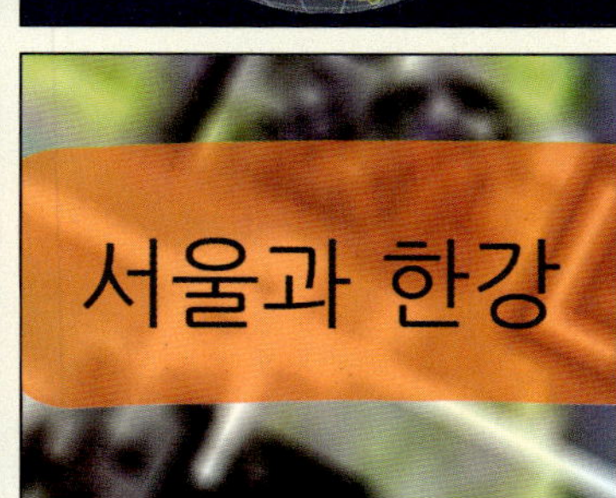

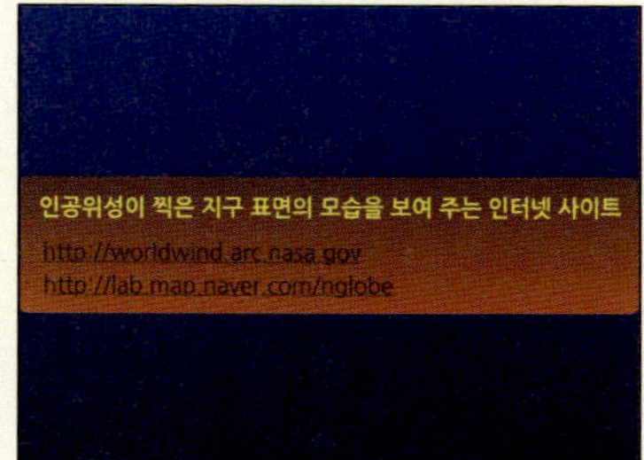

현재 테마 수정하기로 스타일 변경하기 Step 01

이런 기능들이 사용됐어요 ➜ 새로운 프레지, Theme Wizard

01 ›› [내 프레지] 탭을 클릭한 후 새 프레지를 만들기 위해 [새로운 프레지]를 클릭합니다. 'Blank'를 선택하고, [선택] 단추를 클릭하여 프레지 작업을 시작합니다.

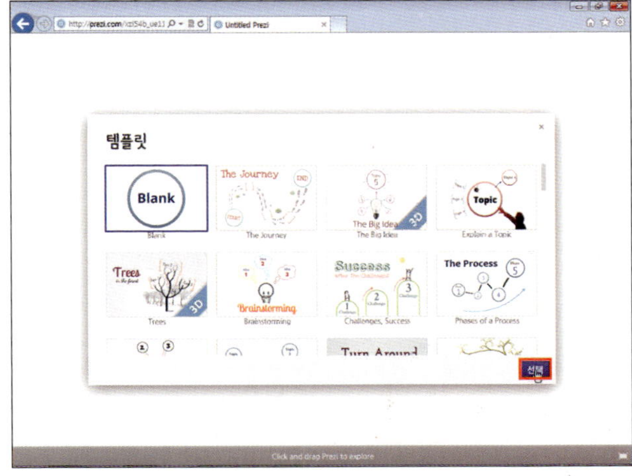

02 ›› 편집 화면이 열리면 [템플릿] 메뉴 - [현재 테마 수정하기]를 클릭합니다.

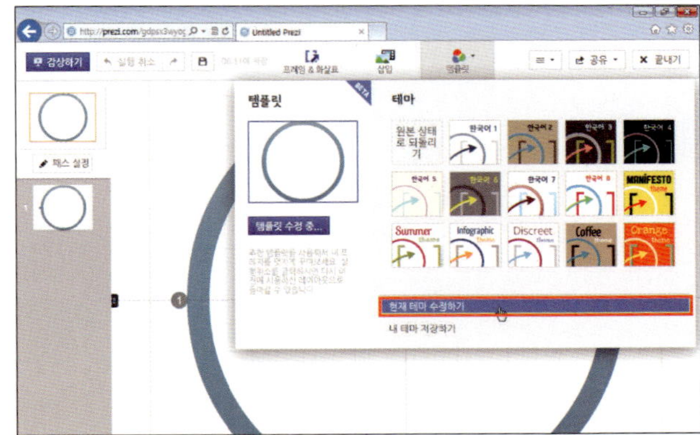

03 ›› 'Background'의 색상은 파랑색으로 지정하고, [Next] 단추를 클릭합니다. 'Font & Color'에서 'Title1'은 빨간색으로, 'Title2'는 노란색으로 지정한 후 'Body'는 그대로 둔 채 [Next] 단추를 클릭합니다.

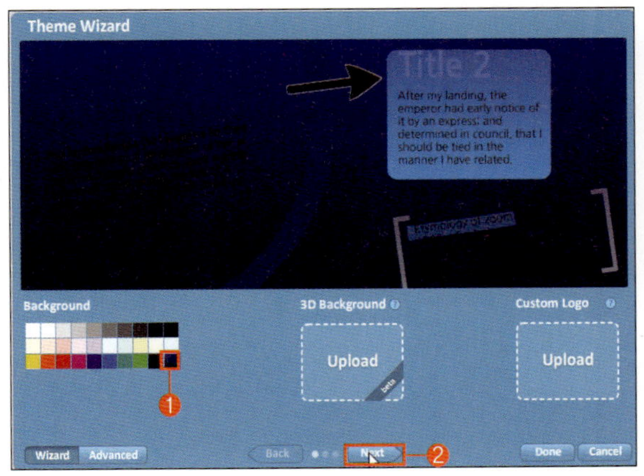

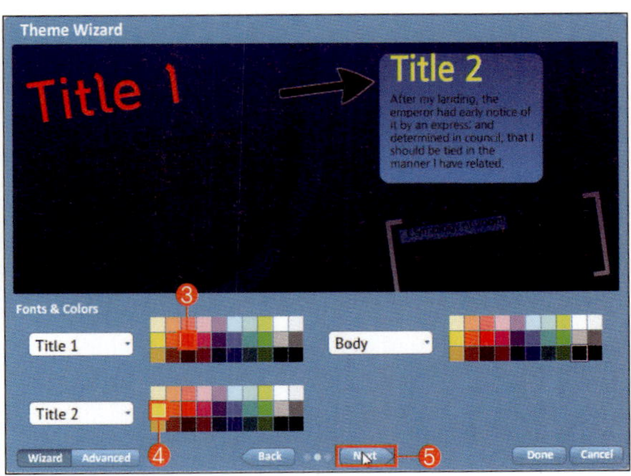

04 ›› 'Shapes'에서는 'Circle Frame', 'Bracket Frame & Rectangle', 'Arrow & Line'의 색상을 각각 주황색으로 지정하고 [Done] 단추를 클릭합니다.

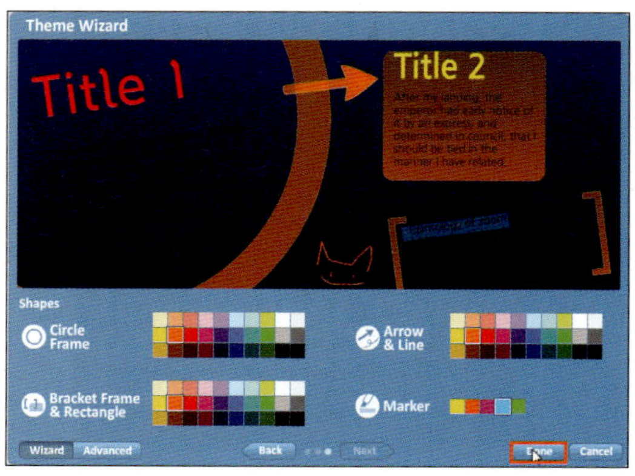

'Theme Wizard'의 'Manual'로 스타일 지정하기

[Manual] 단추를 클릭하면 'Title', 'Background', 'Font & Color', 'Frame'의 'R, G, B' 값을 각각 입력하여 색상을 다양하게 지정할 수 있습니다.

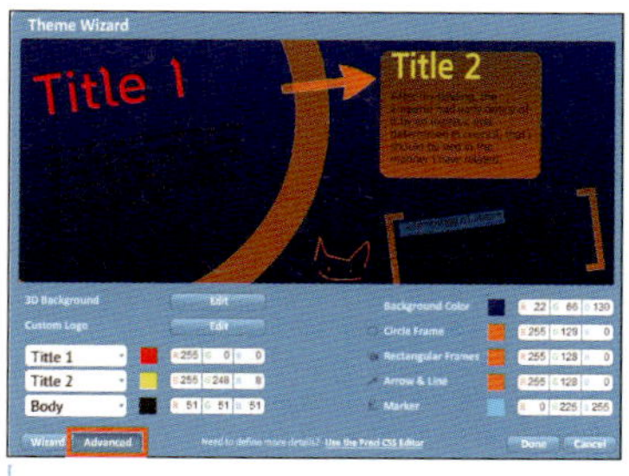

05 ›› 지정한 스타일로 변경되었습니다. 원형 프레임을 선택하면 나타나는 메뉴에서 [삭제]를 눌러 삭제합니다.

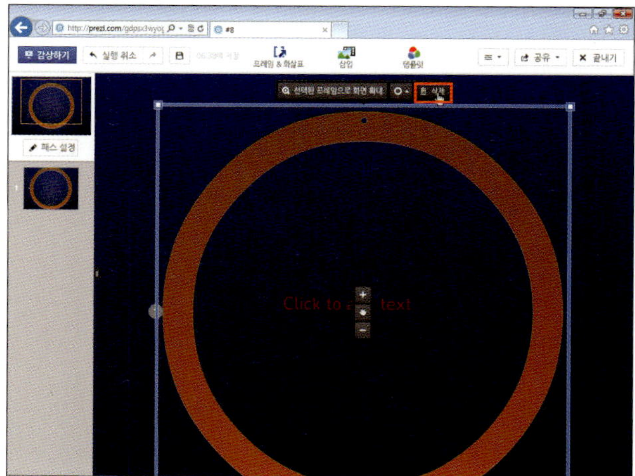

줌인/줌아웃 기능 사용하기

Step 02

이런 기능들이 사용됐어요 ➜ 줌인(Zoom in), 줌아웃(Zoom out)

01 ›› 이미지를 삽입하기 위해 [삽입] 메뉴 – [이미지]를 클릭합니다. 내 컴퓨터 에서 불러오기 위해 '내 컴퓨터에서' 의 [파일 검색중...] 단추를 클릭합니다.

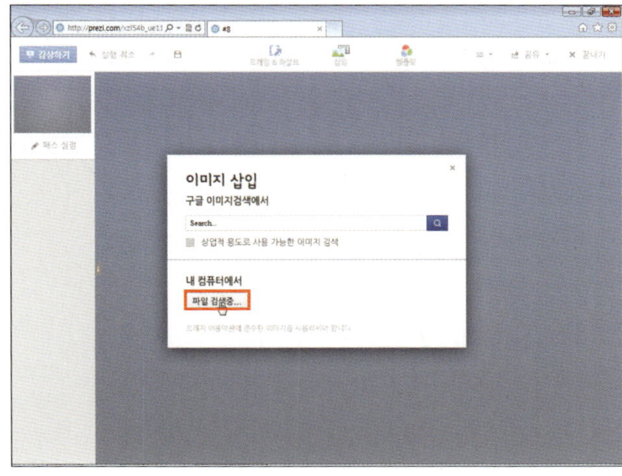

02 ›› '소스파일\지구.gif' 파일을 선택하고 [열기] 단추를 클릭합니다.

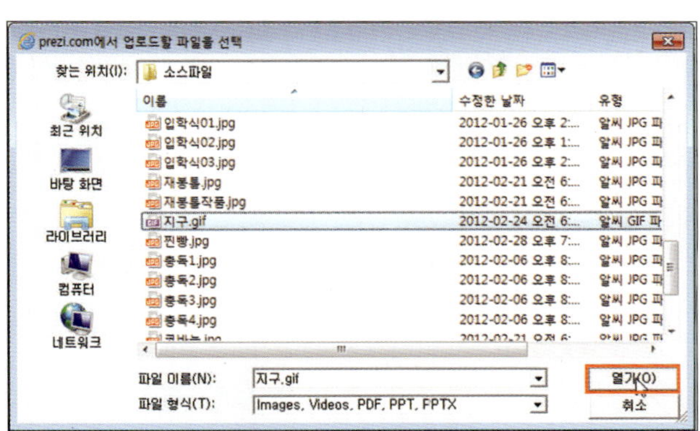

03 ›› 지구가 삽입되었으면 화살표를 그리기 위해 [프레임 & 화살표] 메뉴 – [화살표]를 클릭합니다. 지구 아래쪽에 다음과 같이 드래그하여 화살표를 그립니다.

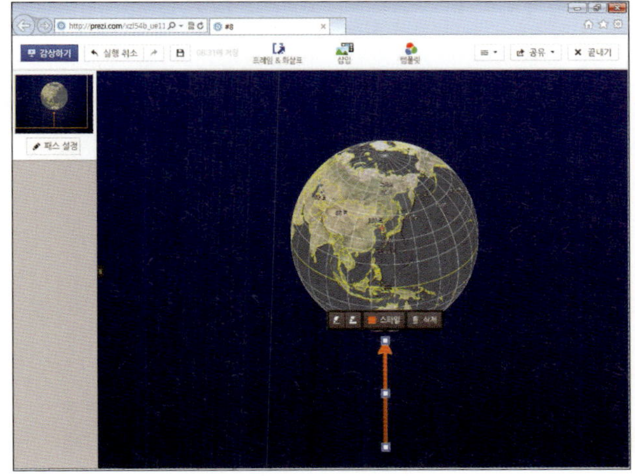

04 ›› 화살표를 선택하면 나타나는 메뉴에서 를 클릭하여 굵은 선을 만듭니다. 얇은 선을 만들고 싶을 때는 를 클릭합니다.

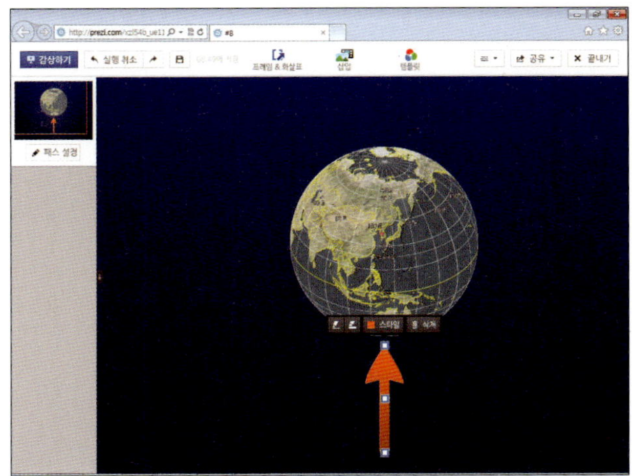

05 ›› 화살표의 시작 부분이 다음처럼 확대될 때까지 1 을 반복적으로 누릅니다. 화살표 끝 부분을 클릭하여 텍스트를 입력합니다. 블록 지정한 후 를 클릭하여 정렬합니다.

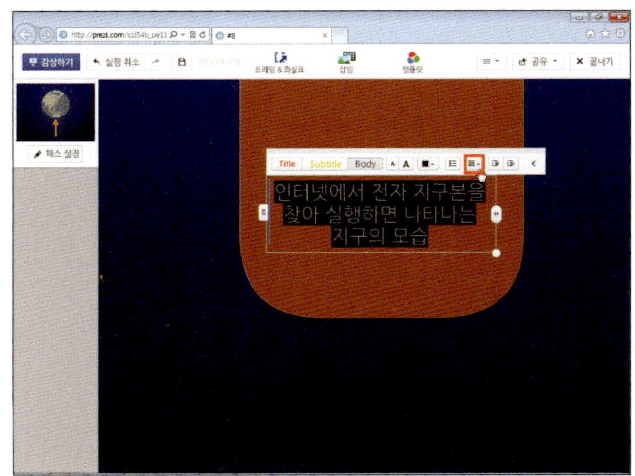

06 ›› 상단 메뉴에서 [프레임 & 화살표] 메뉴 – [투명 프레임]을 클릭합니다. **Shift** 를 누른 채 드래그하면 [4:3] 비율로 투명 프레임을 그릴 수 있습니다.

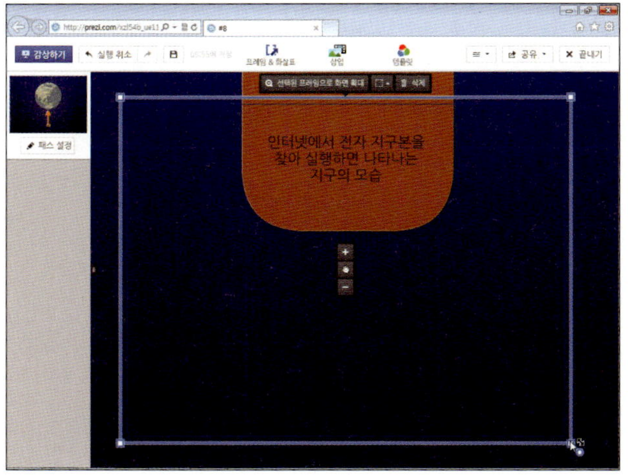

07 ›› 다시 **2**를 여러 번 눌러 지구가 정상적으로 보일 때까지 축소합니다. 나중에 줌인 화면에서 서서히 줌아웃 되는 효과를 나타낼 수 있습니다. 상단 메뉴 중 [프레임 & 화살표] 메뉴 – [화살표]를 클릭하여 지구에서 오른쪽 방향으로 드래그합니다. 화살표가 그려지면 화살표의 가운데 점을 위쪽으로 드래그하여 곡선을 만듭니다.

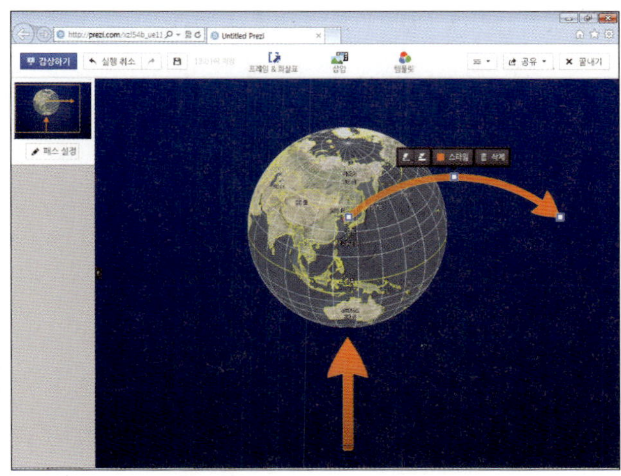

08 ›› **1**을 눌러 화살표 시작 부분이 보이도록 확대한 후 클릭하여 텍스트를 입력합니다. 텍스트를 선택하여 모서리로 마우스를 가져갔을 때 나타나는 **↺**를 시계 반대 방향으로 드래그하여 회전시킵니다.

09 ›› **2**를 눌러 화면을 축소시킨 후 상단 메뉴 중 [삽입] 메뉴 – [이미지]를 클릭하여 '소스파일\한국.jpg' 파일을 불러옵니다. 이미지를 크기를 알맞게 조절한 후 이미지 모서리로 마우스를 가져가 **↺**를 시계 반대 방향으로 드래그하여 회전시킵니다.

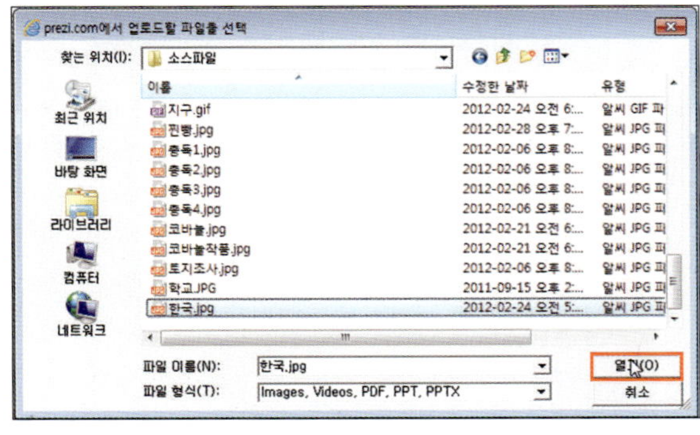

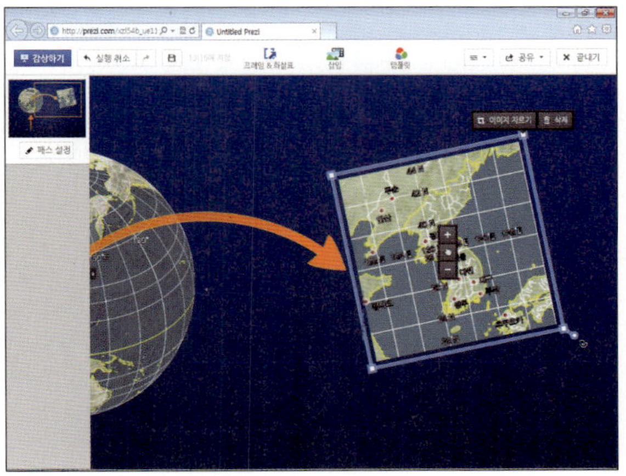

10 ›› 화살표를 선택한 후 마우스 오른쪽 단추를 눌러 [복사]를 클릭합니다. 화살표를 붙여넣기 하기 위해 마우스 오른쪽 단추를 눌러 [붙여넣기]를 클릭합니다. 화살표가 하나 더 복사되었습니다.

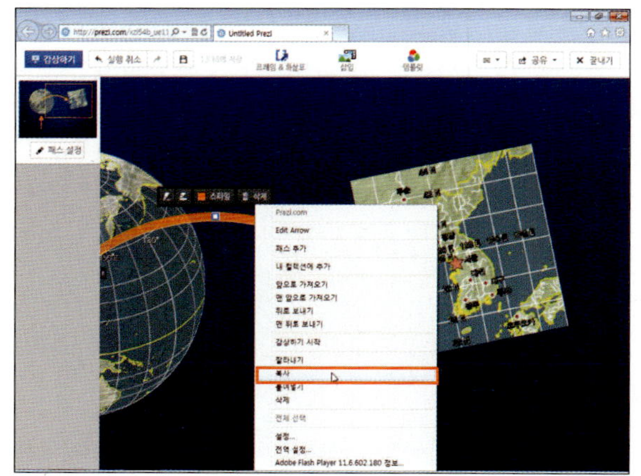
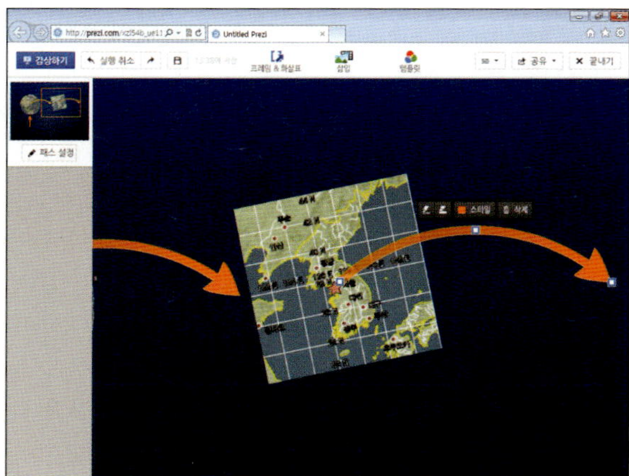

11 ›› **1**을 눌러 화살표 시작 부분이 보이도록 확대한 후 클릭하여 텍스트를 입력합니다. 텍스트 모서리의 ↻를 시계 반대 방향으로 드래그하여 회전시킵니다.

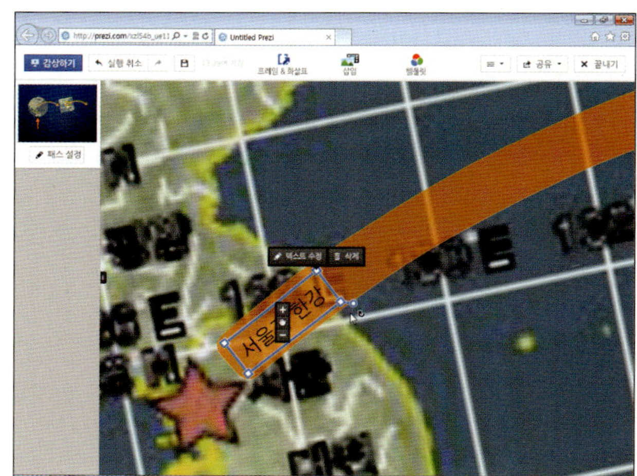

12 ›› **2**를 눌러 화면을 축소시킨 후 상단 메뉴 중 [삽입] 메뉴 - [이미지]를 클릭하고, '소스파일\서울.jpg' 파일을 불러옵니다. 이미지가 삽입되면 이미지 모서리로 마우스를 가져가 ↻를 시계 방향으로 드래그하여 회전시킵니다.

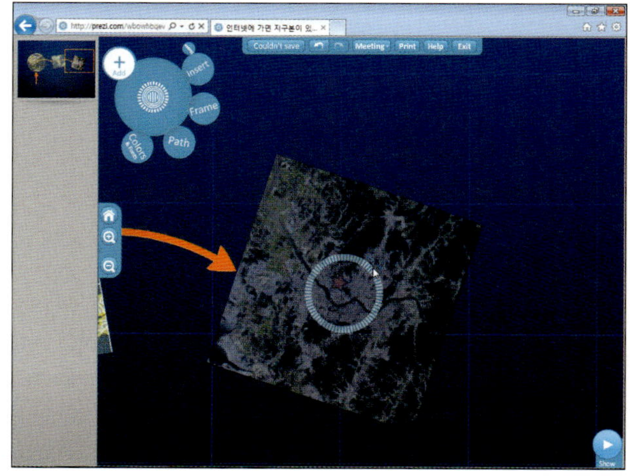

13 ›› 상단 메뉴 중 [삽입] 메뉴 – [이미지]를 클릭하고, '소스파일\광화문.jpg' 파일을 불러 옵니다.

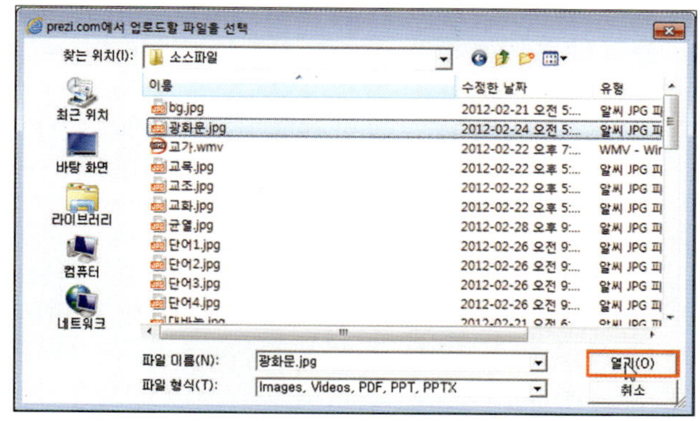

14 ›› 삽입된 광화문 이미지를 선택한 후 지브 라 도구의 ■를 클릭하여 축소합니다. [1]을 눌러 서울 이미지의 별표를 확대한 후 광화문 이미지를 별표 위에 위치시킵니다.

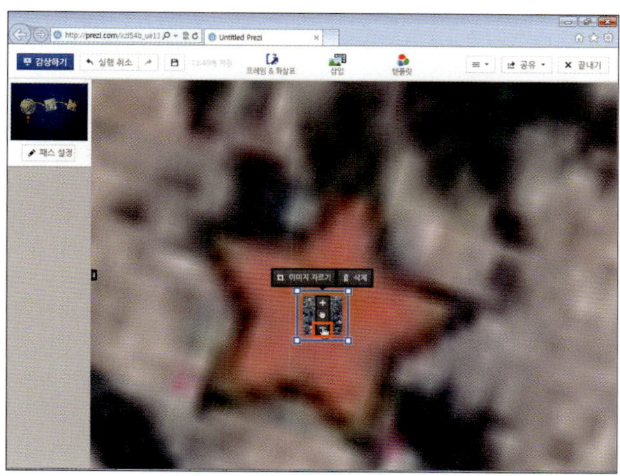

15 ›› [1]을 더 눌러서 광화문 그림이 보이도 록 확대한 후 광화문 그림 가운데를 클릭하여 텍스트를 입력합니다. 입력한 텍스트를 블록 지정하고, 글꼴을 [Subtitle]로 지정합니다.

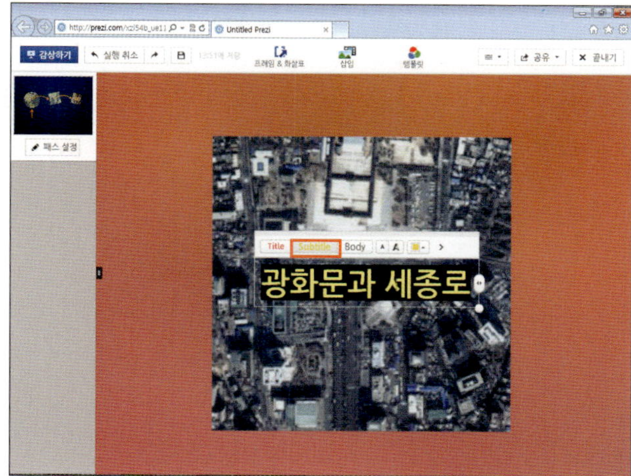

웹 사이트 하이퍼링크하기

이런 기능들이 사용됐어요 ➜ URL 링크

01 ›› 캔버스를 드래그하여 아래쪽으로 이동한 후 클릭하여 텍스트를 입력합니다. 입력한 텍스트를 블록 지정하고, 글꼴을 [Subtitle]로 지정합니다.

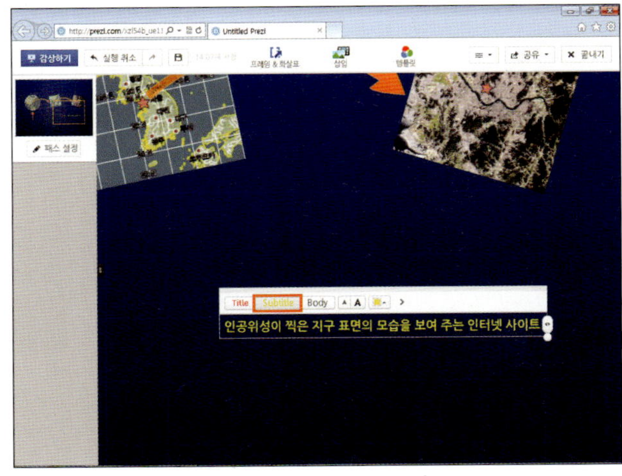

02 ›› 전자 지구본을 볼 수 있는 미국항공우주국 URL을 입력하고, 입력한 텍스트를 블록 지정하고, 글꼴을 [Body]로 지정합니다. 네이버에서 제공하는 전자 지구본 URL을 하나 더 입력합니다.

> **전자 지구본**
> 미국항공우주 = http://worldwind.arc.nasa.gov
> 네이버 = http://lab.map.naver.com/nglobe

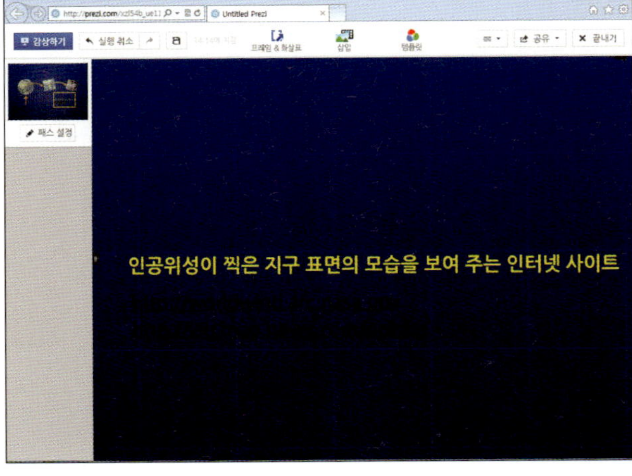

03 ›› [프레임 & 화살표] 메뉴 – [사각형 프레임]을 클릭하여 텍스트 위에서 드래그합니다.

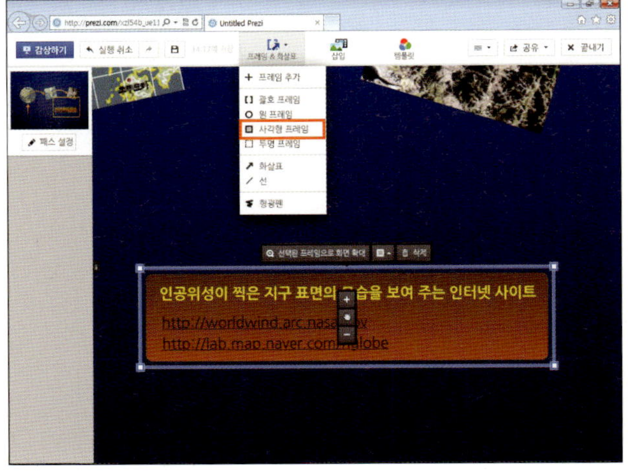

> URL을 입력할 때는 반드시 'http://'를 포함해서 입력해야만 하이퍼링크 됩니다.

패스 설정하기

Step **04**

이런 기능들이 사용됐어요 ➜ [패스 설정] 단추

01 ›› 화면 왼쪽의 [패스 설정] 단추를 클릭합니다. 패스를 지정하기 위해 캔버스에서 투명 프레임을 선택하면 '❶'로 표시되고, [경로 미리 보기] 창에는 '❶' 패스가 추가됩니다. 지구 그림을 선택하면 '❷'가 표시되면서 [경로 미리 보기] 창에 '❷' 패스가 추가됩니다.

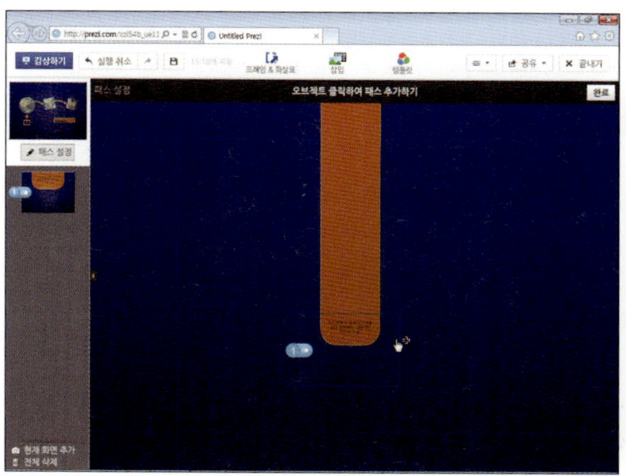
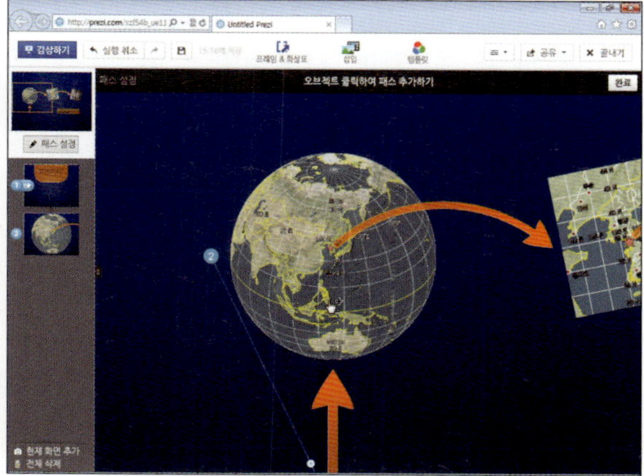

02 ›› '한반도' 텍스트를 선택하면 '❸'이 표시되면서 [경로 미리 보기] 창에 '❸' 패스가 추가됩니다. 한국 그림을 선택하면 '❹' 패스가 추가됩니다. '서울과 한강' 텍스트를 선택합니다.

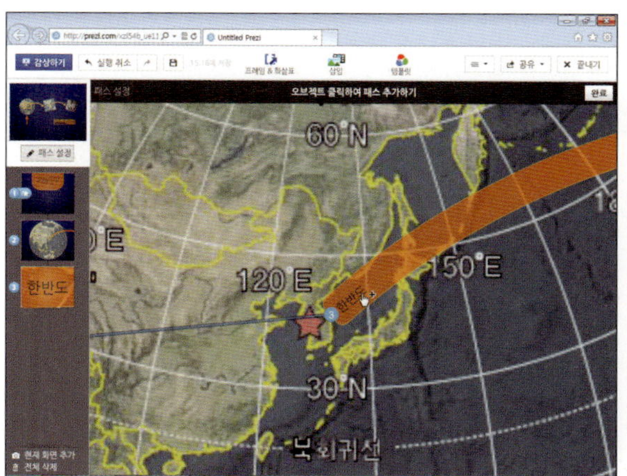
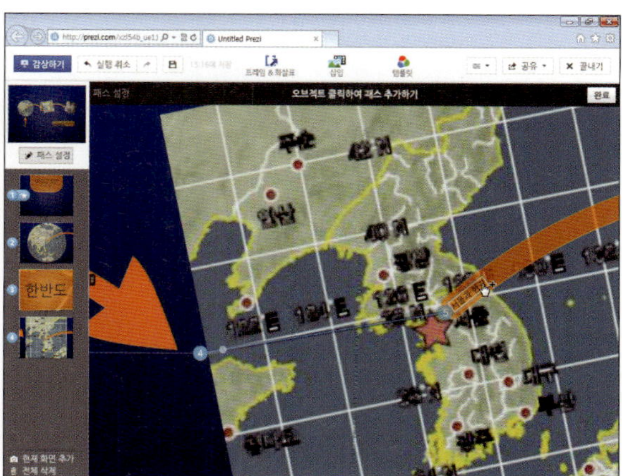

03 ›› 서울 그림을 선택합니다. 서울 그림에 '❻'이 표시되면서 [경로 미리 보기] 창에 '❻' 패스가 추가됩니다.

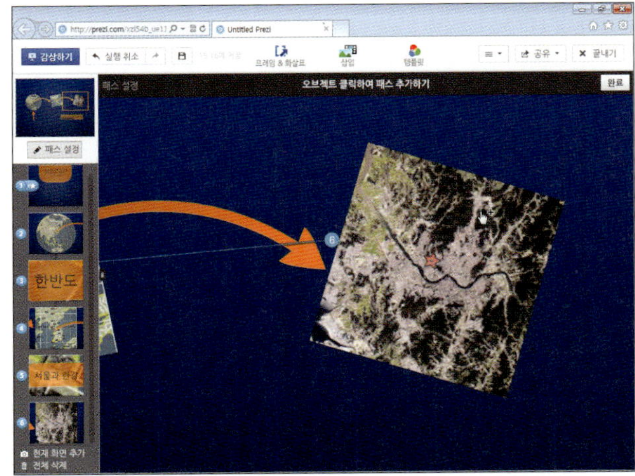

04 ›› '광화문과 세종로'를 선택합니다. '광화문과 세종로'에 '❼'이 표시되면서 [경로 미리 보기] 창에 '❼' 패스가 추가됩니다.

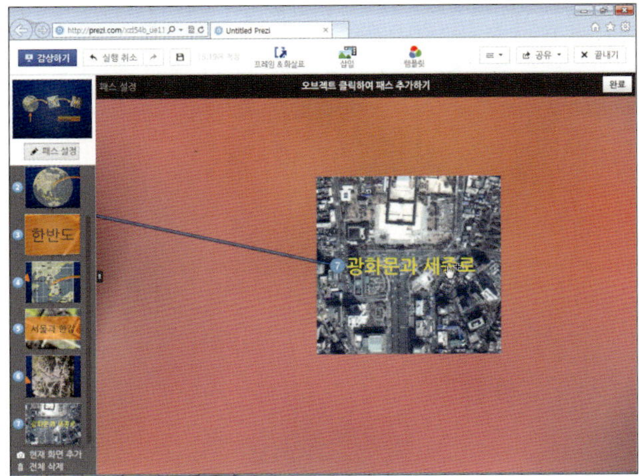

05 ›› 사각형 프레임을 선택하면 '❽'이 표시되면서 [경로 미리 보기] 창에 '❽' 패스가 추가됩니다. 패스 설정을 완료하려면 [완료] 단추를 클릭하고, [감상하기] 단추를 눌러 프레지 쇼를 시작합니다.

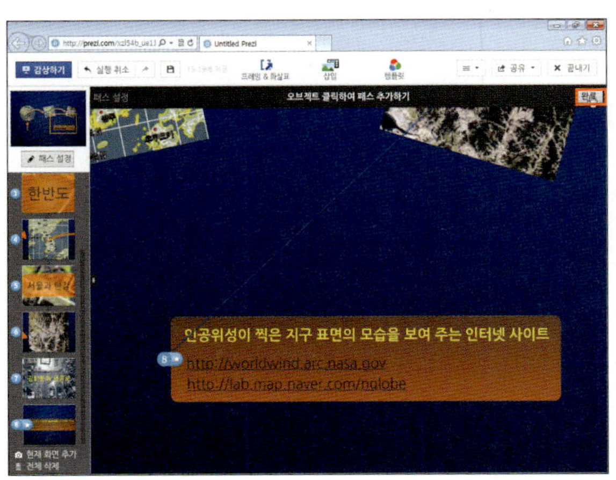

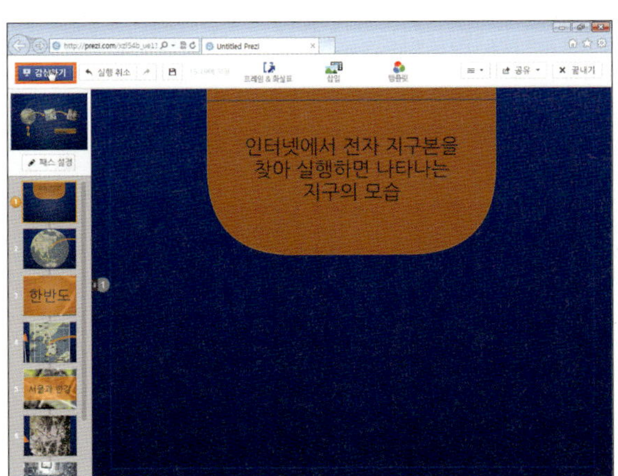

Space Bar 를 누르면 프레지 쇼를 위한 내비게이션 메뉴가 나타납니다.

자동으로 프레지 쇼 진행하기

Step 05

이런 기능들이 사용됐어요 ➜ [자동재생] 단추

01 》 프레지 쇼가 시작되면 [자동재생(▶)] 단추를 클릭하여 [4 sec]를 선택합니다. 4초 단위로 자동으로 프레지 쇼가 진행됩니다.

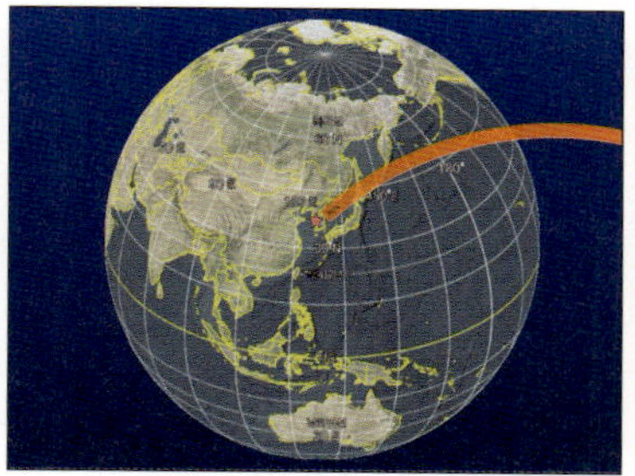

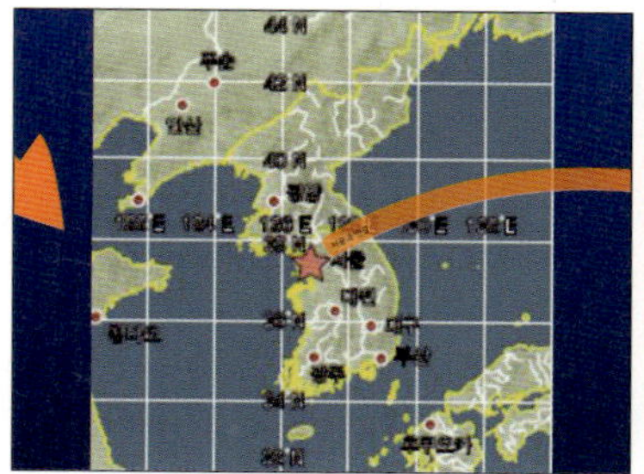

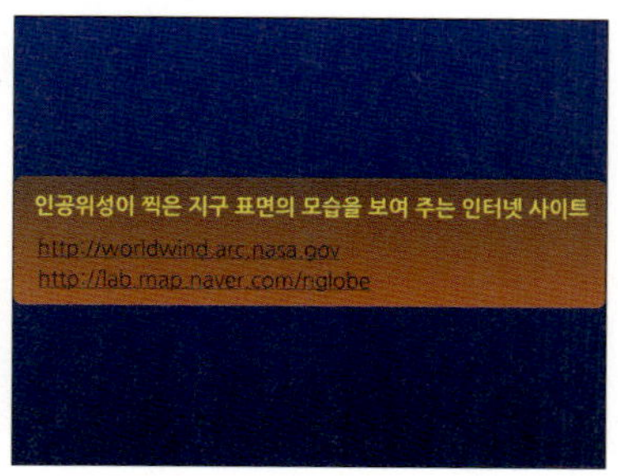

[자동재생(▶)] 단추

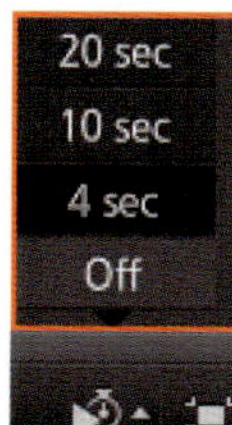

설정해 놓은 패스를 따라서 4초, 10초, 20초 단위로 자동 진행합니다. 자동재생을 원치 않을 때는 Off를 누릅니다.

02 ›› 미국 항공우주국 URL을 클릭하면 해당 사이트로 링크가 되는데 프로그램을 다운로드하여 설치 후에 프로그램을 실행해야 전자 지구본을 볼 수 있으므로 여기서는 네이버에서 제공하는 전자 지구본 URL을 클릭합니다.

03 ›› 인공위성이 찍은 지구 표면의 모습을 볼 수 있습니다.

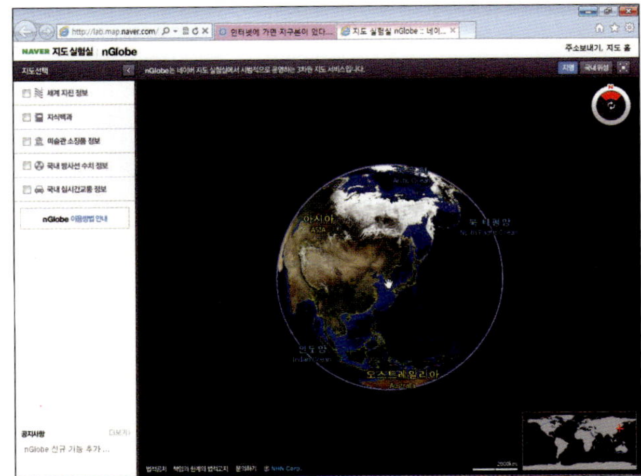

04 ›› 한반도를 더블 클릭하면 확대되어 서울 모습도 볼 수 있습니다. 다른 나라나 도시도 볼 수 있습니다.

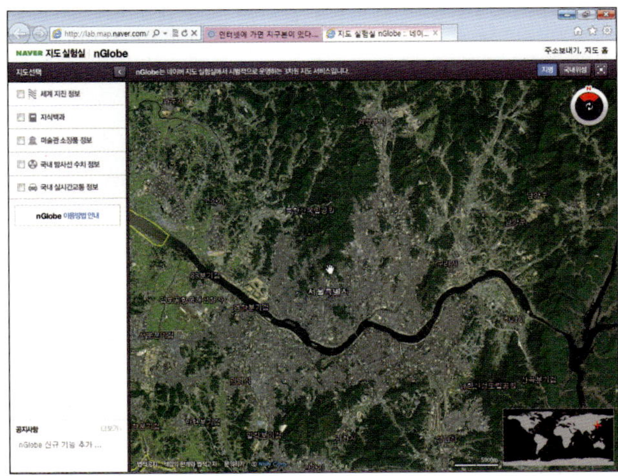

Section 13 '영어' 수업용 프레지 만들기

영어 수업을 할 때도 줌인/줌아웃 기능을 사용해서 프레지를 만들면 아이들이 수업에 더 잘 집중할 수 있습니다. 원에 그림을 배치하고, 줌인/줌아웃 기능을 사용하여 알파벳을 재배치해 보겠습니다. 프레지는 기본적으로 웹을 기반으로 하고 있어 오프라인에서는 사용할 수 없습니다. 여기에서는 다운로드하여 오프라인에서도 사용할 수 있는 방법을 알아보겠습니다.

| 예제 파일 | 소스파일\단어1.jpg, 단어2.jpg, 단어3.jpg, 단어4.jpg, 쓰기.jpg
| 완성 파일 | 완성파일\영어\prezi.exe

원에 그림 배치하기　　　　　　　Step 01

이런 기능들이 사용됐어요 ➜ [이미지] 메뉴, [심볼 & 모양] 메뉴

01 ›› [내 프레지] 탭을 클릭한 후 새 프레지를 만들기 위해 [새로운 프레지]를 클릭합니다. [템플릿] 창에서 'Blank'를 선택하고, [선택] 단추를 클릭하여 프레지 작업을 시작합니다.

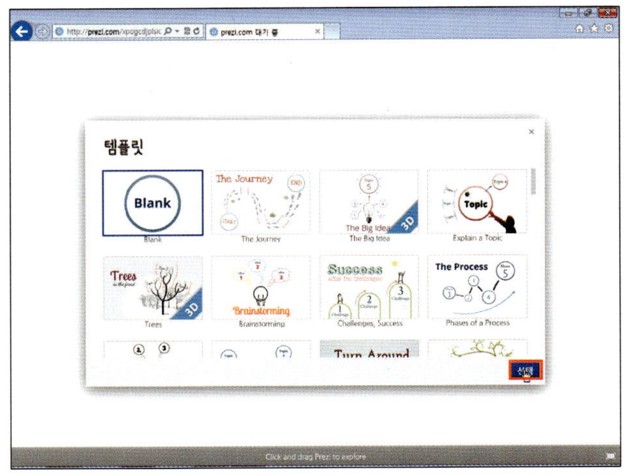

02 ›› 상단 메뉴 중 [템플릿] 메뉴 – [한국어 5]를 클릭합니다. 배경, 프레임 색상 등이 선택한 템플릿에 맞게 변경되었습니다.

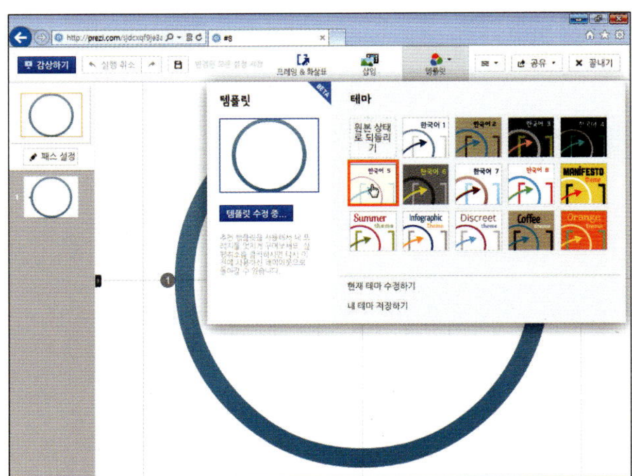

03 ›› 프레임을 선택하면 나타나는 메뉴에서 [삭제]를 선택하여 삭제합니다.

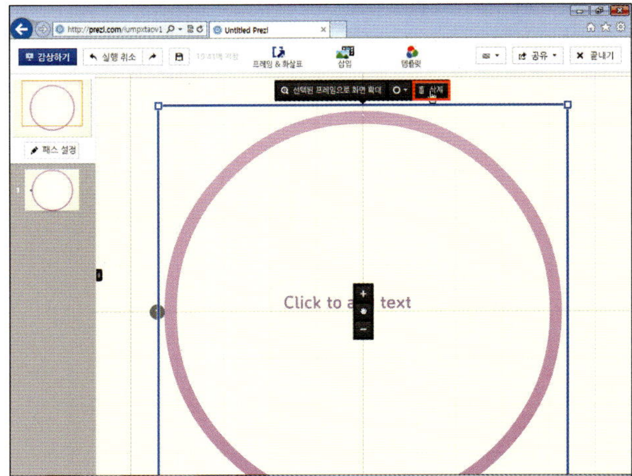

04 ›› 원 모양을 삽입하기 위해 [삽입] 메뉴 – [심볼 & 모양]을 클릭합니다. [Styles] 창에서 [Shapes]를 선택한 후 원을 더블 클릭합니다. (현재 영어 메뉴명은 한글로 바뀔수 있습니다.)

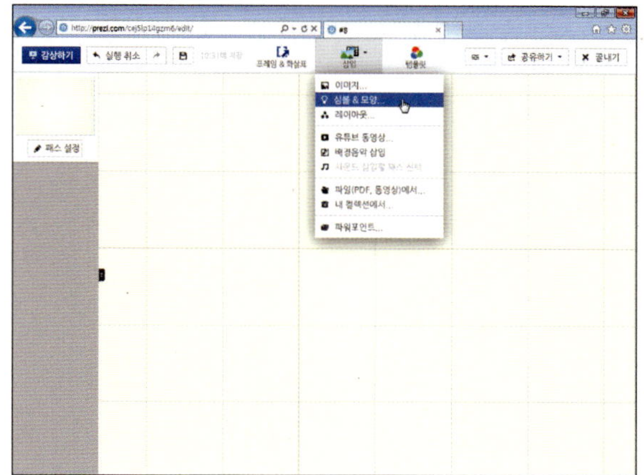 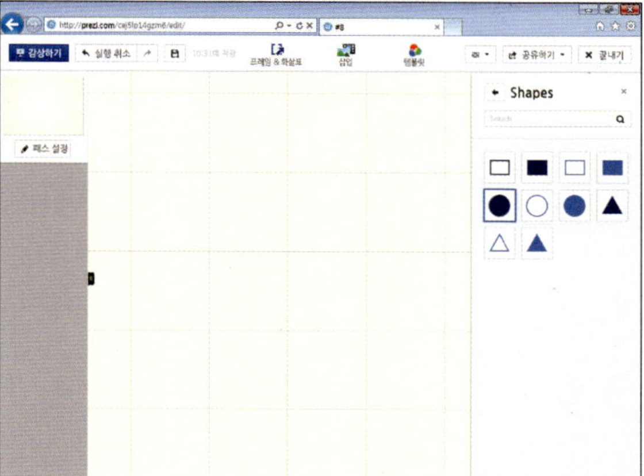

05 ›› 삽입된 원 가운데를 클릭하여 텍스트를 입력합니다. 텍스트를 블록 지정한 후 글꼴은 ‘Body’, 정렬은 ▣를 클릭하여 가운데 정렬합니다.

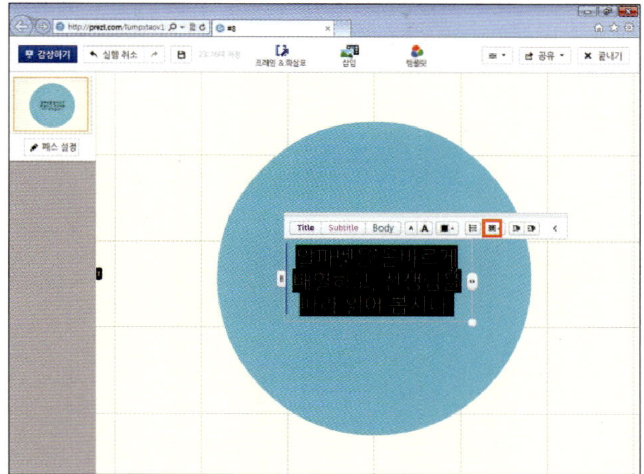

⌁ 도형의 스타일을 변경하려면

[Styles] 창에서는 심볼, 모양 도형 등을 선택할 수 있습니다. 도형의 경우에는 스타일을 변경할 수 있는데, 삽입한 도형을 선택한 후 [스타일]을 클릭합니다. 원하는 도형 스타일을 선택할 수 있습니다.

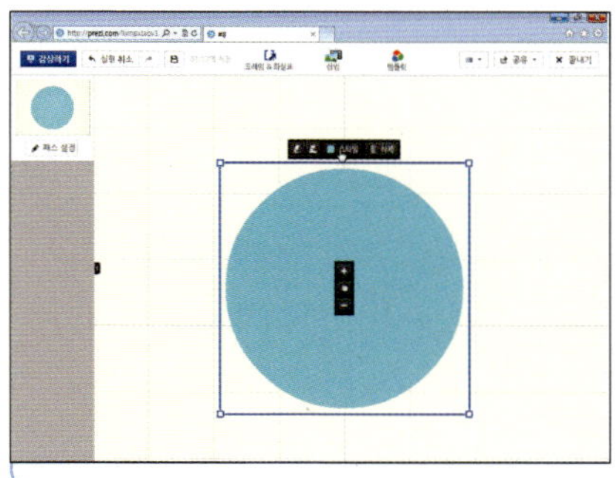 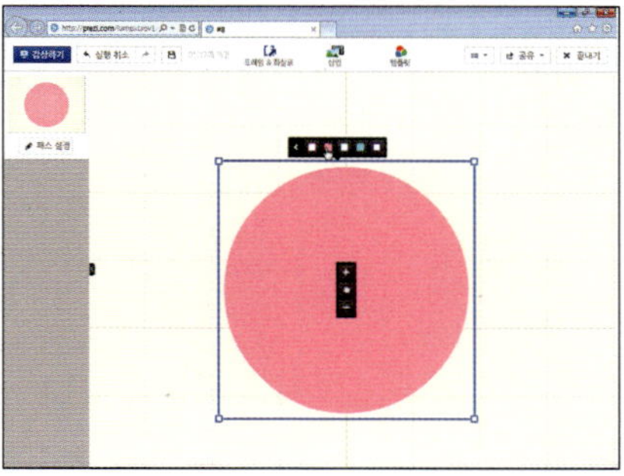

06 ›› 이미지를 삽입하기 위해 [삽입] 메뉴 – [이미지]를 클릭합니다. 내 컴퓨터에서 불러오기 위해 ‘내 컴퓨터에서’ 의 [파일 검색중...] 단추를 클릭합니다.

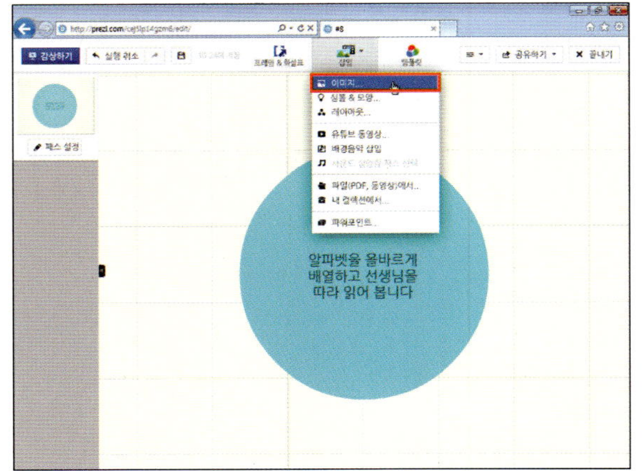

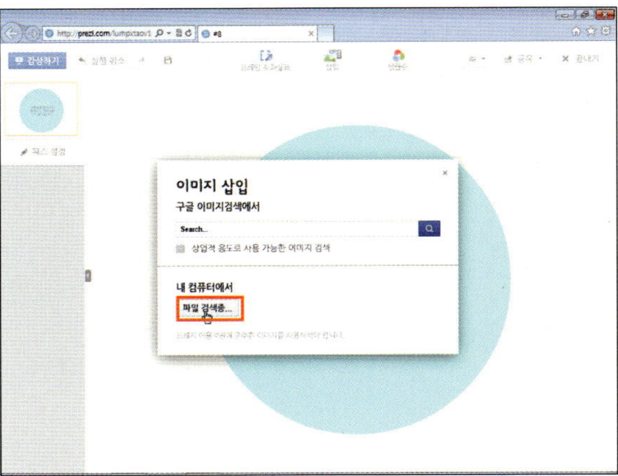

07 ›› Ctrl 를 누른 채 ‘소스파일\단어1.jpg ~ 단어4.jpg’ 를 선택하여 여러 개의 파일을 한 꺼번에 불러옵니다.

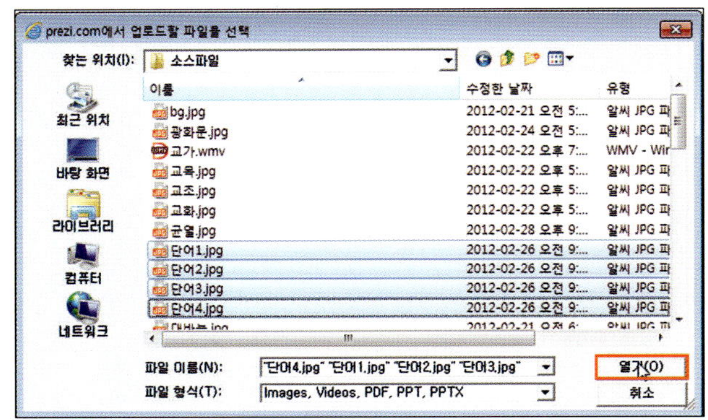

08 ›› 4개의 이미지를 한꺼번에 불러왔습니다. 이미지를 드래그하여 원 위에 배열합니다.

원문자 삽입하기

Step 02

이런 기능들이 사용됐어요 ➜ [심볼 & 모양] 메뉴

01 ›› 원문자를 삽입하기 위해 [삽입] 메뉴 – [심볼 & 모양]을 클릭합니다.

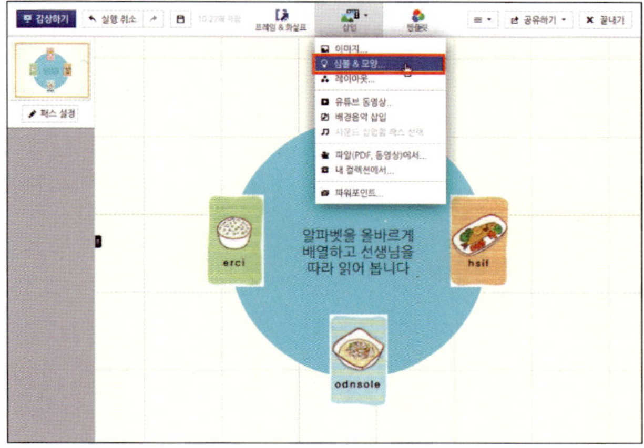

02 ›› [Styles] 창에서 [Stickers]를 선택한 후 노란색 원문자 ❶을 더블 클릭합니다.

03 ›› 원문자를 이미지 옆에 위치시킨 후 ▬를 클릭하여 크기를 알맞게 조절합니다. 나머지 번호도 다음 그림처럼 삽입합니다.

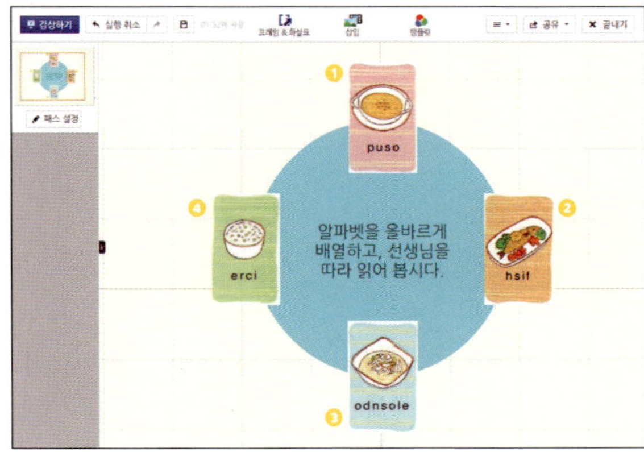

그룹화한 후 복사하고 붙여넣기   Step 03

이런 기능들이 사용됐어요 ➜ [그룹] 메뉴

01 ›› **1**을 눌러 ❶ 그림의 'O'를 최대한 확
대한 후 'soup'라고 입력하고, 글꼴은 'Body',
글꼴색은 '검정색'으로 설정합니다.

> 휠 마우스의 휠을 위/아래로 조정해도 확대/축소할
> 수 있습니다.

02 ›› 상단 메뉴 중 [삽입] 메뉴 – [이미지]를
클릭하여 '소스파일\쓰기.jpg' 파일을 선택하
여 불러옵니다.

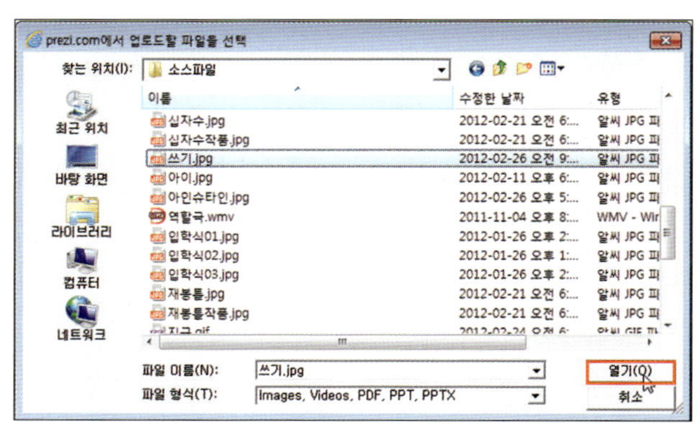

03 ›› 쓰기 이미지도 텍스트에 맞게 축소한 후
Shift를 누른 채 쓰기 그림 위에서 드래그하
여 모두 선택합니다. 마우스 오른쪽 단추를 눌
러 [그룹]을 클릭하여 그룹화합니다.

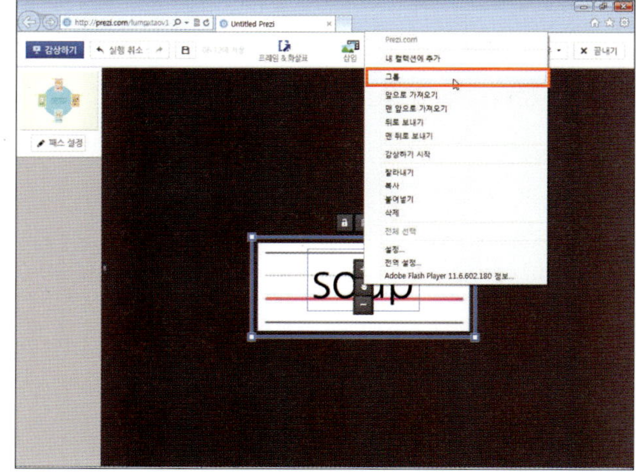

04 ≫ 그룹의 모서리로 마우스를 가져가 ⟲를 드래그하여 회전시킵니다.

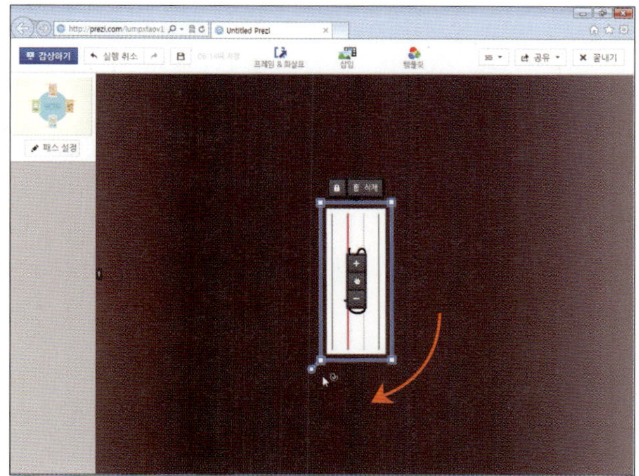

05 ≫ 그룹화한 'soup'를 마우스 오른쪽 단추를 눌러 [복사]를 클릭한 후 ② 그림에 붙여넣기하여 텍스트를 'fish'로 올바르게 수정합니다. ③, ④ 그림에 붙여넣기하여 텍스트를 'noodles', 'rice'로 알파벳을 올바르게 다시 배열하여 수정합니다.

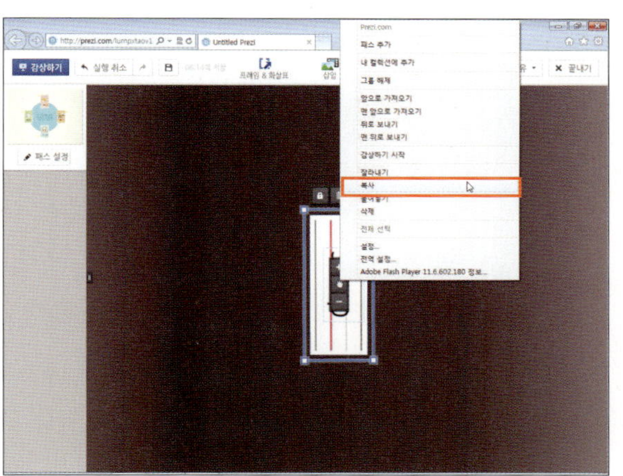

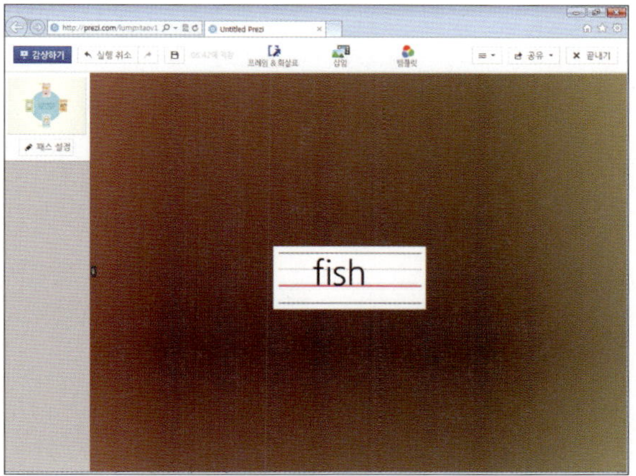

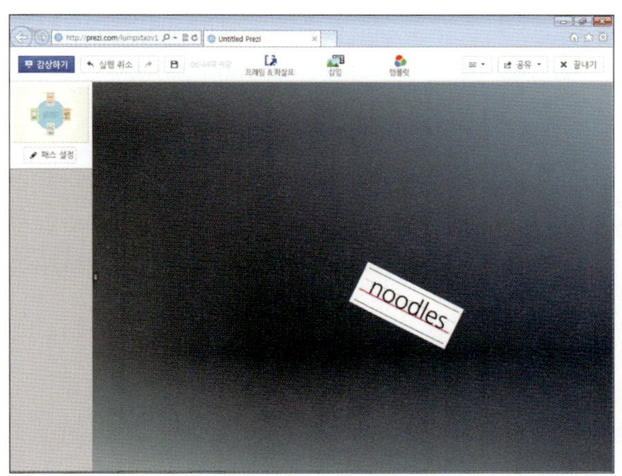

패스 설정하기

Step 04

이런 기능들이 사용됐어요 ➜ [패스 설정] 단추

01 ›› 🏠 단추를 눌러 화면에 개체가 모두 보이도록 한 후 화면 왼쪽의 [패스 설정] 단추를 클릭합니다. 원 안의 텍스트를 클릭하면 '❶'이 표시되고, [경로 미리 보기] 창에 '❶' 패스가 추가됩니다. 화면 왼쪽 아래 부분의 [현재 화면 추가]를 클릭합니다.

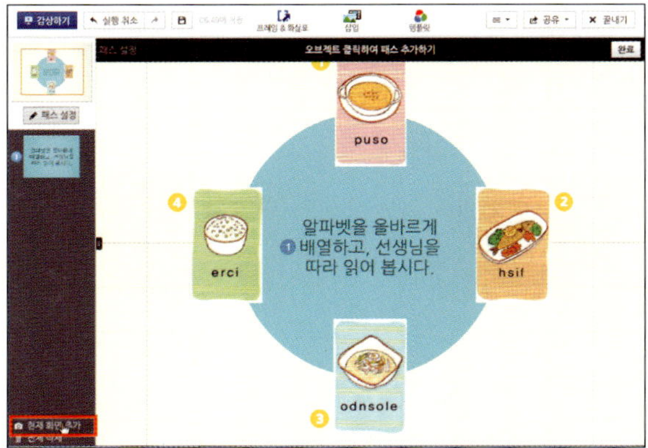

02 ›› 현재 화면이 '❷' 패스로 추가되었습니다. ❶ 그림을 클릭하여 '❸' 패스를 추가하고, 화면을 확대한 후 'soup' 그룹을 선택합니다. '❹' 패스가 추가됩니다.

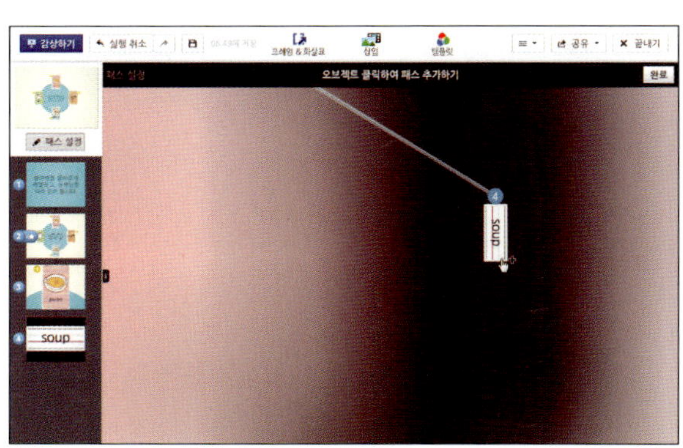

03 ›› ❷, ❸, ❹번 그림도 같은 방법으로 패스를 차례로 설정한 후 [완료] 단추를 클릭하여 패스 설정을 완료합니다.

04 ›› [감상하기] 단추를 눌러 프레지 쇼에서 확인한 후 `Esc`를 눌러 쇼를 끝마칩니다. [끝내기] 단추를 클릭하여 프레지 작업도 끝마칩니다.

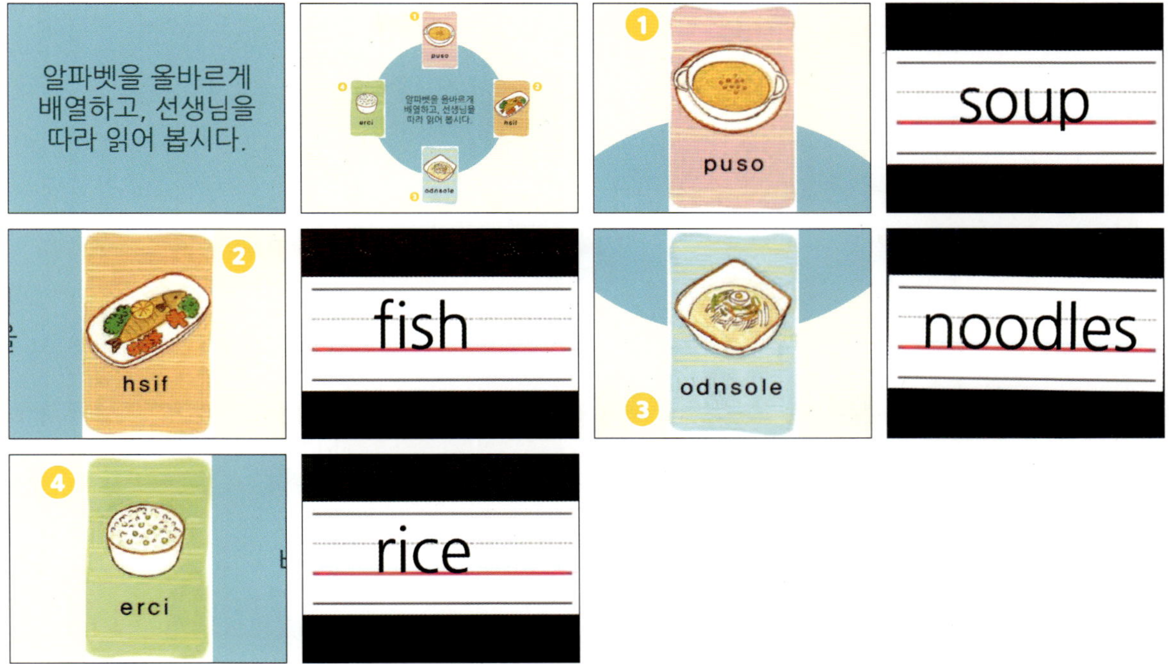

Step 05

오프라인에서 프레지 사용하기

이런 기능들이 사용됐어요 ➡ 공개 설정, [다운로드] 단추

01 ›› 프레지 파일 관리 모드에서 [비공개] 단추를 눌러 '공개 & 재사용 가능'을 선택하면 다른 사람이 이 프레지를 볼 수 있고, 복사해서 마음대로 사용할 수 있습니다.

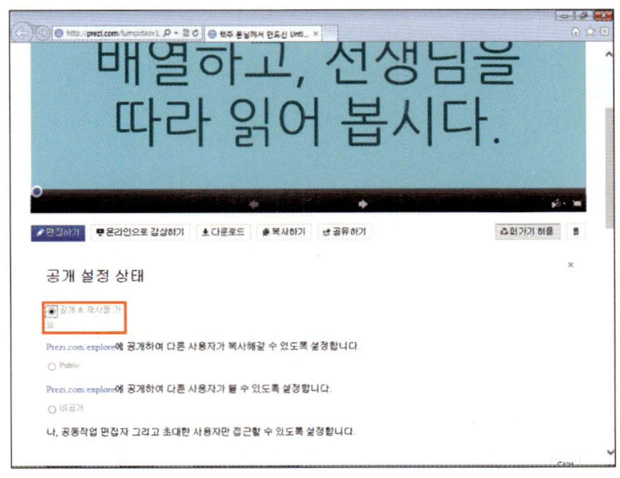

> 'public'로 설정하면 다른 사람은 볼 수 있으나 복사할 수 없는 상태이고, '비공개'로 설정하면 다른 사람은 전혀 볼 수 없습니다.

02 ›› 오프라인에서도 프레지를 사용하기 위해 [다운로드] 단추를 클릭합니다.

03 ›› 다운로드 방법을 선택하라는 창에 '오프라인에서 발표 가능한 휴대용 프레지 다운로드'를 선택하고, [다운로드] 단추를 클릭합니다.

04 ›› 다운로드가 진행되면 잠시 후 다운로드하실 프레지가 준비되었다는 창이 나타납니다. '이 곳을 클릭하여 파일을 다운로드'를 클릭하면 아래쪽에 저장 여부를 묻는 창이 나타납니다. [저장] – [다른 이름으로 저장]을 클릭합니다.

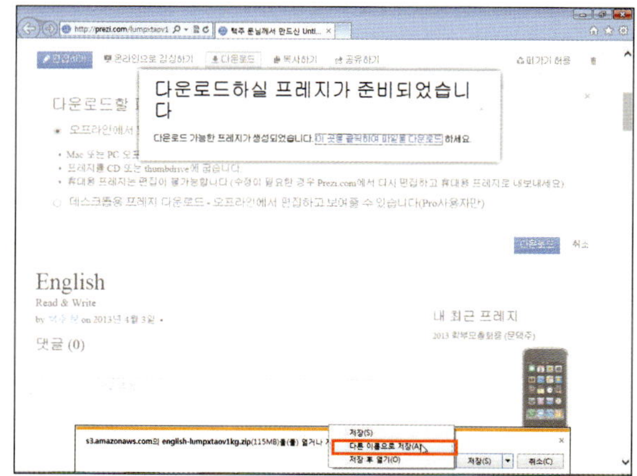

05 ›› 다운로드 폴더를 지정한 후 파일 이름을 입력하고, [저장] 단추를 클릭합니다.

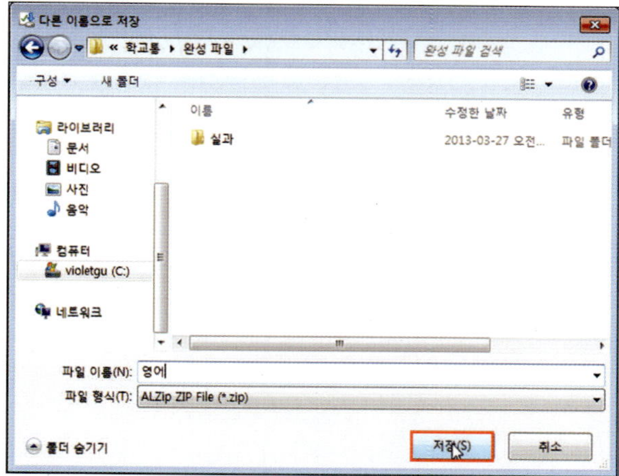

06 ›› 저장을 완료한 후 압축을 해제한 폴더를 열면 프레지 파일이 저장되어 있습니다. 'prezi.exe' 파일을 더블 클릭합니다.

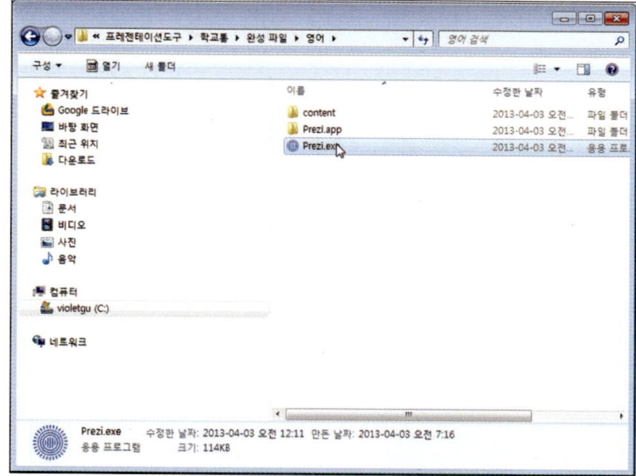

07 ›› 프레지 파일이 열리면 프레지 쇼를 확인합니다. 이제 오프라인에서도 프레지 쇼를 볼 수 있습니다.

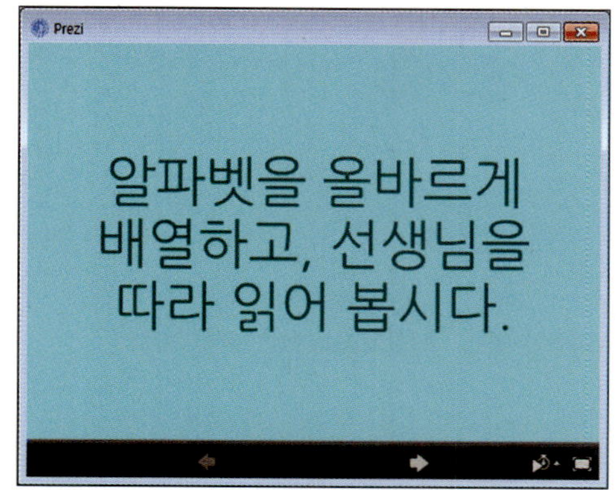

'수학' 수업용 프레지 만들기

프레지의 [심볼 & 모양] 기능을 사용하면 원형, 사각형, 삼각형 등 도형을 다양하게 그릴 수 있습니다. 직선, 곡선을 사용해서 그래프 등도 그릴 수 있고, 수학에 필요한 계산식도 그릴 수 있습니다. 중요 부분은 형광펜 도구로 포인트를 줄 수 있습니다. 프레지를 활용하면 좀 더 역동적인 수학 수업용 프레지를 만들 수 있습니다.

Section 11　　Section 12　　Section 13　　**Section 14**　　Section 15

| 예제 파일 | 소스파일\실내.jpg, 아인슈타인.jpg
| 완성 파일 | 완성파일\수학\prezi.exe

아인슈타인

상대성 이론

빛의 속도 c
물질의 질량 m
에너지 e

$E = mc^2$의 등식이 성립

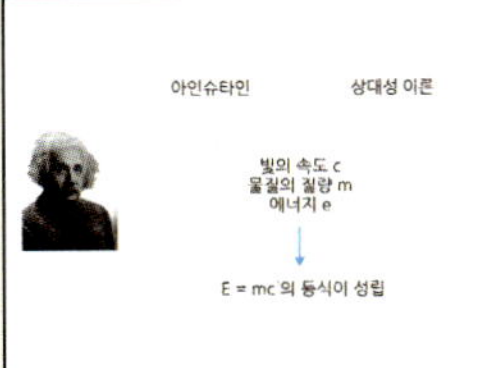

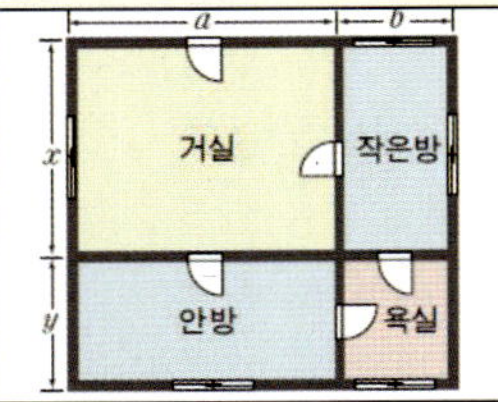

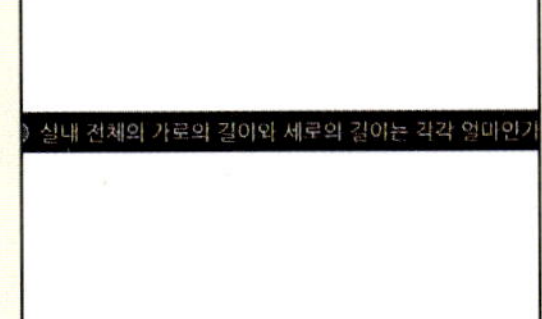

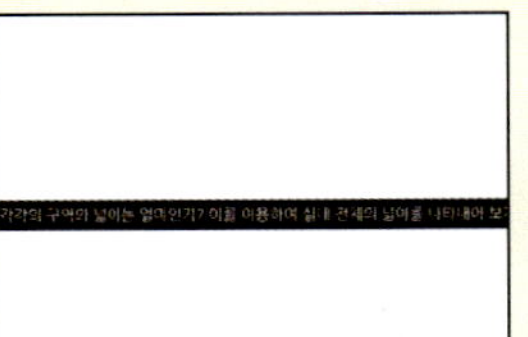

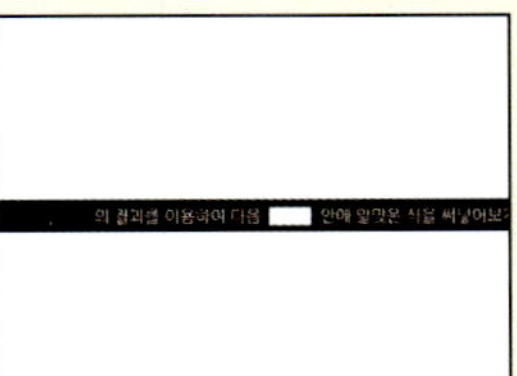

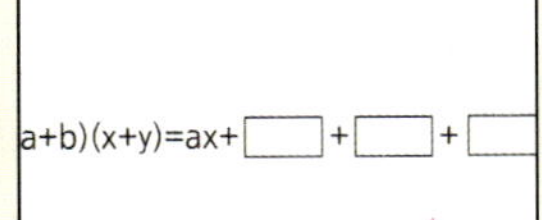

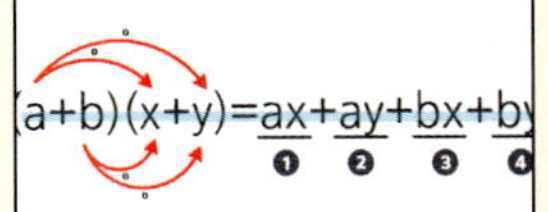

위첨자 입력하기

Step 01

이런 기능들이 사용됐어요 ➜ 프레지 도구의 ▬

01 ›› [내 프레지] 탭을 클릭한 후 새 프레지를 만들기 위해 [새로운 프레지]를 클릭합니다. [템플릿] 창에 'Blank'를 선택하고, [선택] 단추를 클릭하여 프레지 작업을 시작합니다.

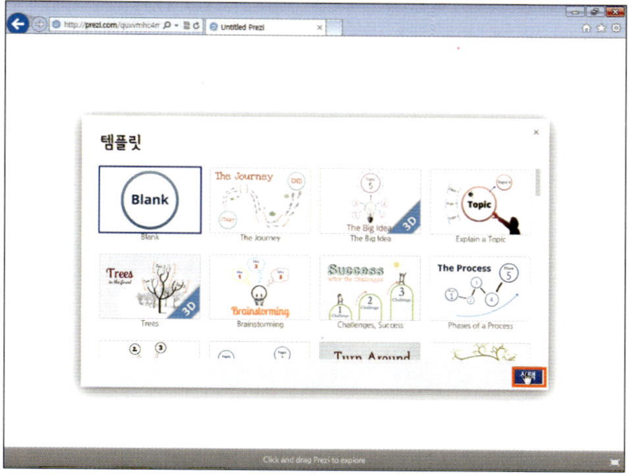

02 ›› 프레지 편집 화면이 열리면 원 프레임을 선택한 후 [삭제]를 클릭하여 삭제합니다.

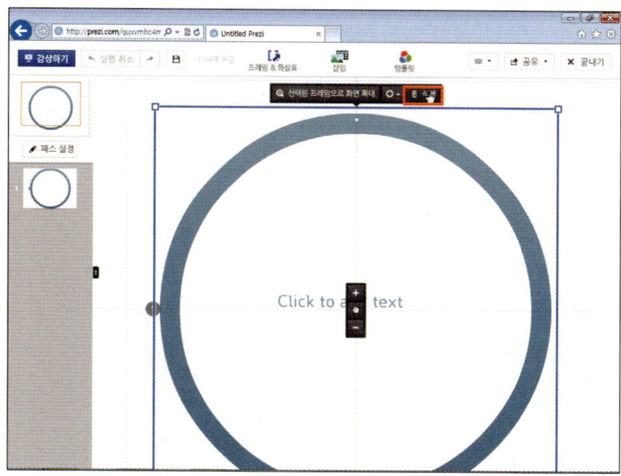

03 ›› 이미지를 가져오기 위해 상단 메뉴 중 [삽입] 메뉴 – [이미지]를 클릭하여 '내 컴퓨터에서' 의 [파일 검색중...] 단추를 클릭합니다. '소스파일\실내.jpg' 파일을 불러옵니다.

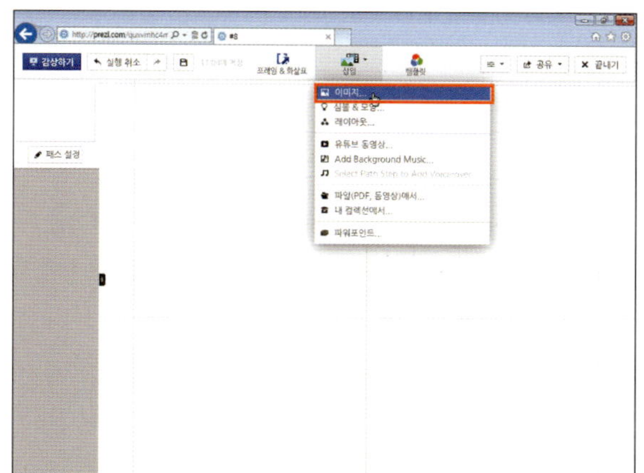

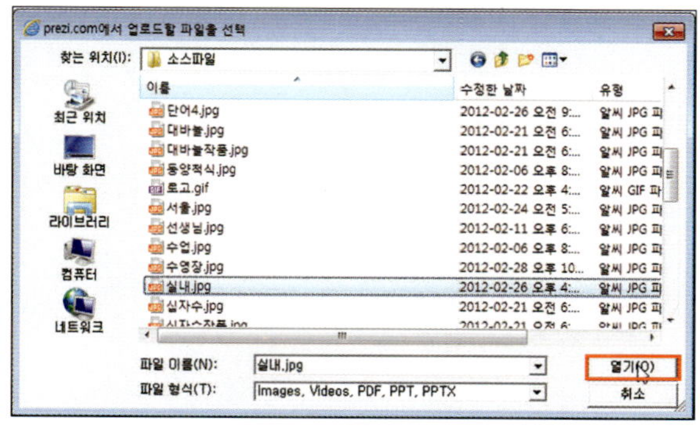

04 ›› 실내 평면도가 나타나면 캔버스 가운데에 위치시킵니다. ![1]을 눌러 작은방 문을 최대한 확대합니다. [삽입] 메뉴 – [이미지]를 클릭하여 '내 컴퓨터에서'의 [파일 검색중…] 단추를 클릭합니다. '소스파일\아인슈타인.jpg' 파일을 불러옵니다.

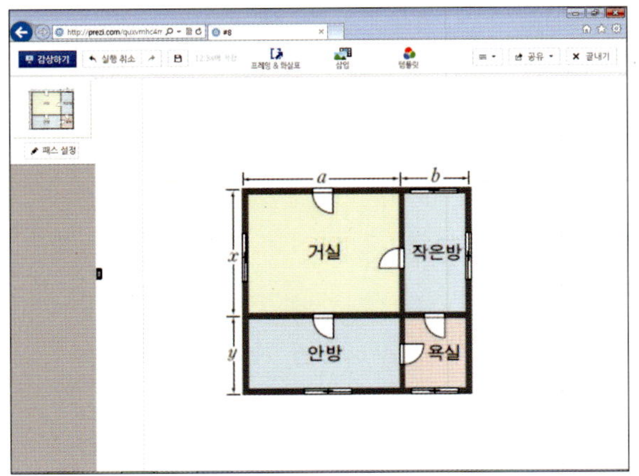

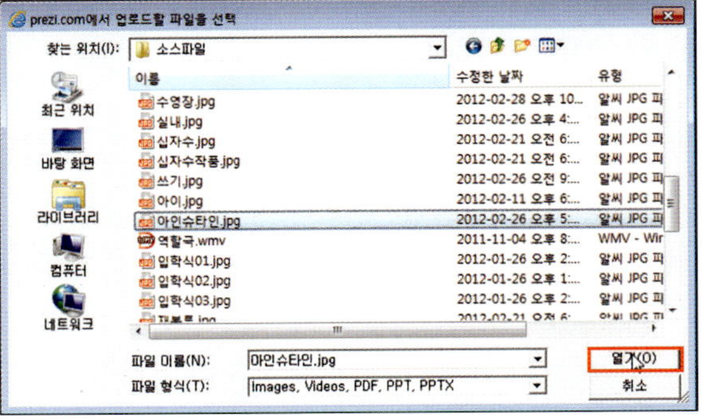

05 ›› 아인슈타인 이미지가 삽입되면 ▬를 클릭하여 크기를 작게 조절합니다. 텍스트는 다음과 같이 입력합니다.

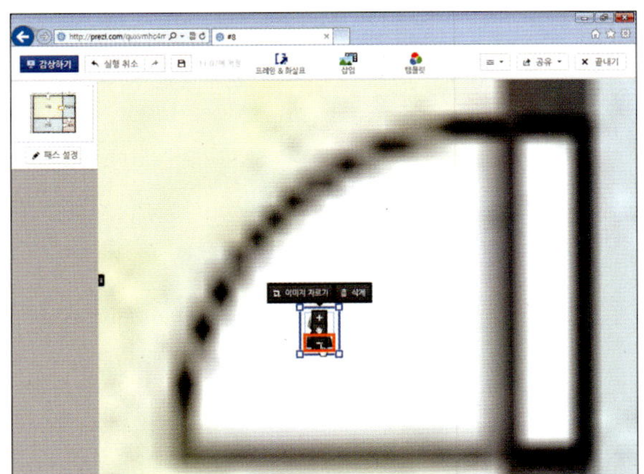

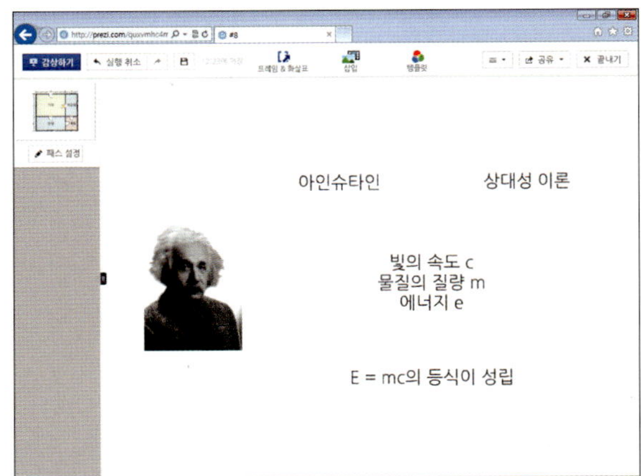

06 ›› 위첨자를 입력하기 위해 'c' 위에 '2'라고 입력한 후 ▬를 여러 번 클릭하여 축소합니다. 제곱이 표시됩니다.

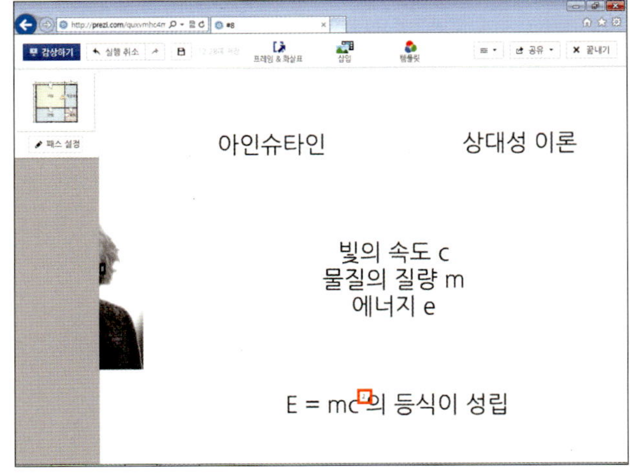

등식과 빈 칸 그리기

이런 기능들이 사용됐어요 ➡ [화살표] 메뉴, [그룹] 메뉴

01 ›› 화살표를 그리기 위해 상단 메뉴 중 [프레임 & 화살표] 메뉴 – [화살표]를 클릭합니다.

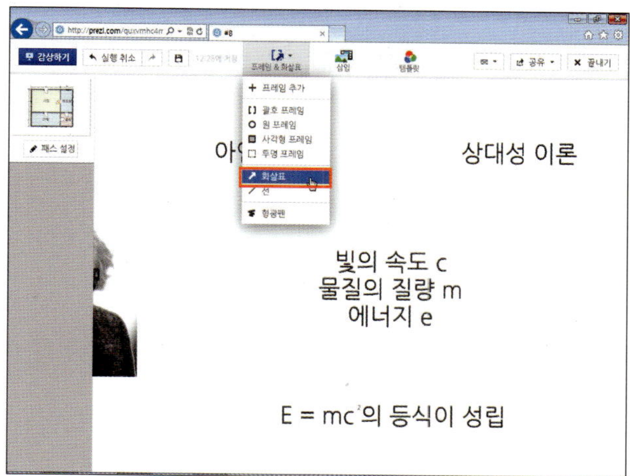

02 ›› 화살표를 위에서 아래로 드래그하여 그립니다. 화살표를 선택하면 나타나는 메뉴에서 [스타일]을 클릭한 후 하늘색을 선택합니다.

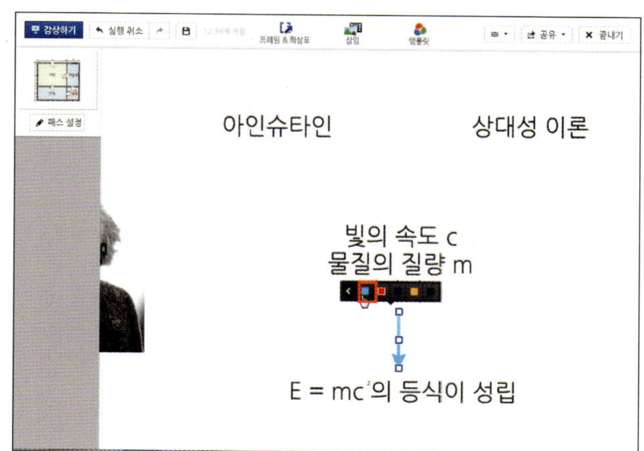

03 ›› Shift 를 누른 채 아인슈타인과 텍스트가 모두 포함되도록 선택한 후 마우스 오른쪽 단추를 눌러 [그룹]을 클릭합니다. 그룹을 선택한 후 🖐를 드래그하여 알맞은 곳으로 이동시킵니다.

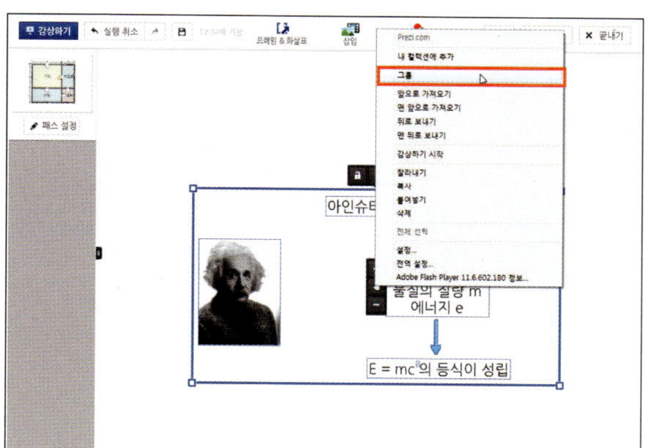

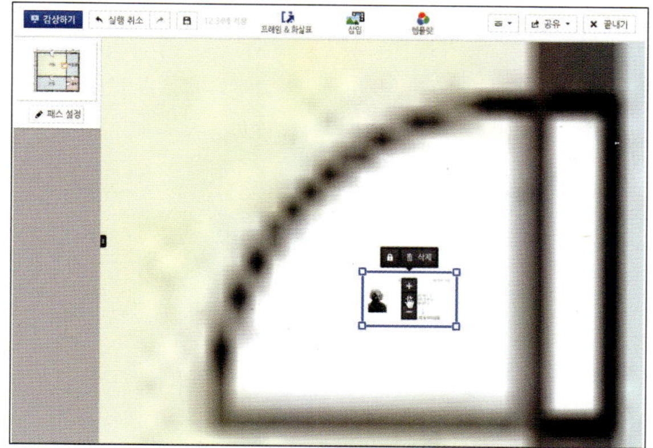

04 >> 실내 평면도 아래쪽에 등식을 입력한 후 상단 메뉴 중 [삽입] 메뉴 – [심볼 & 모양]을 클릭하여 [Styles] 창에서 [Shapes]를 선택한 후 사각형을 더블 클릭합니다.

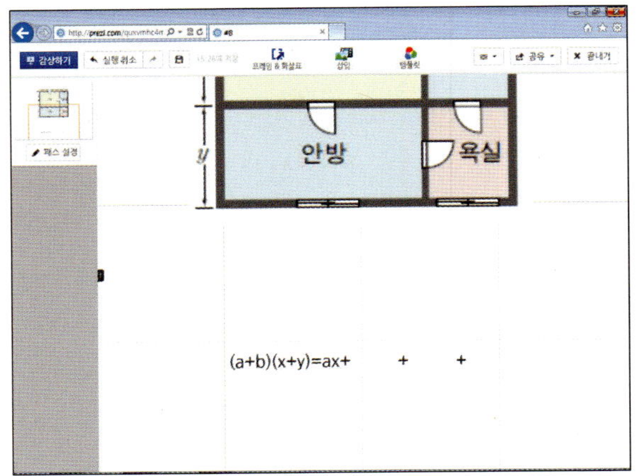
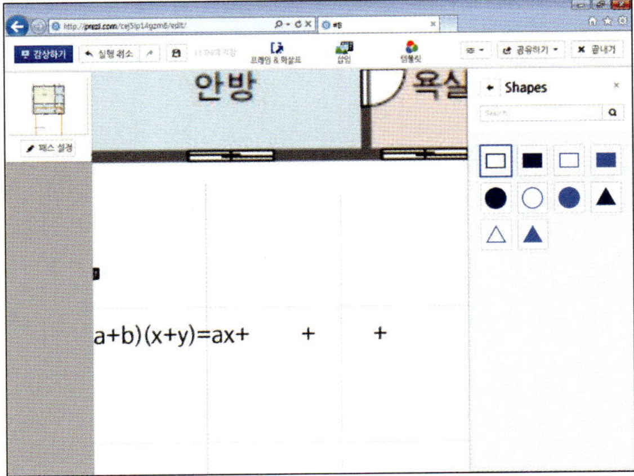

05 >> 사각형을 드래그하여 그린 후 ▰를 클릭하여 얇은 선이 되게 하고, [스타일]을 클릭하여 원하는 스타일을 선택합니다. 사각형을 복사하여 두 개 더 붙여넣기합니다. 가이드라인에 맞게 배치합니다.

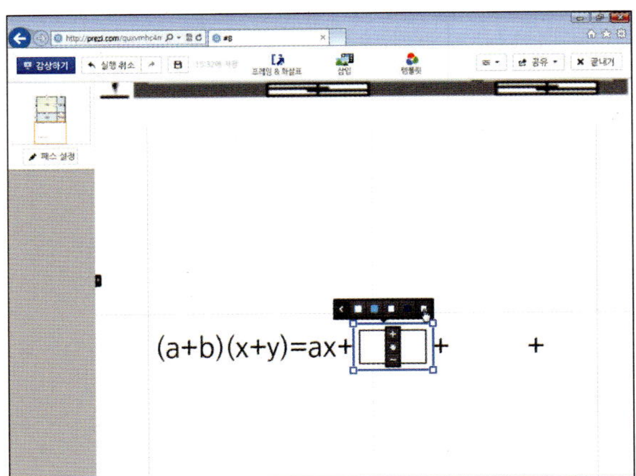
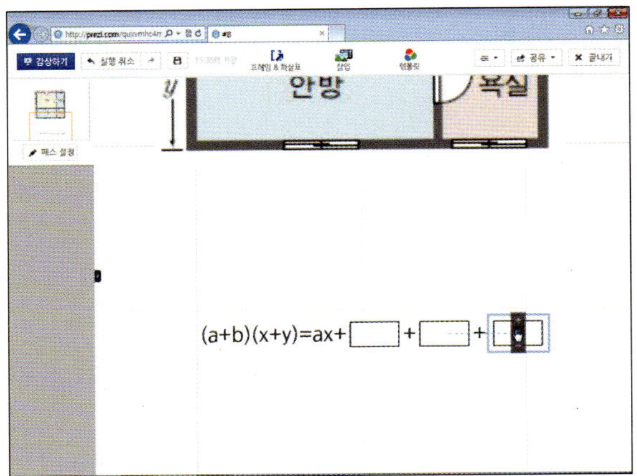

06 >> Shift 를 누른 채 드래그하여 텍스트와 사각형을 모두 선택한 후 마우스 오른쪽 단추를 클릭하여 [그룹]을 선택합니다. 텍스트와 사각형이 하나의 그룹이 되었습니다.

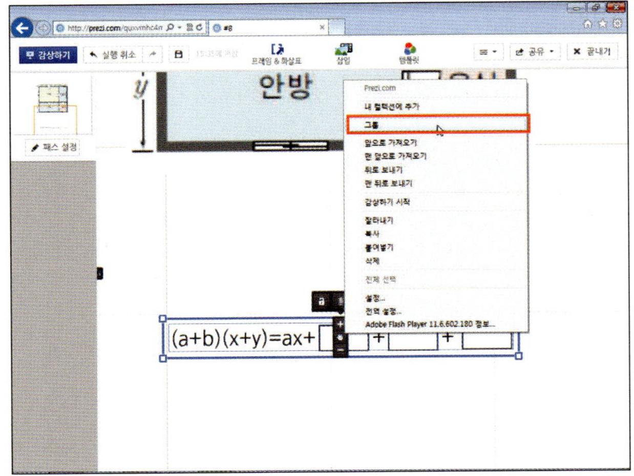

곡선과 형광펜 선 그리기 Step 03

이런 기능들이 사용됐어요 ➡ 곡선 그리기, 형광펜 그리기

01 ›› 등식에서 첫 번째 빈 칸을 확대합니다. 빈 칸 위쪽에 [삽입] 메뉴 – [심볼 & 모양]을 클릭하여 [Styles] 창에서 [Shapes]를 선택한 후 원문자를 삽입하고, 텍스트를 입력한 후 흰색으로 지정합니다. **Shift** 를 누른 채 원문자와 텍스트를 모두 선택한 후 마우스 오른쪽 단추를 눌러 [그룹]을 클릭합니다.

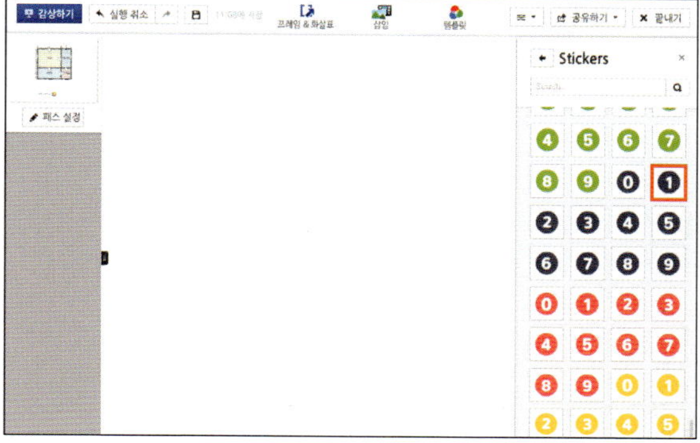
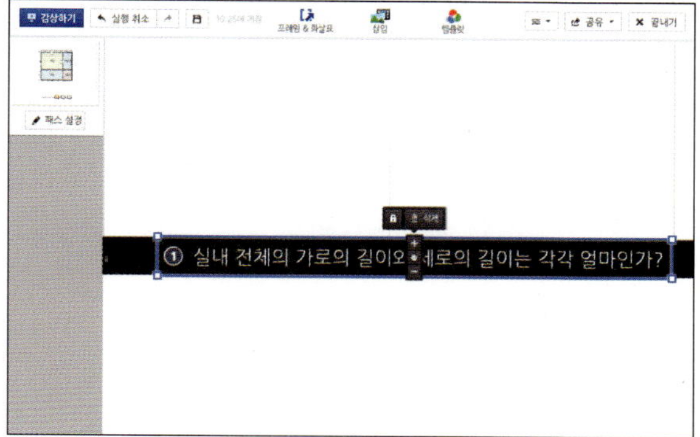

02 ›› 두 번째 빈 칸의 아래쪽과 세 번째 빈 칸의 위쪽에 다음처럼 입력하고, 그룹화합니다.

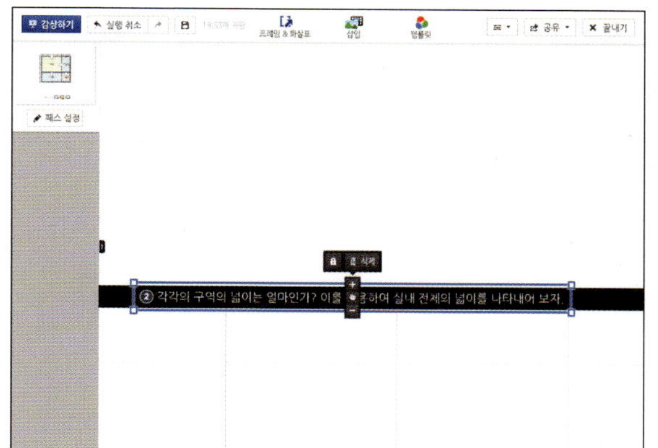
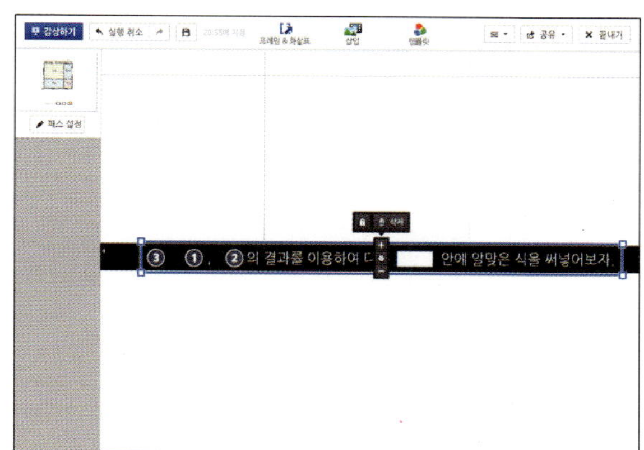

03 ›› 실내 평면도의 안방 문을 확대한 후 빈 칸을 채운 완성된 등식을 입력합니다.

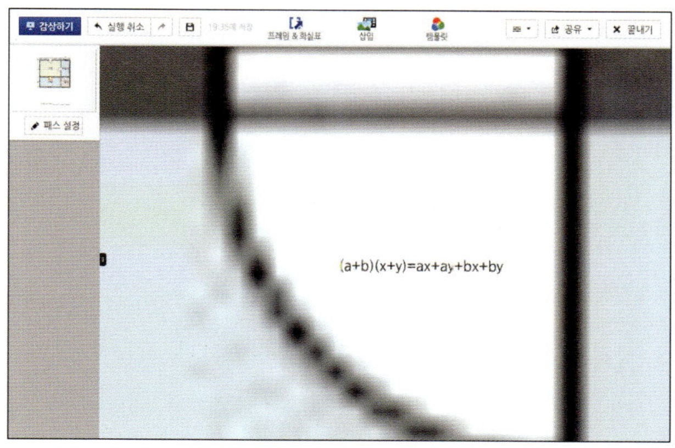

04 ›› 밑줄을 긋기 위해 [프레임 & 화살표] 메뉴 – [선]을 클릭합니다.

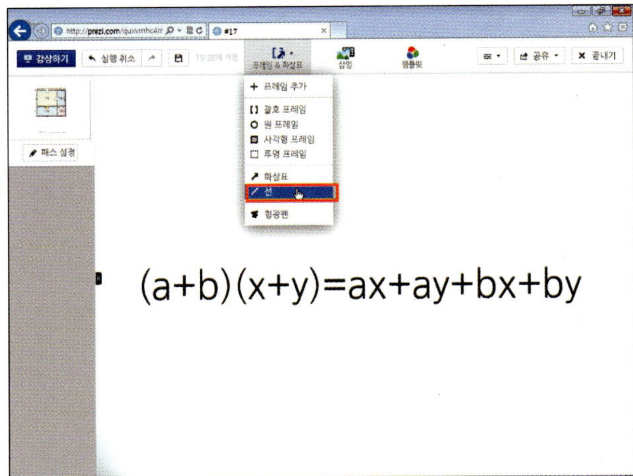

05 ›› 'ax' 아래에 드래그하여 밑줄을 그은 후 ▣를 클릭하여 얇게 만듭니다. 스타일은 검정색으로 지정합니다.

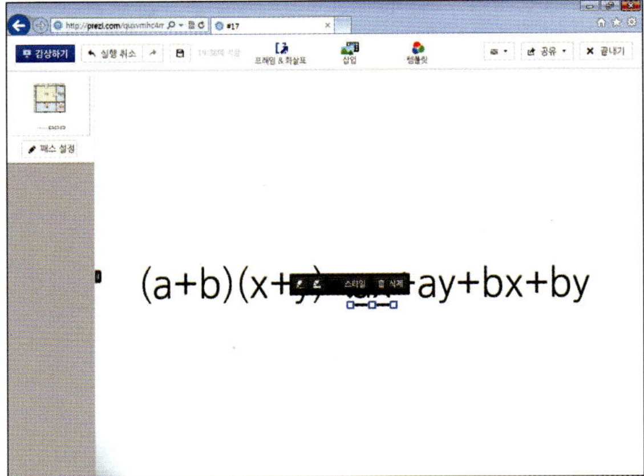

06 ›› 밑줄을 복사하여 나머지 부분에 붙여넣기 합니다. [삽입] 메뉴 – [심볼 & 모양]을 클릭하여 [Styles] 창에서 [Stickers]를 선택하여 원문자를 더블 클릭해 다음처럼 밑줄 아래에 삽입합니다.

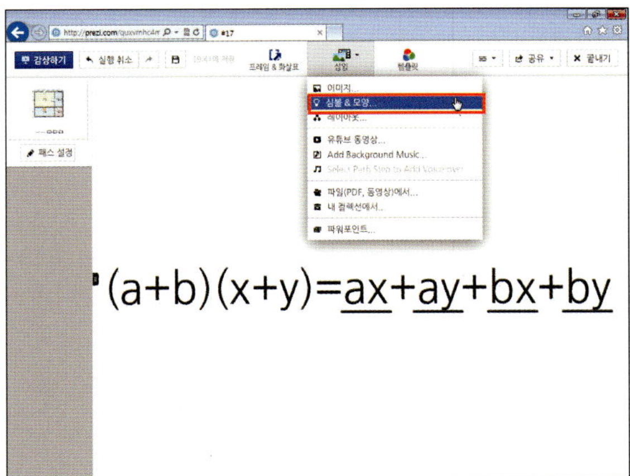

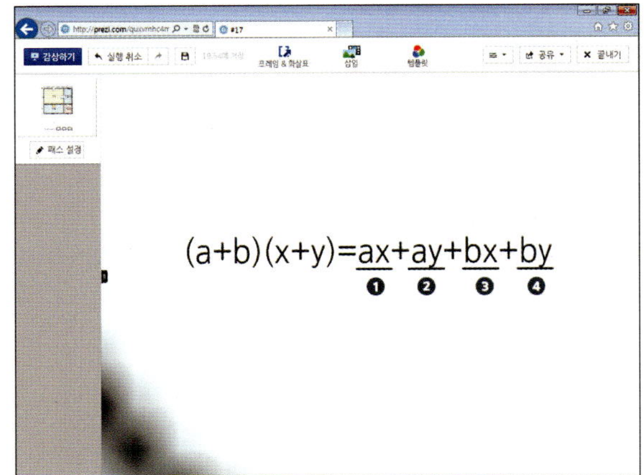

07 ›› [프레임 & 화살표] 메뉴 – [화살표]를 클릭한 후 다음처럼 드래그하여 화살표를 그리고, 스타일은 빨간색으로 지정합니다. 선의 가운데 점을 위쪽으로 드래그하여 곡선으로 만들어 줍니다.

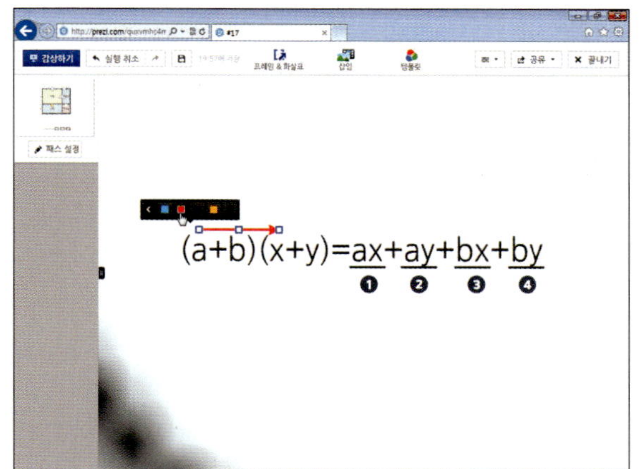
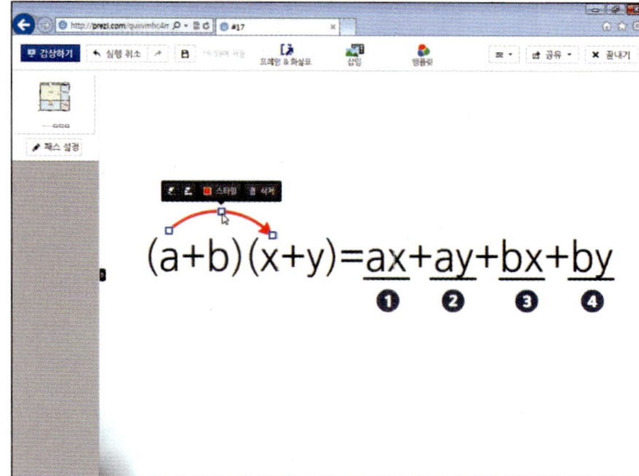

08 ›› 빨간색 화살표를 다음처럼 그린 후 화살표 위의 작은 원문자를 삽입하여 조절합니다. **Shift**를 누른 채 드래그하여 등식과 화살표, 원문자까지 모두 포함되도록 선택한 후 마우스 오른쪽 단추를 눌러 [그룹]을 클릭합니다.

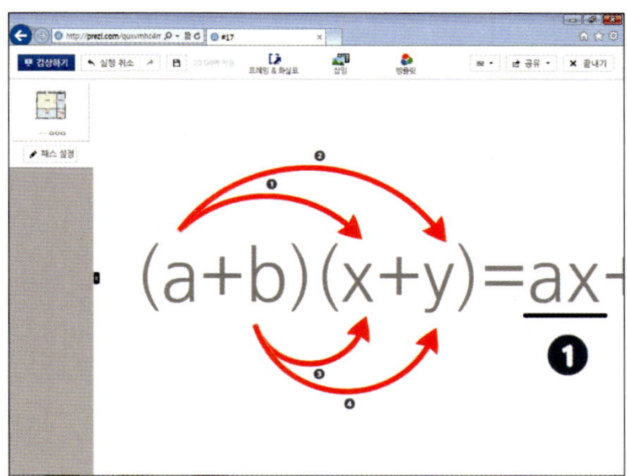
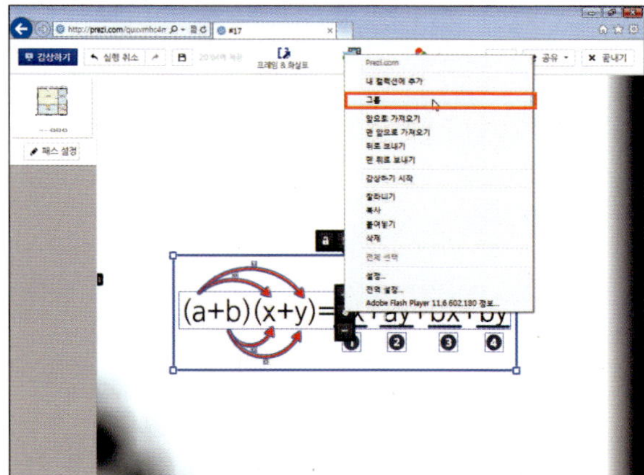

09 ›› 상단 메뉴 중 [프레임 & 화살표] 메뉴 – [형광펜]을 클릭합니다. 등식에서 강조하고 싶은 곳을 형광펜으로 드래그하여 강조합니다.

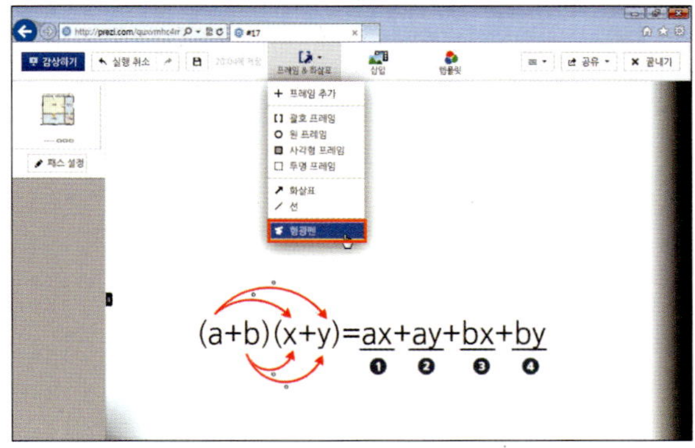
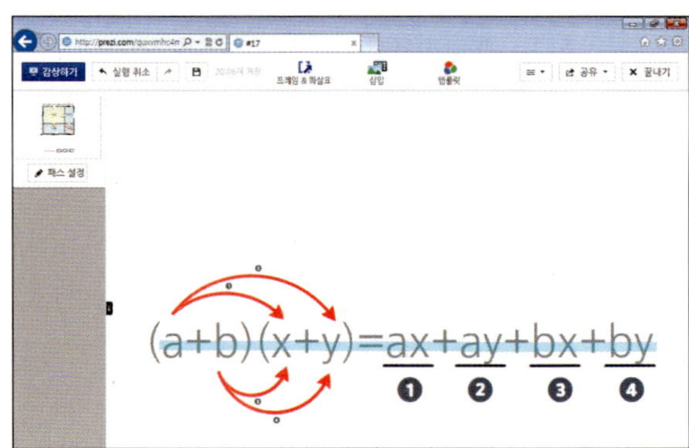

패스 설정하기 Step 04

이런 기능들이 사용됐어요 ➜ 투명 프레임, [패스 설정] 단추

01 ›› 그룹 안의 각각 개체를 패스로 지정하기 위해 그룹을 선택한 후 마우스 오른쪽 단추를 눌러 [그룹 해제] 합니다. [프레임 & 화살표] 메뉴 – [투명 프레임]을 클릭한 후 아인슈타인, 텍스트가 모두 포함되게 투명 프레임으로 드래그합니다.

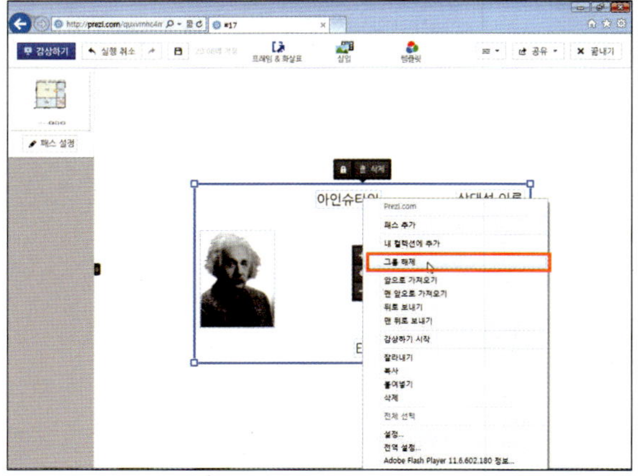
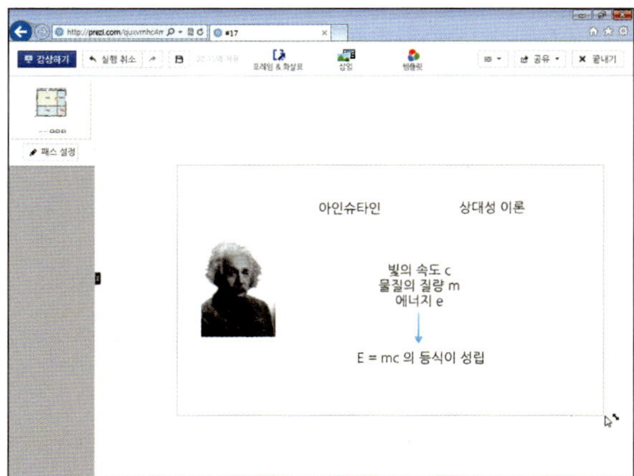

02 ›› 화면 왼쪽의 [패스 설정] 단추를 클릭한 후 아인슈타인 이미지를 선택합니다. 아인슈타인 옆에 '❶'이 표시되고, [경로 미리 보기] 창에는 '❶' 패스가 추가되었습니다. 텍스트를 차례로 선택하고, 투명 프레임을 선택합니다. '❻' 패스까지 추가되었습니다.

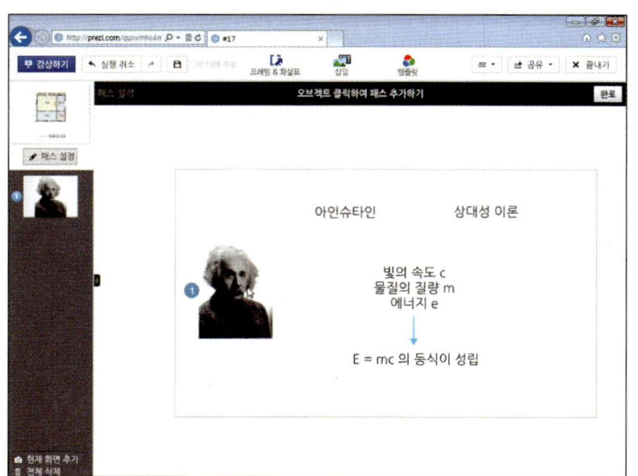
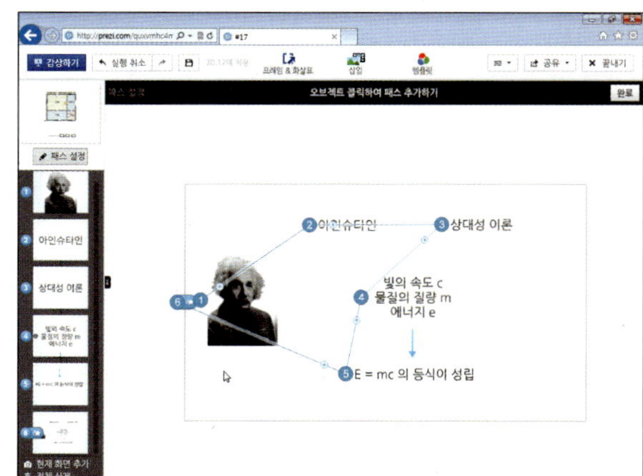

03 ›› 실내 평면도를 선택하고, 평면도 아래 등식의 빈 칸 안의 문제 '❶', '❷', '❸'을 차례로 선택합니다. '❿' 패스까지 추가되었습니다.

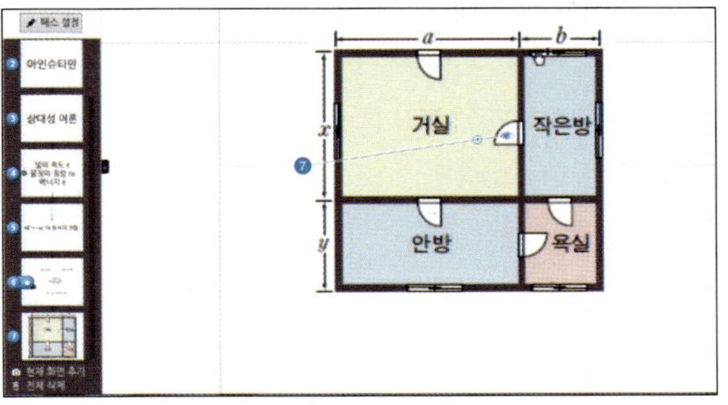

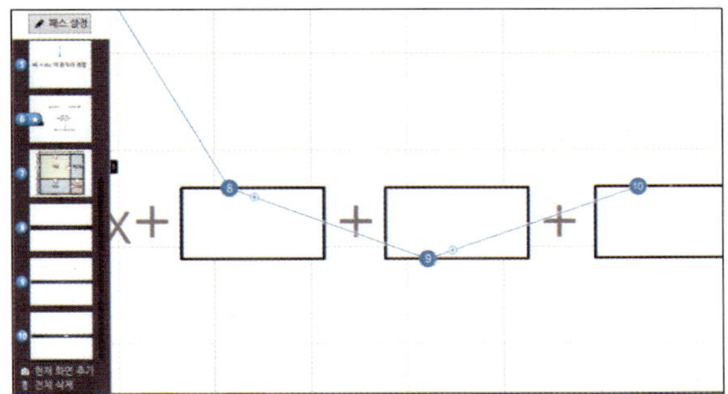

04 ›› 등식 그룹을 선택하여 '⑪' 패스를 추가하고, 마지막으로 ⒈을 눌러 다시 확대하여 안방 문 안의 다항식 곱셈 정리 그룹을 선택합니다. '⑫' 패스가 추가되면 [완료] 단추를 눌러 패스 설정을 마칩니다.

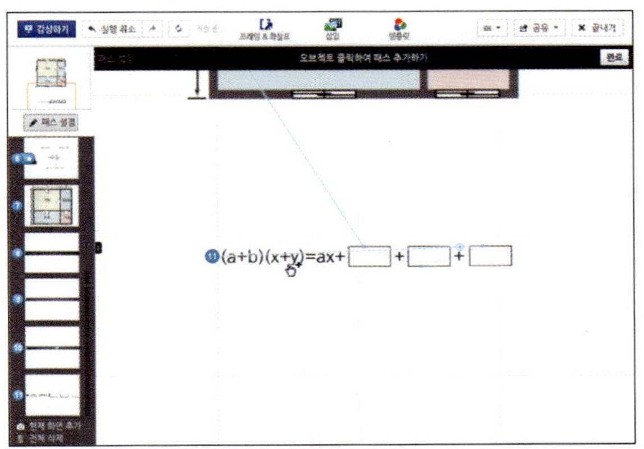

05 ›› [감상하기] 단추를 눌러 프레지 쇼에서 확인합니다. 쇼를 마치려면 Esc 를 누릅니다.

'과학' 수업용 프레지 만들기

프레젠테이션을 할 때는 시각적 효과를 위해 다이어그램 등이 필요합니다. 프레지에서도 다이어그램을 삽입하여 쉽고 편리하게 작업할 수 있습니다. 프레지의 다이어그램을 따라 프레지 쇼를 진행하던 숨어있는 정답을 확인할 수도 있고, 시각적으로 역동적이기 때문에 학생들이 집중하는데 도움이 됩니다.

| 예제 파일 | 소스파일\찐빵.jpg, 균열.jpg, 수영장.jpg

| 완성 파일 | 완성파일\과학\prezi.exe, 과학.pdf

다이어그램 삽입하기

Step 01

이런 기능들이 사용됐어요 ➡ [레이아웃] 메뉴, [그룹]/[그룹 해제]

01 ›› [내 프레지] 탭을 클릭한 후 새 프레지를 만들기 위해 [새로운 프레지]를 클릭합니다. [템플릿] 창에서 'Blank'를 선택하고, [선택] 단추를 클릭합니다.

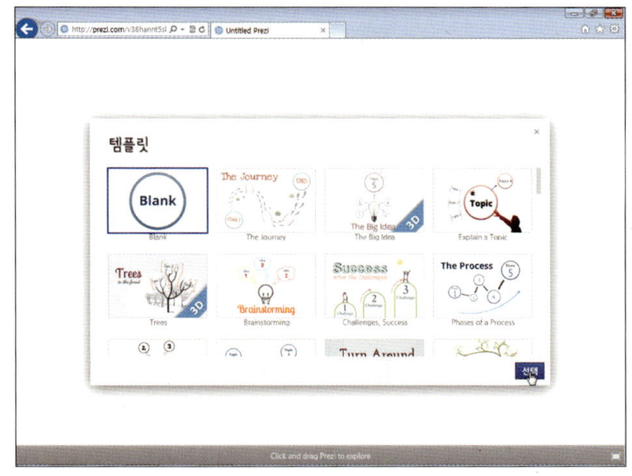

02 ›› [템플릿] 메뉴 – [한국어7]을 클릭합니다. 선택한 템플릿에 맞게 프레임, 텍스트 색상이 바뀝니다. 원형 프레임을 선택한 후 [삭제]를 클릭하여 삭제합니다.

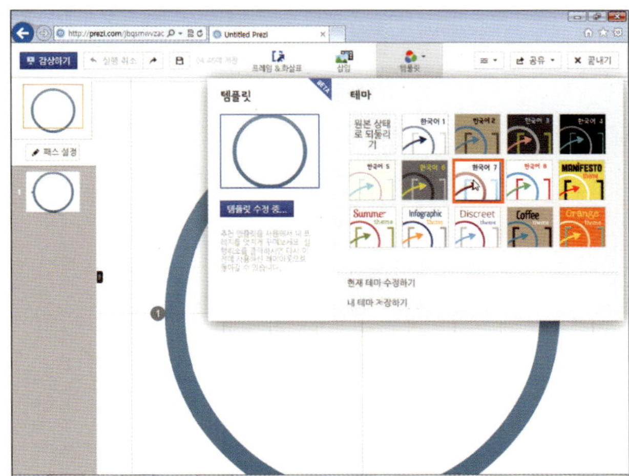

03 ›› [삽입] 메뉴 – [레이아웃]을 클릭합니다. [레이아웃 삽입] 창에서 원하는 레이아웃을 선택한 후 [선택] 단추를 클릭합니다.

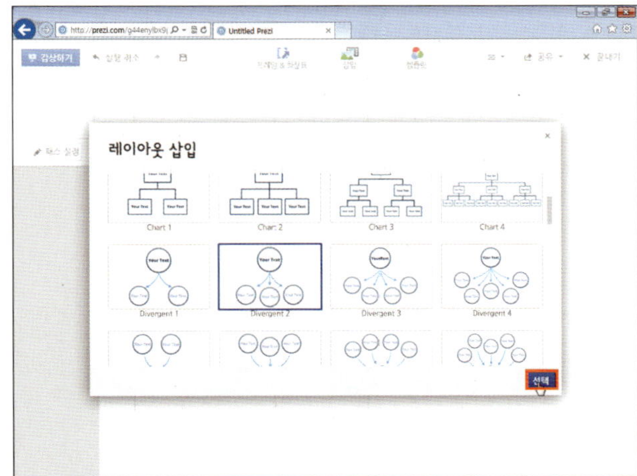

> ⤷ [레이아웃 삽입] 창에서는 미리 만들어 놓은 다양한 다이어그램을 선택할 수 있습니다. 다이어그램을 활용하여 프레지를 쉽게 작업할 수 있습니다. 프레임, 패스까지 지정되어 있어서 편리합니다.

04 ≫ 레이아웃이 삽입되었으면 [선택된 프레임으로 화면 확대]를 클릭하여 화면을 확대합니다. 투명 프레임을 선택했을 때 나타나는 메뉴 중 ■ 를 클릭 후 [프레임만 제거]를 선택하여 프레임만 삭제합니다.

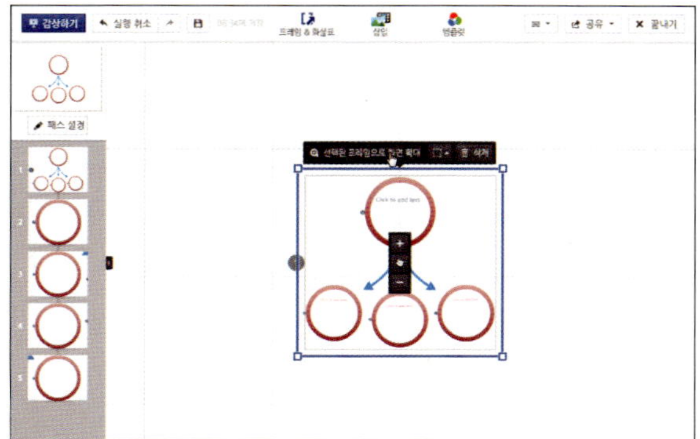

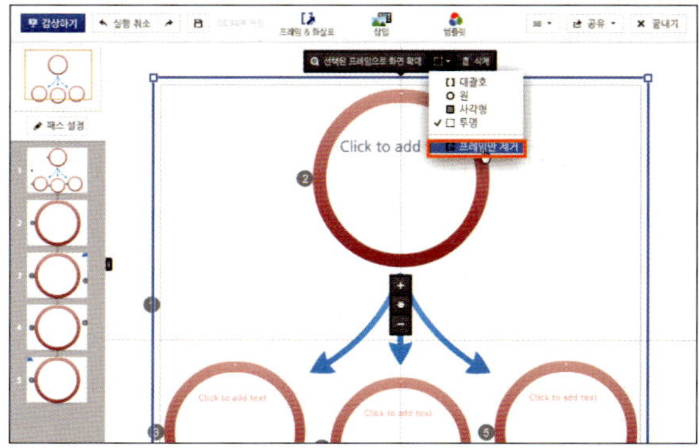

05 ≫ 1단계 프레임의 텍스트는 그대로 입력하고, 2단계는 'Body'로, 크기도 조절합니다. ( ) 안에 원문자를 기호로 입력하기 위해서 ㅇ 과 한자 를 함께 눌러 해당하는 원문자를 선택합니다.

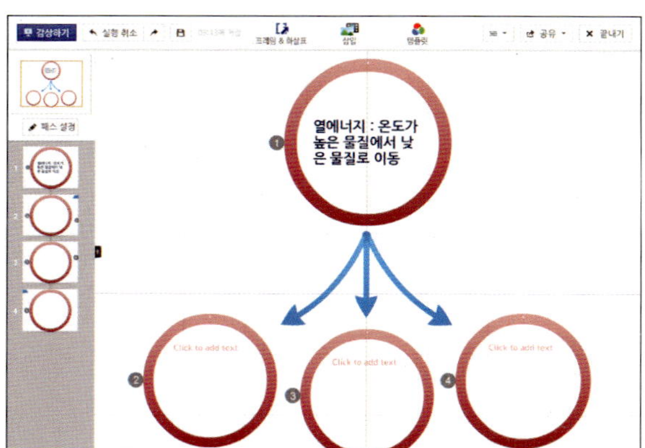

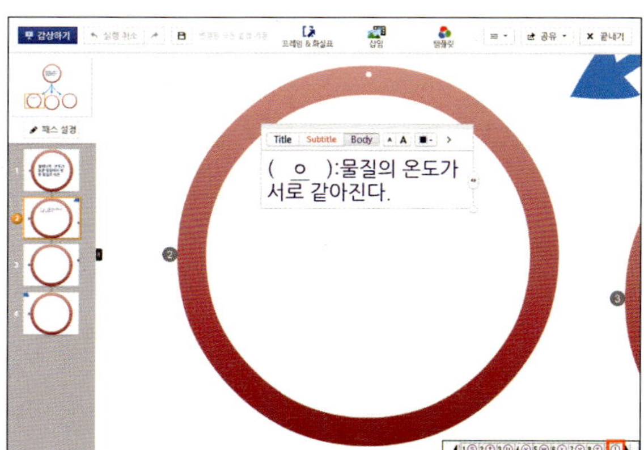

> 한글 자음키와 한자 를 함께 누르면 각 키에 해당하는 기호를 입력할 수 있습니다.

06 ≫ 다른 2단계의 원 프레임에도 텍스트를 입력하고, 'Body'로 지정합니다. 3단계 하부 구조를 만들기 위해 원 프레임을 선택한 후 마우스 오른쪽 단추를 눌러 [복사]를 클릭합니다.

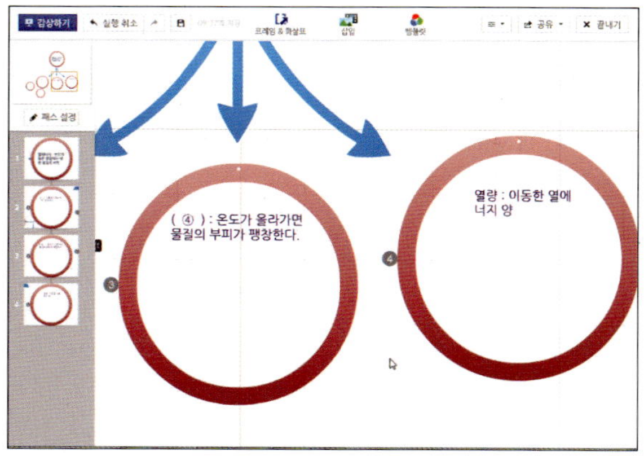

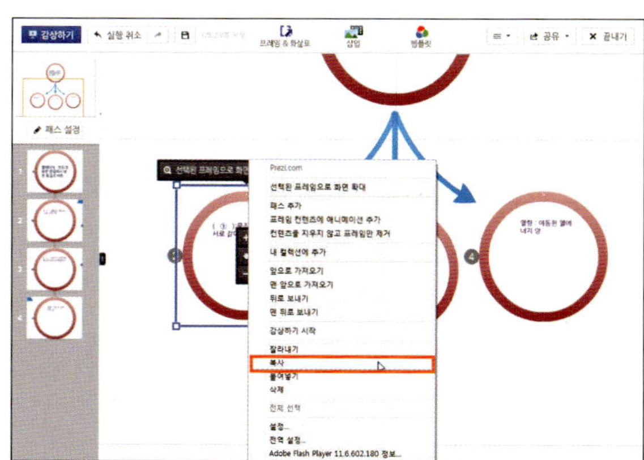

07 ›› 마우스 오른쪽 단추를 눌러 [붙여넣기] 하여 2단계 아래에 다음처럼 원 프레임을 위치시키고, 작게 조절합니다.

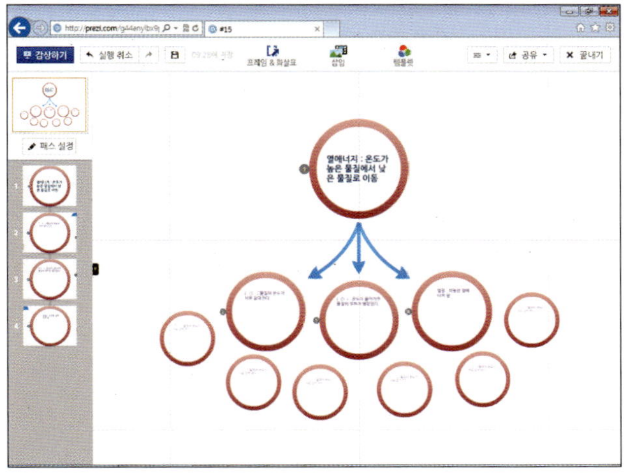

08 ›› 화살표도 선택하여 복사한 후 다음처럼 붙여넣기하고 위치와 크기를 조절합니다. 화살표를 선택한 후 마우스 오른쪽 단추를 눌러 [그룹 해제]를 클릭합니다.

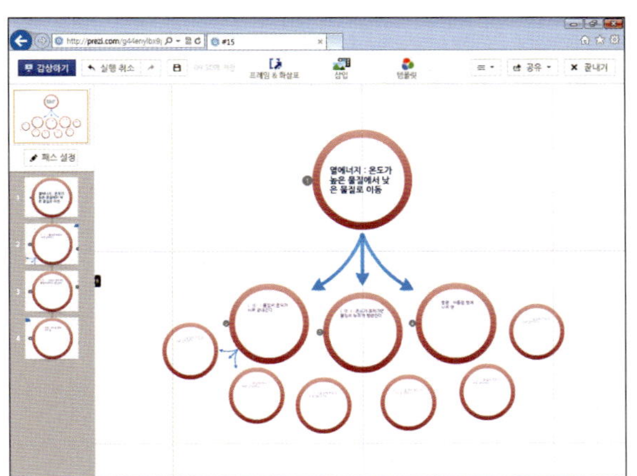
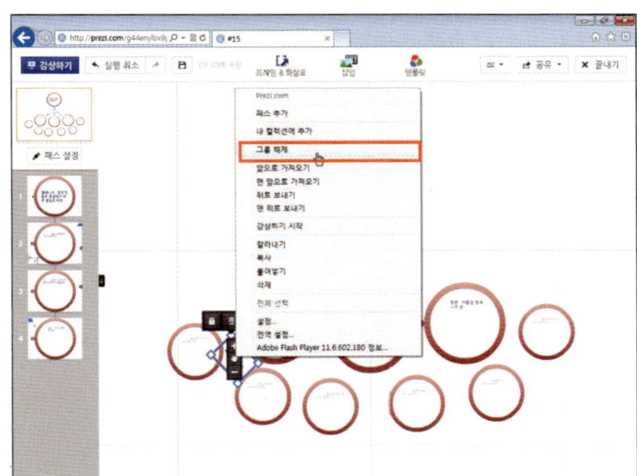

09 ›› 가운데 화살표를 삭제하고, 다시 그룹으로 만든 후 복사하여 다음처럼 붙여넣기 합니다.

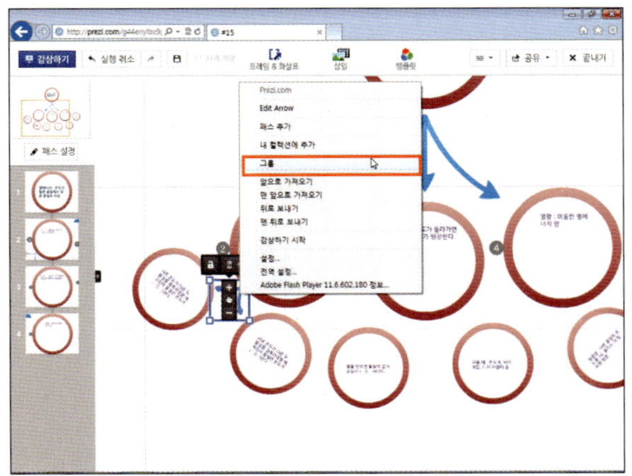
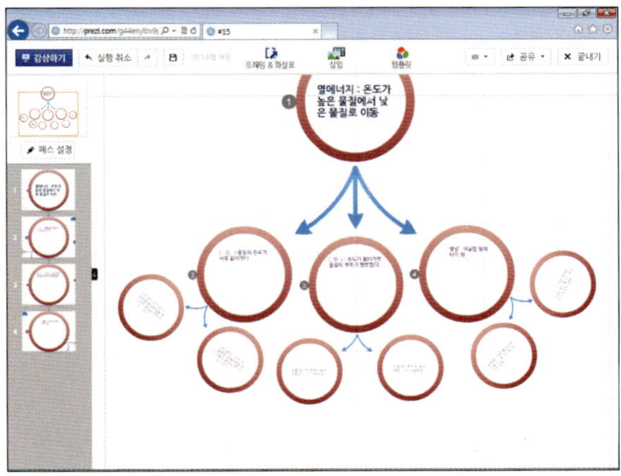

정답 입력하고, 중요 부분 체크하기 Step 02

01 ›› 2단계 프레임 중 '①' 문제가 있는 부분을 확대합니다. 정답을 입력하고 'Subtitle'로 지정합니다.

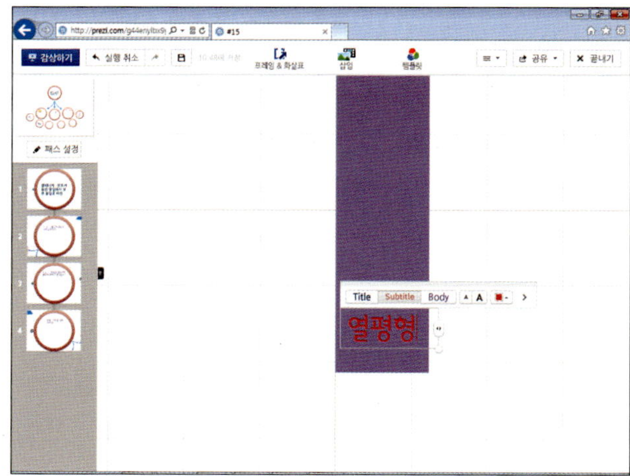

02 ›› [삽입] 메뉴 – [이미지]를 클릭하여 '내 컴퓨터에서'의 [파일 검색중…] 단추를 클릭합니다. '소스파일\ 진빵.jpg' 파일을 불러옵니다.

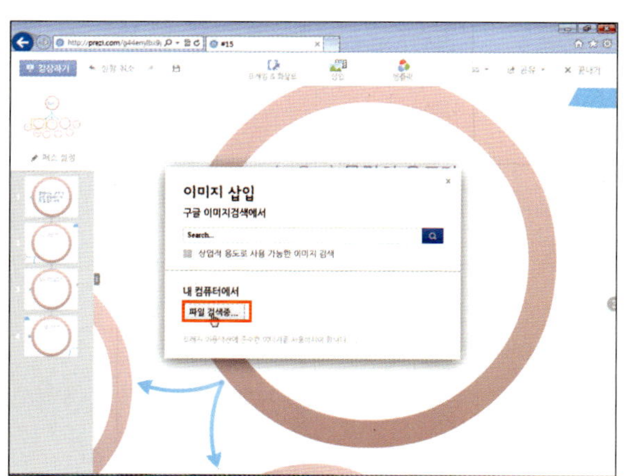

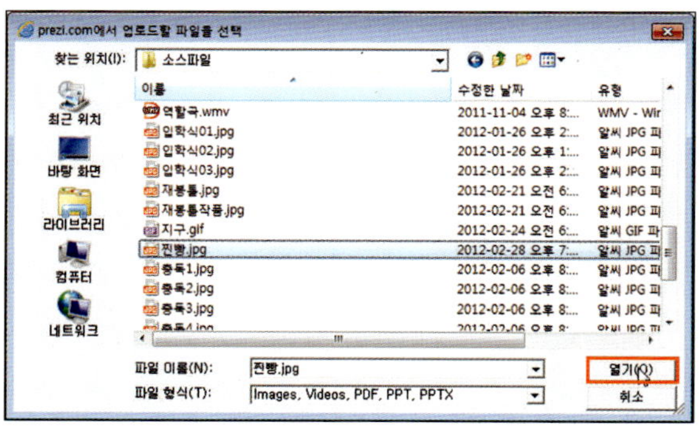

03 ›› 삽입된 그림 안에 텍스트를 입력하고, 'Subtitle'로 지정합니다.

04 ›› 입력한 텍스트를 최대한 확대한 후 'ㅇ' 안에 열평형에 대한 설명글을 입력합니다. [프레임 & 화살표] 메뉴 – [형광펜]을 클릭합니다. 중요 부분을 형광펜으로 드래그하여 체크합니다.

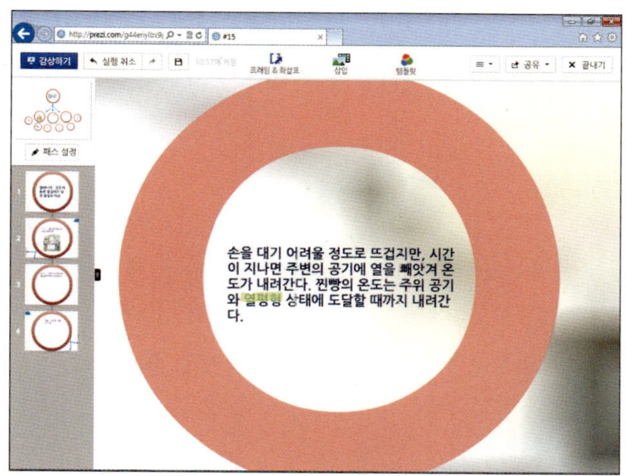

05 ›› 2단계의 나머지 원 프레임에도 같은 방법으로 정답, 텍스트, 그림 삽입을 하고, 형광펜으로 중요 부분을 체크합니다.

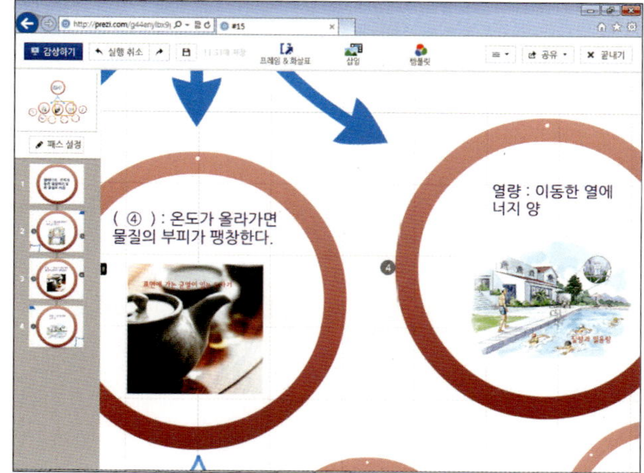

06 ›› 3단계의 원 프레임에도 텍스트를 입력하고, 정답은 줌인/줌아웃 기능을 사용하여 입력합니다. 입력할 때 정답 텍스트의 회전 여부에 따라 나중에 프레지 쇼에서 좀 더 역동적으로 보여집니다.

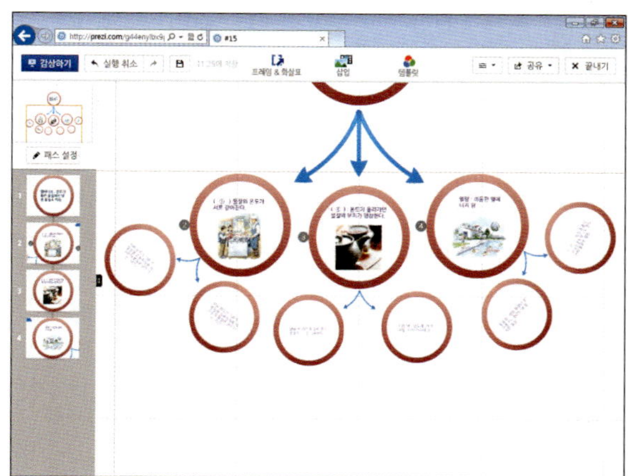

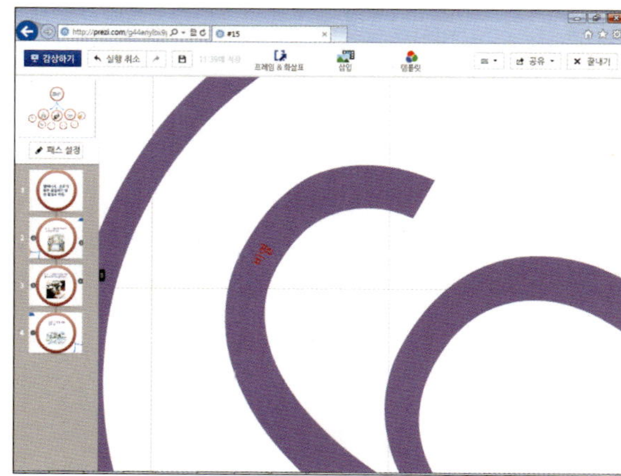

패스 설정하기

Step **03**

이런 기능들이 사용됐어요 ➔ [패스 설정] 단추

01 ›› 화면 왼쪽의 [패스 설정] 단추를 클릭한 후 **1**을 눌러 2단계의 왼쪽 원 프레임을 크게 확대합니다. 레이아웃을 사용했기 때문에 미리 패스가 지정되어 있어서 정답을 클릭하면 '❺' 패스가 추가됩니다.

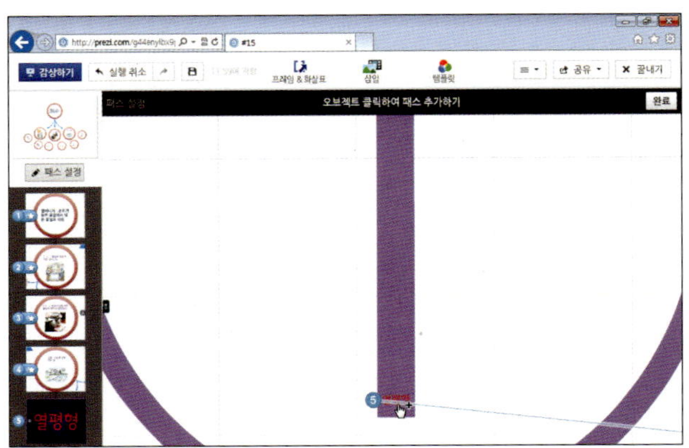

02 ›› '갓 쪄 낸 진빵'을 선택하고, 'ㅇ' 안의 설명글을 선택합니다. [경로 미리 보기] 창에 '❼' 패스까지 추가되었습니다.

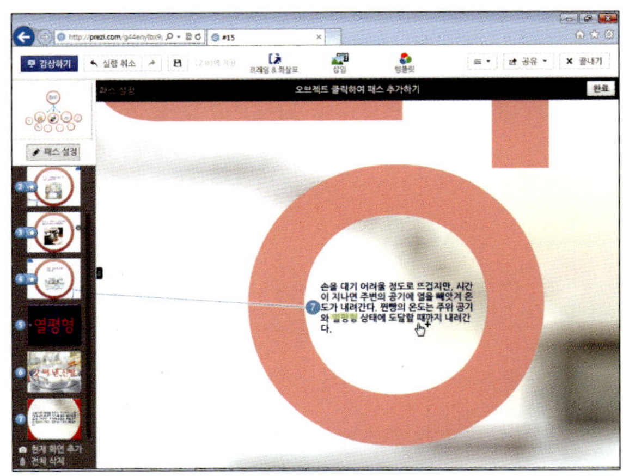

03 ›› 3단계의 왼쪽 원 프레임을 선택한 후 정답을 클릭하고, 오른쪽 원 프레임을 선택한 후 정답을 클릭합니다. [경로 미리 보기] 창에 '⓫' 패스까지 추가되었습니다.

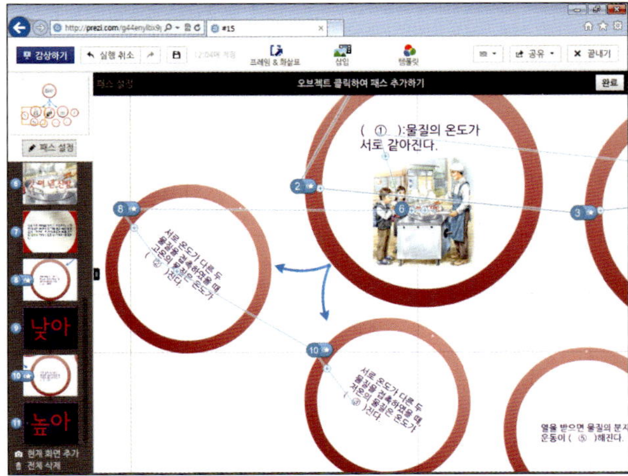

04 ›› [경로 미리 보기] 창에서 '❸' 패스를 드래그하여 제일 아래쪽으로 이동합니다. '❸' 패스가 '⓫' 패스가 되었습니다.

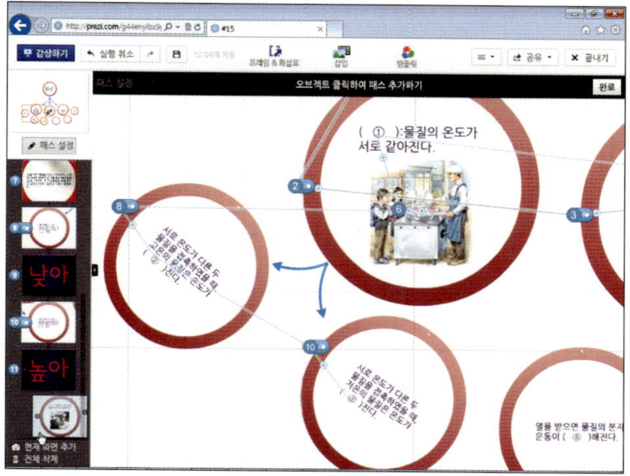

05 ›› 2단계 가운데 원 프레임과 아래쪽 3단계 원 프레임까지 같은 방법으로 패스를 추가합니다. 그러면 [경로 미리 보기] 창에 '⓱' 패스까지 추가됩니다. 다시 [경로 미리 보기] 창에서 '❸' 패스를 드래그하여 제일 아래쪽으로 이동하면 '❸' 패스가 '⓱' 패스로 변경됩니다.

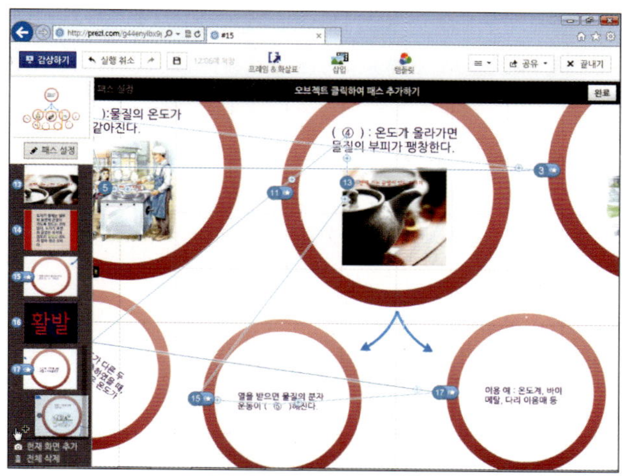

06 ›› 2단계 오른쪽 원 프레임과 아래쪽 3단계 원 프레임까지 같은 방법으로 패스를 추가합니다. [경로 미리 보기] 창에 '㉒' 패스까지 추가됩니다.

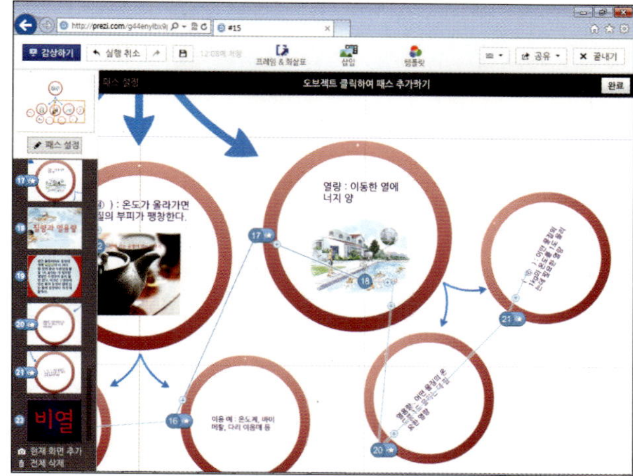

07 〉〉 화면 오른쪽에 마우스를 가져가면 전체 화면 조절 메뉴가 나타나는데, █를 클릭합니다. 현재 화면을 추가하기 위해 [경로 미리 보기] 창에서 [현재 화면 추가]를 클릭합니다. '❷❸' 패스로 패스 설정을 마무리하고, [완료] 단추를 클릭합니다.

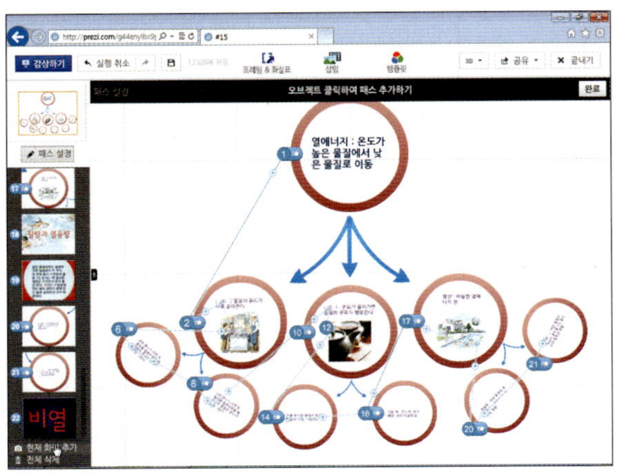

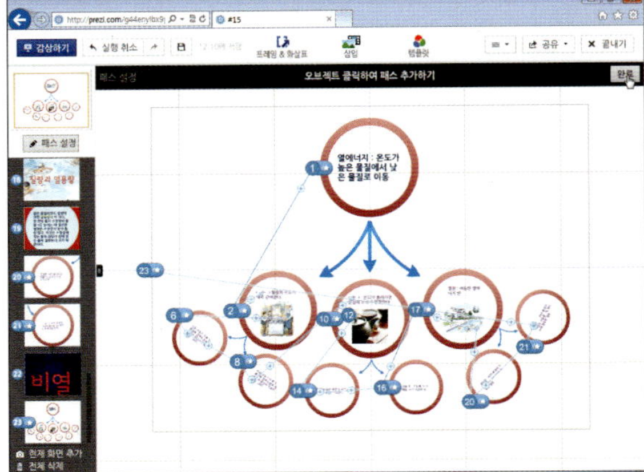

08 〉〉 [감상하기] 단추를 눌러 프레지 쇼에서 확인합니다. 쇼를 마치려면 [Esc]를 누릅니다.

PDF 파일로 저장하기　Step 04

이런 기능들이 사용됐어요 ➡ [PDF 다운로드] 메뉴

01 ›› 화면 오른쪽의 [공유하기] 단추 – [PDF 다운로드]를 클릭합니다. 다운로드가 완료되면 [PDF 저장하기]를 클릭합니다.

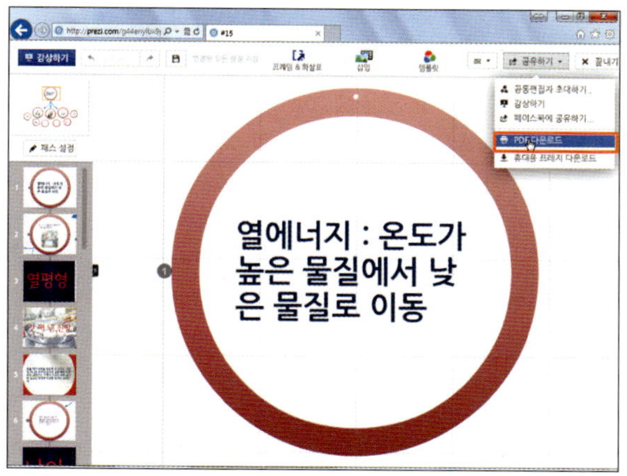
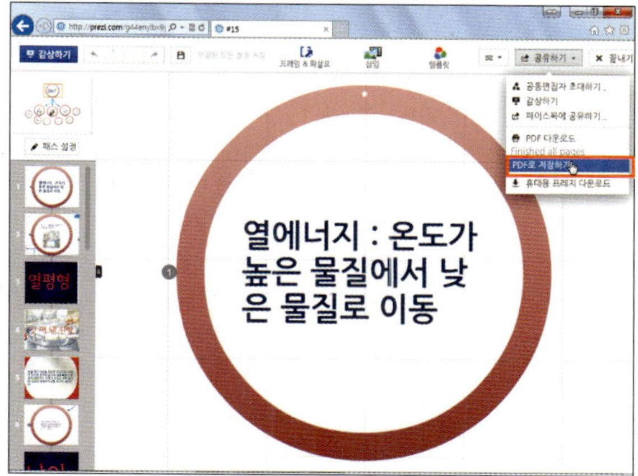

02 ›› [다른 이름으로 저장] 대화 상자가 나타나면 저장할 폴더를 선택한 후 '파일 이름'을 '과학.pdf'로 입력하고, [저장] 단추를 클릭합니다.

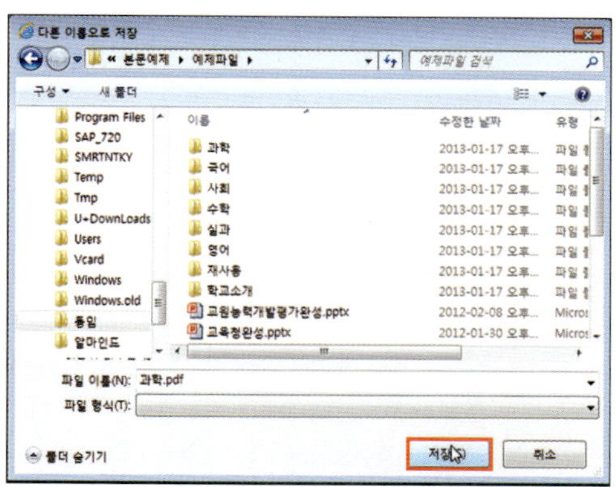

> 파일 이름을 입력할 때는 반드시 확장자 'pdf'까지 입력해야 합니다. pdf를 입력하지 않을 경우 pdf 파일로 저장되지 않습니다.

03 ›› 저장한 폴더에서 '과학.pdf' 파일을 더블 클릭하면 프레지가 PDF 프로그램에서 열립니다. 설정한 패스에 따라 각각의 장면이 한 페이지씩 저장되어 있습니다.

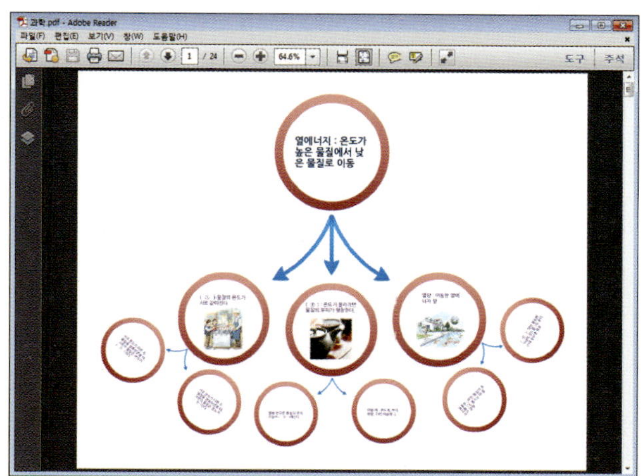

> 내 컴퓨터에 PDF 프로그램이 설치되어 있어야 합니다.

학생과 프레지 공유하고 쇼하기

다른 프레젠테이션 도구에 비해 프레지는 서로 공유하고, 공동 작업하기 좋습니다. 웹을 기반으로 하기 때문에 공유할 URL을 다른 사람에게 이메일로 보냅니다. 이메일의 URL을 클릭하여 함께 공동 작업을 합니다. 온라인으로 감상하기 기능을 사용하면 프레지 쇼도 공유하고, 프레젠테이션을 할 수 있습니다.

Section 16　　Section 17　　Section 18　　Section 19　　Section 20

| 완성 파일 | 완성파일\국어\prezi.exe

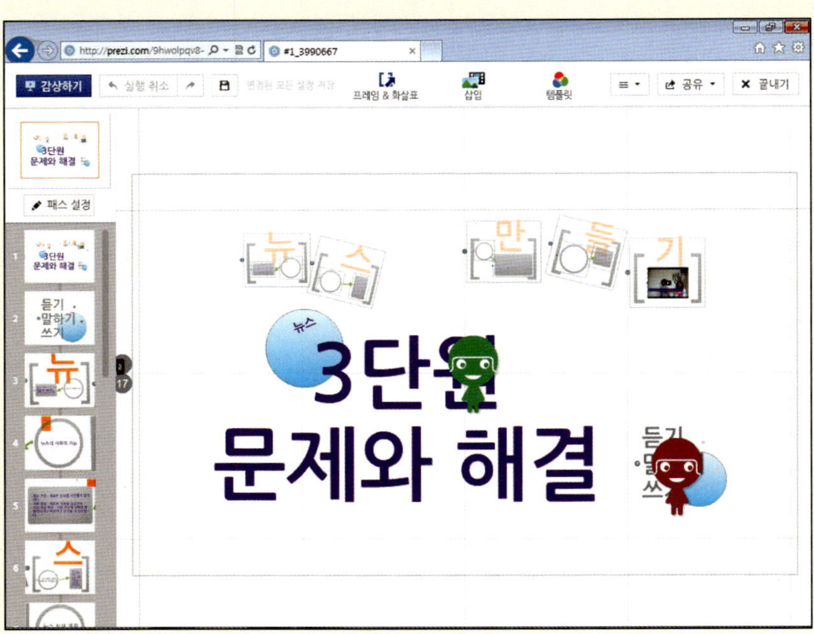

프레지 공유 메시지 보내기   Step 01

이런 기능들이 사용됐어요 ➡ [공유하기]

01 ›› [내 프레지] 탭을 클릭한 후 공유할 파일을 선택합니다. 미리 보기 화면 아래 메뉴 중 [공유] 단추를 클릭합니다.

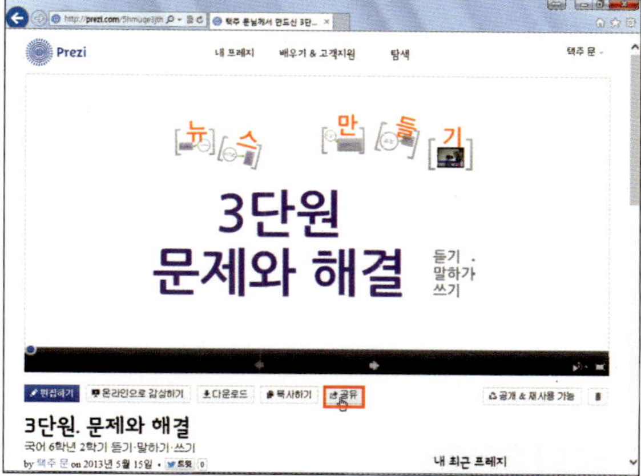

02 ›› [이 프레지를 공유하기] 창에 다른 사람과 공유할 수 있는 URL 주소가 생성됩니다. [편집하기] 탭을 클릭하여 [이메일]을 클릭합니다. 'To'에는 이메일 주소를 입력하고, '개인적인 메모 추가'에 내용을 입력한 후 [이메일 전송] 단추를 클릭합니다.

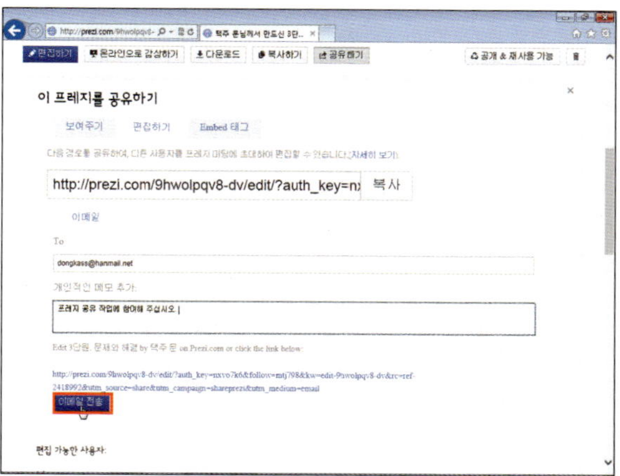

[보여주기] 탭을 클릭하고, 이메일로 다른 사람과 공유하면 프레지 쇼를 볼 수는 있으나 편집할 수는 없습니다. 협업하여 프레지 작업을 하려면 [편집하기] 탭에서 다른 사람과 공유해야 합니다.

03 ›› 이메일을 성공적으로 보냈다는 메시지
에 [닫기] 단추를 클릭합니다.

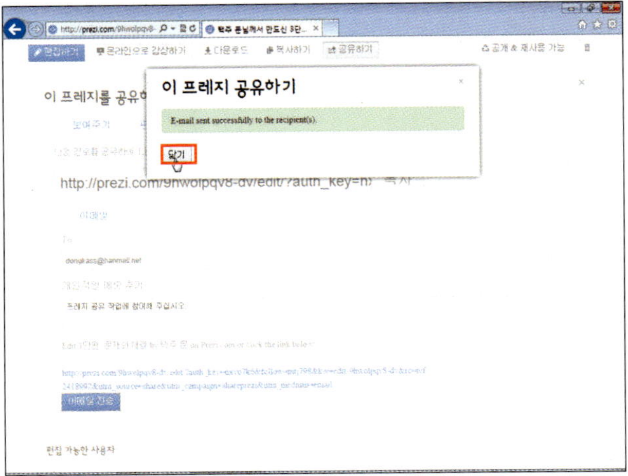

04 ›› [편집하기] 단추를 클릭하여 프레지 편
집 화면을 엽니다.

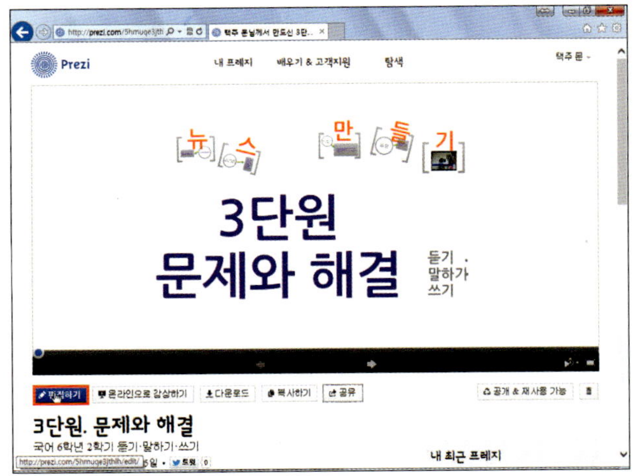

05 ›› 잠시 후에 초대된 사람이 들어온 순서에 따라 각기 다른 색의 아이콘으로 표시됩니다. 초대된 사람의
이름이 영문인 경우 아이콘에 이름이 표시되고, 한글인 경우에는 아이콘을 클릭하면 참여한 사람이 누구인지
알 수 있습니다.

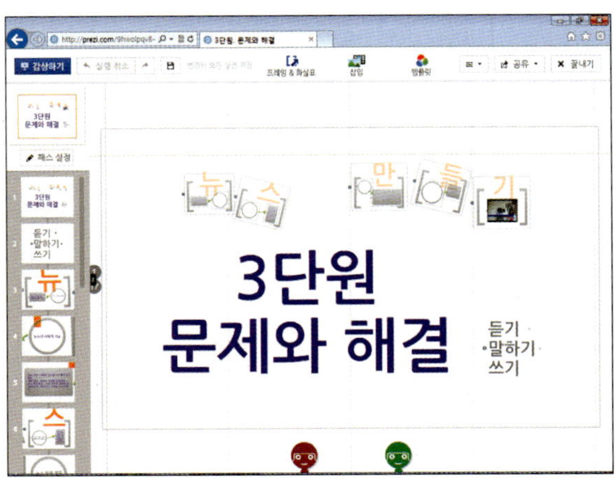

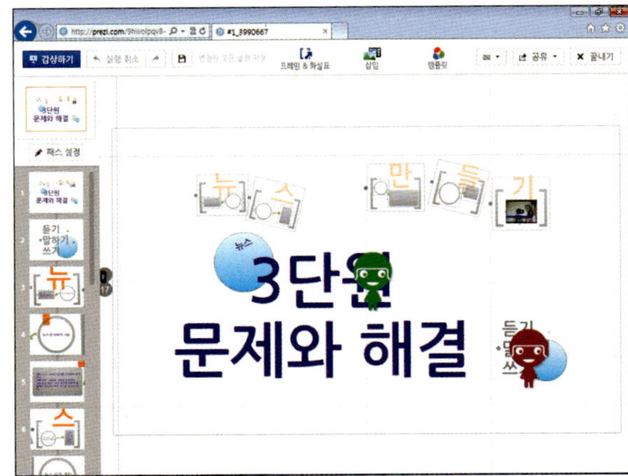

프레지 작업 초대를 이메일로 받은 경우

❶ 프레지 공유 이메일을 받은 사람은 편지를 열고, URL을 클릭합니다.

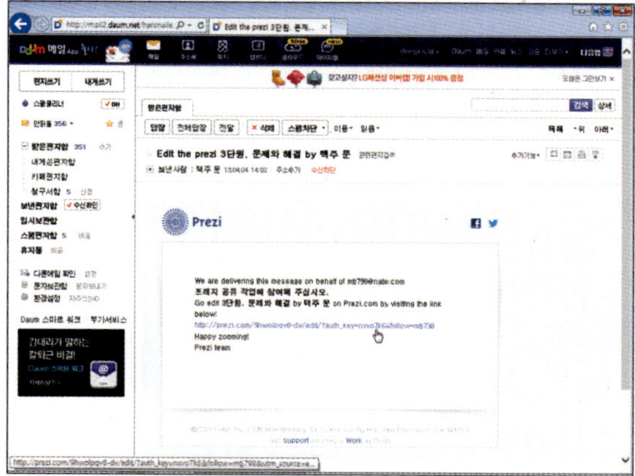

❷ 프레지 아이디로 로그인하면 초대한 사람의 계정이 교육 계정이므로, 교육용 라이선스 화면이 나타납니다.

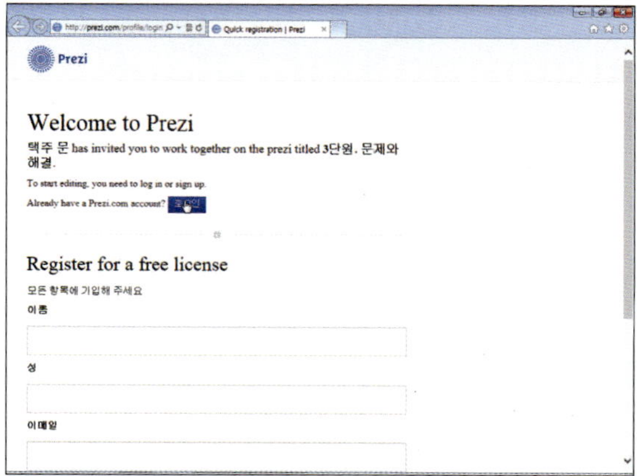

❸ 바로 쇼 모드가 시작됩니다. 초대한 발표자가 아이콘으로 표시되어 있습니다. 다른 공동 편집자가 들어오면 다른 색 아이콘으로 표시됩니다.

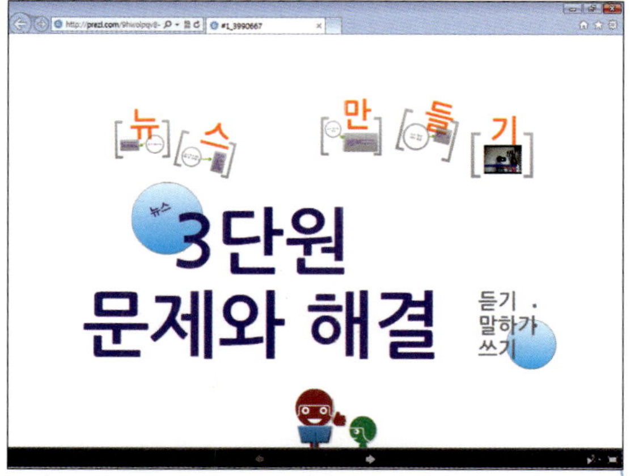

다른 사람과 공동 작업하기 Step **02**

이런 기능들이 사용됐어요 ➡ 파일 관리 모드, [복사하기]

01 ≫ 각기 다른 작업을 동시에 작업할 수 있습니다. 다른 작업자가 무슨 일을 하는지 정확히는 알 수 없으나 어디서 작업하고 있는지는 아이콘의 위치로 알 수 있습니다. 다른 작업자가 작업한 내용은 프레지에 바로바로 적용됩니다.

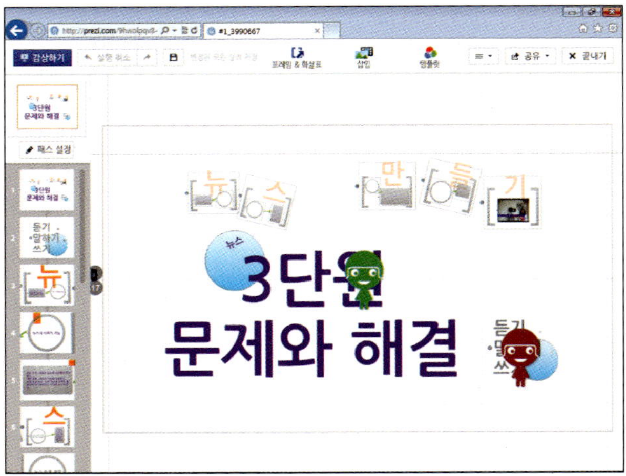

02 ≫ 패스는 작업자 중 한 사람만 작업할 수 있습니다. 다른 사람이 [패스 설정] 단추를 클릭하면 패스 설정을 할 수 없다고 경고 메시지가 나타납니다.

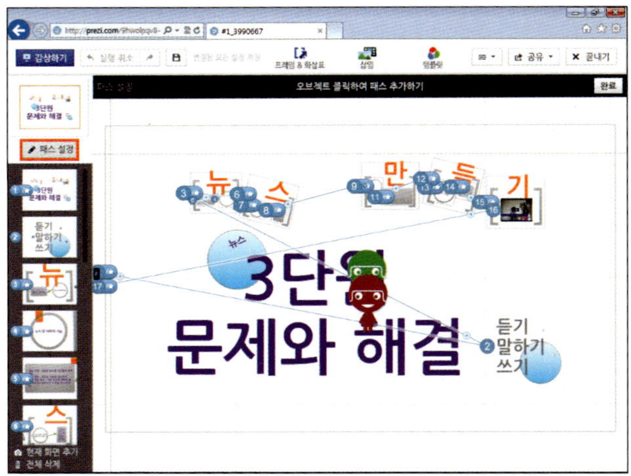

03 ≫ 초대한 문택주 선생님이 작업을 마치기 위해 저장을 하고, [끝내기] 단추를 누르면 파일 관리 모드로 이동됩니다. 미리 보기에서 공동으로 작업한 화면을 볼 수 있습니다.

04 ›› 정동임님도 편집 모드를 끝내고 파일 관리 모드로 나옵니다. 미리 보기 화면 아래쪽의 도구 단추가 다릅니다. 해당 파일의 Owner가 아니기 때문에 파일을 삭제할 수 있는 🗑 단추가 없습니다.

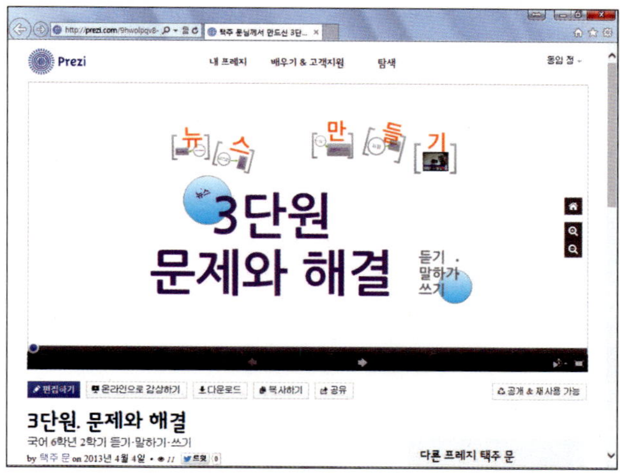

05 ›› 미리 보기 화면 아래의 [공유] 단추를 클릭하면 공동 편집자를 볼 수 있습니다. '편집 가능한 사용자' 아래에 공동 편집자가 표시되는데, '나' 옆에는 owner 표시가 되어 있습니다. 공동 편집자 옆의 'X' 부분을 클릭하고 확인 메시지 창에 [확인] 단추를 누르면 해당 공동 편집자가 사라집니다.

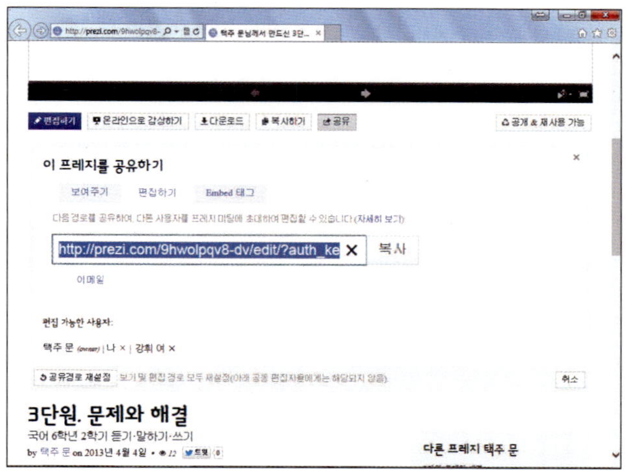

👉 **해당 파일의 소유권을 갖으려면**

미리 보기 화면 아래 메뉴 중 [복사하기]를 클릭하면 해당 파일이 복사되어 나타납니다. 파일 제목에 'Copy of' 가 표시되고, 미리 보기 화면 아래 메뉴에 🗑 단추가 생성되었습니다.

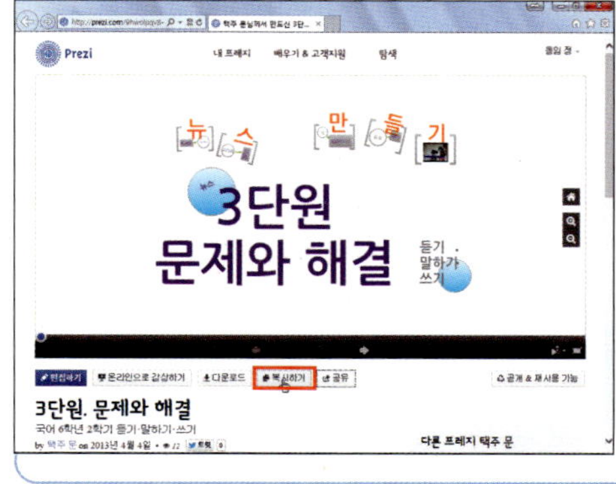

프레지 쇼 공유하고 프레젠테이션하기 Step 03

이런 기능들이 사용됐어요 ➡ [온라인으로 감상하기]

01 ›› 프레지 쇼를 공유하기 위해 미리 보기 화면 아래 [온라인으로 감상하기]를 클릭합니다.

02 ›› 공유할 수 있는 링크 주소 옆의 [복사] 단추를 눌러 복사한 후 프레지 쇼를 함께 공유할 사람들에게 복사한 URL을 메신저나 이메일을 보내 초대합니다. [감상하기 시작] 단추를 눌러 프레젠테이션을 시작합니다.

> 동시에 최대 30명까지 프레지를 함께 공유할 수 있고, 이 링크는 프레지 작업을 종료하고, 10분 이후에는 만료됩니다.

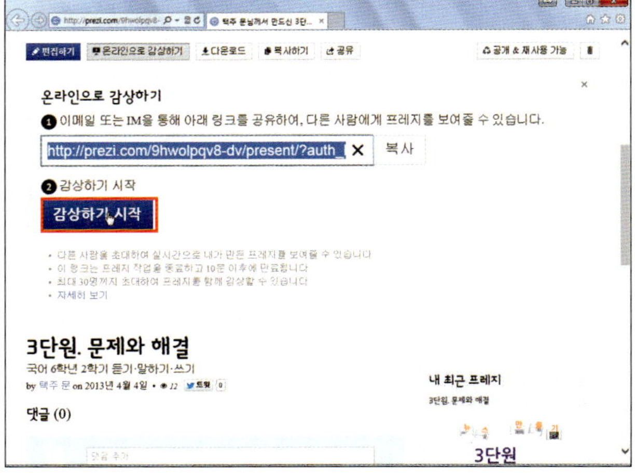

03 ›› 프레지 쇼 화면으로 이동되었습니다. 잠시 기다리면 초대받은 사람이 아이콘으로 표시되는데, 아이콘에 이름이 표시됩니다. 초대받은 사람이 프레지에 로그인하지 않고 접속할 경우 Guest로 표시됩니다.

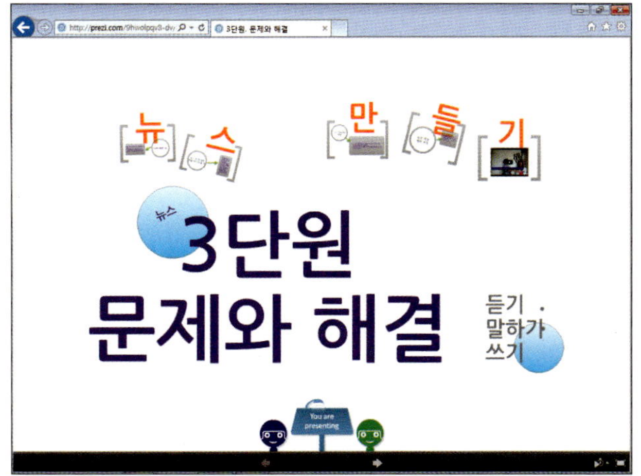

04 ›› 쇼 진행 권한을 다른 사람에게 넘길 수도 있습니다. 쇼를 진행할 사람의 아이콘을 선택한 후 [Hand Over Presentation]을 클릭합니다.

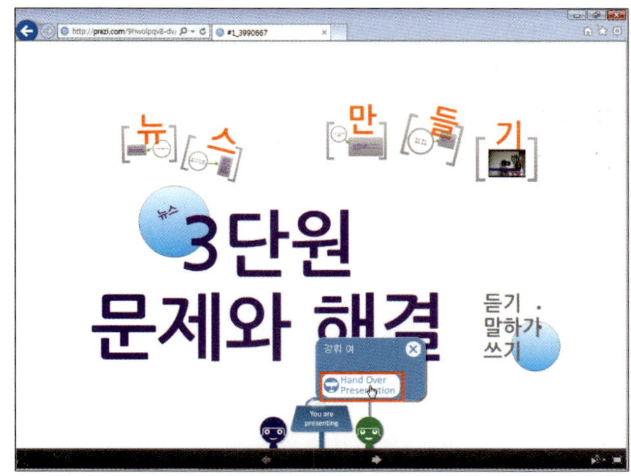

05 ›› 진행자가 다른 사람으로 바뀌면서 아이콘에 단상이 생깁니다. 진행자의 이름이 표시됩니다.

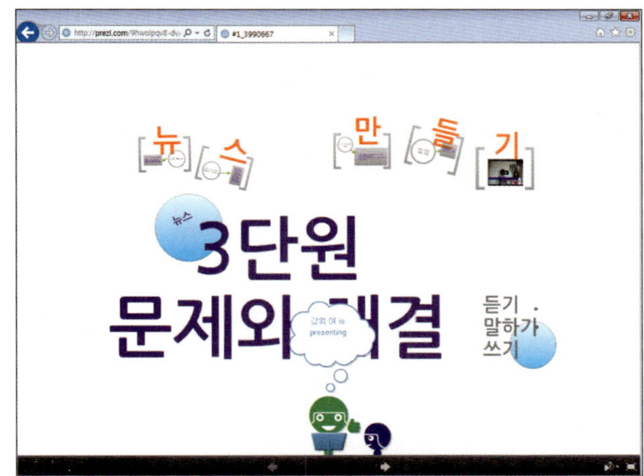

06 ›› 진행자가 진행하는 동안 다른 화면을 보고 싶다면 진행자의 아이콘을 클릭한 후 [explore freely]를 클릭합니다.

07 ›› 아래쪽 진행자 아이콘의 단상은 사라지고, 진행자가 진행하는 화면이 있는 곳으로 아이콘이 이동합니다. 진행자가 진행하는대로 아이콘이 따라 움직입니다.

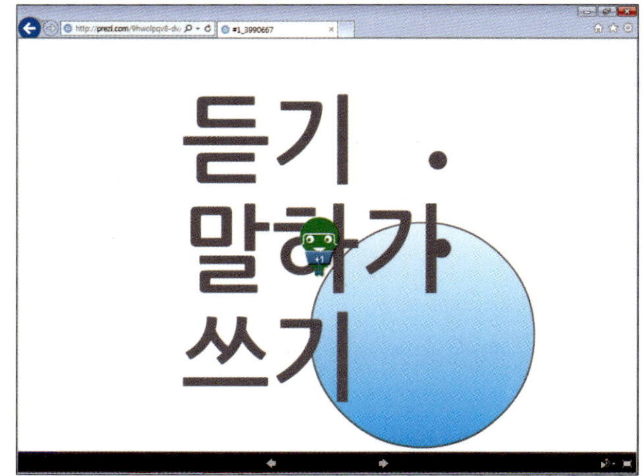

08 ›› 다른 화면이 보고 싶어서 이동을 해도, 진행자 아이콘은 원형의 화살표가 되어 진행자가 진행하고 있는 화면 방향을 가리킵니다.

09 ›› 다시 진행자가 진행하는 쇼 상태로 변경하려면 진행자 아이콘을 선택하고, [Take a look]을 클릭합니다.

10 ›› 아래쪽으로 진행자 아이콘이 이동하고, 단상이 생기며 움직이지 않습니다. 화면은 진행자가 진행하는대로 움직입니다.

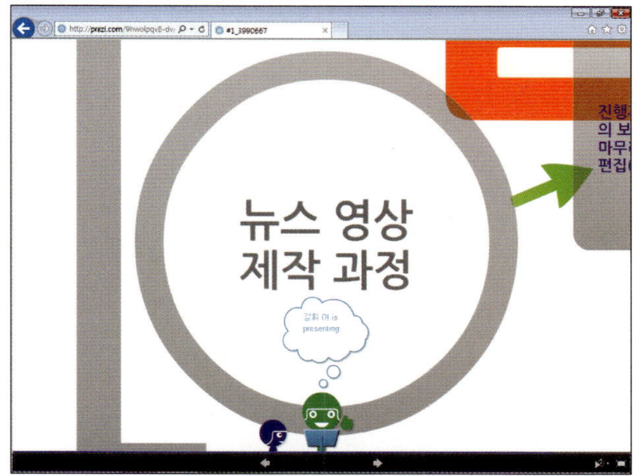

11 ›› 진행 중에 [Esc]를 눌러 편집 모드로 전환합니다. 상단 메뉴를 선택하면 진행자 아이콘에 단상이 사라지고, 마우스를 움직이면 작업이 가능해집니다. 진행자는 쇼를 계속 진행하기 때문에 진행자 아이콘은 편집 작업 중에도 진행자가 진행하고 있는 화면 방향을 가리킵니다.

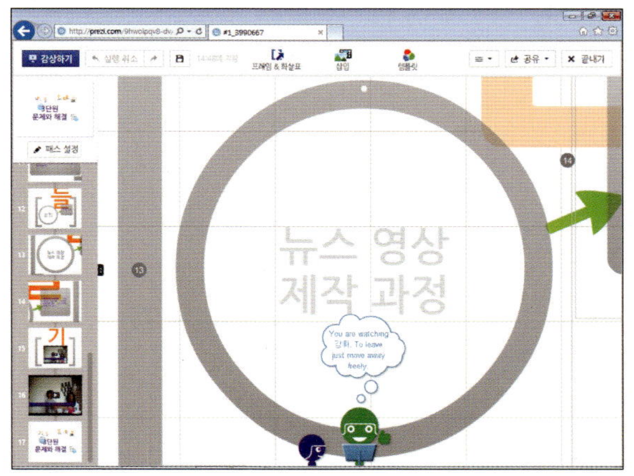
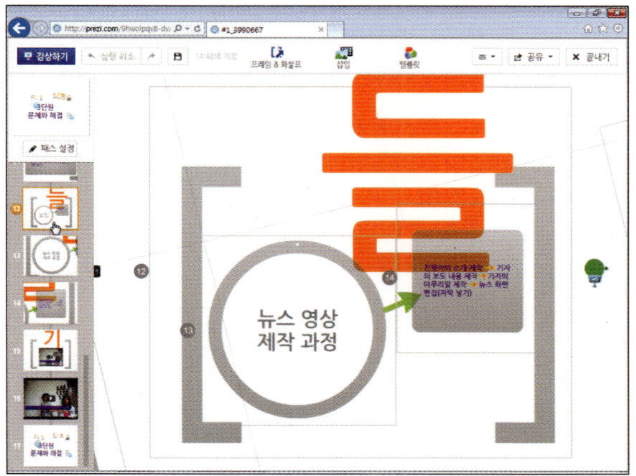

12 ›› 만약 쇼가 끝나서 진행자가 프레지 쇼 화면에서 나간다면 프레지 화면 창에 '00 has left(00가 떠났다)' 라고 표시된 후 아이콘이 사라집니다.

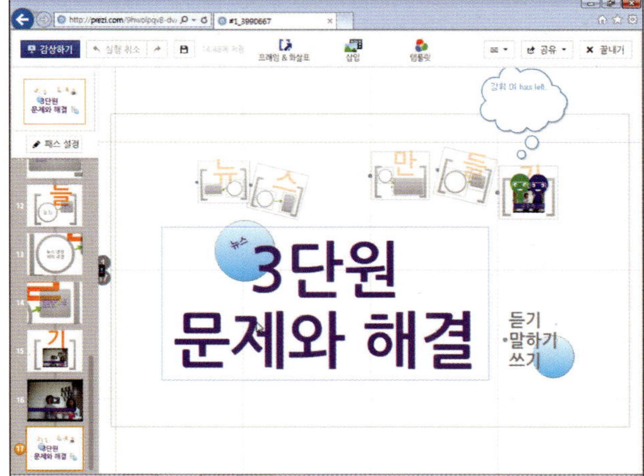

프레지를 더 잘 만들기 위한 팁 Best 10

다른 프레젠테이션 도구는 복잡한 메뉴 구성으로 다루기 힘들지만 프레지는 메뉴 몇 개만 익히면 프레젠테이션 문서를 쉽게 만들 수 있습니다. 새롭게 한글 메뉴로 바뀌어서 전보다 훨씬 다루기 쉽습니다. 프레지를 더 잘 만들기 위해서 Best 팁을 익혀서 만들어 봅니다.

Section 16   Section 17   Section 18   Section 19   Section 20

프레지 사용자 계정

Step 01

01 ›› 일반용 계정

일반 사용자를 위한 프레지 계정으로 사용자 권한은 다음과 같습니다.

❶ **Public** : 무료로 사용할 수 있으며 저장 공간은 100MB까지 사용할 수 있습니다. 프레지 작업 결과물은 홈페이지를 통해 공개되기 때문에 사용자 모두 볼 수 있습니다.

❷ **Enjoy** : Public 보다 상위 계정으로 저장 공간은 500MB까지 사용할 수 있습니다. 사용료는 연간 59 달러이며 처음 30일 동안은 무료로 사용할 수 있습니다. 프레지 작업 결과물은 사용자가 공개 여부를 선택할 수 있습니다.

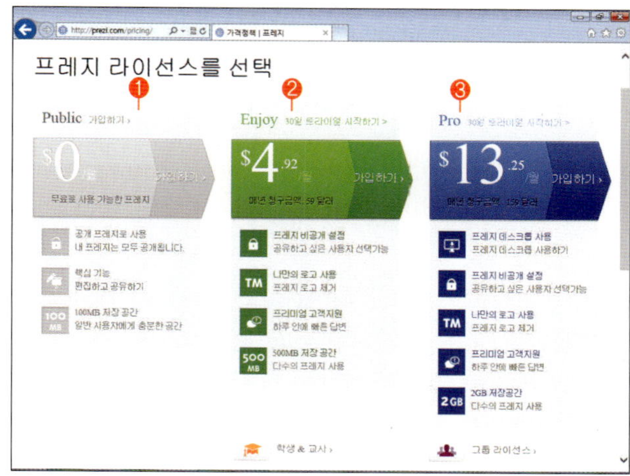

❸ **Pro** : Enjoy 보다 상위 계정으로 저장 공간은 2GB까지 사용할 수 있습니다. 사용료는 연간 159 달러이며 처음 30일 동안은 무료로 사용할 수 있습니다. Enjoy 계정의 모든 권한을 포함하여 프레지 데스크톱(Prezi Desktop) 프로그램을 설치하여 온라인뿐만 아니라 오프라인에서도 프레지를 사용할 수 있습니다.

02 ›› 교육용 계정

학생과 선생님들을 위한 계정으로 학교의 이메일 계정을 가지고 있다면 누구나 교육용 계정을 사용할 수 있습니다. 교육용 계정의 사용자 권한은 다음과 같습니다.

❶ **Edu Enjoy** : 일반용 Enjoy 계정과 동일한 권한을 무료로 사용할 수 있으며 저장 공간은 500MB까지 사용할 수 있습니다.

❷ **Edu Pro** : 일반용 Pro 계정과 동일한 권한을 가졌으며 사용료는 연간 59달러로 일반용 Pro 계정보다 훨씬 저렴하게 사용할 수 있습니다.

프레지 파일 관리 모드

Step 02

파일 공개 여부를 결정하거나 파일을 편집, 삭제를 관리할 수 있습니다.

❶ 이전 단계로 이동합니다.

❷ 다음 단계로 이동합니다.

❸ 자동 슬라이드 쇼 모드 도구로 4초, 10초, 20초 단위로 자동 진행합니다.

❹ 전체 화면으로 보여 줍니다.

❺ 편집 모드로 전환합니다.

❻ 프레지 쇼를 감상합니다.

❼ 프레지 파일을 다운로드 합니다.

❽ 동일한 파일을 복사합니다. [내 프레지] 탭에서 복사본을 확인할 수 있습니다.

❾ 이메일, 페이스북, 트위터를 통해 파일 URL을 공유하고, Embed 태그로 블로그에도 공유할 수 있습니다.

❿ 프레지 파일 공개 여부를 결정합니다.

⓫ 프레지 파일을 삭제합니다.

⓬ 프레지 파일 이름과 설명입니다. 파일 이름과 설명을 편집할 수도 있습니다.

⓭ 프레지 파일 제작자 이름과 날짜입니다.

프레지 편집 모드

Step 03

이런 기능들이 사용됐어요 ➜ 화면 구성

새 프레지 파일을 만들거나 저장된 프레지 파일을 다시 불러 편집할 수 있습니다.

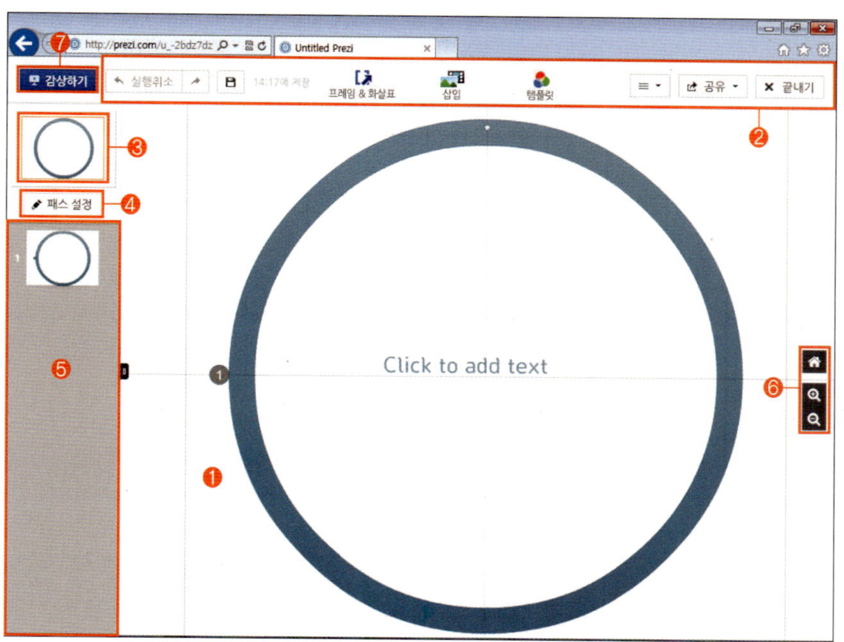

❶ **캔버스** : 프레지의 작업 공간입니다. 텍스트, 이미지, 미디어 등을 삽입할 수 있고, 각 개체에 패스를 지정하여 개체간 자유롭게 이동할 수 있습니다.

❷ **작업 메뉴** : 프레지를 작업하기 위한 모든 메뉴가 있습니다.

❸ **미리 보기** : 경로 이동을 작은 화면으로 미리 볼 수 있습니다.

❹ **패스 설정** : 패스를 지정, 순서 변경, 삭제할 수 있습니다.

❺ **경로 미리보기** : 패스를 통해 지정한 경로를 미리 보기 화면으로 보여줍니다.

❻ **화면 조절 메뉴** : 현재 작업 중인 화면을 한 화면으로 보여주거나, 줌인/줌아웃할 수 있습니다.

❼ **감상하기** : 프리젠테이션을 시작할 수 있습니다.

✐ **지브라 도구**

텍스트, 도형, 이미지 등 모든 개체의 크기 조절 및 개체 이동할 수 있습니다.

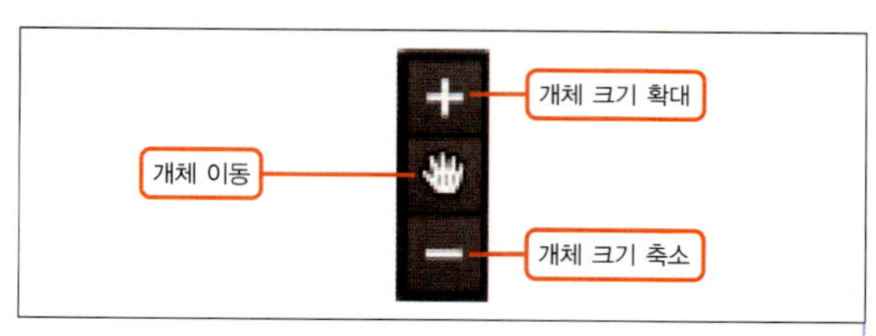

프레지 쇼 모드   Step 04

이런 기능들이 사용됐어요 ➜ 쇼 모드

프레제 작업을 마치고, 쇼 모드로 전환합니다.

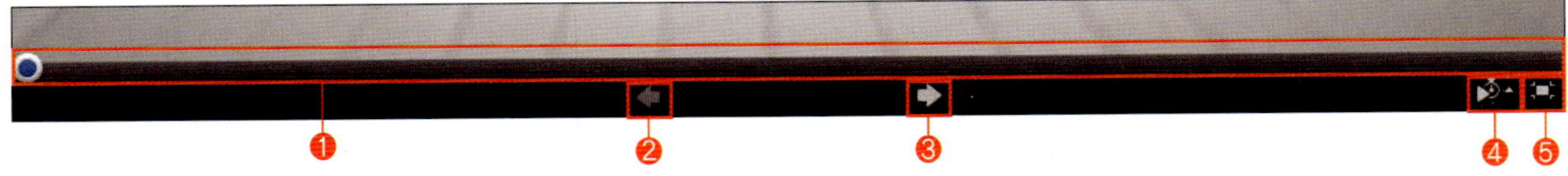

❶ **재생 바** : 슬라이드 바를 드래그하여 쇼를 진행할 수 있습니다.

❷ **이전** : 이전 단계로 되돌려주는 도구입니다.

❸ **다음** : 다음 단계로 진행하는 도구입니다.

❹ **자동재생** : 설정해 놓은 패스를 따라서 4초, 10초, 20초 단위로 자동 진행합니다. 자동재생을 원치 않을 때는 Off를 누릅니다.

❺ 전체 화면으로 보여줍니다.

프레지 바로 가기 키   Step 05

이런 기능들이 사용됐어요 ➜ 바로 가기 키

프레지 작업을 좀 더 효율적으로 하려면 마우스로 클릭하는 것보다 바로 가기 키를 사용하여 빠르게 작업하는 것이 좋습니다.

01 ›› 메뉴 바로 가기 키

- **Space Bar** : 프레지 쇼를 위한 내비게이션 메뉴
- **L** : 파일 삽입
- **S** : 화살표 및 Shapes
- **F** : 프레임
- **P** : 패스 설정

02 ›› 편집 모드와 쇼 모드 바로 가기 키

- 좌/우 방향키 : 쇼 모드에서 패스 앞/뒤 이동
- 상/하 방향키 : 쇼 모드에서 확대/축소
- **Esc** : 쇼 모드 전체 화면에서 빠져 나오기
- **Ctrl** + **S** : 저장하기
- **Ctrl** + **Z** : 이전 단계
- **Ctrl** + **Y** : 다시 실행
- **Ctrl** + **C** : 개체 복사
- **Ctrl** + **V** : 붙여넣기

프레지 테마

Step 06

이런 기능들이 사용됐어요 ➜ 테마

프레지가 업그레이드 되면서 현재에는 한글 테마를 8가지나 서비스 하고 있습니다. 전에 는 한글 테마가 하나 밖에 없어서 일일이 텍스 트, 도형의 색상을 지정하고 번거로웠지만 지 금은 만들려는 프레지와 어울리는 테마를 골 라서 선택할 수 있습니다.

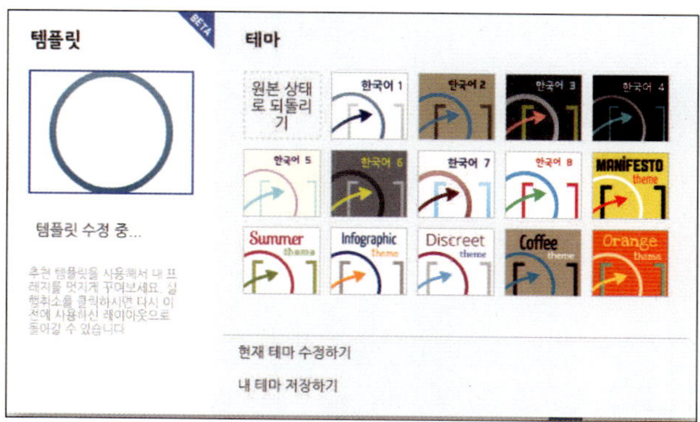

만약 한글 테마가 보이지 않는다면 프레지의 홈페이지 아래 부분의 언어를 '한국어' 로 선택합니다. 그러면 한글 테마를 확인 할 수 있습니다.

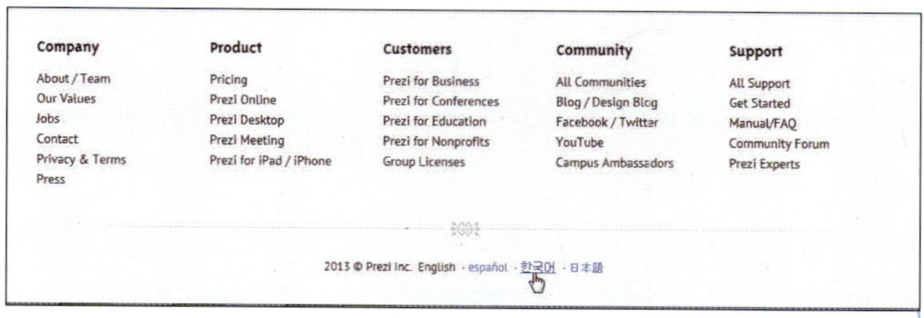

3D 배경 만들기   Step 07

이런 기능들이 사용됐어요 ➜ 3D 배경

Theme Wizard의 3D Background 기능을 활용하면 몇 개의 이미지로 3D 배경을 만들 수 있습니다.

01 ›› 이미지 하나로 3D 배경 만들기

프레지 편집 화면의 [템플릿] 메뉴 – [현재 테마 수정하기]를 클릭한 후 [Theme Wizard] 창에서 '3D Background' 의 [Upload]를 클릭하여 이미지를 불러옵니다. 그러면 삽입한 이미지로 3D 배경을 만들 수 있습니다.

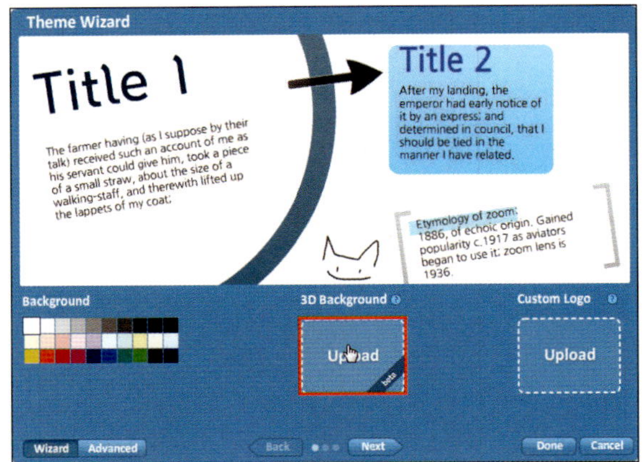
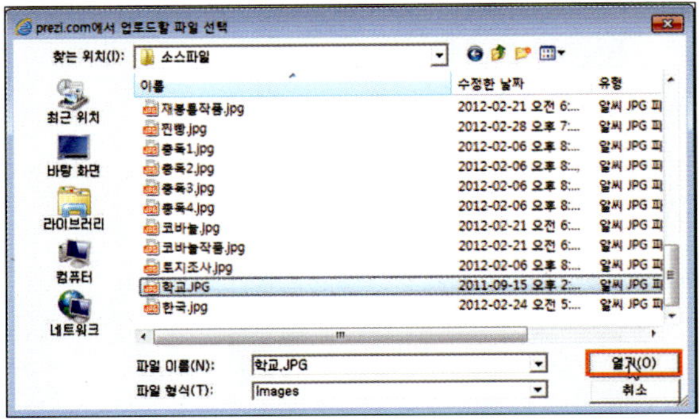

02 ›› 여러 개의 이미지로 3D 배경 만들기

[Theme Wizard] 창의 왼쪽 아래쪽의 [Advanced] 단추를 선택한 후 '3D Background' 의 [Edit] 단추를 클릭합니다. 각각의 [Upload]를 클릭하여 세 개의 이미지를 불러온 후 [Done] 단추를 클릭합니다. 그러면 세 개의 이미지로 3D 배경을 만들 수 있습니다.

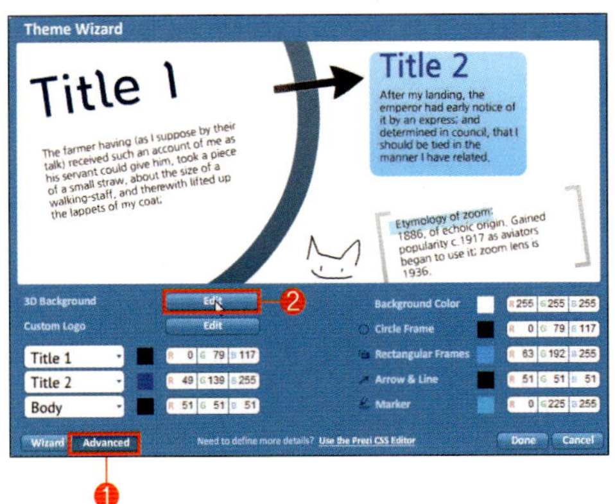

순서 바꾸기

Step 08

이런 기능들이 사용됐어요 ➜ 정렬 메뉴

프레지를 작업하다보면 여러 개체들이 서로 겹쳐지는 경우가 있습니다. 이럴 때 개체를 앞으로 또는 뒤로 보내 원하는 정렬이 되도록 해야 합니다.

01 ›› 손의 일부분이 원에 가려 있습니다. 마우스 오른쪽 단추를 눌러 [맨 앞으로 가져오기]를 선택합니다.

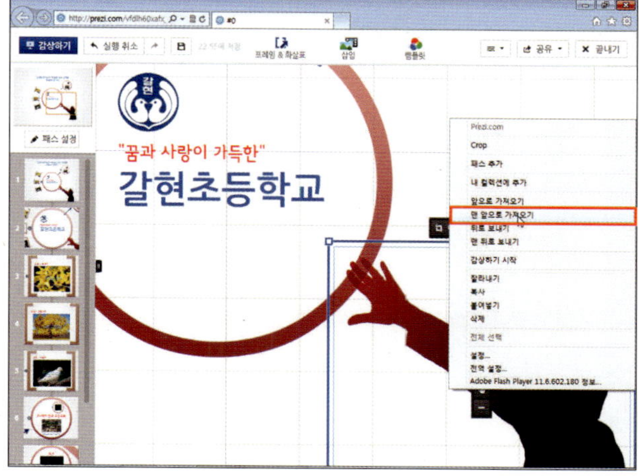

02 ›› 손을 맨 앞으로 가져오면 원 위에 손을 올려놓은 것처럼 보입니다.

프레지를 페이스북이나 트위터에 올리기   Step 09

01 ≫ 파일 관리 모드의 미리 보기 화면 위로 마우스를 가져가면 ☑가 나타나는데, ❙이나 , ❙, ❙ 중 하나를 클릭합니다. 페이스북이나 트위터, 링크드인, 이메일로 공유할 수 있습니다.

02 ≫ 페이스북을 선택하였으므로, 페이스북의 로그인 화면이 나타납니다. 로그인하면 [링크 공유하기] 창이 나타나고, [링크 공유] 단추를 클릭합니다.

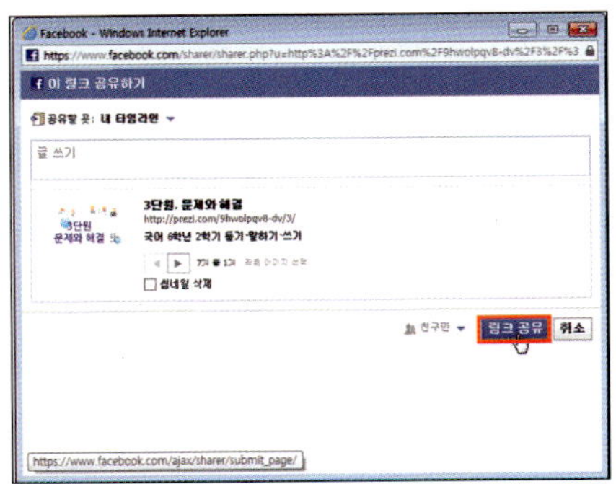

03 ≫ 페이스북에 링크되어 있습니다. 클릭하면 프레지 파일 관리 모드가 열립니다.

프레지에 애니메이션 기능 추가하기   Step 10

이런 기능들이 사용됐어요 ➡ 애니메이션

01 ›› [패스 설정] 단추를 클릭하면 패스를 설정할 수 있는데, [경로 미리 보기] 창의 패스의 ⭐를 클릭합니다.

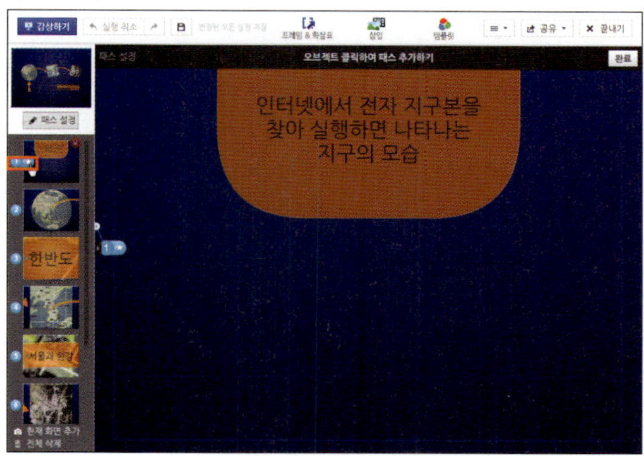

> 프레지에서도 텍스트에 애니메이션 기능을 추가할 수 있습니다. 아직까지 화려한 애니메이션 기능은 아니지만 페이드인 효과를 적용할 수 있습니다.

02 ›› [애니메이션] 창이 나타나면 페이드인 효과를 적용할 텍스트 상자를 클릭합니다. 애니메이션이 적용된 개체 앞에는 ⭐가 표시됩니다. [Done] 단추를 클릭합니다.

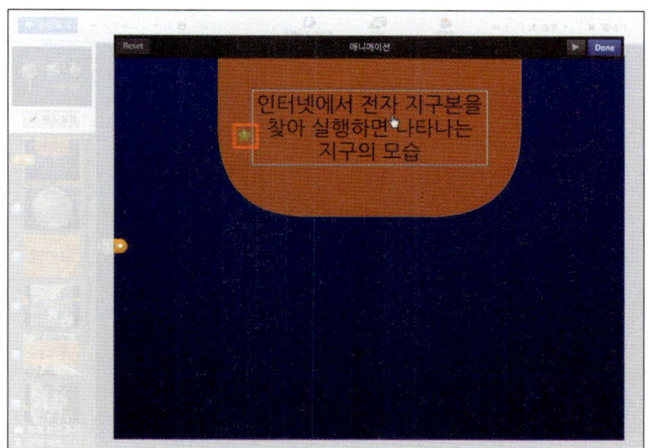

03 ›› 프레지 쇼를 실행하면 텍스트가 나타나지 않다가 서서히 페이드인 애니메이션 효과가 나타나는 것을 확인할 수 있습니다.

프레지에 파워포인트의 슬라이드 삽입하기

프레지에는 파워포인트 슬라이드를 바로 추가할 수 있는 기능이 있습니다. 아직까지는 파워포인트의 입체 차트나 몇몇 개체는 완전하게 삽입되지 못하기 때문에 단순한 슬라이드를 삽입할 때만 사용하는 것이 좋습니다.

01 [삽입] 메뉴 – [파워포인트]를 클릭합니다. 파워포인트 문서를 불러오기 위해 대화 상자에서 ppt나 pptx 문서를 선택한 후 [열기] 단추를 클릭합니다.

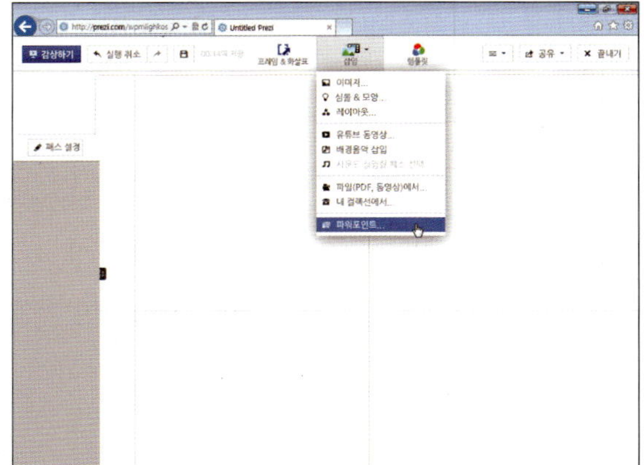

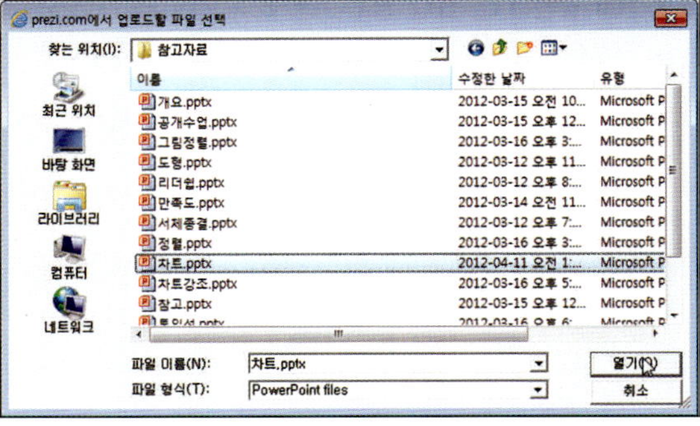

02 오른쪽에 파워포인트의 슬라이드가 펼쳐집니다. 슬라이드 전체를 프레지에 삽입하려면 오른쪽 슬라이드 위의 [Insert All...] 단추를 클릭합니다.

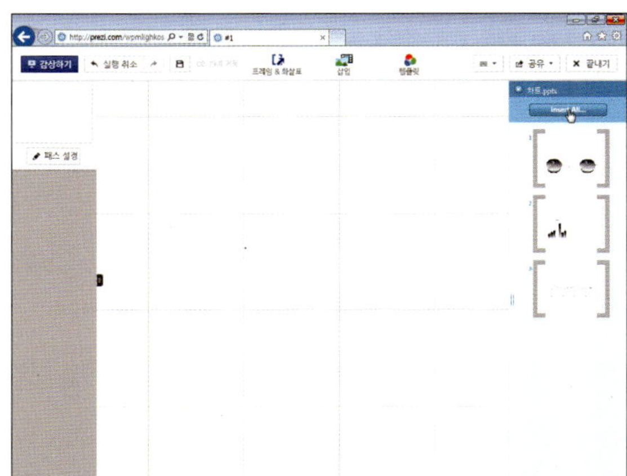

03 아래쪽의 레이아웃을 선택한 후 [Insert] 단추를 클릭하면 슬라이드가 삽입됩니다. ◉를 클릭합니다.

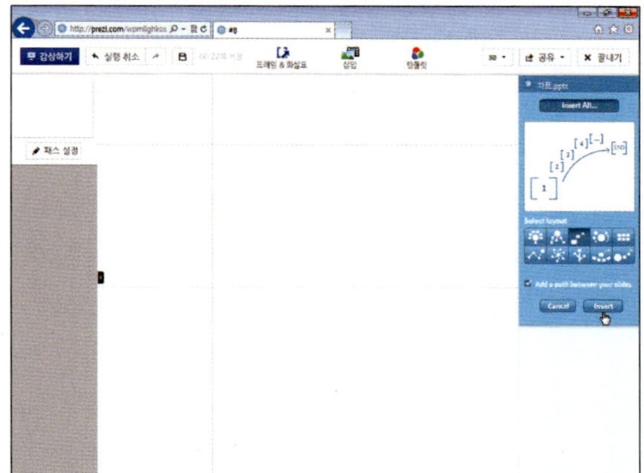
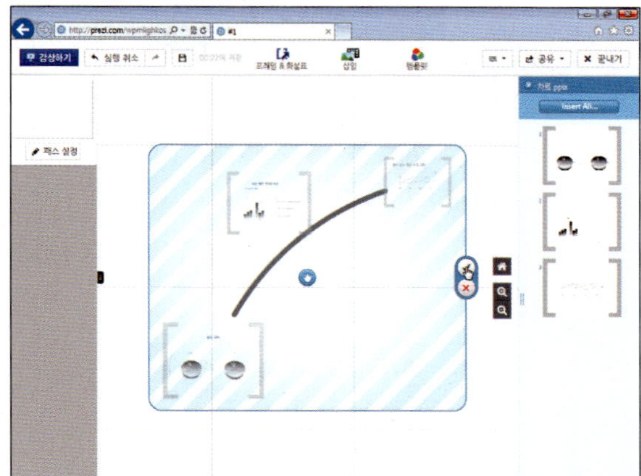

04 삽입이 완료되면서 자동으로 패스가 [경로 미리 보기] 창에 추가된 것을 확인할 수 있습니다. 선택한 레이아웃에 맞게 구성되어 있습니다.

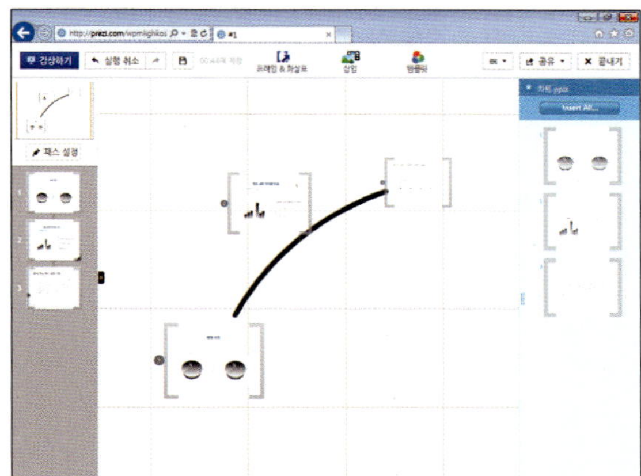

05 [감상하기] 단추를 눌러 프레지 쇼를 실행하여 차트 모양을 확인합니다.

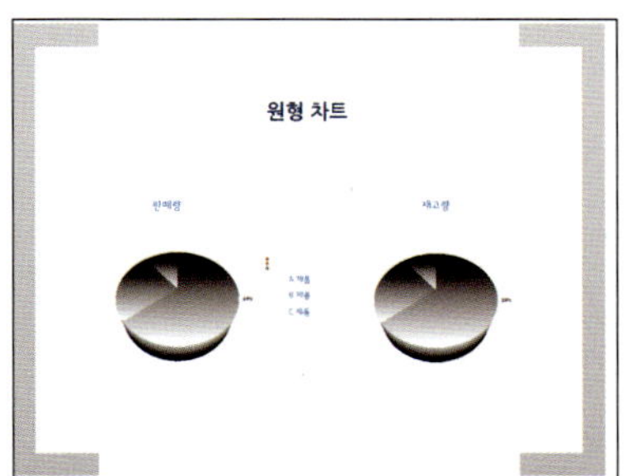

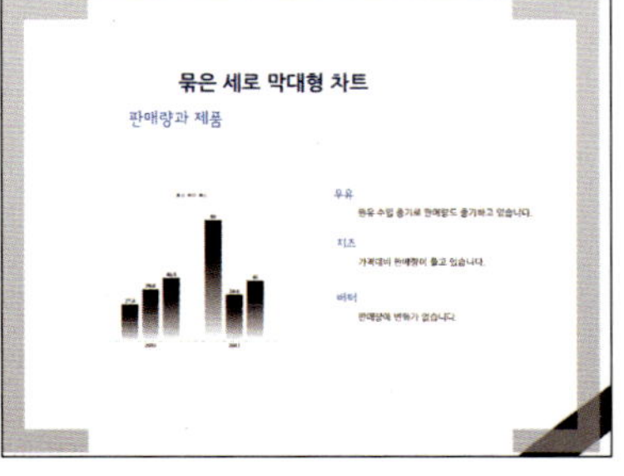

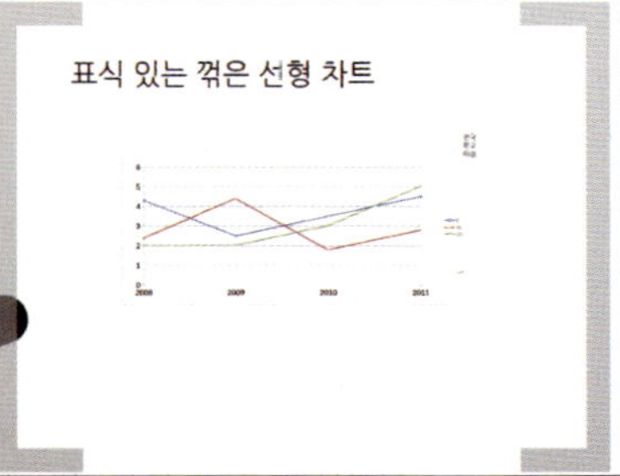

학 교 에 서 　 통 하 는 　 프 레 젠 테 이 션

Chapter 03

파워포인트 2010의 디자인 패턴별로 학교 업무 해결하기

학교에서 프레젠테이션 도구로 파워포인트 2010을 가장 많이 사용하고 있지만, 선생님들 중에서는 슬라이드 구성을 어떻게 할지 어려워하시는 분들이 많습니다. 이럴 때 공개된 교육청 자료를 사용하거나 공개된 파워포인트 서식 파일을 사용하면 쉽게 작업할 수 있습니다. 디자인 작업을 할 때는 스마트아트 그래픽의 디자인 패턴을 따라 작업하면 다양한 디자인으로 꾸밀 수 있습니다. 여기에 도형과 그림, 클립 아트를 적절히 사용하면 슬라이드를 훨씬 시각화할 수 있습니다.

교육청에서 공개한 서식으로 학교 문서 만들기

학교 수업 자료나 행사용으로 프레젠테이션을 해야 할 때가 많지만 제대로 프레젠테이션 문서를 만들기는 쉽지 않습니다. 교육청에서 공개한 파워포인트 기본 서식을 이용하면 쉽고 빠르게 무엇보다 일관성 있는 문서를 만들 수 있습니다. 공개된 문서의 슬라이드 마스터에 학교 로고를 삽입하고, 그림 서식을 변경하여 보기 좋은 문서로 꾸며보겠습니다.

| 예제 파일 | 소스파일\교육청예제.pptx
| 완성 파일 | 완성파일\교육청완성.pptx

슬라이드 마스터 편집하기   Step 01

이런 기능들이 사용됐어요 ➜ 확대/축소 이동 막대, 슬라이드 마스터 보기

01 ›› 파워포인트 2010을 실행한 다음 [파일] 탭 – [열기]를 클릭하여 '소스파일\교육청예제. pptx' 파일을 불러옵니다. 화면 오른쪽 하단의 확대/축소 이동 막대를 드래그하여 화면을 73% 로 조절합니다.

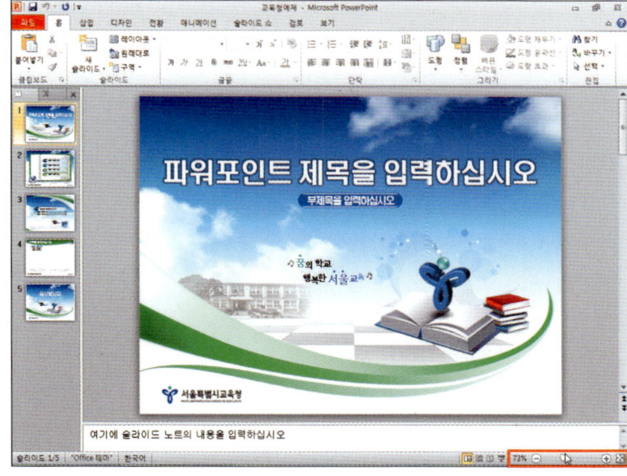

02 ›› [보기] 탭 – [마스터 보기] 그룹의 [슬라이드 마스터]를 클릭합니다.

화면 오른쪽 하단의 화면 보기 단추 중 📄를 **Shift** 와 함께 누르면 슬라이드 마스터 보기가 열립니다.

03 ›› 레아아웃 중에서 '3_제목 슬라이드 레이 아웃'을 선택한 후 교육청 로고를 위에서 드래 그하여 선택합니다. **Delete**를 눌러 삭제합니다.

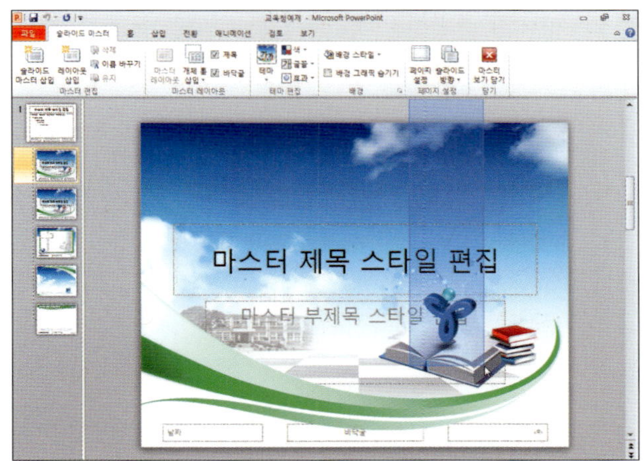

웹 페이지 캡처하여 학교 로고 만들기   **Step 02**

이런 기능들이 사용됐어요 ➜ 스크린샷, 도형에 맞춰 자르기

01 ›› 인터넷 익스플로러를 실행한 후 학교 홈 페이지에 접속합니다. 교표가 있는 웹 페이지를 엽니다.

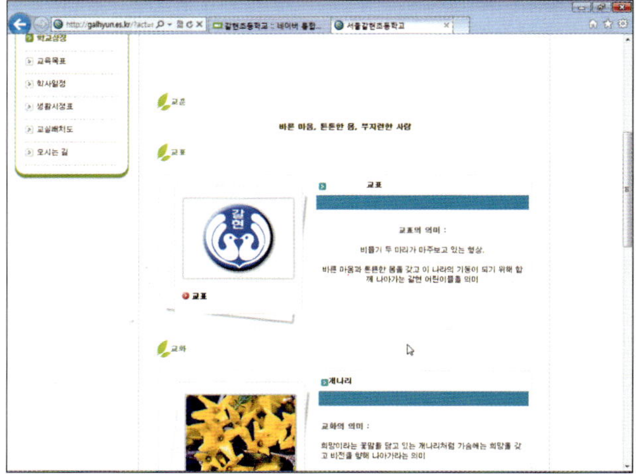

02 ›› 다시 파워포인트 2010에서 [삽입] 탭 – [이미지] 그룹의 [스크린샷]–[화면 캡처]를 클릭합니다.

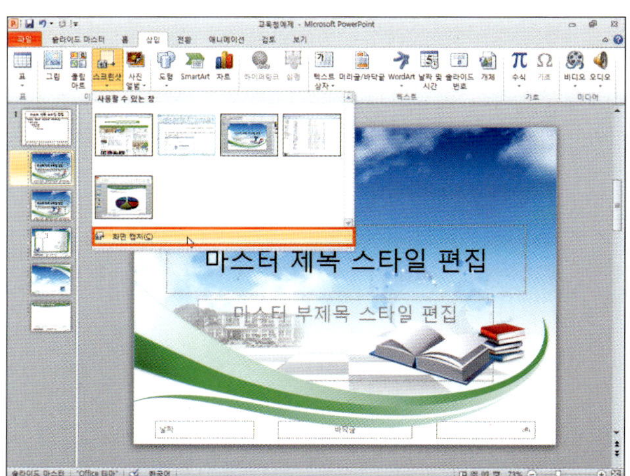

03 ›› 캡처할 화면이 나타나면 교표 위에서 드래그하여 화면의 일부분만을 캡처합니다.

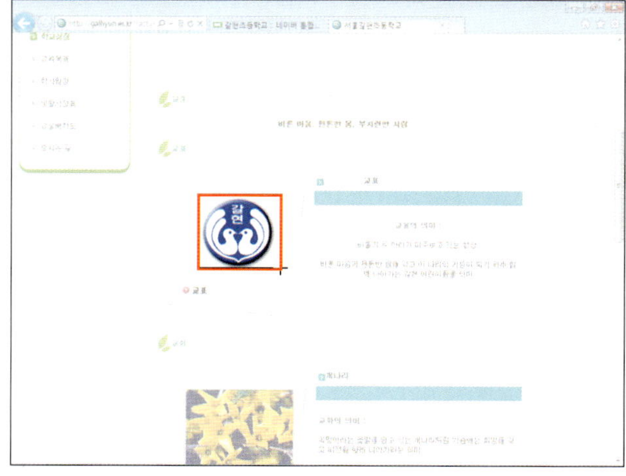

04 ›› 파워포인트 2010의 슬라이드 창에 캡처한 그림이 나타나면 [그림 도구] – [서식] 탭 – [크기] 그룹의 [자르기] – [도형에 맞춰 자르기] – [타원(◯)]을 클릭합니다. 교표 모양이 타원 모양에 맞춰 잘립니다. 그림을 드래그하여 알맞은 곳으로 옮긴 후 **Ctrl** + **C** 를 눌러 복사해 둡니다.

그림 다시 칠하기

Step **03**

이런 기능들이 사용됐어요 ➜ 다시 칠하기, 회전 핸들, 텍스트 상자, 그룹과 그룹 해제

01 ›› 레아아웃 중에서 ‘4_제목 슬라이드 레이아웃’을 선택하고, 교육청 로고를 삭제합니다. 앞에서 복사해 둔 학교 로고를 붙여넣기 위해 **Ctrl** + **V** 를 누릅니다.

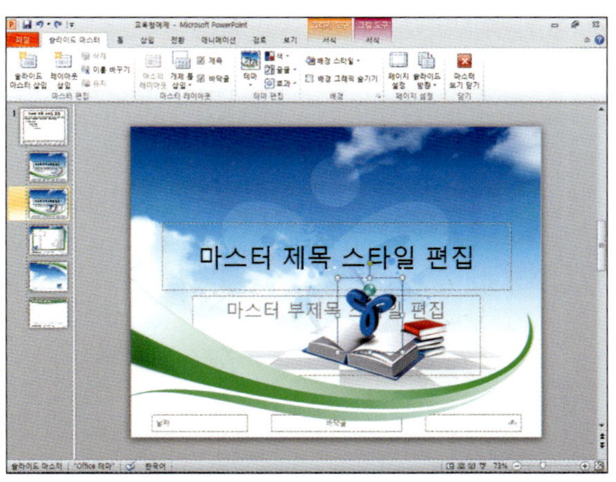 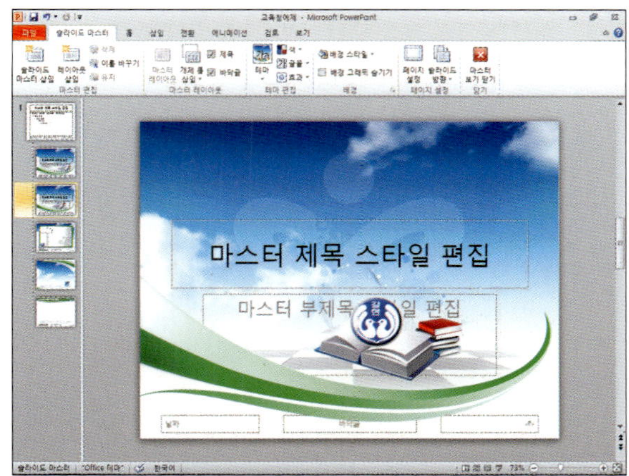

02 ≫ 레아아웃 중에서 '2_사용자 지정 레이아웃'을 선택하고, 교육청 로고를 삭제한 후 [Ctrl]+[V]를 눌러 학교 로고를 붙여넣기합니다.

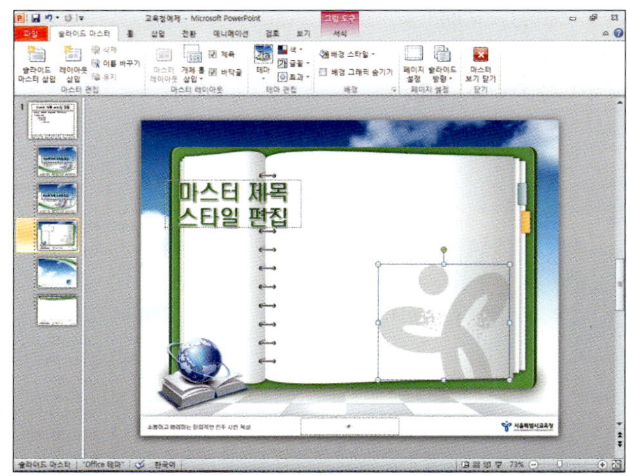

03 ≫ 학교 로고가 붙여넣기 되었으면 [그림 도구] - [서식] 탭 - [조정] 그룹의 [색] - [황갈색, 배경색 2 밝게]를 클릭하여 색상을 변경합니다. 로고를 드래그하여 위쪽으로 옮긴 후 크기를 조절합니다.

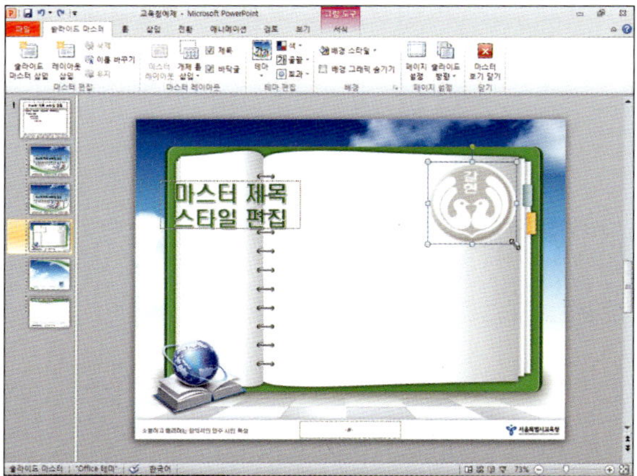

04 ≫ 회전 핸들(⊙) 위에서 드래그하여 로고를 회전시킵니다. [그림 도구] - [서식] 탭 - [그림 스타일] 그룹의 [그림 효과] - [부드러운 가장자리] - [5 포인트]를 클릭하여 그림 가장자리를 부드럽게 합니다.

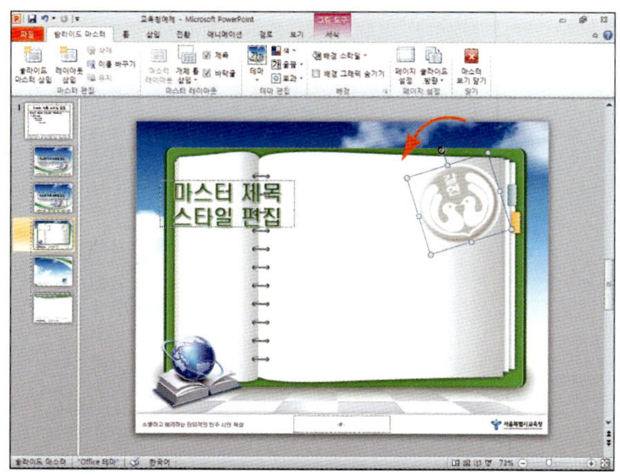

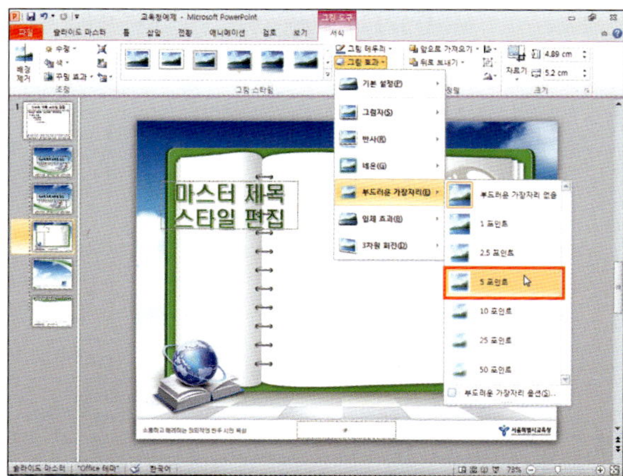

05 ≫ 화면 왼쪽 하단의 텍스트를 수정하고, 오른쪽 하단의 '서울특별시교육청'을 선택한 후 **Delete** 를 눌러 삭제합니다.

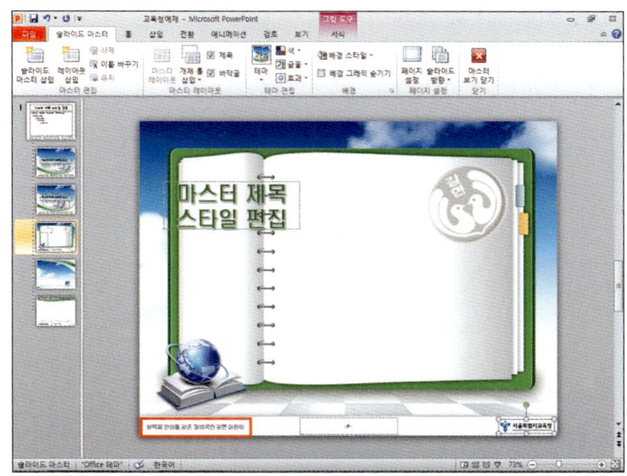

06 ≫ **Ctrl** + **V** 를 눌러 로고를 붙여넣기 한 후 [삽입] 탭 – [텍스트] 그룹의 [텍스트 상자] – [가로 텍스트 상자]를 클릭합니다. 마우스 포인터가 변경되면 드래그하여 '갈현초등학교' 라고 입력합니다. 입력한 텍스트를 선택한 후 [홈] 탭 – [글꼴] 그룹의 글자 크기를 [12pt]로, [굵게(**가**)]로 지정합니다.

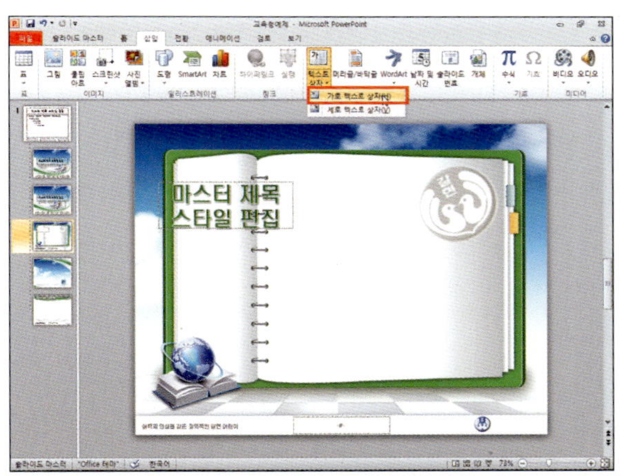
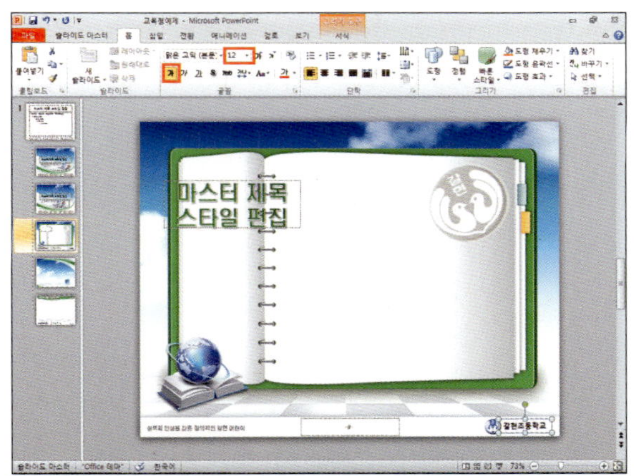

07 ≫ 로고와 텍스트 상자가 모두 포함되도록 드래그하여 선택한 후 [그리기 도구] – [서식] 탭 – [정렬] 그룹의 [그룹] – [그룹]을 클릭합니다. 로고와 텍스트가 하나의 그룹이 되었습니다.

그룹으로 묶을 개체를 모두 선택한 후 **Ctrl** + **G** 를 눌러 그룹화하고, 다시 해제하려면 **Ctrl** + **Shift** + **G** 를 눌러 그룹을 해제합니다.

08 ›› 레아아웃 중에서 '1_사용자 지정 레이아웃'을 선택하고, 슬라이드 창에서 시계 모양의 그룹을 선택합니다. [그리기 도구] – [서식] 탭 – [정렬] 그룹의 [그룹] – [그룹 해제]를 클릭합니다.

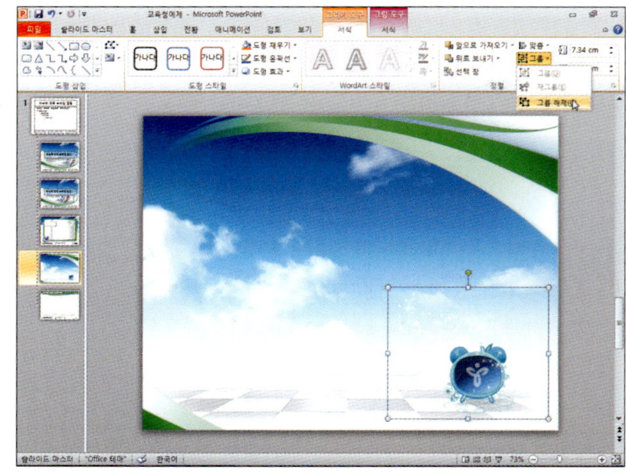

09 ›› 그룹이 해제되면 로고 부분만 선택하여 Delete 를 눌러 삭제합니다.

10 ›› Ctrl + V 를 눌러 로고를 붙여넣기 한 후 시계 안쪽으로 드래그하여 옮깁니다. 크기를 작게 조절한 후 [그리기 도구] – [서식] 탭 – [조정] 그룹의 [색] – [파랑, 어두운 강조색 1]을 클릭합니다.

11 ›› 레이아웃 중에서 '2_사용자 지정 레이아웃'을 선택하고, 로고와 텍스트 그룹을 `Ctrl` + `C` 를 눌러 복사합니다.

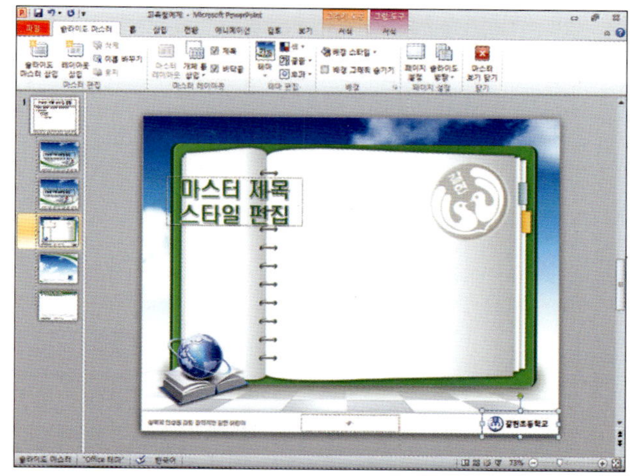

12 ›› '3_빈 화면 레이아웃'의 슬라이드 창에서 왼쪽 하단의 텍스트는 수정하고, 오른쪽 하단의 '서울특별시교육청'은 삭제한 후 `Ctrl` + `V` 를 눌러 붙여넣기 합니다. 슬라이드 창 오른쪽 상단의 그룹을 선택한 후 `Ctrl` + `Shift` + `G` 를 눌러 그룹 해제를 합니다. 교육청 로고를 선택한 후 `Delete` 를 눌러 삭제합니다.

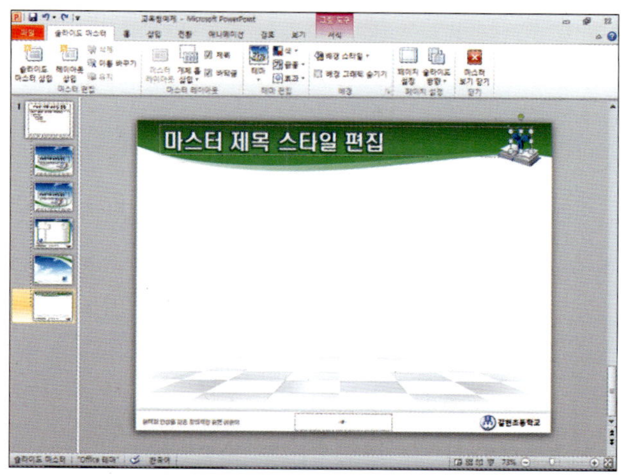

13 ›› 슬라이드 마스터 편집을 끝내려면 [슬라이드 마스터] 탭 – [닫기] 그룹의 [마스터 보기 닫기]를 클릭합니다.

화면 오른쪽 하단의 화면 보기 단추 중 를 눌러 기본 화면으로 되돌아갈 수도 있습니다.

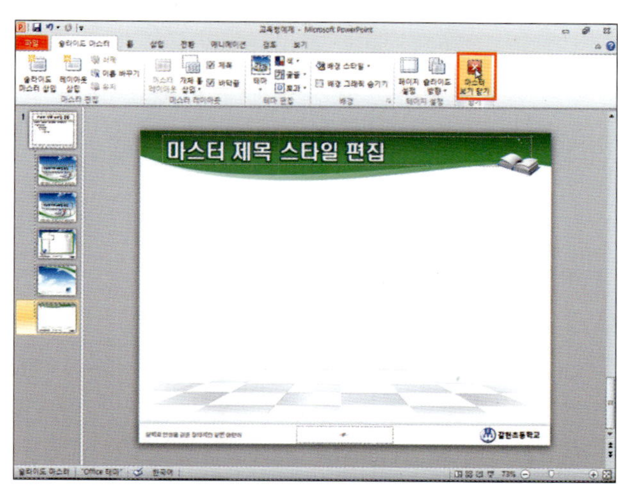

제목 슬라이드와 목차 슬라이드 수정하기 Step 04

이런 기능들이 사용됐어요 ➜ 그라데이션 중지점, 세로 간격을 동일하게

01 ›› 제목 슬라이드의 슬라이드 창 왼쪽 하단의 교육청 그룹을 삭제하고, `Ctrl` + `V` 를 눌러 로고와 텍스트 그룹을 붙여넣기 합니다. 크기를 조절하고, 글자 크기를 [18pt]로 조절합니다.

02 ›› 제목과 부제목 텍스트를 입력하고, 부제목 텍스트 상자와 도형 크기를 조절합니다. 부제목 텍스트 상자와 도형을 `Ctrl` + `G` 를 눌러 그룹화한 후 제목 위쪽으로 옮깁니다.

03 ›› '행복한 서울교육' 부분의 텍스트도 '행복한 갈현교육' 으로 수정합니다.

04 ›› [개요 및 슬라이드] 창에서 '슬라이드 2'를 선택하고, 목차를 차례로 입력합니다. '1', '2', '3', '4'의 도형과 텍스트를 각각 선택한 후 Ctrl + G 를 눌러 그룹화합니다.

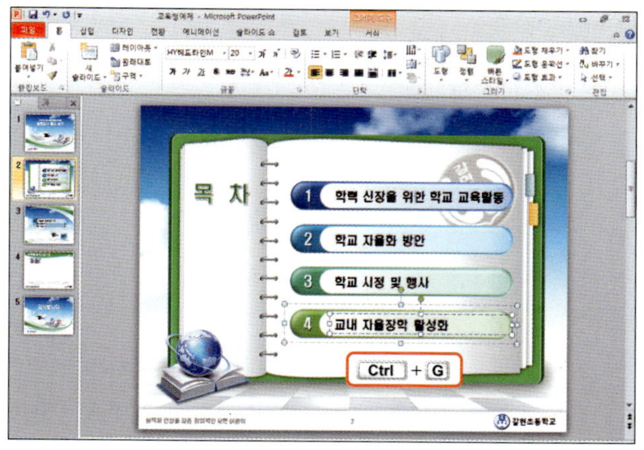

05 ›› '4'의 그룹을 선택한 후 Ctrl + Shift 를 누른 채 아래로 드래그합니다. 복사한 그룹의 '4'를 '5'로 수정하고, 모서리가 둥근 도형을 선택한 후 마우스 오른쪽 단추를 눌러 [도형 서식] 메뉴를 선택합니다. [채우기]에서 '그라데이션 채우기'를 선택한 후 '그라데이션 중지점' 중 왼쪽 중지점을 선택하고, '색'을 [연한 녹색]으로 지정합니다.

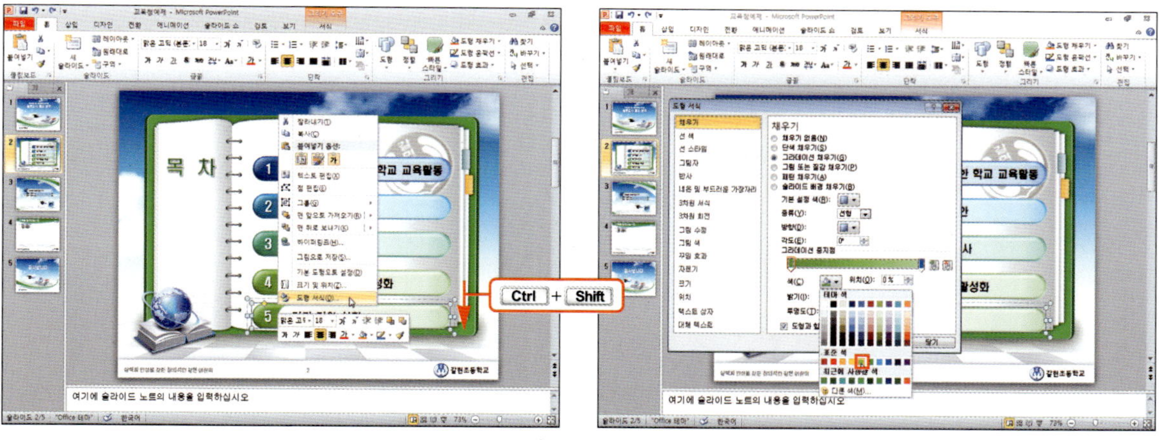

Ctrl + Shift 를 함께 누르고 드래그하면 수직 또는 수평으로 동일한 위치에 복사됩니다.

06 ›› '1', '2', '3', '4', '5' 그룹을 모두 선택한 후 [그리기 도구] – [서식] 탭 – [정렬] 그룹의 [맞춤] – [세로 간격을 동일하게]를 클릭합니다.

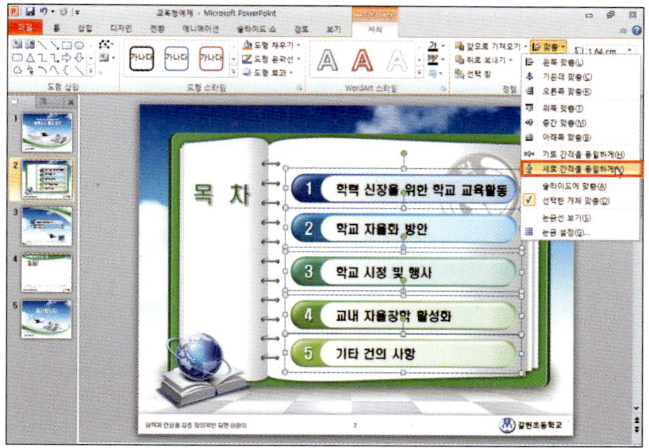

내용 슬라이드 수정하기　Step 05

이런 기능들이 사용됐어요 ➡ 새 슬라이드 추가

01 ›› [개요 및 슬라이드] 창에서 '슬라이드 3'을 선택하고, 슬라이드 창에서 텍스트를 수정합니다.

02 ›› [개요 및 슬라이드] 창에서 '슬라이드 4'를 선택하고, 제목과 내용을 꾸밉니다. 새 슬라이드를 추가하기 위해 [홈] 탭 - [슬라이드] 그룹의 [새 슬라이드] - [3_빈 화면]을 클릭합니다.

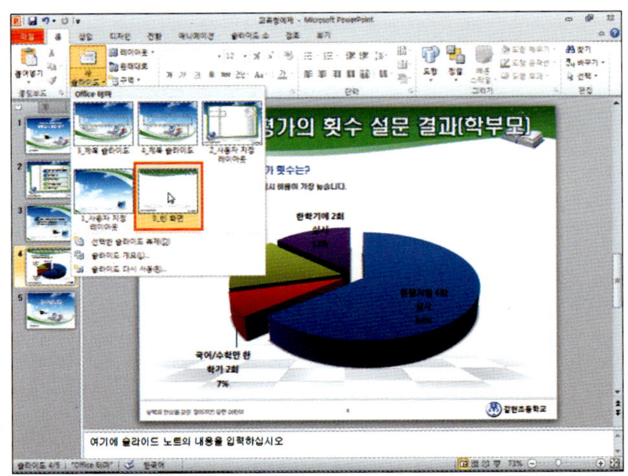

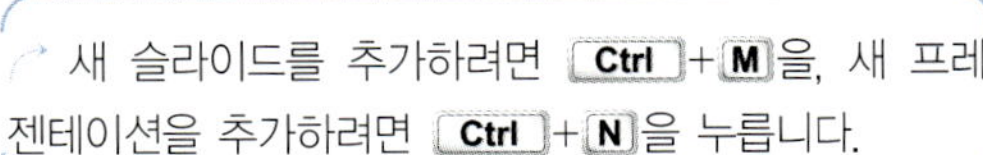
새 슬라이드를 추가하려면 **Ctrl**+**M**을, 새 프레젠테이션을 추가하려면 **Ctrl**+**N**을 누릅니다.

03 ›› 새 슬라이드가 추가되면 제목과 내용을 추가합니다.

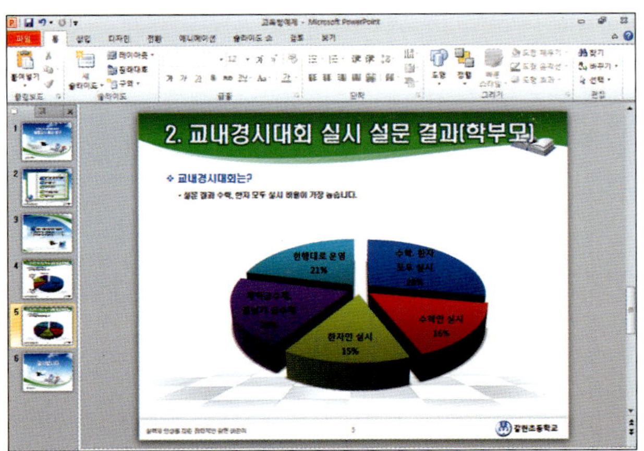

04 ›› [개요 및 슬라이드] 창에서 '슬라이드 1'을 선택하여 화면 왼쪽 하단의 로고와 텍스트 그룹을 `Ctrl`+`C`를 눌러 복사합니다. '슬라이드 6'으로 이동한 후 '서울특별시교육청'을 삭제하고, `Ctrl`+`V`를 눌러 붙여넣기 합니다. '행복한 갈현교육'으로 텍스트를 수정합니다.

05 ›› 교육청 기본 서식을 우리 학교에 맞게 수정해 보았습니다. 새 슬라이드를 추가하여 내용을 더 추가할 수도 있습니다.

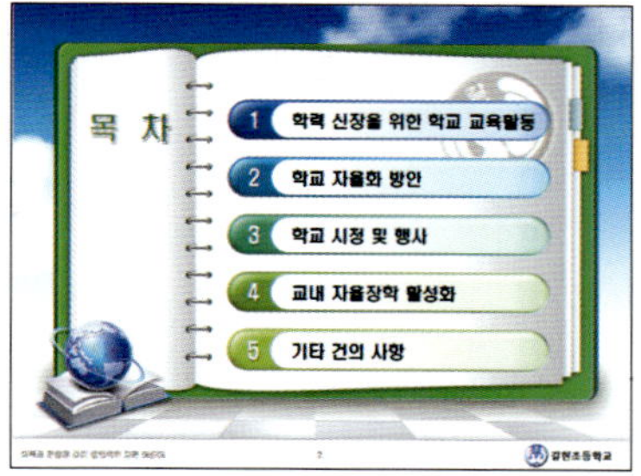

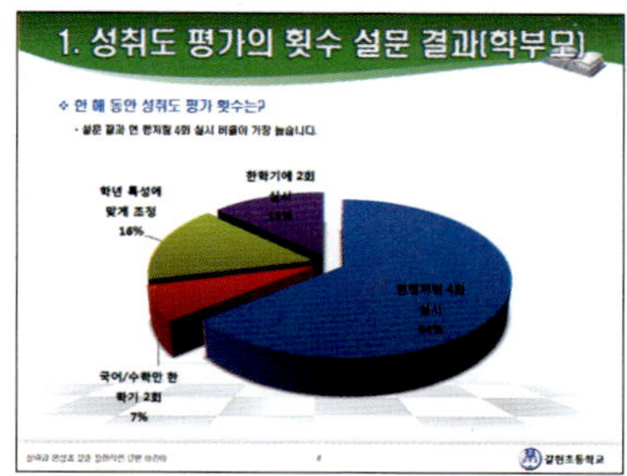
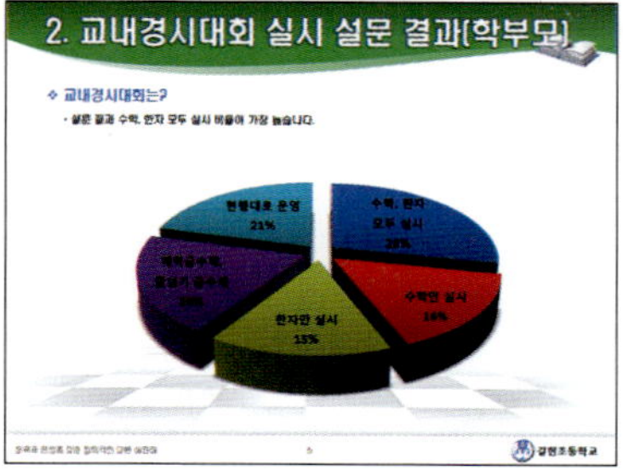

학교 입학식
발표 문서 만들기

스마트아트의 가장 큰 장점은 스마트아트 스타일을 이용하여 쉽고 빠르게 원하는 스타일로 꾸밀 수 있다는 것입니다. 텍스트 내용과 관련된 스마트아트 스타일을 선택하여 삽입하고 열거된 내용에 맞게 개수를 늘려가며 내용을 꾸며보도록 하겠습니다. 스마트아트의 색상은 배경과 어울리는 색상으로 지정하고 3차원 효과도 쉽고 빠르게 지정해 보도록 하겠습니다.

Section 16   Section 17   Section 18   **Section 19**   Section 20

| 예제 파일 | 소스파일\입학식학부모연수예제.pptx
| 완성 파일 | 완성파일\입학식학부모연수완성.pptx

목록형 스마트아트 삽입하기   Step 01

이런 기능들이 사용됐어요 ➜ SmartArt 삽입

01 ›› 파워포인트 2010을 실행한 다음 [파일] 탭 – [열기]를 클릭하여 '소스파일\입학식학부 모연수예제.pptx'를 불러옵니다.

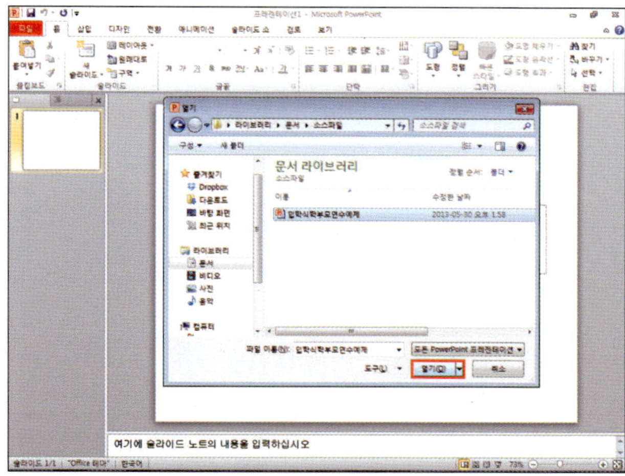

02 ›› [개요 및 슬라이드] 창에서 '슬라이드 2' 를 선택한 후 스마트아트를 삽입하기 위해 [삽입] 탭 – [일러스트레이션] 그룹의 [SmartArt] 를 클릭합니다.

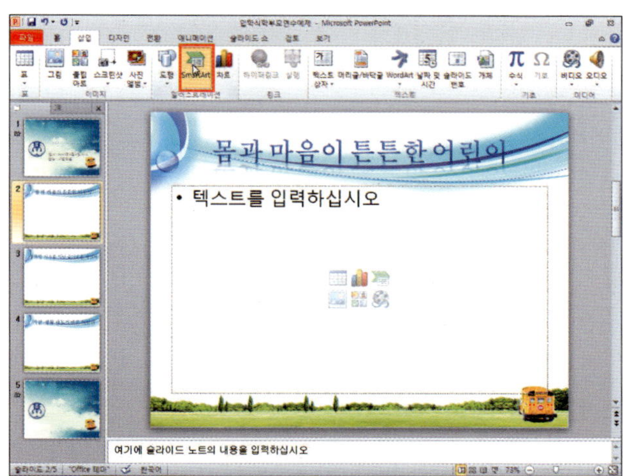

03 ›› [SmartArt 그래픽 선택] 대화 상자에서 [목록형]–[세로 글머리 기호 목록형]을 차례로 선택한 후 [확인] 단추를 클릭합니다.

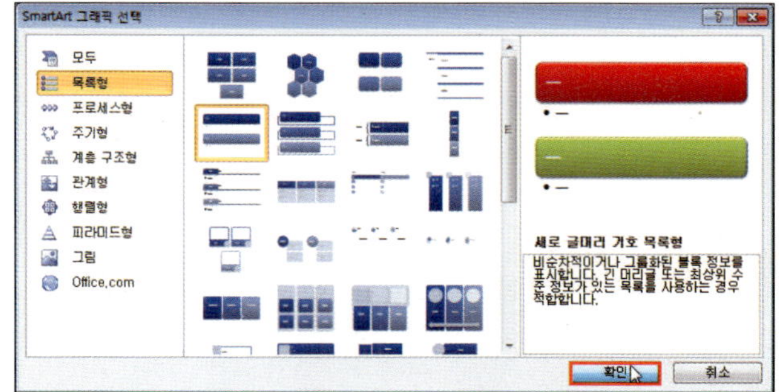

> 목록형은 단계별 또는 순차적 프로세스를 따르지 않는 정보를 그룹화할 때 사용하면 편리합니다. 프로세스형과 달리 목록형은 대개 화살표 또는 방향 흐름이 없습니다.

기호와 텍스트 삽입하기　　Step 02

이런 기능들이 사용됐어요 ➜ 기호 삽입, SmartArt 도형 수준 올리기

01 ›› 스마트아트 그래픽과 함께 왼쪽에 텍스트 창이 나타나고, 제일 위에 커서가 깜박입니다. 텍스트를 입력하기 전에 기호를 삽입하기 위해 [삽입] 탭 – [기호] 그룹의 [기호]를 클릭합니다.

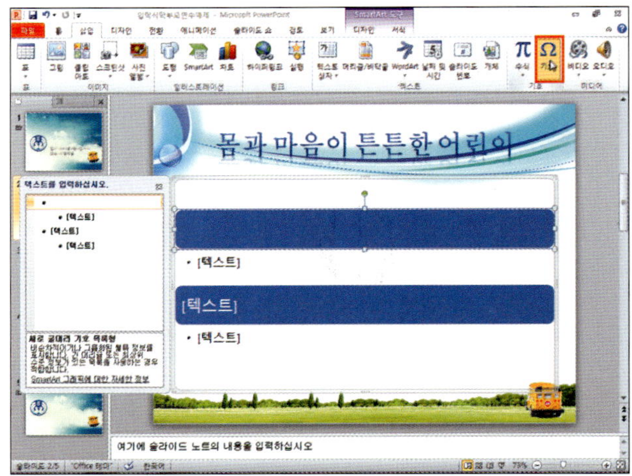

02 ›› '글꼴'에는 현재 글꼴, '하위 집합'에는 '도형'을 지정하고, 삽입할 도형을 선택한 후 [삽입] 단추를 클릭합니다.

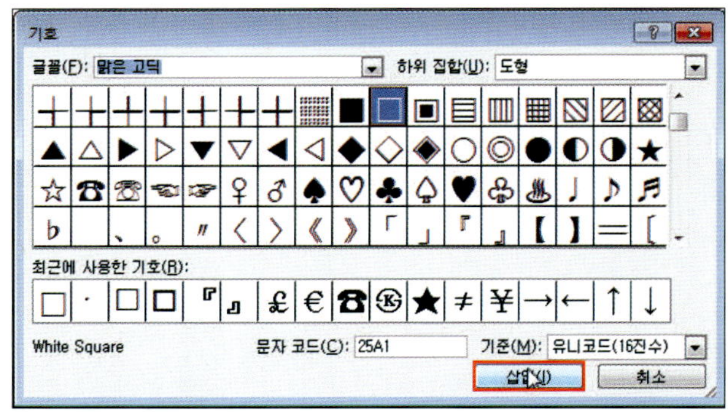

✎ **[한자] 활용하여 기호 입력하기**

키보드에서 ⬚을 누른 채 [한자]를 누르면 기호가 나타납니다. 여기서 원하는 기호를 선택합니다. 한글 키보드에서 자음키를 누른 후 [한자]를 누르면 각기 다른 기호가 나타나므로 원하는 기호를 찾아 삽입합니다.

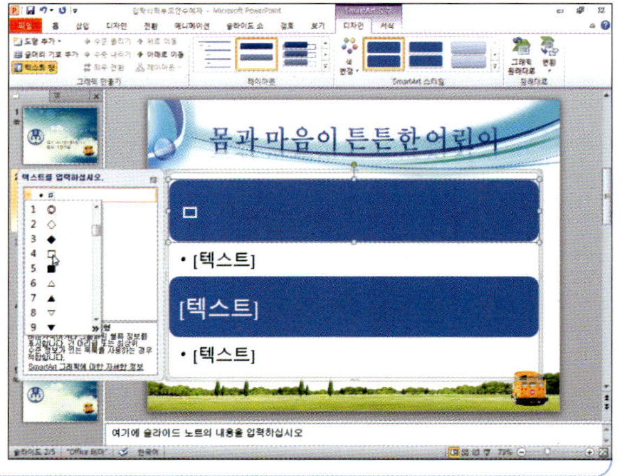

03 ›› 기호가 삽입되었으면 텍스트를 입력합니다.

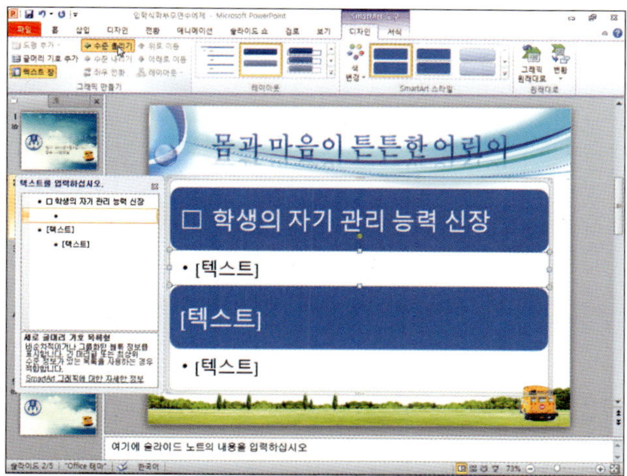

04 ›› ⬇를 눌러 아래로 커서를 이동한 후 [SmartArt 도구] – [디자인] 탭 – [그래픽 만들기] 그룹의 [수준 올리기]를 클릭합니다. 글머리 기호가 모서리 둥근 직사각형으로 바뀌었습니다. 텍스트를 입력합니다.

도형을 한 수준 올리려면 **Shift** + **Tab** , 한 수준 내리려면 **Tab** 을 눌러 하위 그룹에서 상위 그룹으로, 상위 그룹에서 하위 그룹으로 조정할 수 있습니다.

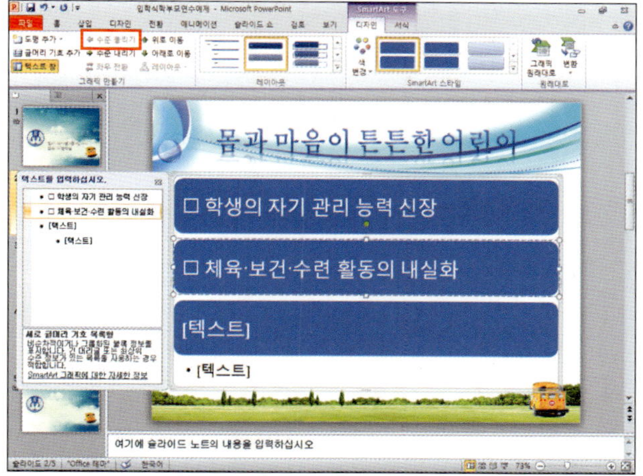

05 ›› 위와 같은 방법으로 나머지 텍스트도 입력합니다.

새 도형을 추가하여 목록을 추가하려면 **Enter** 를 눌러 새로 삽입된 도형에 내용을 추가할 수 있습니다.

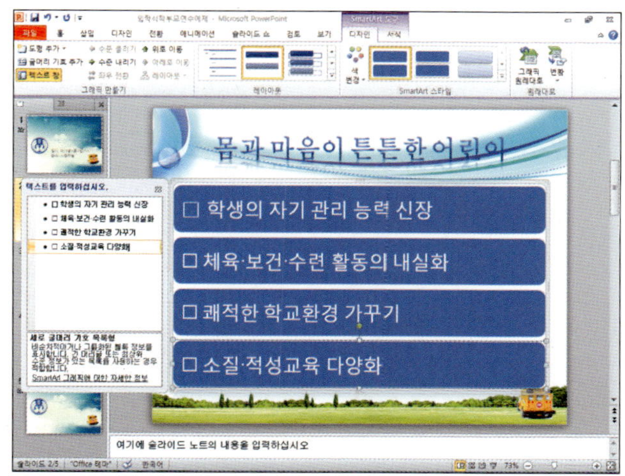

3차원 그래픽으로 만들기 Step 03

01 ›› 스마트아트 그래픽을 선택한 후 [Smart Art 도구] – [디자인] 탭 –[SmartArt 스타일] 그룹의 [색 변경]–[색상형 범위 – 강조색 3 또는 4]를 클릭합니다. 그래픽의 색상이 배경과 어울리게 변경되었습니다.

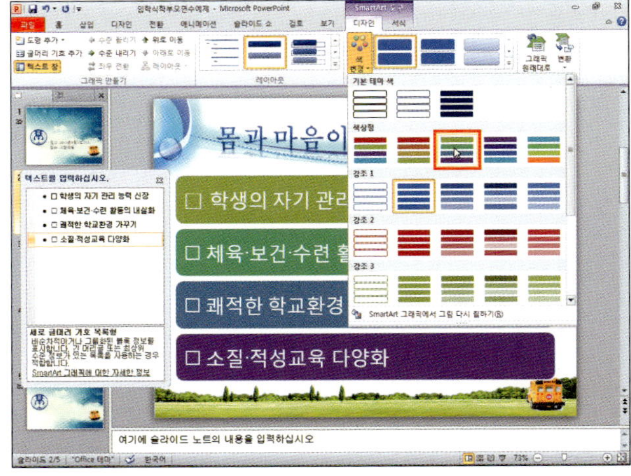

02 ›› [SmartArt 스타일] 그룹의 [자세히(▼)]를 눌러 '3차원'의 [경사]를 클릭합니다.

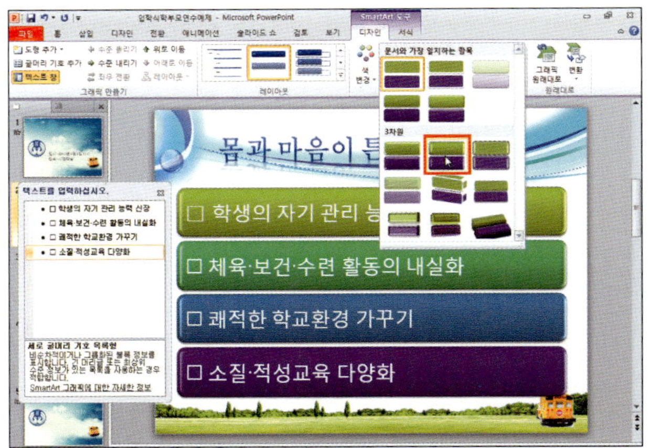

03 ›› [SmartArt 도구] – [서식] 탭 – [도형 스타일] 그룹의 [도형 효과]–[3차원 회전]– '원근감'의 [원근감(오른쪽)]을 클릭합니다. 3차원 회전에 따라 입체적 효과가 달라집니다.

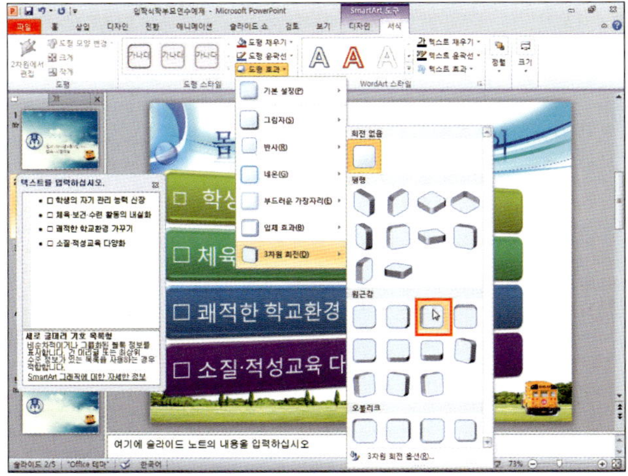

04 ›› 스마트아트 그래픽의 크기 조절 핸들을 드래그하여 원하는 크기로 그래픽을 조절합니다.

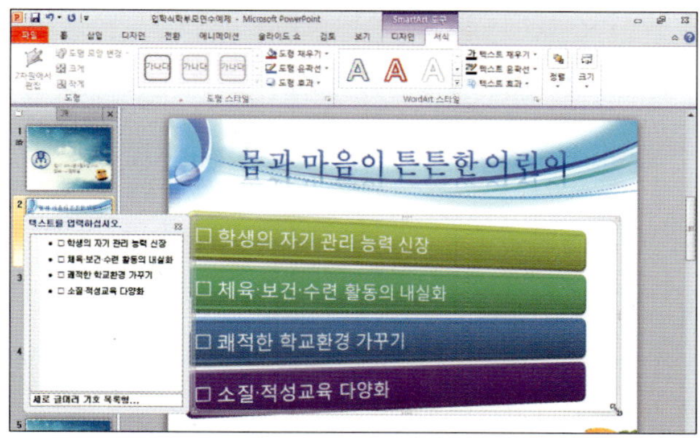

05 ›› 가장 아래쪽 도형을 선택한 후 [Smart Art 도구] – [서식] 탭 – [도형 스타일] 그룹의 [도형 효과]–[반사]– '반사 변형' 의 [근접 반사, 터치]를 클릭합니다. 도형 아래 반사 효과가 나타납니다.

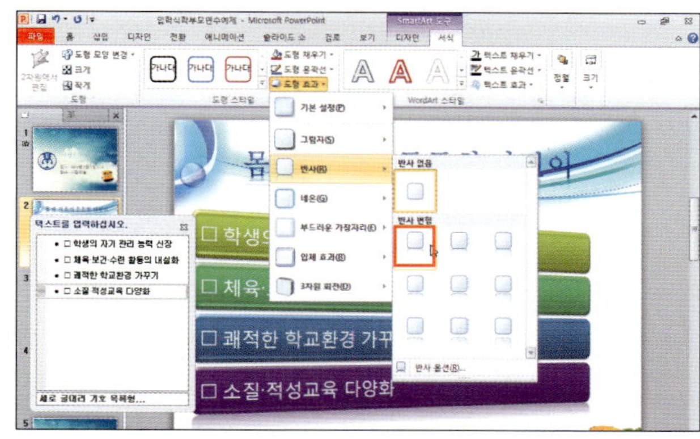

06 ›› 슬라이드 3과 슬라이드 4도 같은 방법으로 꾸며본 후 F5 를 눌러 슬라이드 쇼를 진행하여 입학식 발표 문서를 살펴봅니다.

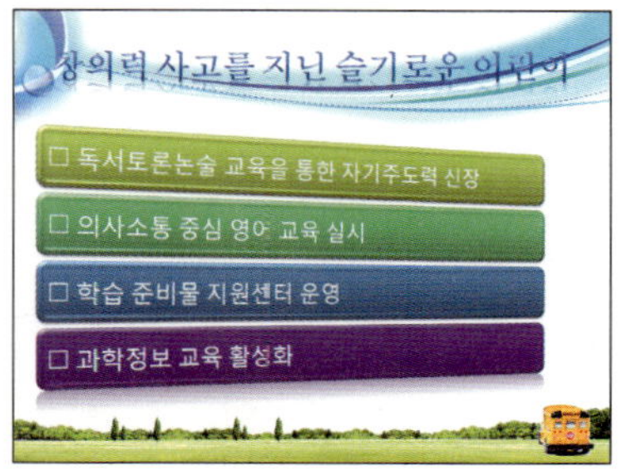

첫 슬라이드부터 슬라이드 쇼를 진행하려면 F5 , 현재 슬라이드부터 슬라이드 쇼를 진행하려면 Shift + F5 를 누릅니다.

텍스트나 그림을 스마트아트 그래픽으로 변환하기

텍스트나 그림으로 된 프레젠테이션을 단시간에 시각적 효과를 주고 싶을 때 사용하면 편리한 기능입니다. 몇 번의 클릭만으로도 멋진 도해를 만들 수 있습니다.

01 텍스트 개체를 선택한 후 [홈] 탭 – [단락] 그룹의 [SmartArt로 변환]–[기타 SmartArt 그래픽]을 클릭합니다. [SmartArt 그래픽 선택] 대화 상자에서 [목록형] – [세로 곡선 목록형]을 선택한 후 [확인] 단추를 클릭합니다.

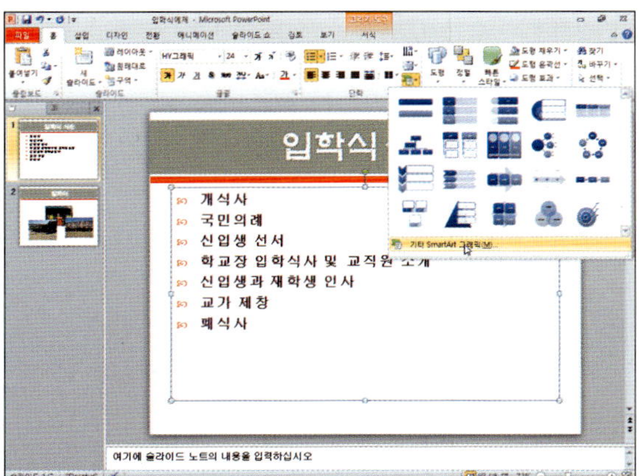

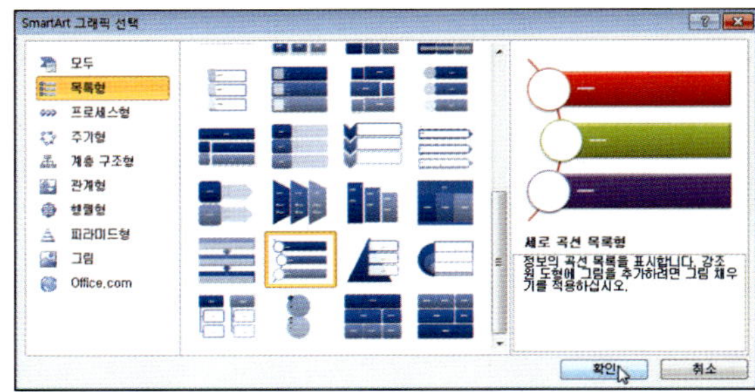

02 텍스트가 그래픽으로 변경되었으면 [SmartArt 도구] – [디자인] 탭– [SmartArt 스타일] 그룹의 [색 변경]과 스타일을 지정하여 원하는 모양으로 꾸며봅니다.

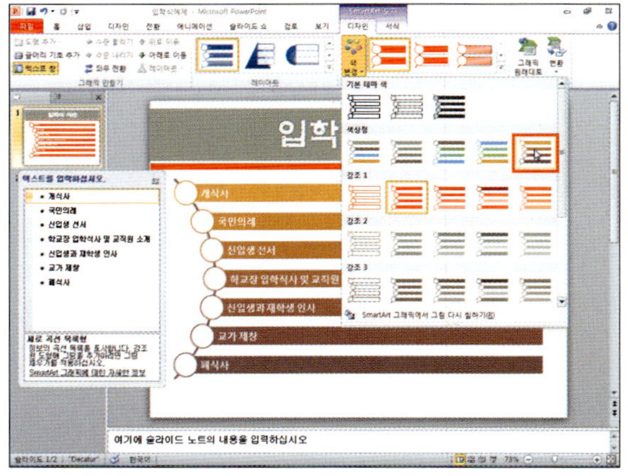

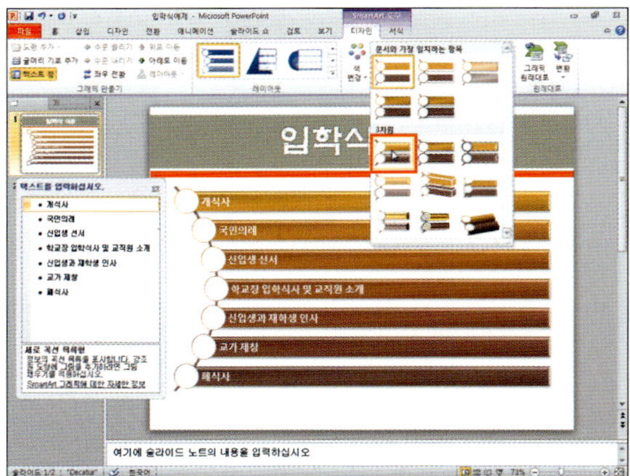

03 이번에는 그림만 있는 슬라이드를 연 후 그림 위에서 넓게 드래그하여 그림을 모두 선택합니다. [그림 도구] – [서식] 탭 – [그림 스타일] 그룹의 [그림 레이아웃]에서 원하는 레이아웃을 선택합니다.

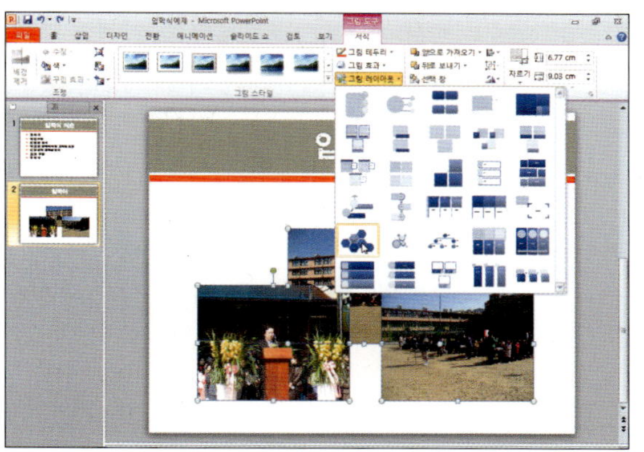

04 그래픽의 크기를 조절한 후 그림에 어울리게 텍스트를 차례로 입력합니다. 그림 레이아웃을 변경하려면 [SmartArt 도구] – [디자인] 탭 – [레이아웃] 그룹의 [자세히(▼)]를 눌러 내용과 더 잘 어울리는 레이아웃을 선택합니다.

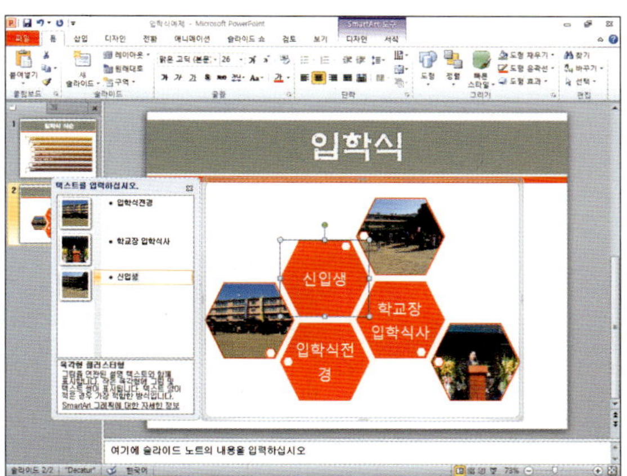
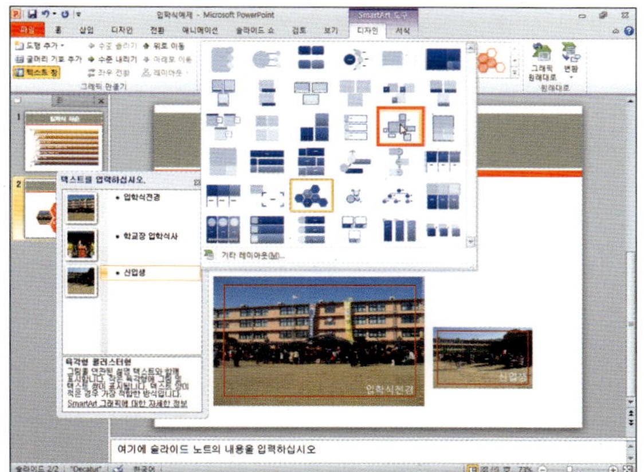

05 [SmartArt 도구] – [디자인] 탭 – [SmartArt 스타일] 그룹의 [색 변경]과 스타일을 지정하여 그림 레이아웃도 꾸며봅니다.

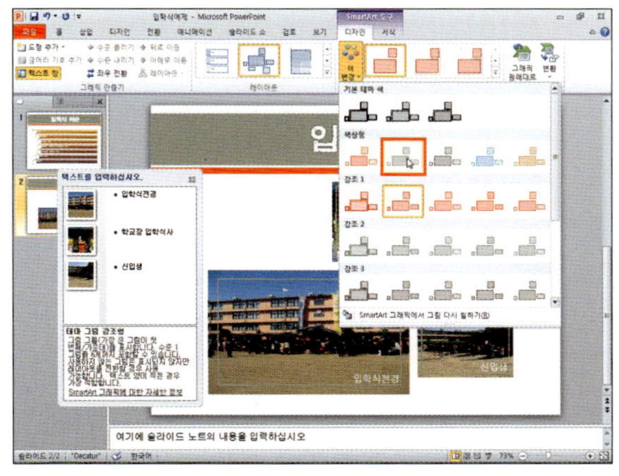
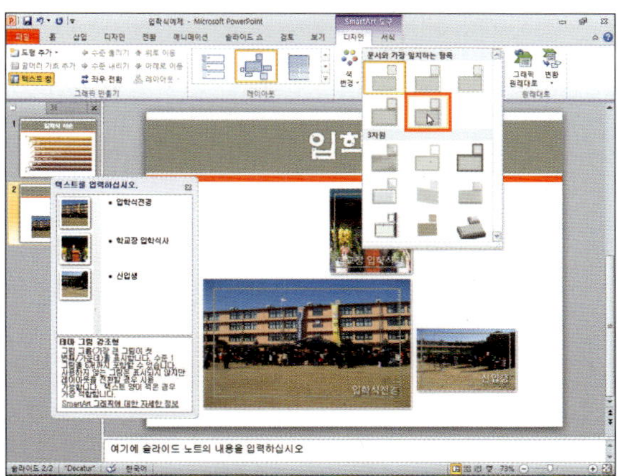

운영 보고회
발표 문서 만들기

파워포인트 2010에서 제공하는 테마 디자인 스타일을 사용하면 프레젠테이션 문서를 쉽게 만들 수 있습니다. 작업, 프로세스 또는 워크플로의 진행 방향을 나타낼 슬라이드를 프로세스형 스마트아트를 이용하여 만들어 보겠습니다. 또한 스마트아트의 도형을 간단한 방법으로 3D 효과를 내는 방법도 알아보겠습니다.

| 예제 파일 | 소스파일\운영보고회예제.pptx
| 완성 파일 | 완성파일\운영보고회완성.pptx

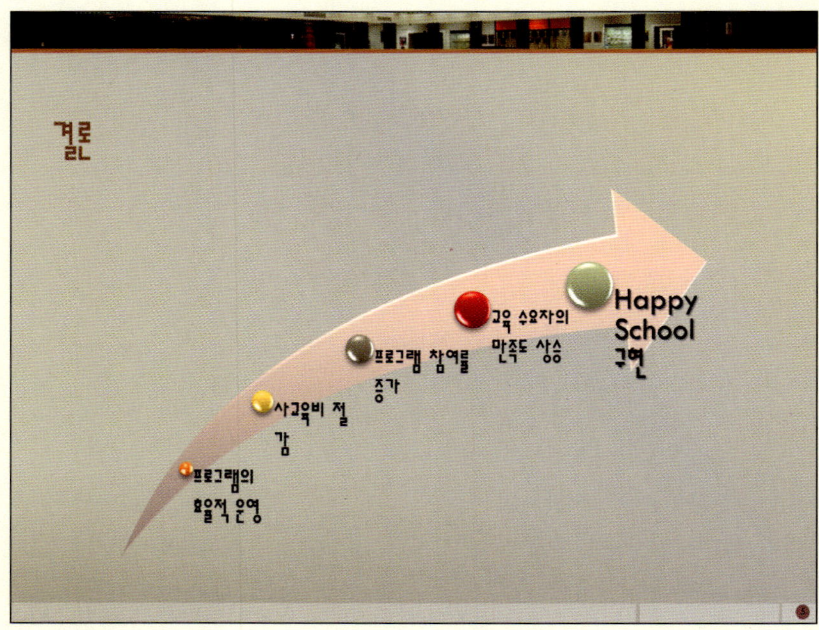

테마 디자인으로 프레젠테이션에 옷 입히기   Step 01

이런 기능들이 사용됐어요 ➜ 테마 디자인

01 ›› 파워포인트 2010을 실행한 다음 [파일] 탭 – [열기]를 클릭하여 '소스파일\운영보고회 예제 .pptx'를 불러옵니다. [디자인] 탭 – [테마] 그룹의 [자세히(▽)]를 눌러 'Office.com에서' 의 [매크로]를 클릭합니다.

> [Officom.com에서]에 테마 디자인 스타일이 없을 경우에는 [디자인] 탭 – [테마] 그룹의 [자세히(▽)]를 눌러 [Officom.com에서 콘텐츠 업데이트 사용]을 클릭하면 콘텐츠가 업데이트되어 [Officom.com에서]에 테마 디자인이 나타납니다.

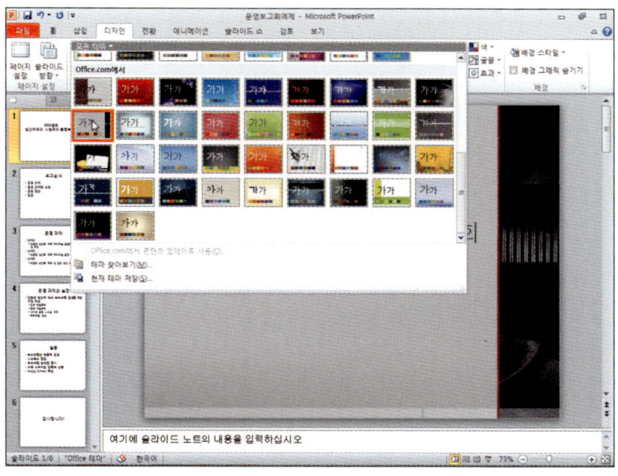

02 ›› 테마의 색을 변경하기 위해 [테마] 그룹의 [색] – [양장본]을 클릭합니다. 프레젠테이션 전체의 색이 변경됩니다.

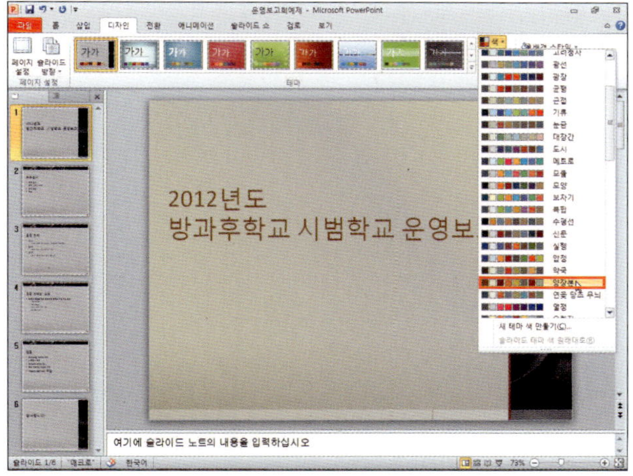

> **테마 색**
>
> 테마 색을 지정하면 슬라이드 전체 색 구성이 바뀝니다. 하나의 프레젠테이션에서 너무 많은 색을 지정하면 좋지 않으므로 테마 색을 제공하고 있습니다. 제공된 테마 색 이외에 직접 테마 색을 만들려면 [색] – [새 테마 색 만들기]를 클릭하여 새로운 테마 색을 추가합니다.

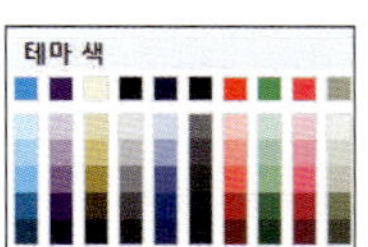
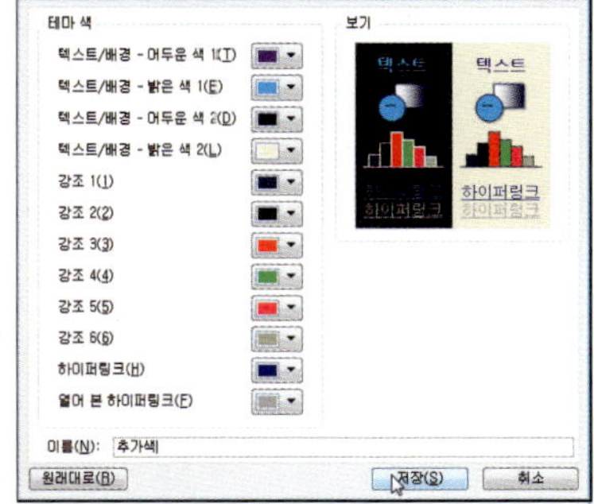

03 ›› [테마] 그룹의 [글꼴] – [짚 HY얕은샘물M HY얕은샘물M]을 클릭하면 전체적으로 글꼴이 변경됩니다.

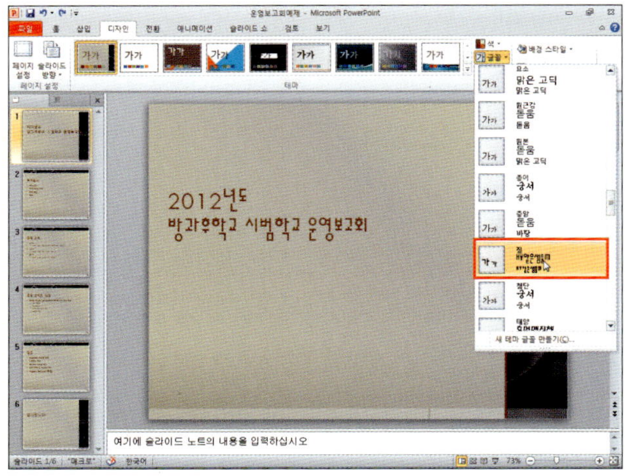

테마 글꼴은 각 테마 글꼴 이름 아래 사용된 머리글 및 본문 글꼴의 이름이 테마 이름 아래에 표시됩니다. [테마] 그룹의 [글꼴] – [새 테마 글꼴 만들기]를 클릭하여 각각 머리글과 본문 글꼴을 지정한 후 새로운 테마 글꼴을 추가할 수 있습니다.

04 ›› [테마] 그룹의 [효과] – [모양]을 클릭하면 전체적으로 효과가 '모양' 으로 변경됩니다.

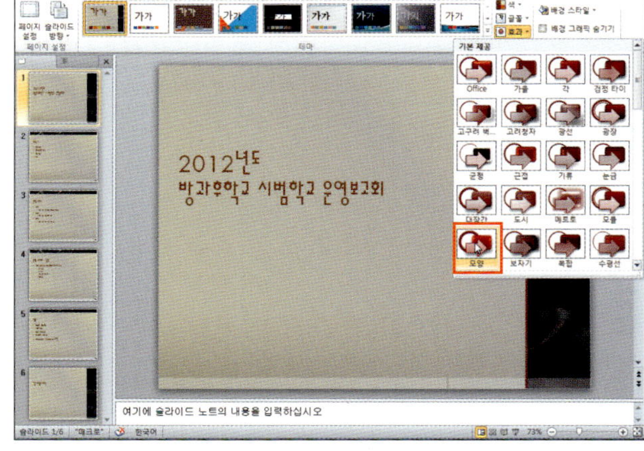

테마 효과를 지정하면 프레젠테이션에 그린 도형, 도해 등의 효과가 전체적으로 변경됩니다.

클립 아트 삽입하고 꾸미기   Step 02

이런 기능들이 사용됐어요 ➜ 클립 아트 삽입, 자르기, 투명한 색 설정, 꾸밈 효과

01 ›› 화면 보기 단추 중 기본 보기( ) 단추를 **Shift** 와 함께 눌러서 슬라이드 마스터 보기로 이동합니다. 클립 아트를 삽입하기 위해 [삽입] 탭 – [이미지] 그룹의 [클립 아트]를 클릭합니다. 검색할 대상에 '학교' 라고 입력하고 '검색할 형식'에 '사진'에만 체크 표시한 후 [이동] 단추를 클릭합니다.

> ➹ '검색할 형식'에서 '모든 미디어 유형'에 체크 표시하고 검색하면 모든 미디어 파일이 검색됩니다. 'www.office.com'에 있는 콘텐츠까지 검색하려면 'Office.com 콘텐츠 포함'에 체크 표시하고 검색합니다.

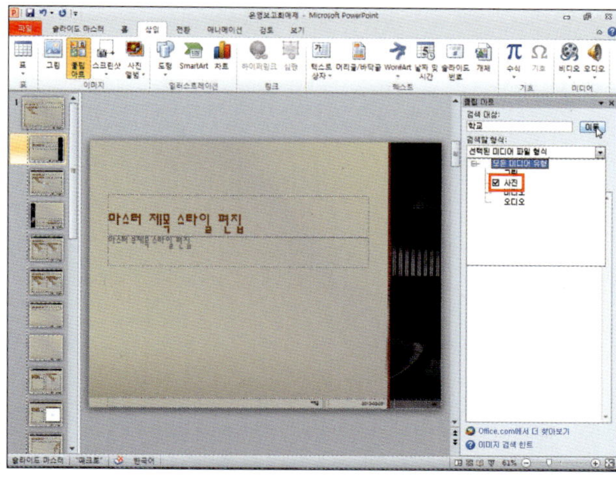

02 ›› 검색된 목록 중 원하는 클립 아트를 클릭하여 슬라이드 창에 클립 아트를 삽입합니다.

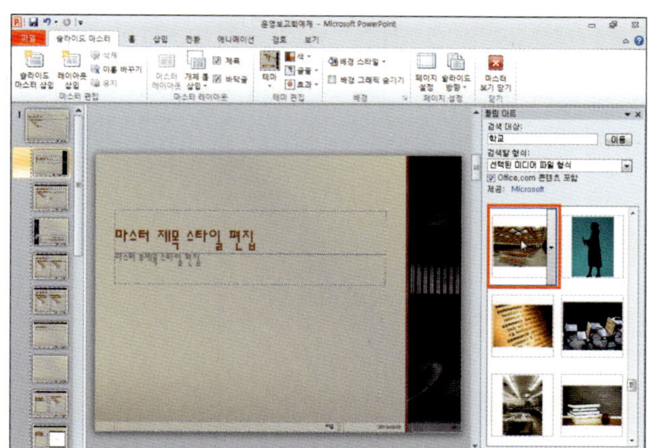

03 ›› 오른쪽 부분의 그림은 선택한 후 **Delete** 를 눌러 삭제합니다. 삽입한 그림의 크기 조절점을 드래그하여 슬라이드 창에 맞게 조절한 후 [그림 도구] – [서식] 탭 – [크기] 그룹의 [자르기]를 클릭합니다. 그림 테두리의 자르기 선을 드래그하여 오른쪽 부분에 있던 그림 크기로 조절합니다. 그림 바깥쪽을 클릭하여 [자르기]를 적용합니다.

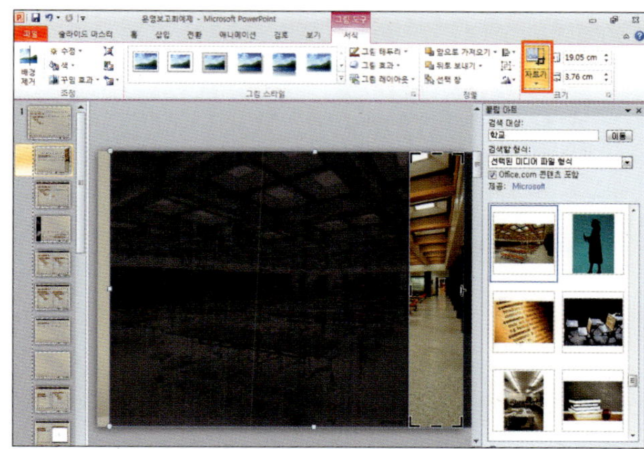

04 ›› [그림 도구] – [서식] 탭 – [정렬] 그룹의 [뒤로 보내기] – [맨 뒤로 보내기]를 클릭하여 그림을 맨 뒤로 보냅니다.

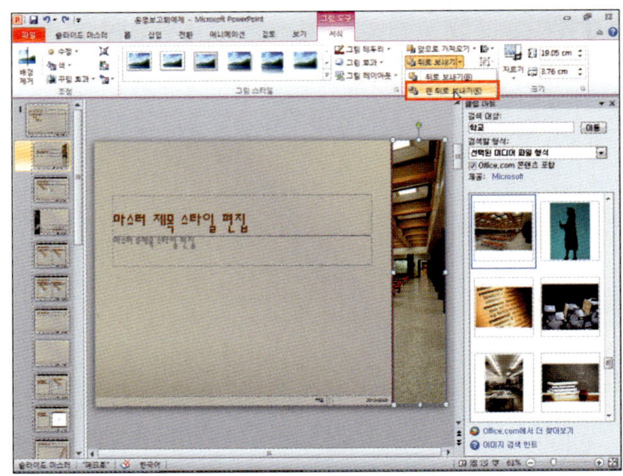

05 ›› 오른쪽의 [클립 아트] 창에서 검색된 목록 중 하나를 더 클릭하여 삽입합니다.

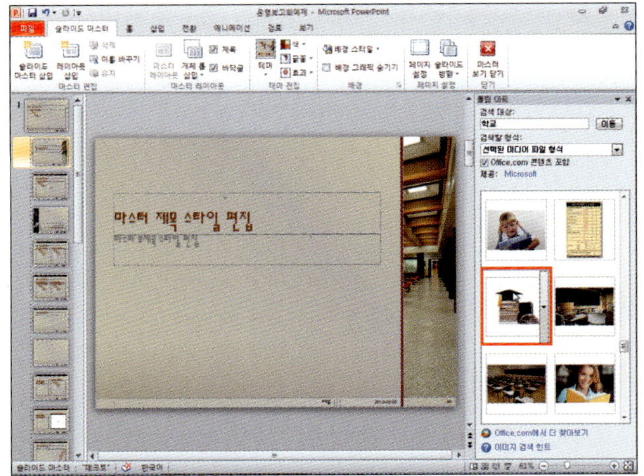

06 ›› 그림의 흰색 부분을 투명한 색으로 만들기 위해 [그림 도구] – [서식] 탭 – [조정] 그룹의 [색] – [투명한 색 설정]을 클릭합니다. 그림의 흰색 부분을 펜 모양의 마우스 포인터로 클릭하면 투명하게 변경됩니다. 더 이상 삽입할 클립 아트가 없으면 [클립 아트] 창의 닫기(✖) 단추를 클릭합니다.

07 ›› [그림 도구] – [서식] 탭 – [조정] 그룹의 [꾸밈 효과] – [파스텔 부드럽게]를 클릭합니다. 파스텔로 그린 듯한 효과가 적용되었습니다.

08 ›› 오른쪽 그림을 `Ctrl`+`C`를 눌러 복사한 후 레이아웃 중 '제목 및 내용 레이아웃'을 선택합니다. 위쪽의 그림을 삭제한 후 `Ctrl`+`V`를 눌러 붙여넣기 합니다.

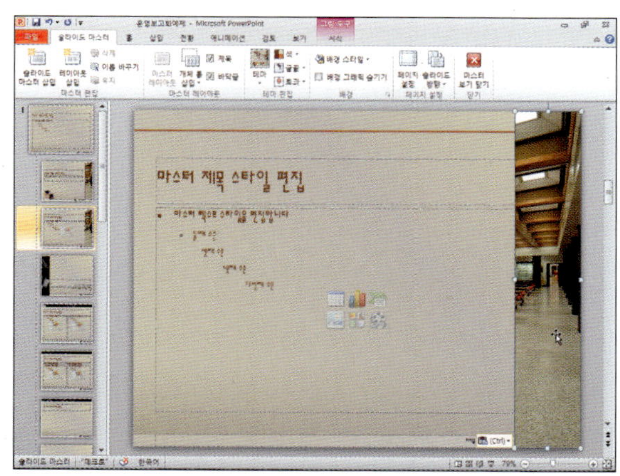

09 ›› [그림 도구] – [서식] 탭 – [크기] 그룹의 [자르기]를 클릭합니다. 그림 테두리의 자르기 선을 드래그하여 위쪽 삭제한 그림의 크기에 맞게 조절합니다. 그림 바깥쪽을 클릭하여 [자르기]를 적용합니다.

슬라이드 번호 삽입하기　　Step 03

이런 기능들이 사용됐어요 ➜ 슬라이드 번호 삽입, 타원 그리기, 맨 뒤로 보내기

01 〉〉 [삽입] 탭 – [텍스트] 그룹의 [슬라이드 번호]를 클릭합니다. [머리글/바닥글] 대화 상자에서 '슬라이드 번호'와 '제목 슬라이드에는 표시 안 함'에 체크 표시하고 [모두 적용] 단추를 클릭합니다.

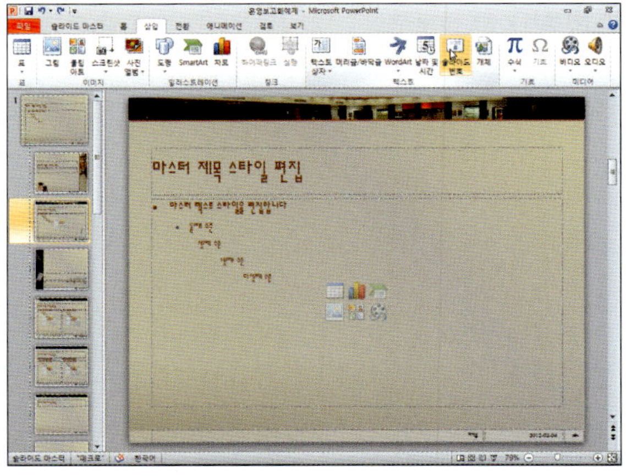
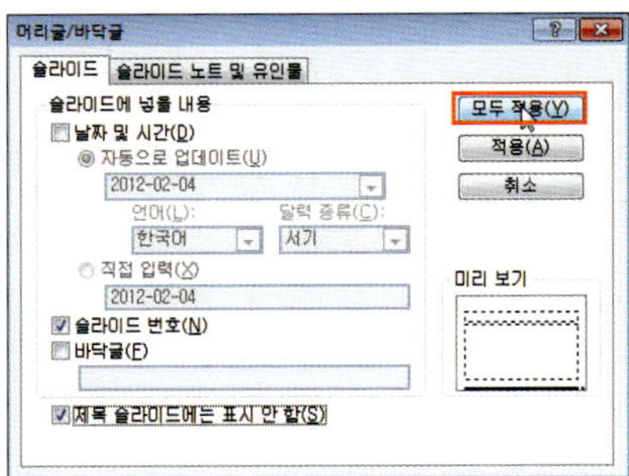

　　슬라이드 번호를 제목 슬라이드에 표시하지 않기 위해서는 '제목 슬라이드에는 표시 안 함'에 체크 표시해야 합니다.

02 〉〉 [삽입] 탭 – [일러스트레이션] 그룹의 [도형]을 클릭하여 타원(◯)을 선택한 후 화면 오른쪽 하단의 슬라이드 번호 위에서 **Shift** 를 누른 채 드래그하여 원을 그립니다. [그림 도구] – [서식] 탭 – [정렬] 그룹의 [뒤로 보내기] – [맨 뒤로 보내기]를 클릭합니다. 화면 보기 단추 중 기본 보기(▣) 단추를 클릭하여 기본 보기 화면으로 되돌아옵니다.

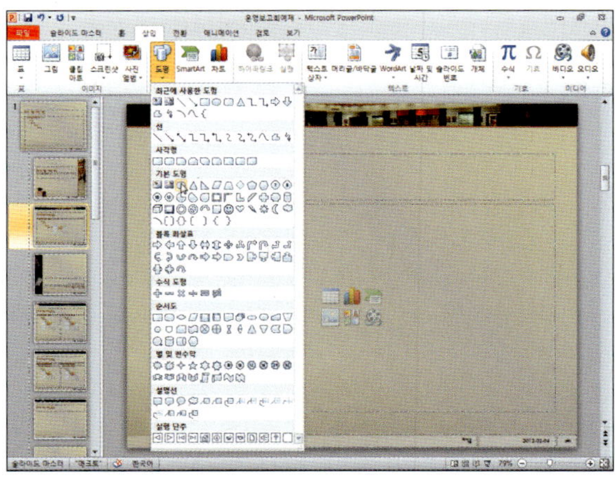
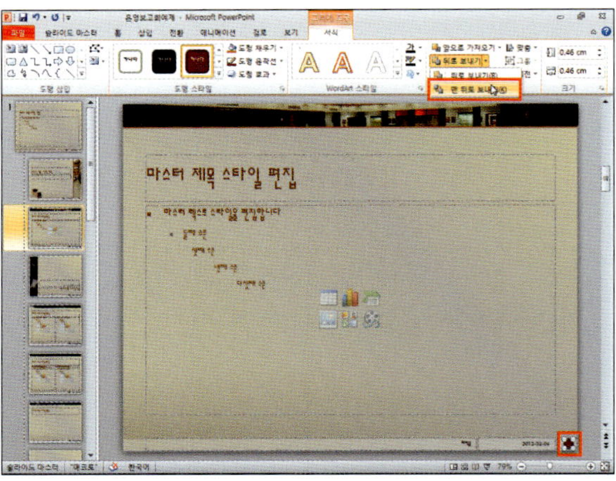

　　도형을 그릴 때 **Alt** 를 누른 채 드래그하면 세밀하게 그릴 수 있고, 도형의 위치를 미세하게 움직이려면 **Ctrl** 을 누른 채 방향키를 눌러 움직입니다.

프로세스형 스마트아트 삽입하기   Step 04

이런 기능들이 사용됐어요 ➡ 프로세스형 스마트아트 삽입, 3차원 서식, 글꼴 크기 지정

01 ›› 슬라이드 마스터에서 적용한 그림이나 슬라이드 번호 등을 확인합니다.

02 ›› [개요 및 슬라이드] 창에서 '슬라이드 4'를 선택한 후 내용 텍스트 개체를 선택하고, [홈] 탭 – [단락] 그룹의 [SmartArt로 변환] – [기타 SmartArt 그래픽]을 클릭합니다.

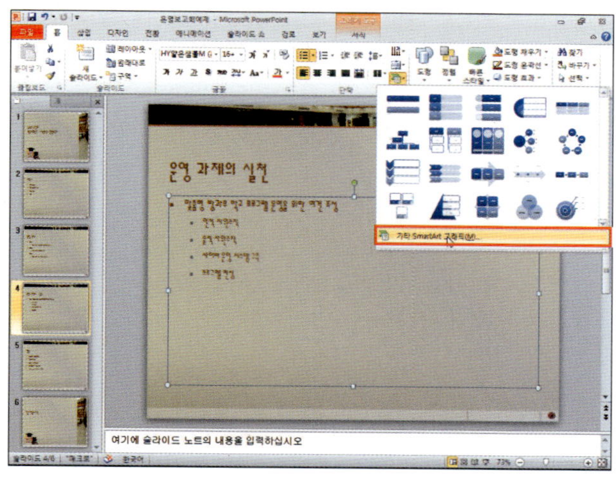

03 ›› [SmartArt 그래픽 선택] 대화 상자에서 [프로세스형] – [프로세스 화살표형]을 차례로 클릭한 후 [확인] 단추를 클릭합니다.

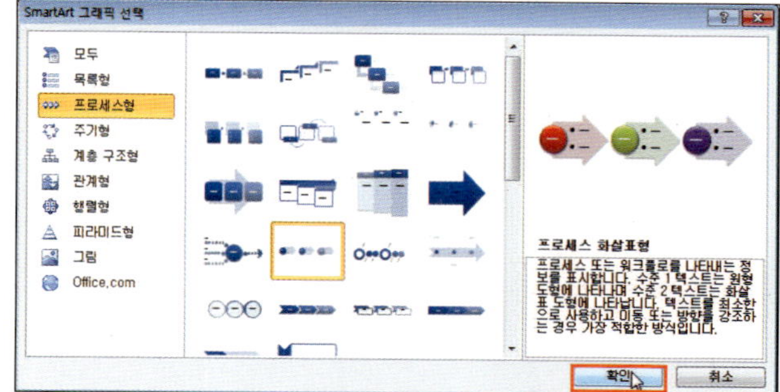

04 ›› [SmartArt 도구] – [디자인] 탭 – [SmartArt 스타일] 그룹의 [자세히(▽)]를 눌러 [강한 효과]를 클릭합니다. 왼쪽의 원을 선택한 후 마우스 오른쪽 단추를 눌러 [도형 서식]을 클릭합니다.

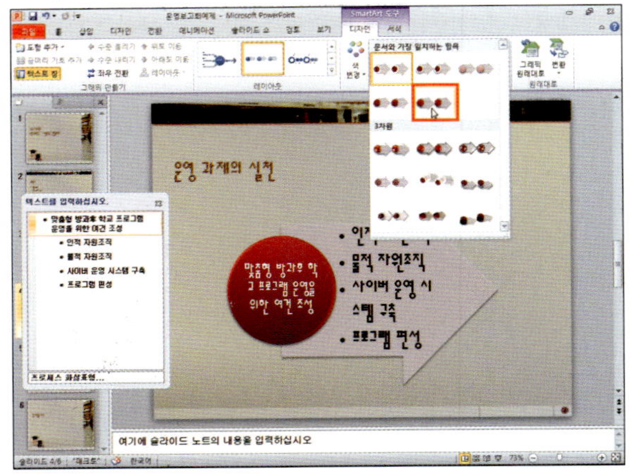

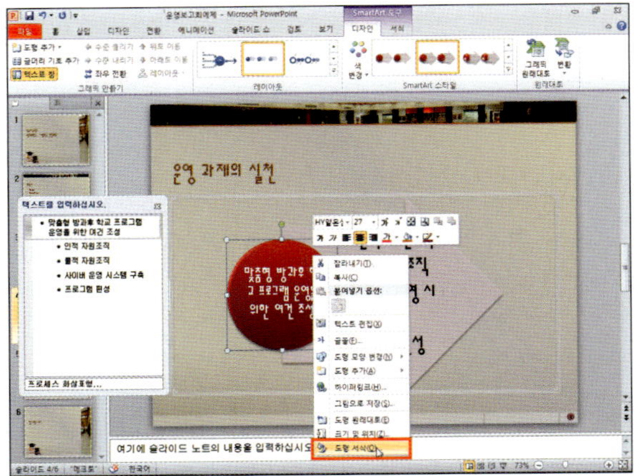

05 ›› [도형 서식] 대화 상자에서 [3차원 서식]을 선택한 후 '위쪽'의 '너비'와 '높이'를 각각 [70pt]로, '재질'은 [플라스틱], '조명'은 [균형있게], '각도'는 [35°]로 지정 후 [닫기] 단추를 클릭합니다.

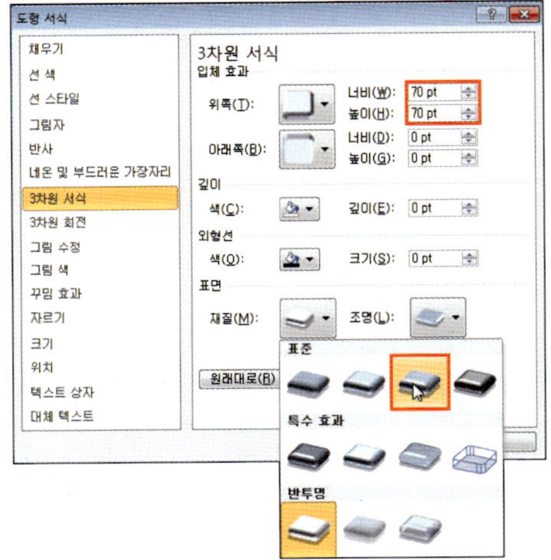

> **재질과 조명**
>
> [3차 서식]에서는 문서의 선, 도형, 차트, SmartArt 그래픽 또는 그림에 적용된 3차원 효과를 사용자가 지정할 수 있습니다. 재질을 사용하여 도형을 무광택, 플라스틱, 금속 또는 반투명으로 표시할 수 있고, 조명에서 빛의 상호 작용 방식에 따르는 옵션을 선택하여 3차원 효과를 다양하게 적용할 수 있습니다.

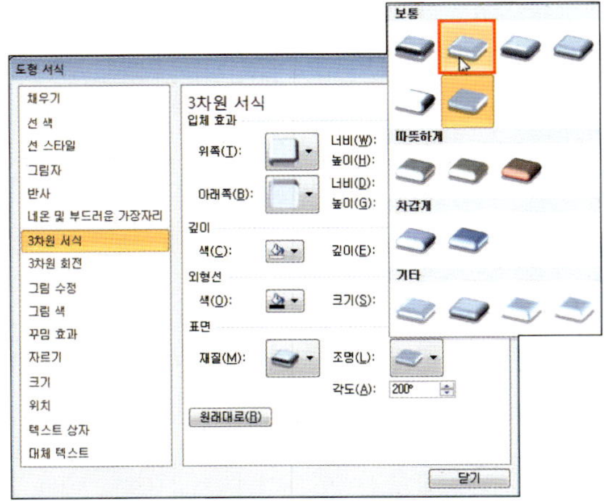

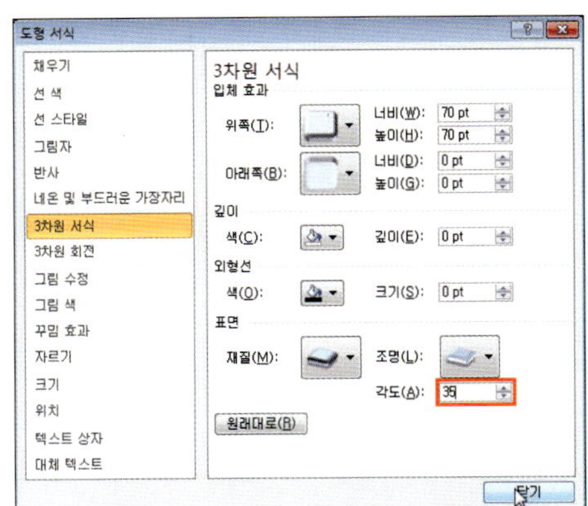

06 ›› 화살표 안의 텍스트를 블록으로 설정한 후 [홈] 탭 - [글꼴] 그룹의 글꼴 크기를 [28pt]로 지정합니다.

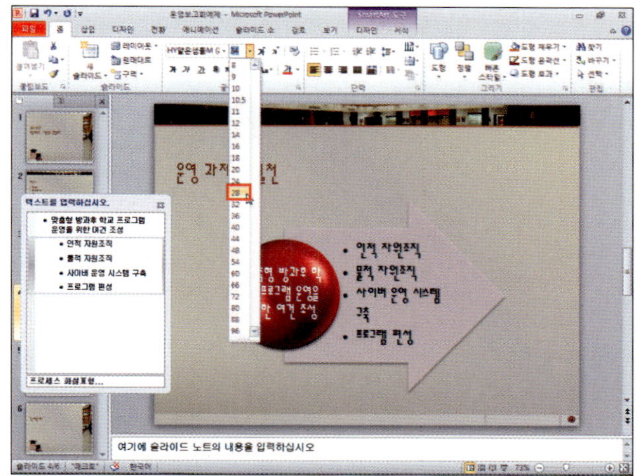

07 ›› 입체 구 모양의 프로세스형 스마트아트가 완성되었습니다.

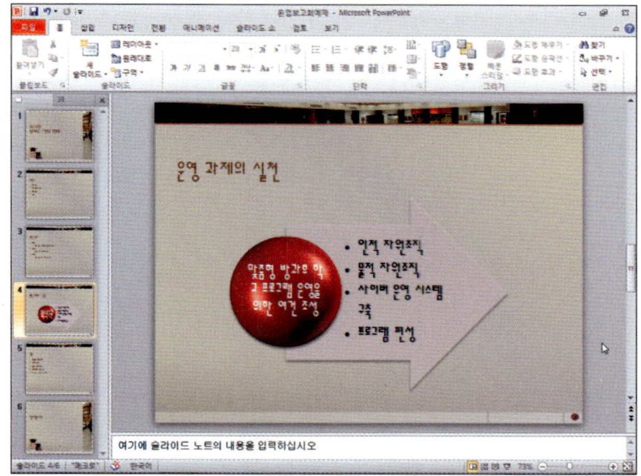

08 ›› [개요 및 슬라이드] 창에서 '슬라이드 5'를 선택한 후 내용 텍스트 개체를 선택하고, [홈] 탭 - [단락] 그룹의 [SmartArt로 변환] - [기타 SmartArt 그래픽]을 클릭합니다. [SmartArt 그래픽 선택] 대화 상자에서 [프로세스형] - [상향 화살표형]을 차례로 클릭한 후 [확인] 단추를 클릭합니다.

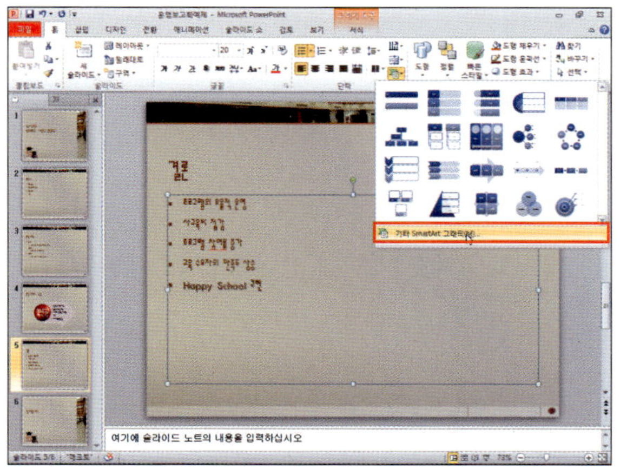

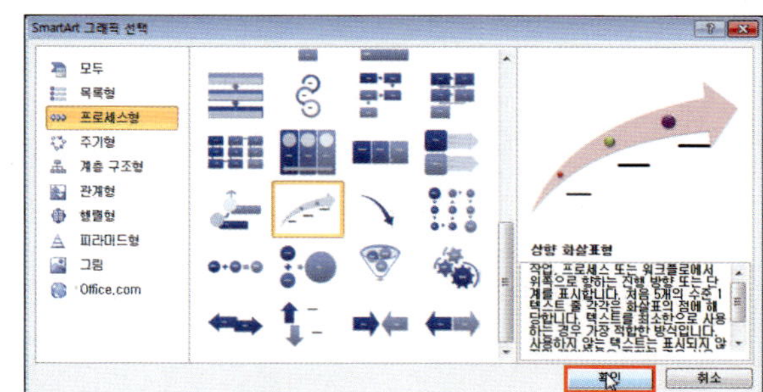

09 ›› 텍스트 개체가 상향 화살표형의 그래픽으로 변경되었습니다. [SmartArt 도구] – [디자인] 탭 – [SmartArt 스타일] 그룹의 [색 변경] – [색상형–강조색]을 클릭합니다.

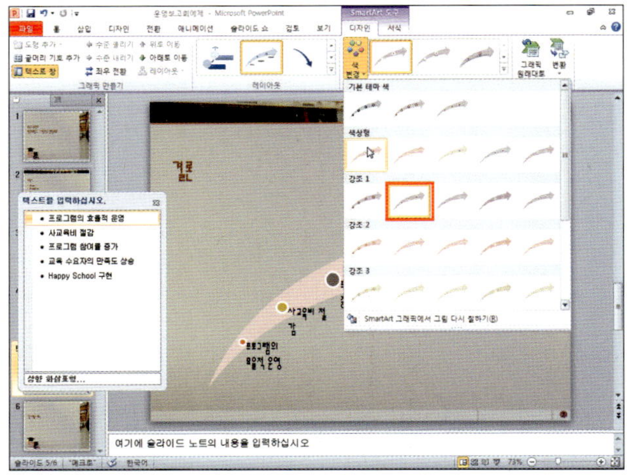

10 ›› [SmartArt 도구] – [디자인] 탭 – [SmartArt 스타일] 그룹의 [자세히(▼)]를 눌러 [광택 처리]를 클릭합니다.

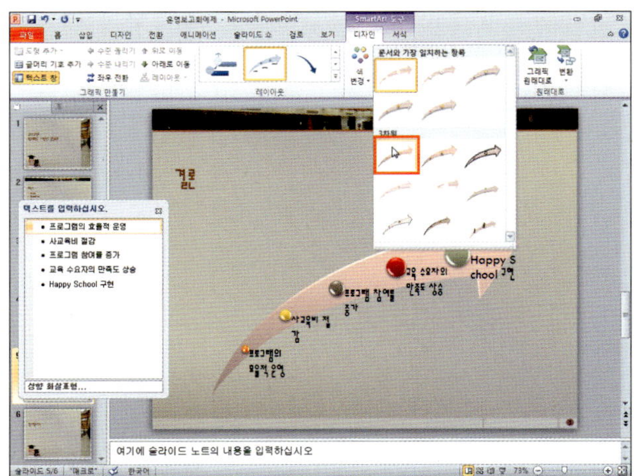

11 ›› 제일 마지막 부분의 'Happy School 구현'을 블록으로 설정한 후 [홈] 탭 – [글꼴] 그룹의 글꼴 크기는 [28pt]로 지정하고, [텍스트 그림자(**S**)]를 클릭합니다.

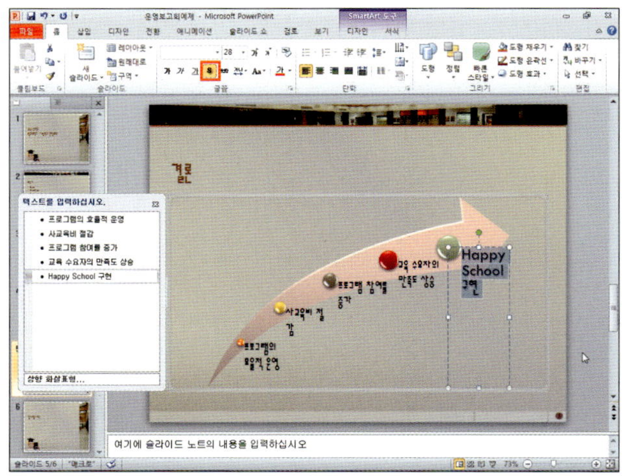

12 ›› 운영 보고회를 슬라이드 마스터, 프로세스형 스마트아트를 사용하여 완성해 보았습니다.

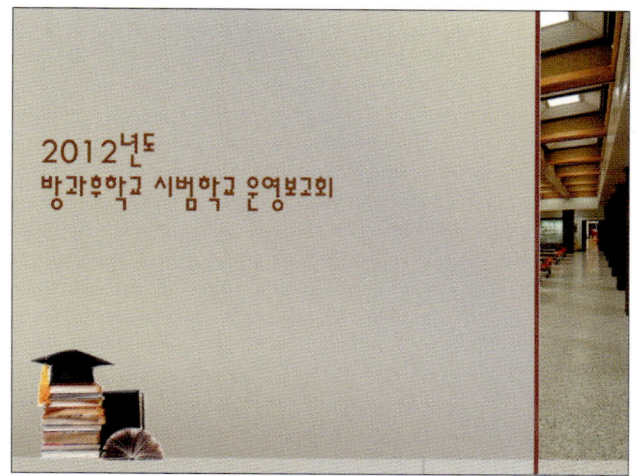

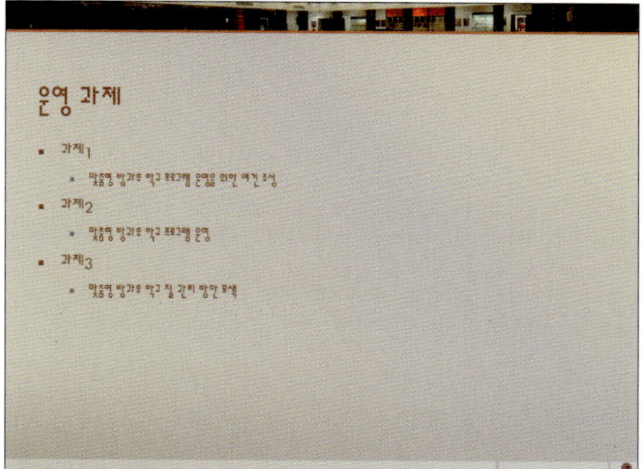

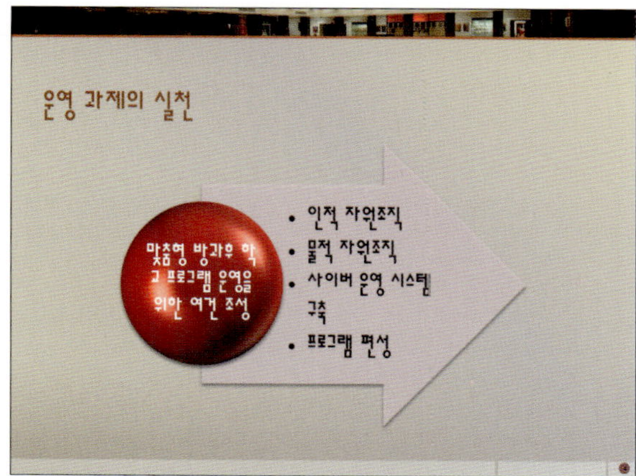

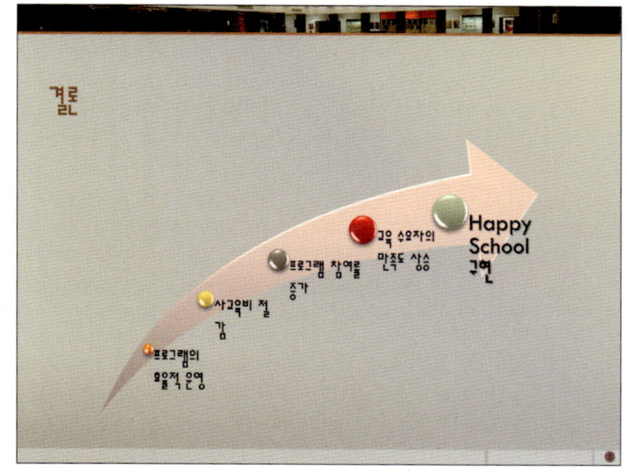

교원능력개발평가 문서 만들기

내가 만든 테마 디자인을 저장하여 다른 프레젠테이션이나 문서에 적용할 수 있습니다. 저장한 테마 디자인을 적용하는 방법과 주기형 레이아웃을 사용하여 주기적으로 반복되는 프로세스를 스마트아트로 만드는 방법을 알아보겠습니다.

| 예제 파일 | 소스파일\교원능력개발평가예제.pptx
| 완성 파일 | 예제파일\교육능력개발완성.pptx

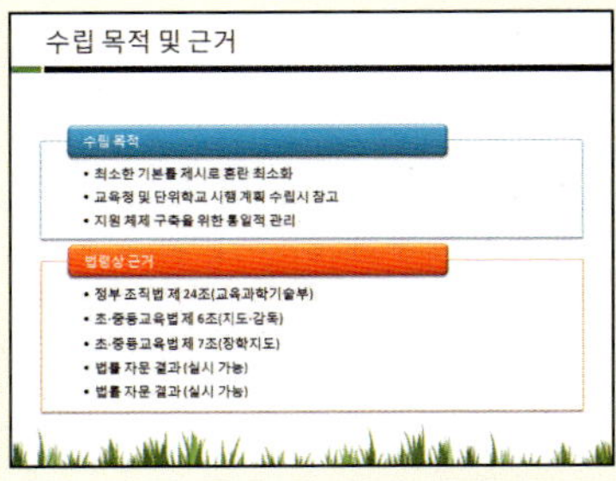

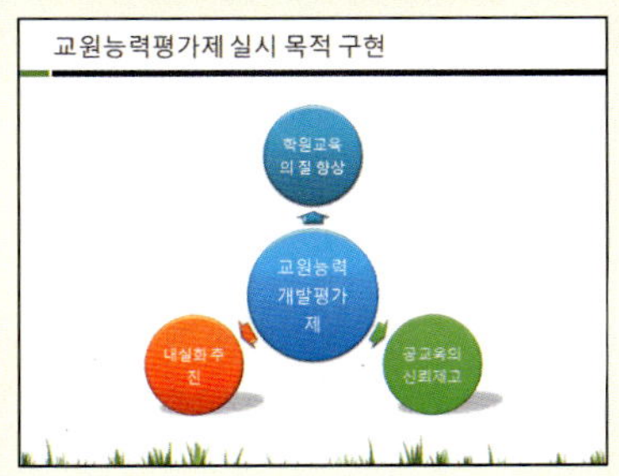

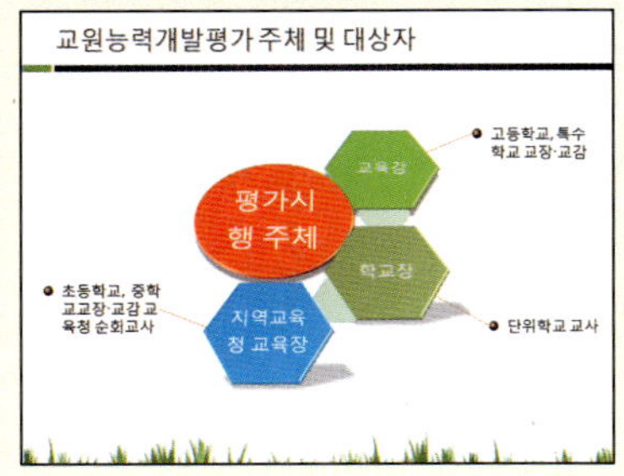

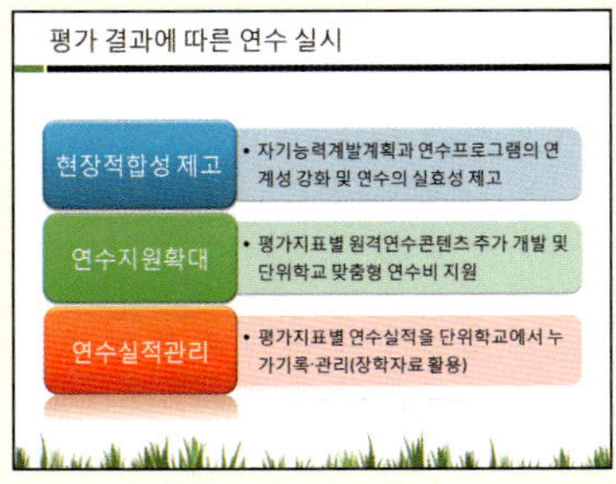

현재 테마 저장하기

Step 01

01 ›› 파워포인트 2010을 실행한 다음 [파일] 탭 – [새로 만들기] – [예제 서식 파일] – [Power Point 2010 소개]를 클릭한 후 [만들기]를 클릭합니다.

> 예제 서식 파일에는 레이아웃, 테마 색, 테마 글꼴, 테마 효과, 배경 스타일, 콘텐츠 등이 포함되어 있어서 새로 만들기 할 때 편리합니다.

02 ›› 예제 서식 파일이 열렸습니다. 슬라이드 마스터를 수정하기 위해 화면 보기 단추 중 기본 보기(▣) 단추를 **Shift** 와 함께 눌러 슬라이드 마스터 보기로 이동합니다.

03 ›› 확대/축소 이동 막대를 드래그하여 '78%'로 화면을 축소합니다. 레이아웃 중 '구역 머리글 레이아웃'을 선택하고, 제목 텍스트 개체를 선택한 후 [홈] 탭 – [글꼴] 그룹의 글꼴 크기를 [40pt]로 지정합니다.

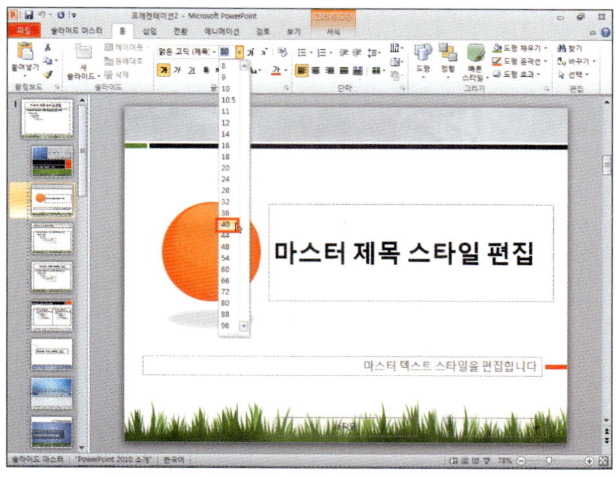

04 ›› 부제목 텍스트 상자를 원 위로 이동시킨 후 [홈] 탭 – [글꼴] 그룹의 글꼴 크기는 [170pt], 글꼴 색은 가▾를 클릭하여, '빨강(R):242, 녹색(G):98, 파랑(B):0'으로 지정합니다. [단락] 그룹의 [가운데 맞춤(▤)]을 클릭하여 정렬도 지정합니다.

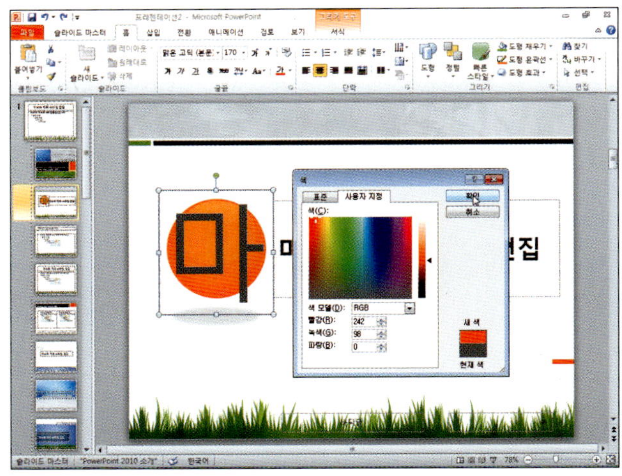

05 ›› [삽입] 탭 – [이미지] 그룹의 [그림]을 클릭하고, [그림 삽입] 대화 상자에서 '소스파일/수업.jpg'를 선택한 후 [삽입] 단추를 클릭합니다.

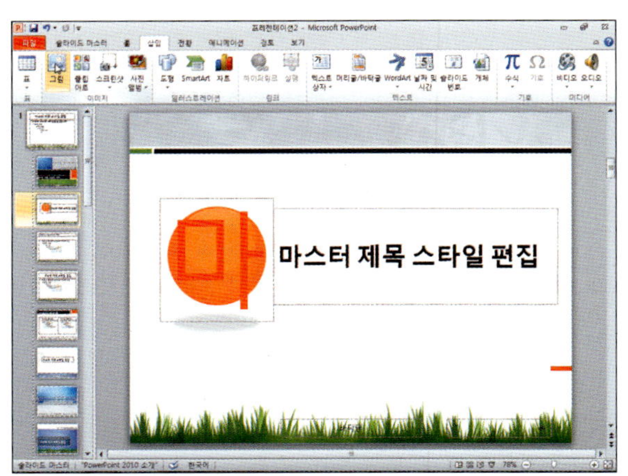

06 ›› 삽입된 그림을 오른쪽 아래로 옮긴 후 그림 크기를 조절하고, [그림 도구] – [서식] 탭 – [그림 스타일] 그룹의 [그림 효과] – [부드러운 가장자리] – [50 포인트]를 클릭하여 그림 가장자리를 부드럽게 합니다.

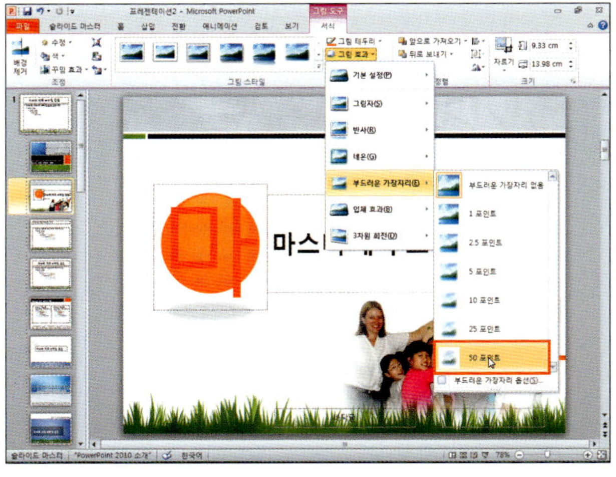

07 ›› 기본 보기(⊞) 단추를 클릭하여 기본 보기로 되돌아온 후 [디자인] 탭 – [테마] 그룹의 [자세히(▾)]를 눌러 [현재 테마 저장]을 클릭합니다.

08 ›› [현재 테마 저장] 대화 상자의 파일 이름에 '교원'이라 입력하고, [저장] 단추를 클릭합니다.

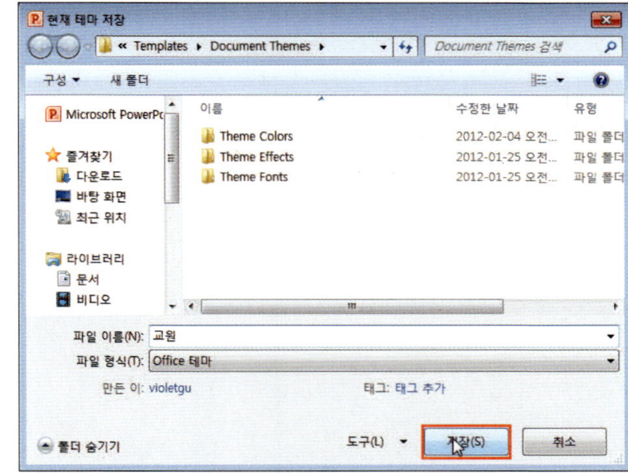

09 ›› [파일] – [열기]를 클릭하여 '소스파일/교원능력개발평가예제.pptx' 파일을 불러옵니다.

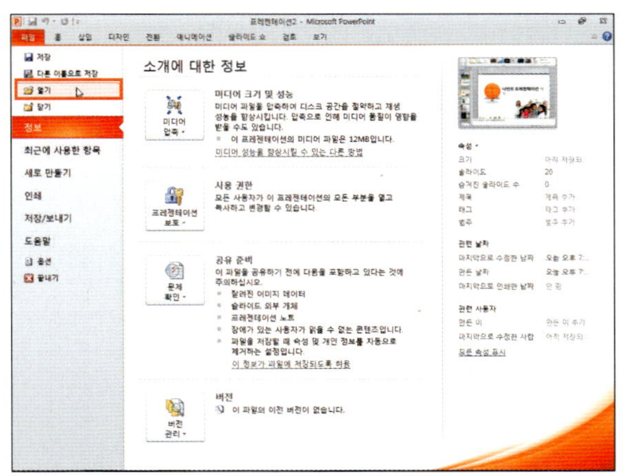

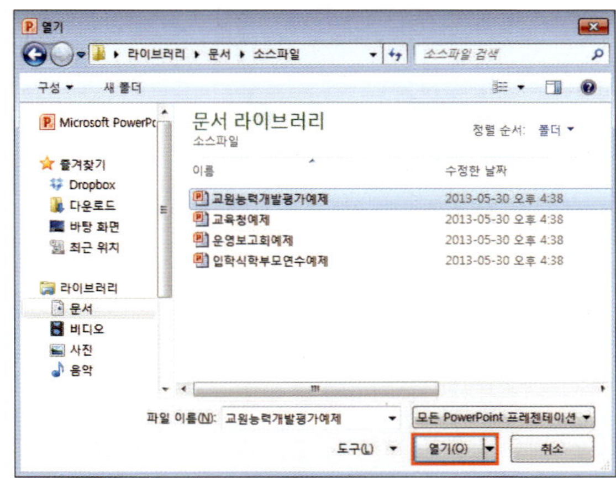

10 ›› [디자인] 탭 – [테마] 그룹의 [자세히(▼)]를 눌러 새로 저장한 테마 '교원'을 선택합니다. 교원능력평가 예제 문서에 현재 테마의 디자인, 글꼴, 애니메이션 효과 등이 적용됩니다. '슬라이드 2', '슬라이드 4', '슬라이드 6'의 부제목 텍스트 상자에 알맞은 숫자를 입력하면 글꼴, 글꼴 색, 글꼴 크기가 자동으로 적용됩니다.

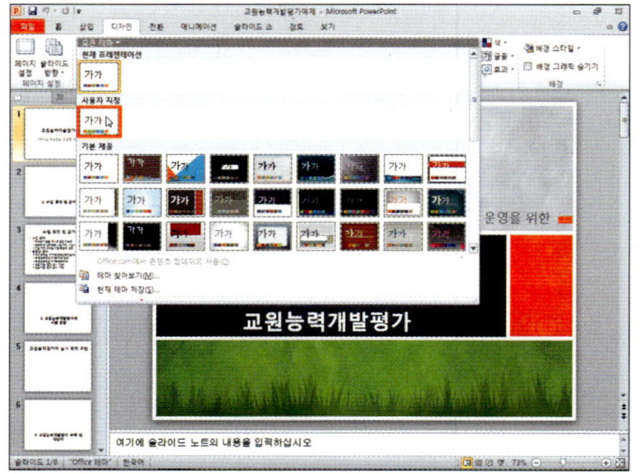

텍스트가 많은 그룹 목록형 스마트아트로 꾸미기　Step 02

이런 기능들이 사용됐어요 ➡ 목록형 스마트아트 삽입

01 ›› [개요 및 슬라이드] 창에서 '슬라이드 3'을 선택한 후 내용 개체를 선택하고, [홈] 탭 – [단락] 그룹의 [SmartArt로 변환] – [기타 Smart Art 그래픽]을 클릭합니다.

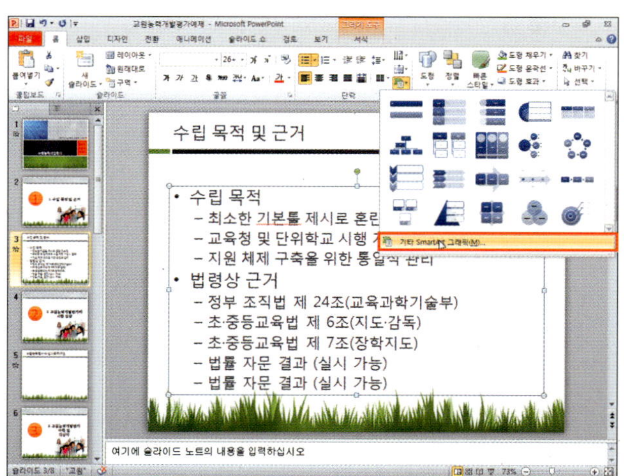

02 ›› [목록형] – [세로 상자 목록형]을 선택하고 [확인] 단추를 클릭합니다.

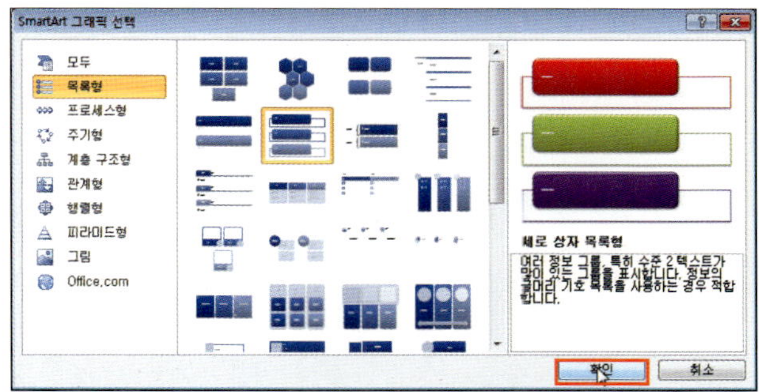

03 ›› 텍스트 그룹이 세로 상자 목록형으로 변경되면 [SmartArt 도구] – [디자인] 탭 – [Smart Art 스타일] 그룹의 [색 변경] – [색상형 범위 – 강조색 5 또는 6]을 클릭합니다.

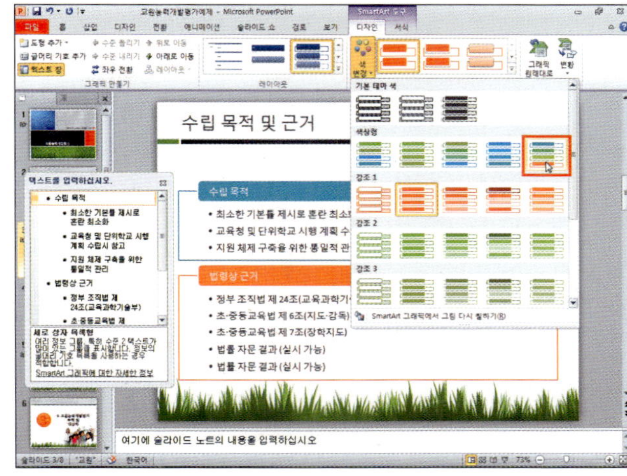

04 ›› [SmartArt 스타일] 그룹의 [자세히(▼)]를 눌러 [강한 효과]를 클릭하면 선택한 SmartArt 스타일이 적용됩니다.

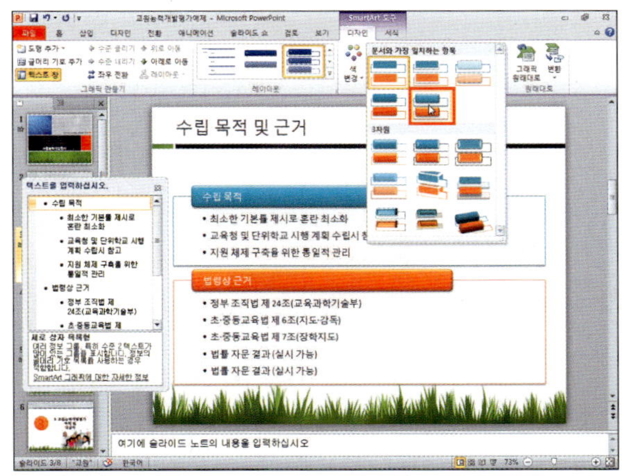

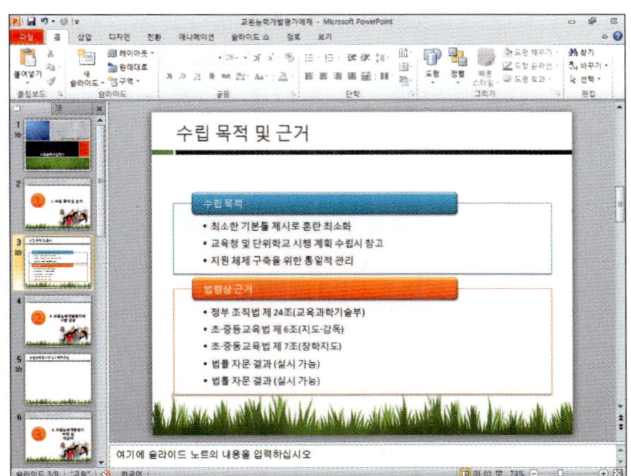

주기형 스마트아트로 꾸미기 Step 03

이런 기능들이 사용됐어요 ➡ 방사형, 주기형 스마트아트 삽입, 도형 그룹의 [크게], 그림자

01 ›› [개요 및 슬라이드] 창에서 '슬라이드 5'를 선택하고, [삽입] 탭 – [일러스트레이션] 그룹의 [SmartArt]를 클릭합니다. [주기형] – [분기 방사형]을 선택하고, [확인] 단추를 클릭합니다.

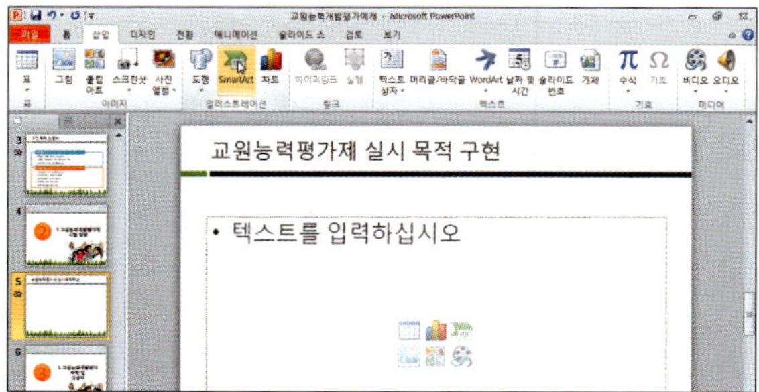
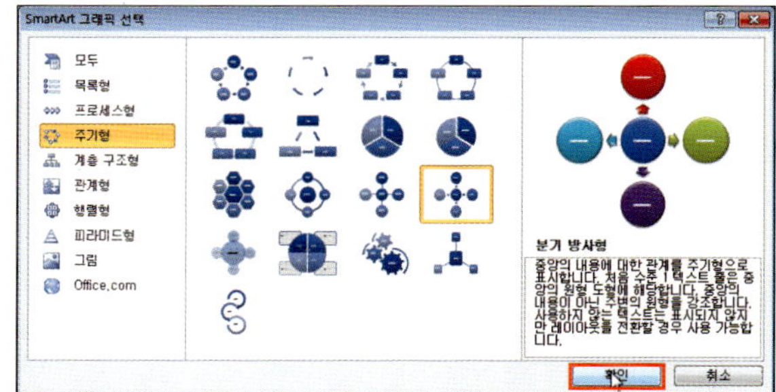

02 ›› 텍스트 창에 오른쪽 그림처럼 차례로 텍스트를 입력합니다. 도형을 하나 제거하기 위해 [SmartArt 도구] – [디자인] 탭 – [그래픽 만들기] 그룹의 [수준 올리기]를 클릭합니다.

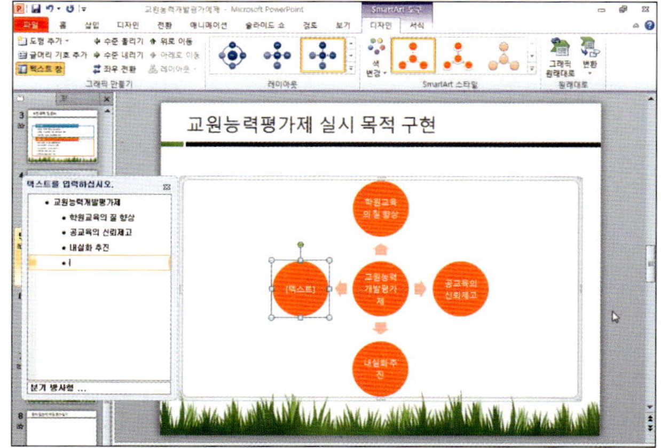

03 ›› 분기 방사형 그래픽이 만들어졌으면 [SmartArt 스타일] 그룹의 [색 변경] – [색상형 범위] – 강조색 5 또는 6], [자세히(⋁)] – [강한 효과]를 클릭하여 스타일을 변경합니다.

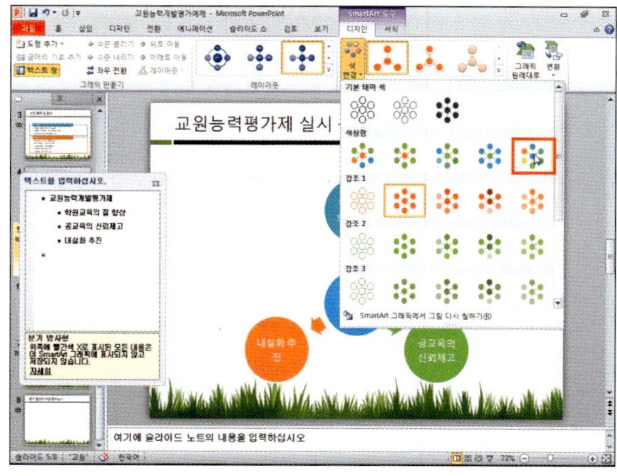
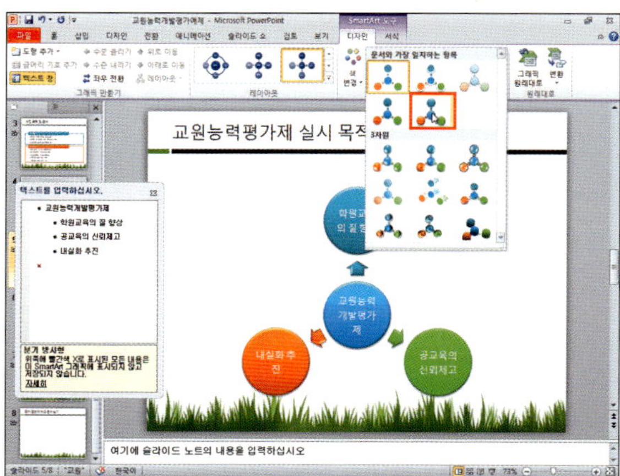

04 ›› 가운데 입체 구를 선택한 후 [SmartArt 도구] – [서식] 탭 – [도형] 그룹의 [크게]를 세 번 클릭합니다. 입체 구가 커졌습니다.

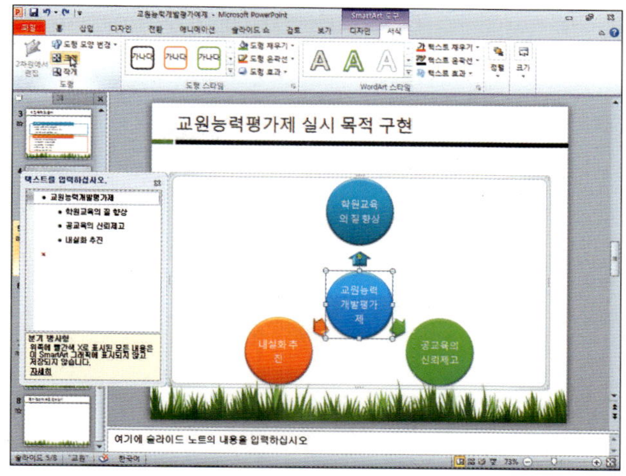

05 ›› **Shift** 를 누른 채 주황색과 연두색 입체 구를 선택한 후 [도형 스타일] 그룹의 [도형 효과] – [그림자] – [원근감 대각선 오른쪽 위]를 클릭합니다. 대각선 오른쪽으로 그림자가 생기면서 좀 더 입체적으로 보입니다.

↱ 여러 개의 도형을 한꺼번에 선택하려면 **Shift** 를 누르고, 도형을 차례로 클릭합니다.

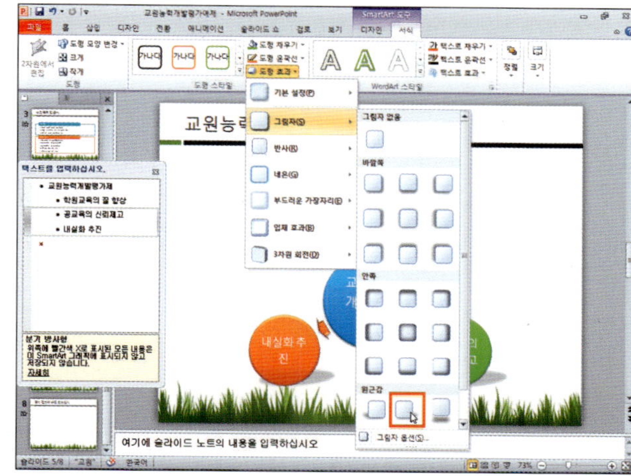

06 ›› [개요 및 슬라이드] 창에서 '슬라이드 7'을 선택하고, [삽입] 탭 – [일러스트레이션] 그룹의 [SmartArt]를 클릭합니다. [주기형] – [육각형 방사형]을 선택하고, [확인] 단추를 클릭합니다. 텍스트 창에서 차례대로 텍스트를 입력하고, 불필요한 도형은 **Back Space** 를 눌러 제거합니다.

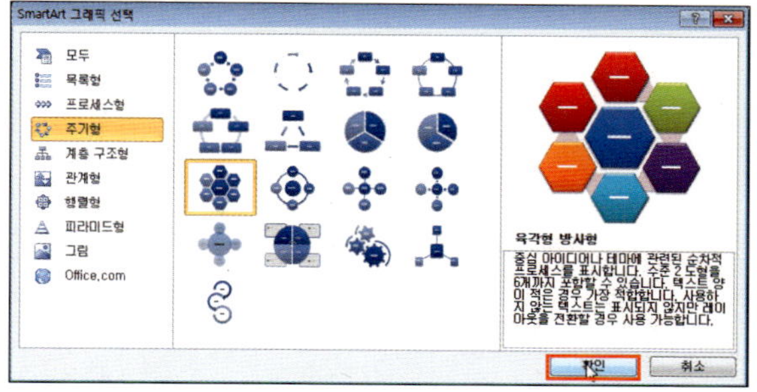

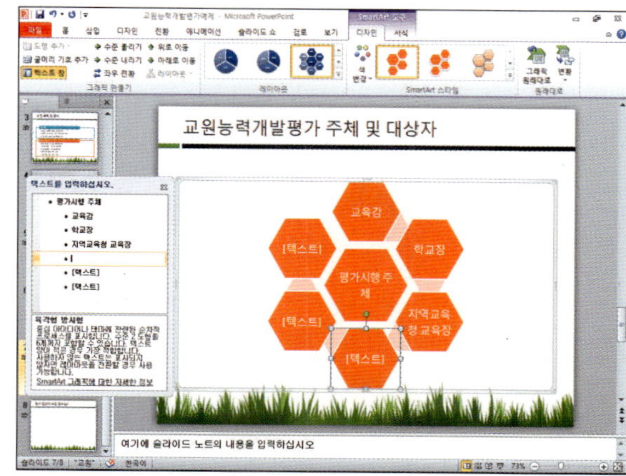

07 ›› [SmartArt 스타일] 그룹의 [색 변경] – [색상형 – 강조색], [자세히(▼)] – [평면]을 클릭하여 스타일을 변경합니다.

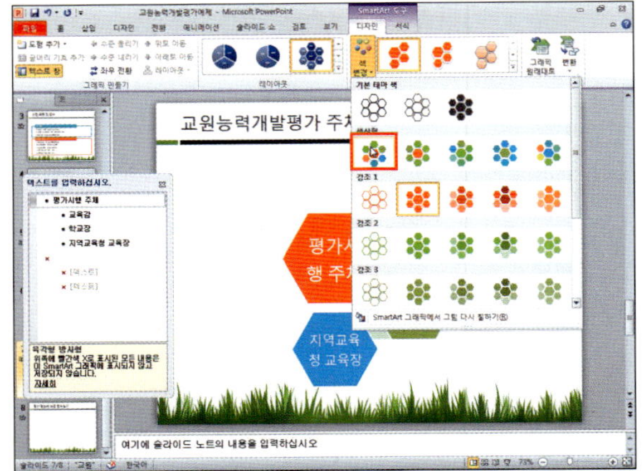 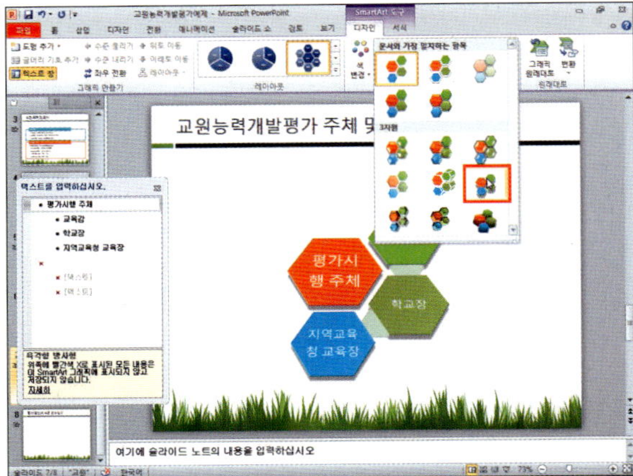

스마트아트 그래픽 편집과 선 그리기　　Step 04

이런 기능들이 사용됐어요 ➡ 도형 모양 변경, 그림자, 글머리 기호, 선 그리기

01 ›› 가운데 육각형을 선택한 후 [SmartArt 도구] – [서식] 탭 – [도형] 그룹의 [도형 모양 변경] – [타원(◯)]을 클릭합니다. [도형] 그룹의 [크게]를 두 번 클릭하여 도형의 크기를 변경합니다.

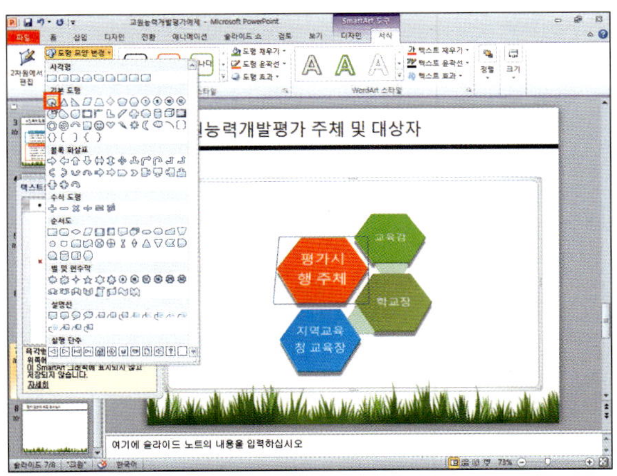 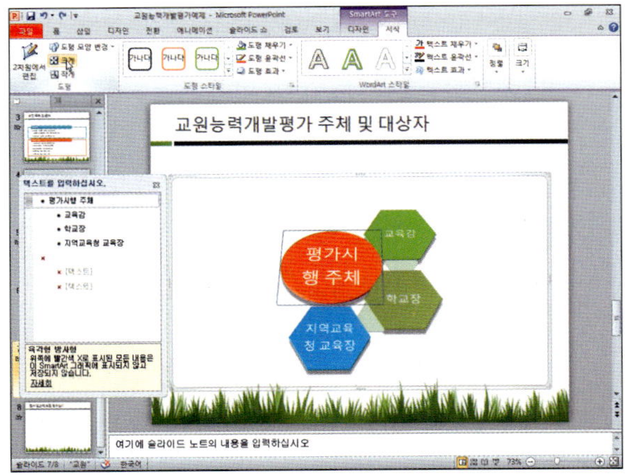

02 ›› **Shift** 를 누르고, 옥색과 황록색 육각형을 선택한 후 [SmartArt 도구] – [서식] 탭 – [도형 스타일] 그룹의 [도형 효과] – [그림자] – [원근감 대각선 오른쪽 위]를 클릭합니다.

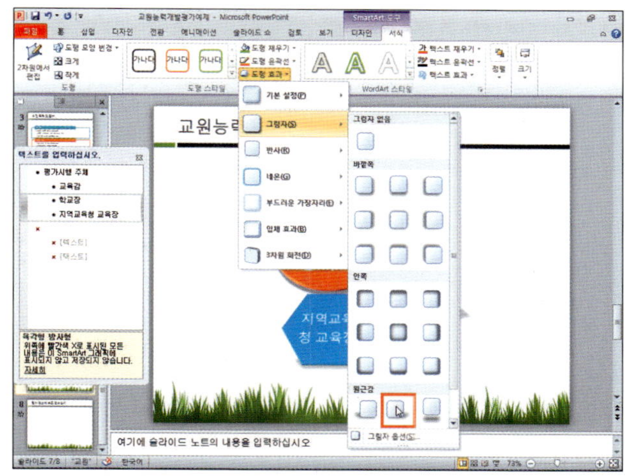

03 ›› [삽입] 탭 – [텍스트] 그룹의 [텍스트 상자] – [가로 텍스트 상자]를 클릭합니다. 텍스트 상자에 텍스트를 입력한 후 텍스트 상자를 선택하고, [홈] 탭 – [단락] 그룹의 [글머리 기호(▤▾)] – [글머리 기호 및 번호 매기기]를 클릭합니다.

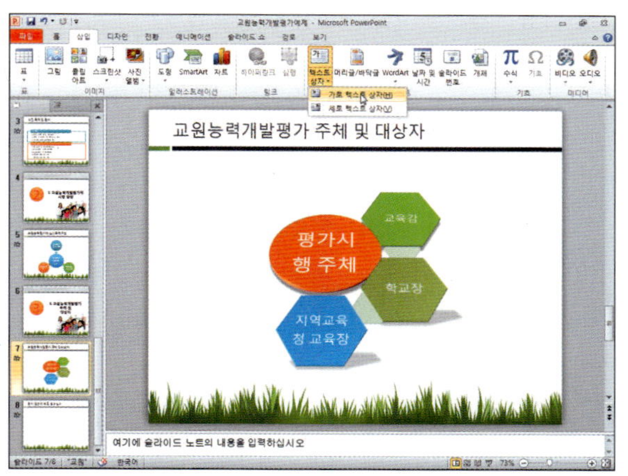
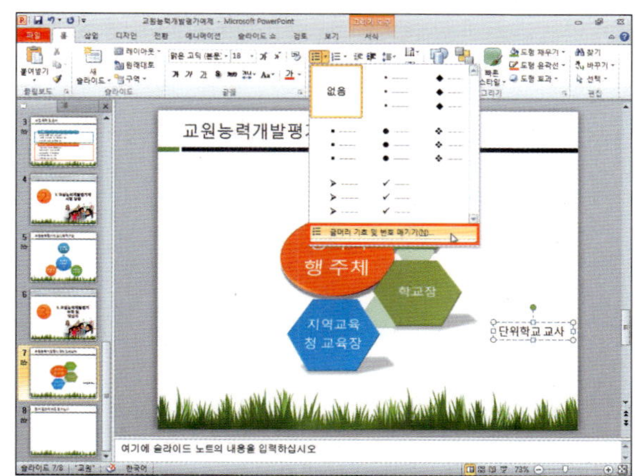

04 ›› 그림 글머리 기호를 삽입하기 위해 [그림] 단추를 클릭합니다. [그림 글머리 기호] 대화 상자가 나타나면 원하는 기호를 선택한 후 [확인] 단추를 클릭합니다.

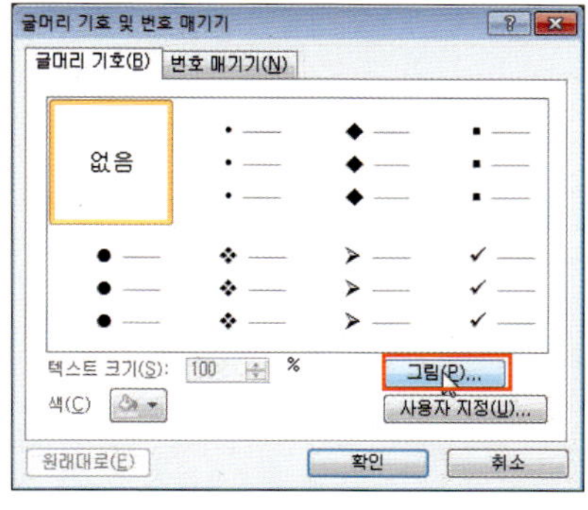
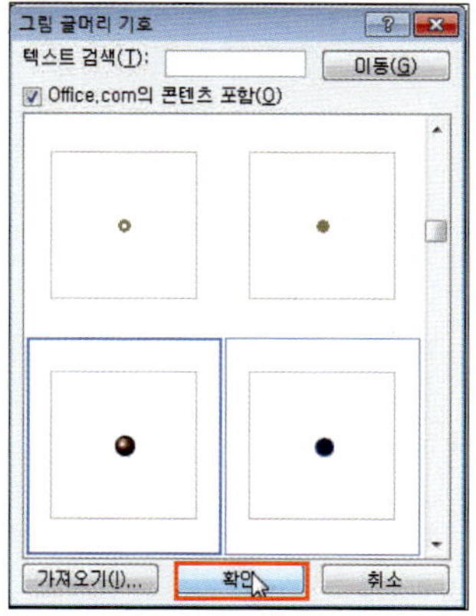

05 ›› 글머리 기호가 삽입되었습니다. 나머지 텍스트도 입력하고, 글머리 기호를 삽입합니다.

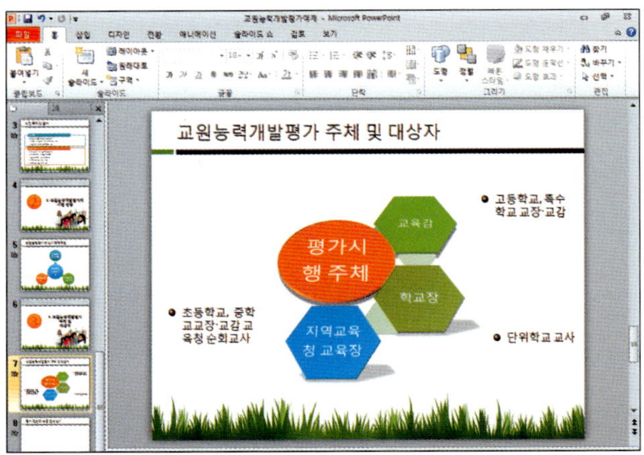

06 ›› [홈] 탭 – [그리기] 그룹의 [도형] – [선(◻)]을 클릭한 후 육각형 도형과 글머리 기호를 이어주는 선을 그립니다.

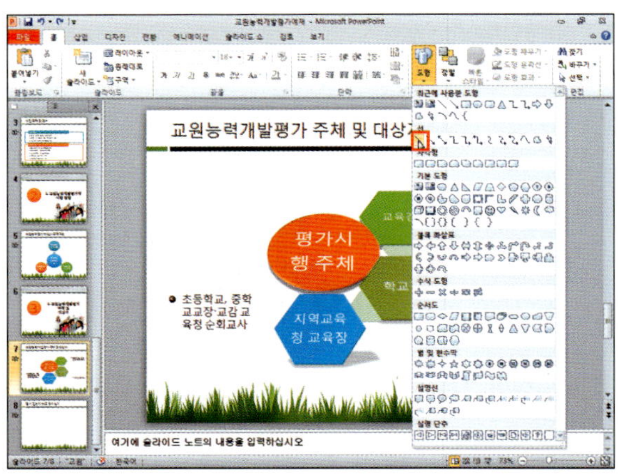

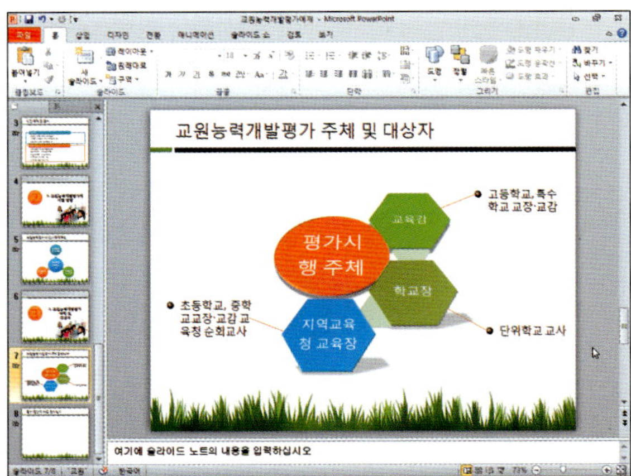

07 ›› [개요 및 슬라이드] 창에서 '슬라이드 8'을 선택하고, [삽입] 탭 – [일러스트레이션] 그룹의 [SmartArt]를 클릭합니다. [목록형] – [세로 블록 목록형]을 삽입하고, 내용을 입력합니다. [SmartArt 도구] – [디자인] 탭 – [SmartArt 스타일] 그룹의 [색 변경] – [색상형 범위 – 강조색 5 또는 6]을 클릭합니다.

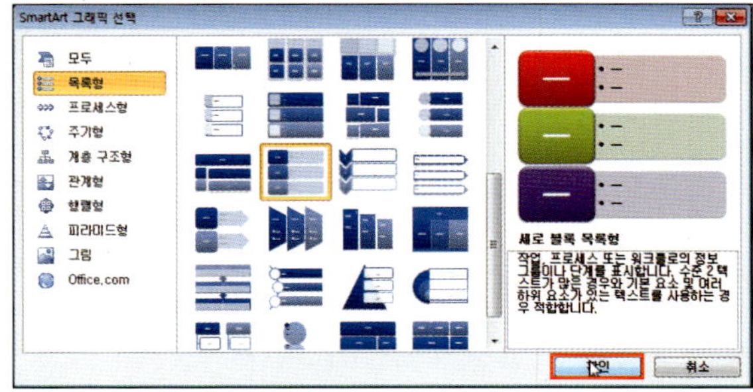

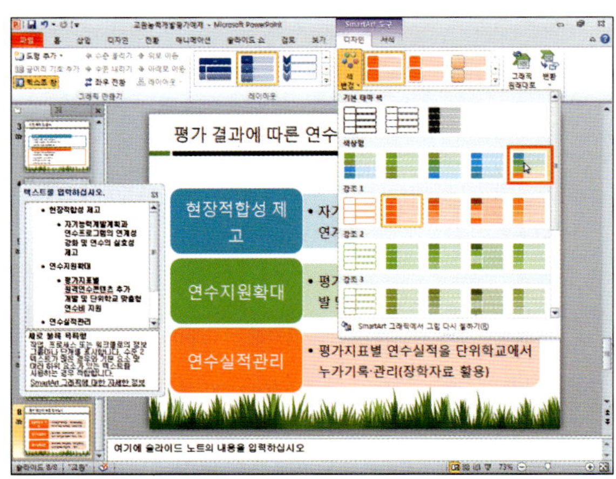

08 ›› [SmartArt 도구] – [디자인] 탭 – [SmartArt 스타일] 그룹의 [자세히(▼)]를 눌러 [강한 효과]를 클릭합니다. 제일 아래쪽 모서리가 둥근 직사각형을 모두 선택한 후 [SmartArt 도구] – [서식] 탭 – [도형 스타일] 그룹의 [도형 효과] – [반사] – [근접 반사, 터치]를 클릭합니다.

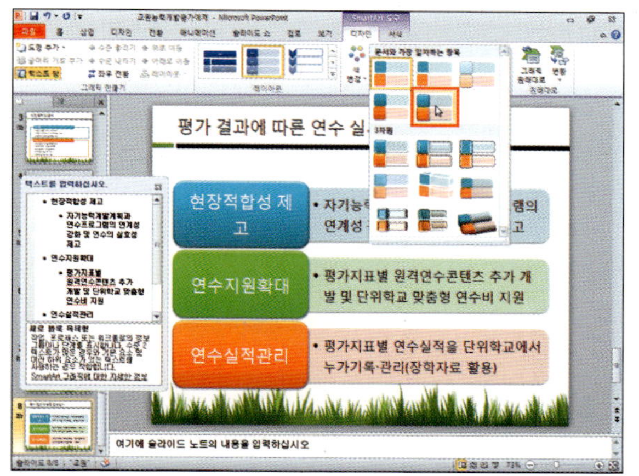
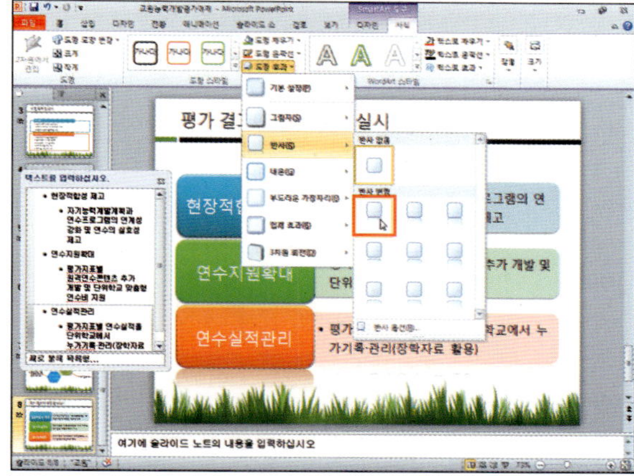

09 ›› F5를 눌러 슬라이드 쇼를 시작합니다. 애니메이션 효과, 목록형, 주기형 스마트아트를 확인할 수 있습니다.

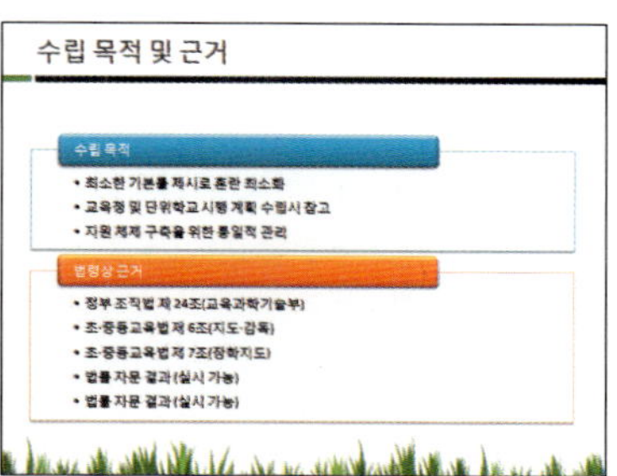

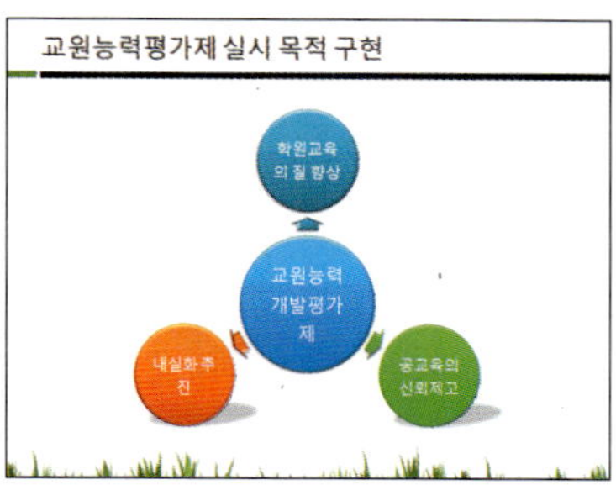

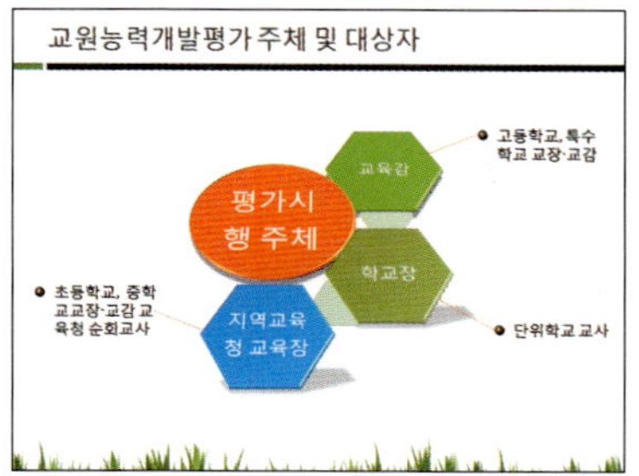

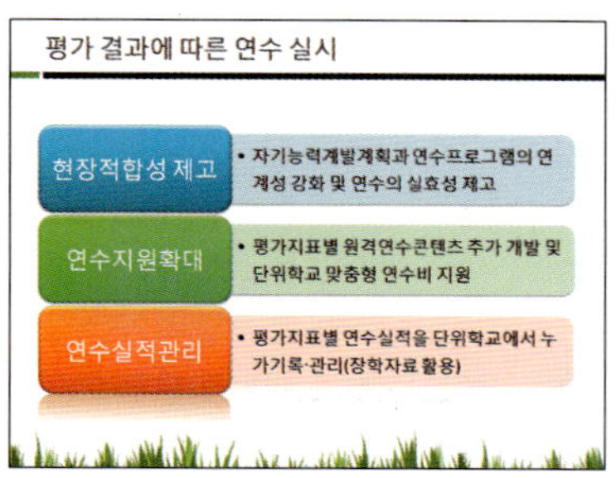

교육청 전달 연수 문서 만들기

교육청에서 공개한 문서를 슬라이드 마스터에서 나만의 테마 디자인으로 수정한 후 문서를 작성합니다. 도형에 그림도 넣어보고, 계층 구조형 스마트아트로 조직도도 그려봅니다. 학교 업무시 꼭 필요한 표 그리기나 차트 그리기도 알아보겠습니다. 파워포인트 2010을 이용하면 표나 차트도 쉽고 빠르게 그릴 수 있습니다.

Section 21 | **Section 22** | Section 23 | Section 24 | Section 25

| 예제 파일 | 소스파일\교육청전달예제.pptx, 학교.jpg
| 완성 파일 | 완성파일\교육청전달완성.pptx

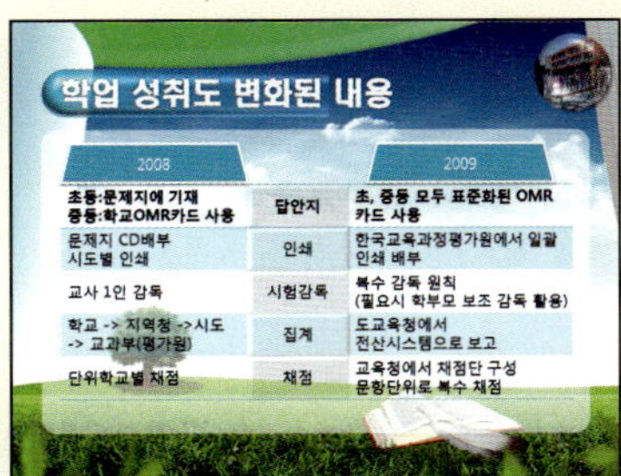

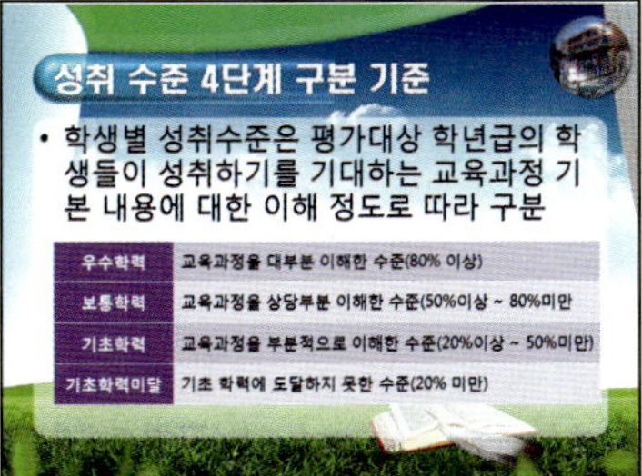

도형 안에 그림 삽입하기

Step 01

이런 기능들이 사용됐어요 ➜ 그림 또는 질감 채우기, 투명도, 3차원 서식, 그림자

01 ›› 파워포인트 2010을 실행한 다음 [파일] 탭 – [열기]를 클릭하여 '소스파일\교육청전달예제.pptx' 파일을 불러옵니다. 화면 보기 단추 중 기본(▣) 보기를 **Shift** 를 누른 채 클릭하여 슬라이드 마스터 보기로 이동합니다. [홈] 탭 – [그리기] 그룹의 [도형] – [타원(◯)]를 클릭합니다.

02 ›› **Shift** 를 누른 채 드래그하여 원을 그린 후 [그리기 도구] – [서식] 탭 – [도형 스타일] 그룹의 [도형 서식] 대화 상자 표시 아이콘(▣)을 클릭합니다. [채우기] – [그림 또는 질감 채우기]를 클릭한 후 [파일] 단추를 클릭합니다.

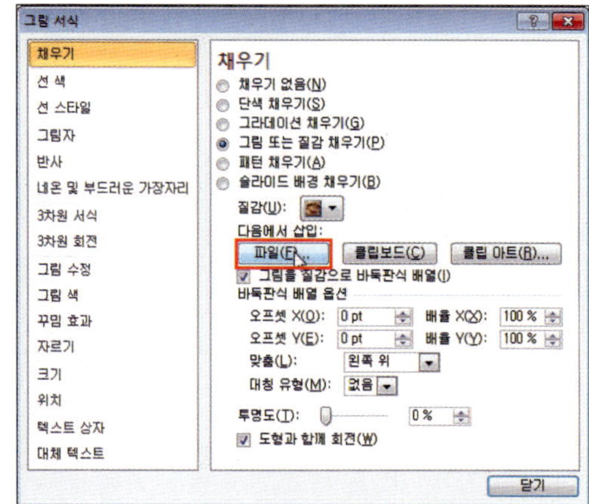

03 ›› '소스파일/학교.jpg'를 불러온 후 '투명도'를 [30%]로 낮춰줍니다.

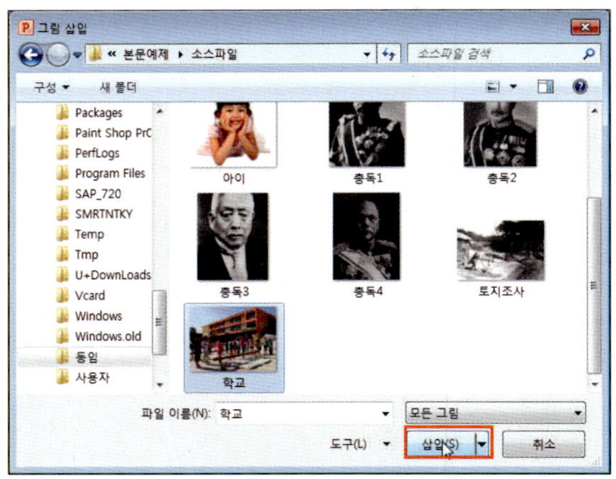 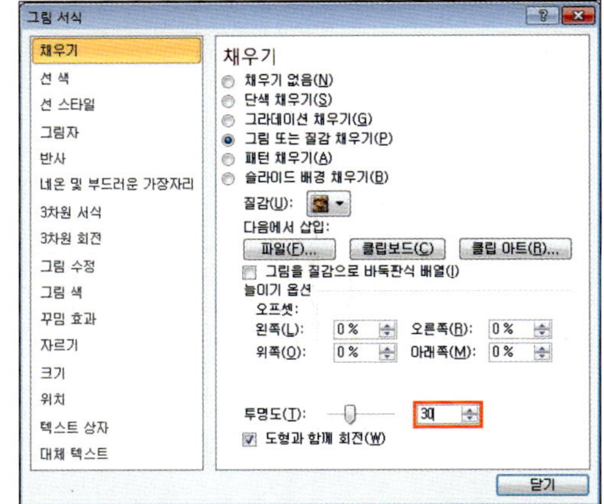

04 ›› [선 색] – [선 없음]을 클릭하고, [3차원 서식]을 다음과 같이 지정한 후 [닫기] 단추를 클릭합니다.

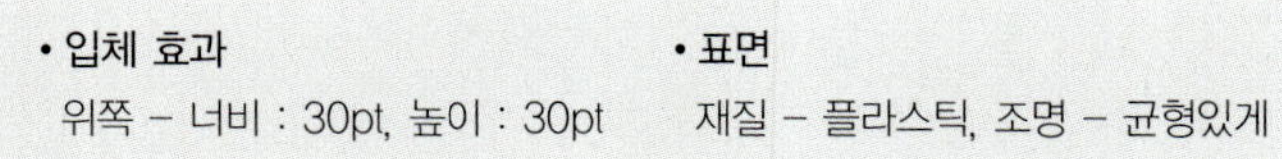

- **입체 효과**
  위쪽 – 너비 : 30pt, 높이 : 30pt
- **표면**
  재질 – 플라스틱, 조명 – 균형있게

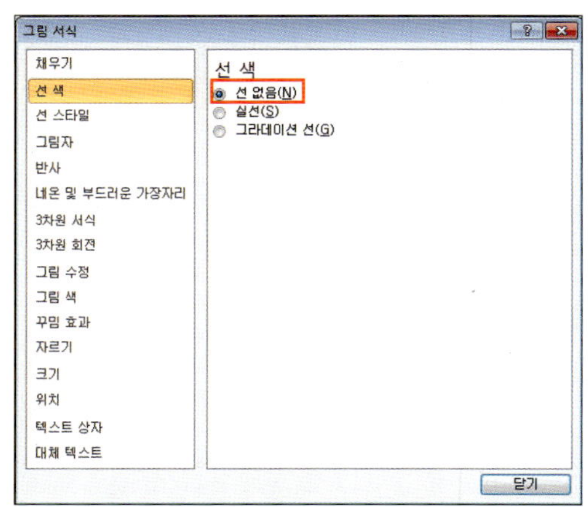 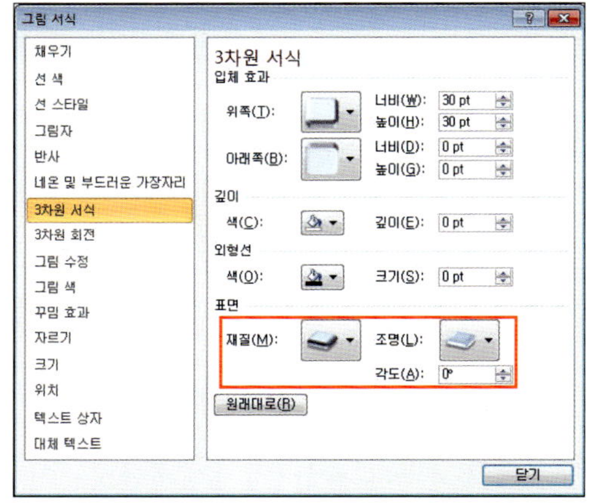

05 ›› 도형 안에 그림이 삽입되었습니다. [그리기 도구] – [서식] 탭 – [도형 스타일] 그룹의 [도형 효과] – [그림자] – '바깥쪽' 의 [오프셋 대각선 오른쪽 아래]를 클릭하여 그림자 효과를 적용합니다.

06 ›› 그림을 삽입한 원을 두 개 더 복사한 후 원 안의 그림을 '아이'와 '선생님'으로 각각 교체합니다. [3차원 서식]의 '입체 효과-위쪽'을 각각 [15pt]로 변경합니다. 학교를 삽입한 도형을 복사한 후 '제목 및 내용 레이아웃'을 선택하고, 붙여넣기한 후 크기와 위치를 조절합니다.

그라데이션 효과 적용하기   Step 02

이런 기능들이 사용됐어요 ➡ 그라데이션 중지점

01 ›› [홈] 탭 – [그리기] 그룹의 [도형] – [모서리가 둥근 직사각형(▢)]를 클릭합니다. 슬라이드 창 위에서 드래그하여 모서리가 둥근 직사각형을 그립니다. [모양 조절점(◈)]을 오른쪽으로 드래그하여 모서리를 둥글게 만듭니다. [그리기 도구] – [서식] 탭 – [정렬] 그룹의 [뒤로 보내기] – [맨 뒤로 보내기]를 클릭하여 맨 뒤로 보냅니다.

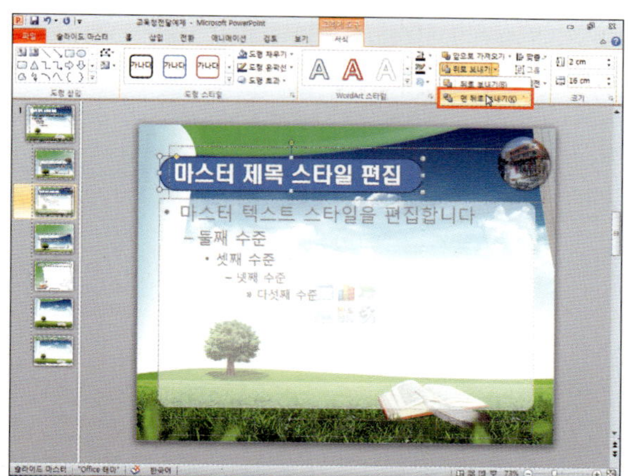

02 ›› [그리기 도구] – [서식] 탭 – [도형 스타일] 그룹의 [도형 서식] 대화 상자 표시 아이콘(▣)을 클릭합니다. [채우기] – [그라데이션 채우기]를 선택하고, '종류'는 [선형], '각도'는 [0°]로 지정합니다. 그라데이션 중지점은 각각 다음과 같이 설정합니다.

- 중지점 1/3 – 위치 : 0%, 색 : 바다색, 강조 5, 투명도 : 0%
- 중지점 2/3 – 위치 : 24%, 색 : 바다색, 강조 5, 투명도 : 46%
- 중지점 3/3 – 위치 : 75%, 색 : 파랑, 강조 1, 투명도 : 100%

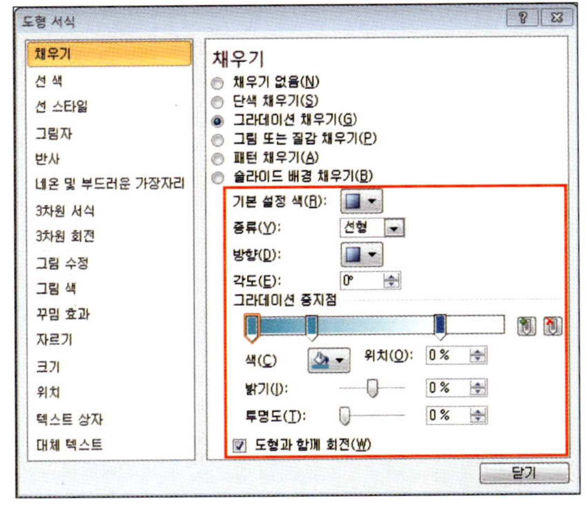

03 ›› [선 색] – [선 없음]을 클릭하고, [3차원 서식]은 다음과 같이 지정한 후 [닫기] 단추를 클릭합니다.

- 입체 효과
  위쪽 – 너비 : 20pt, 높이 : 20pt
- 표면
  재질 – 부드러운 무광택, 조명 – 세 점

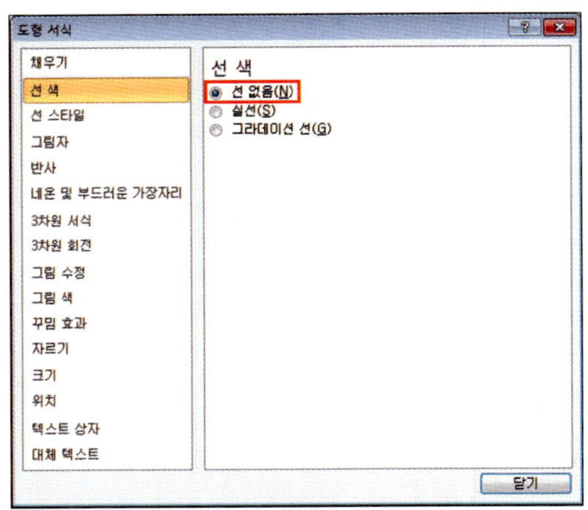
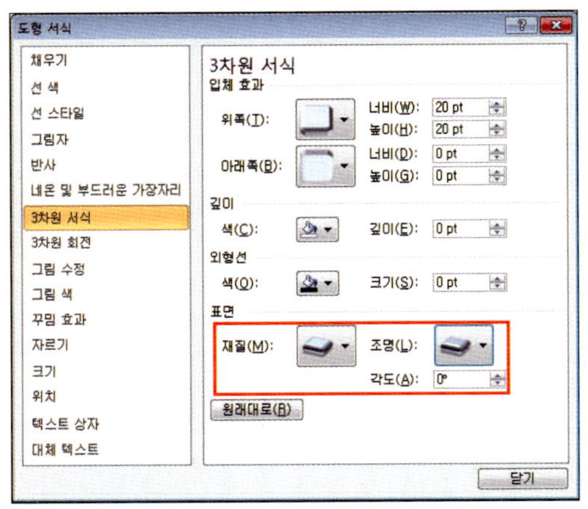

04 ›› 오른쪽으로 점점 투명해지는 입체 도형이 만들어졌습니다. [슬라이드 마스터] 탭 – [닫기] 그룹의 [마스터 보기 닫기]를 클릭하여 기본 보기 화면으로 이동합니다.

계층형 스마트아트 삽입하기   Step 03

이런 기능들이 사용됐어요 ➡ 계층형 스마트아트 삽입, 도형 추가, 도형으로 변환

01 ›› '슬라이드 2'를 선택하고, [삽입] 탭 – [일러스트레이션] 그룹의 [SmartArt]를 클릭합니다. [Smart Art 그래픽 선택] 대화 상자에서 [계층 구조형] – [조직도형]을 클릭하고 [확인] 단추를 클릭합니다.

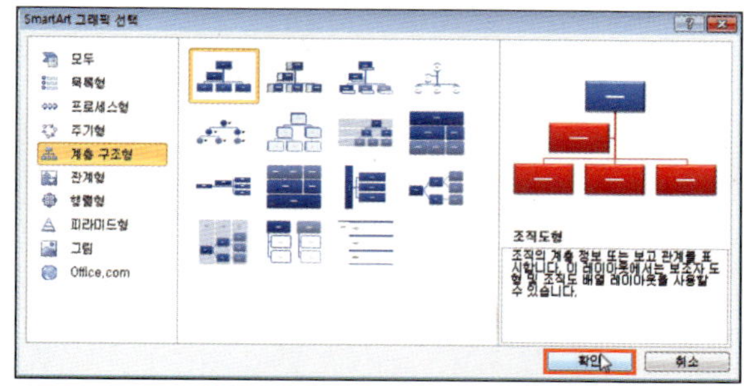

02 ›› 텍스트 창에 '교육감', '공보담당관'을 입력한 후 [SmartArt 도구] – [디자인] 탭 – [그 래픽 만들기] 그룹의 [좌우 전환]을 클릭합니다.

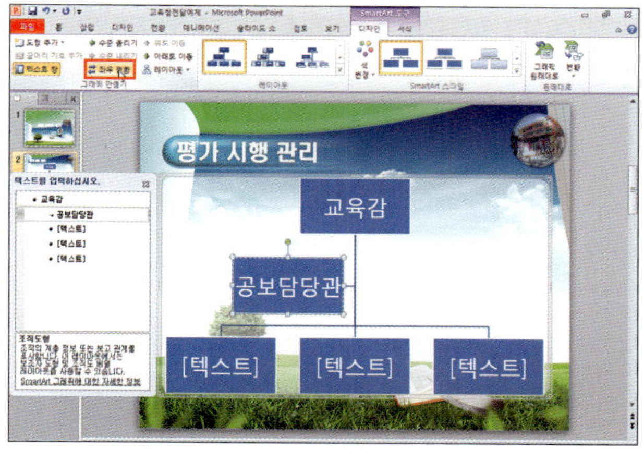

03 ›› [도형 추가] – [보조자 추가]를 클릭하여 도형을 하나 더 추가합니다.

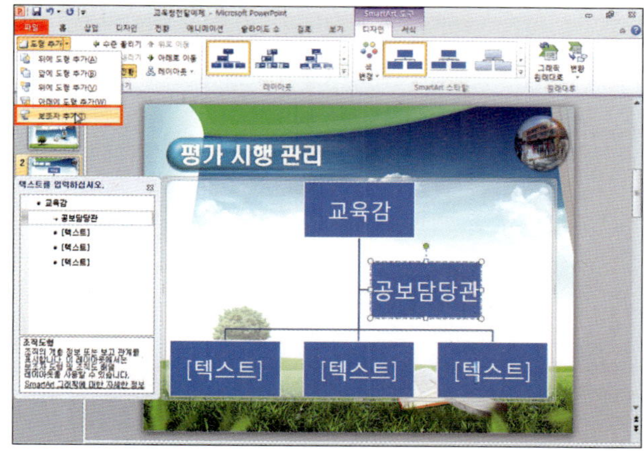

04 >> 추가된 도형을 '교육감' 아래쪽으로 옮긴 후 '부교육감' 이라고 입력합니다. [그래픽 만들기] 그룹의 [도형 추가] – [아래에 도형 추가를 클릭합니다.

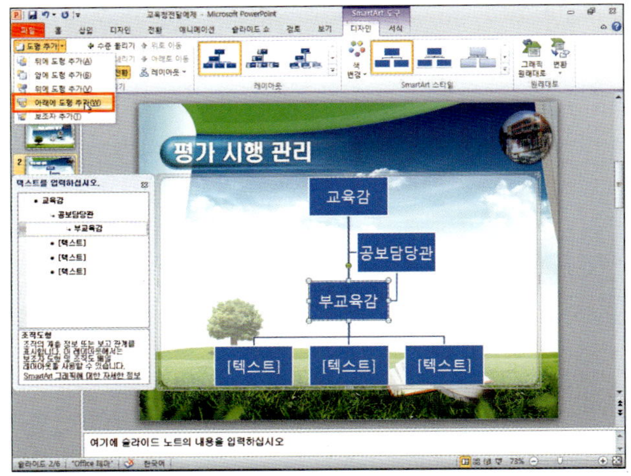

05 >> '감사관' 이라고 입력하고, '공보담당관' 도형을 아래 '감사관' 위치로 옮깁니다.

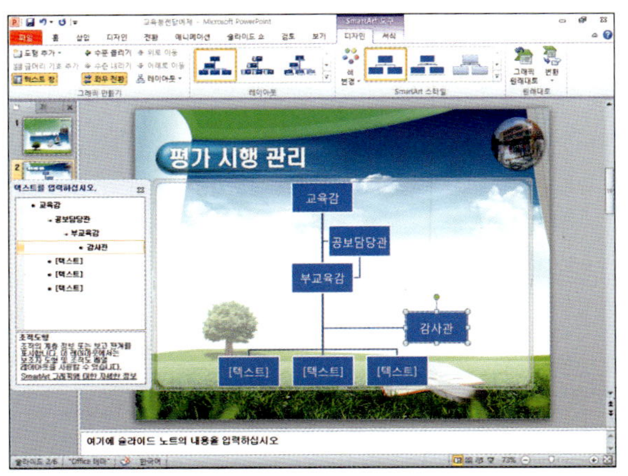

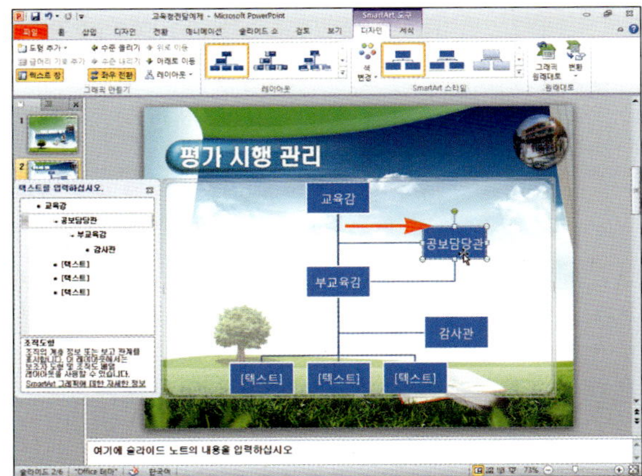

06 >> 텍스트 창에서 차례로 교육지청 이름을 입력하고, `Enter` 를 눌러 도형을 추가하면서 입력합니다. `Shift` 를 누르고 아래쪽 교육지청 도형만 모두 선택한 후, 크기 조절점을 드래그하여 다음처럼 조절합니다.

07 ›› [SmartArt 도구] – [디자인] 탭 – [SmartArt 스타일] 그룹의 [색 변경] – [색상형 범위 – 강조색 5 또는 6]을 클릭하고, [자세히(▼)] – [광택 처리]를 클릭합니다.

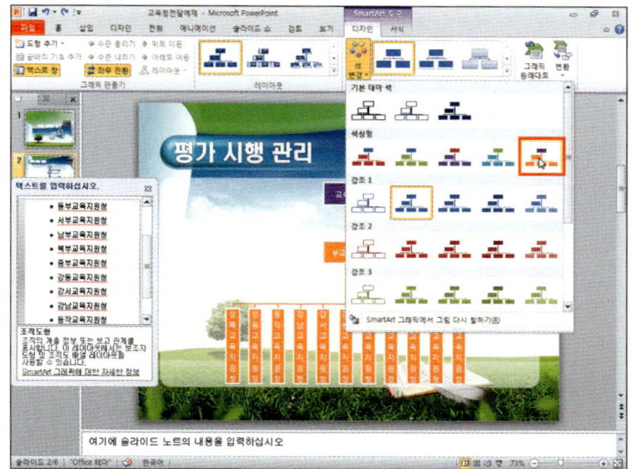

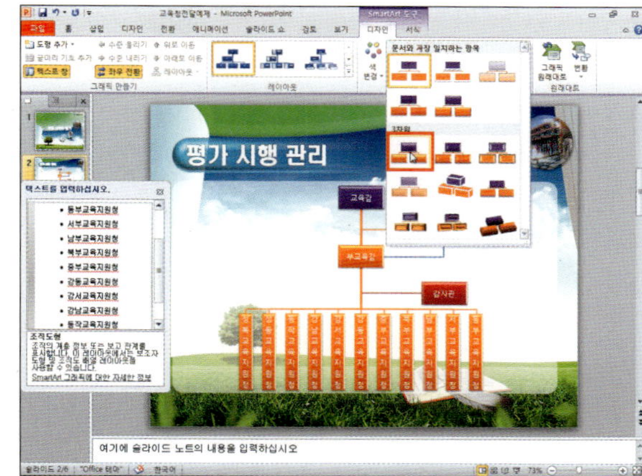

08 ›› 스마트아트 그래픽을 도형으로 변환하려면 [SmartArt 도구] – [디자인] 탭 – [원래대로] 그룹의 [변환] – [도형으로 변환]을 클릭합니다.

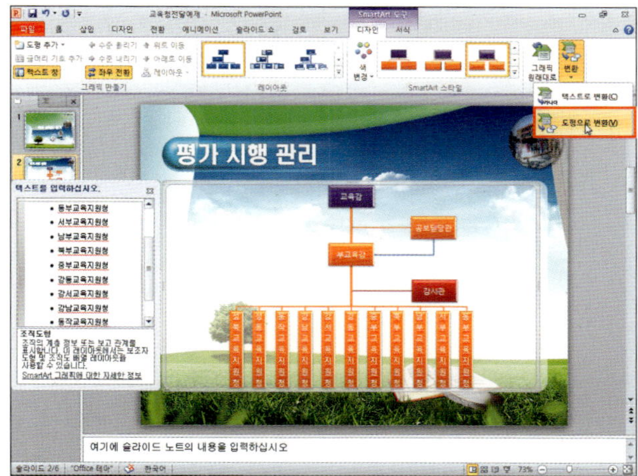

09 ›› 도형으로 변환되었으면 그룹을 해제하기 위해 Ctrl + Shift + G 를 누릅니다.

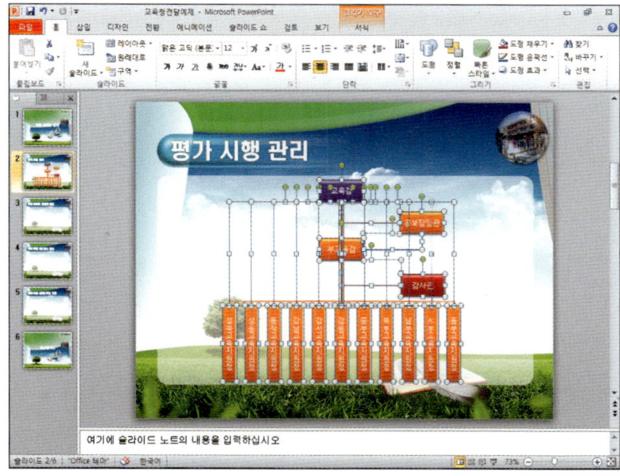

10 ›› '공보담당관'과 '부교육감'을 잇는 선을 삭제합니다.

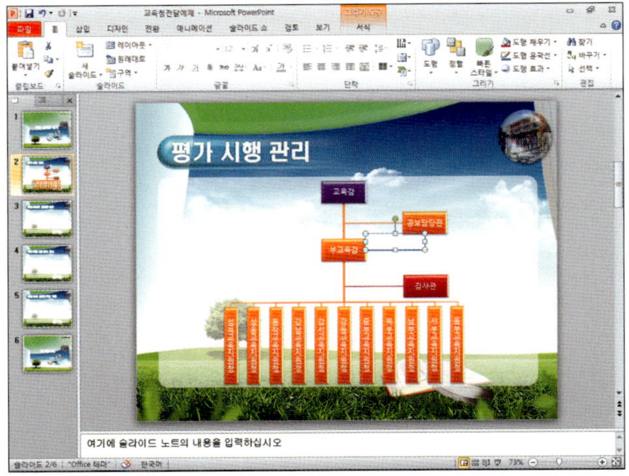

11 ›› '감사관' 도형은 [그리기 도구] – [서식] 탭 – [도형 스타일] 그룹의 [자세히(▼)]를 눌러 [강한 효과 – 주황, 강조 6]으로, 잇는 선은 [도형 윤곽선] – [주황, 강조 6]으로 지정합니다.

12 ›› 계층형 도형을 모두 선택한 후 **Ctrl** + **G** 를 눌러 다시 그룹으로 만듭니다.

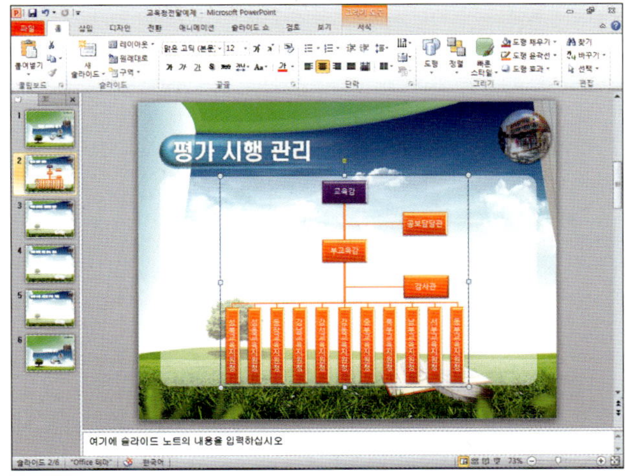

표 그리기

Step 04

이런 기능들이 사용됐어요 ➜ 표 삽입, 사다리꼴

01 ›› '슬라이드 3'을 선택하고, [삽입] 탭 – [표] 그룹의 [표] – [3×5]로 열과 행을 지정합니다. 표가 삽입되면 텍스트를 차례로 입력합니다.

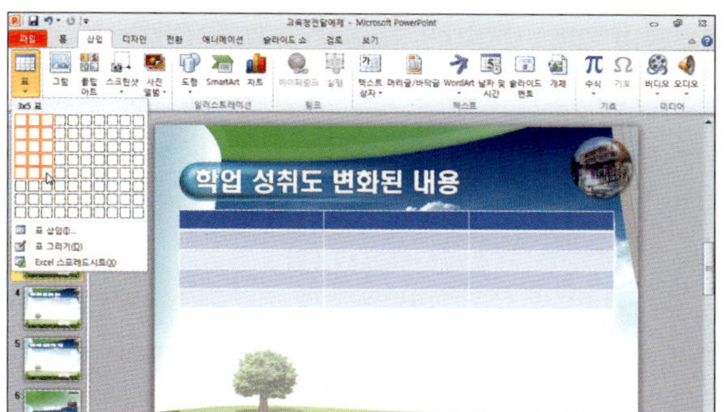
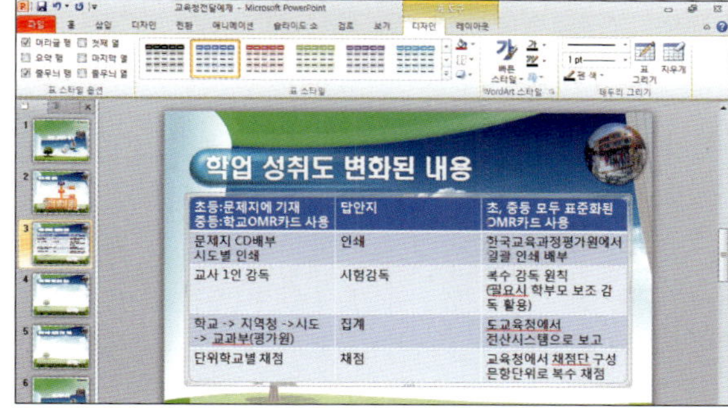

02 ›› 표 크기 조절 핸들을 드래그하여 크기를 조절한 후 셀 선도 드래그하여 열 너비를 조절합니다.

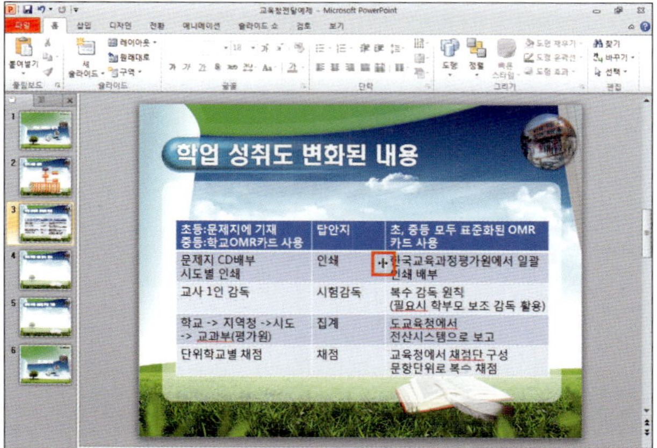

03 ›› [표 도구] – [디자인] 탭 – [표 스타일] 그룹의 [자세히(▼)]를 눌러 [밝은 스타일 1 – 강조 5]를 클릭합니다.

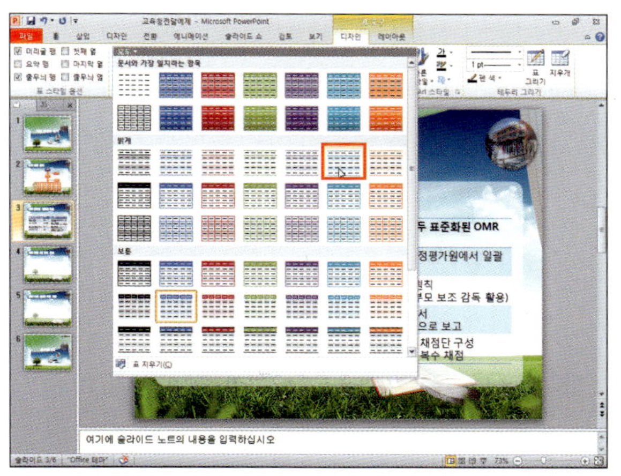
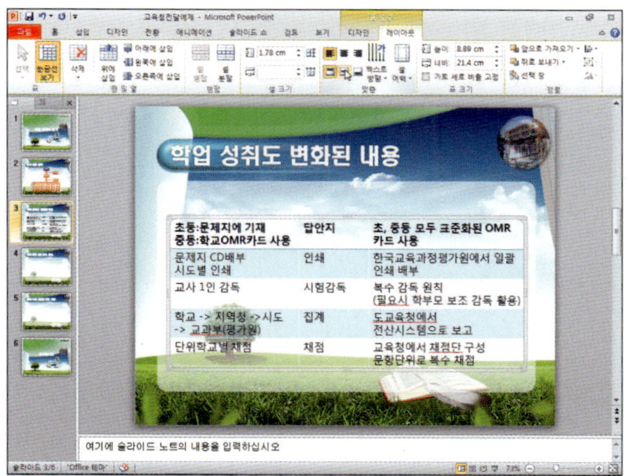

04 ›› [표 도구] – [레이아웃] 탭 – [맞춤] 그룹의 [세로 가운데 맞춤(☰)]을 클릭하고, 2열만 선택한 후 [맞춤] 그룹에서 [가운데 맞춤(☰)]을 클릭합니다. [표 도구] – [디자인] 탭 – [표 스타일] 그룹의 [효과(◑▾)] – [셀 입체 효과] – [둥글게]를 클릭합니다.

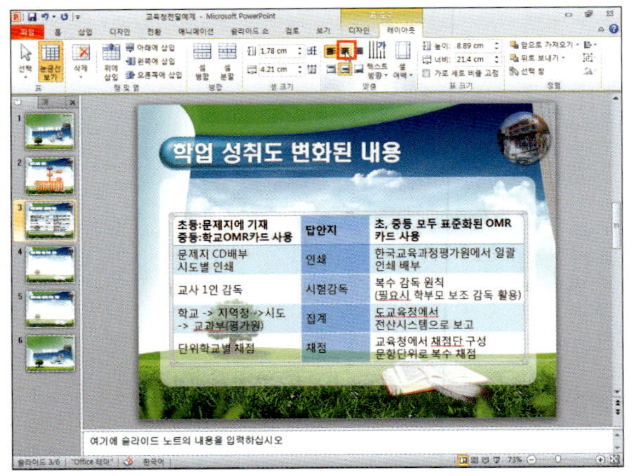
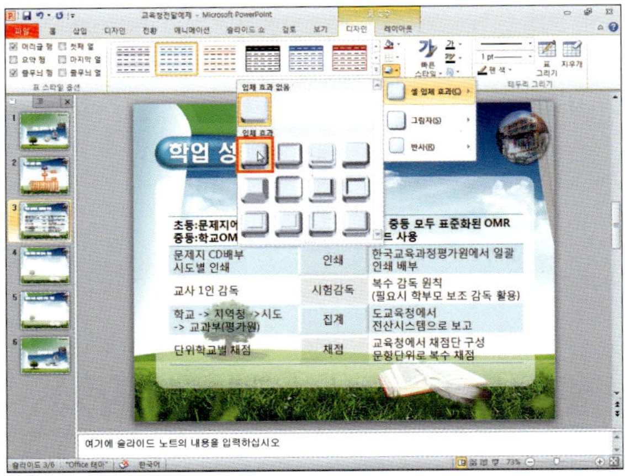

05 ›› [홈] 탭 – [그리기] 그룹의 [도형] – [사다리꼴(⬤)]을 클릭한 후 표의 1열 위에 드래그하여 사다리꼴 도형을 그립니다. [그리기] 그룹의 [빠른 스타일] – [밝은 색 1 윤곽선, 색 채우기 – 바다색, 강조 5]를 클릭합니다.

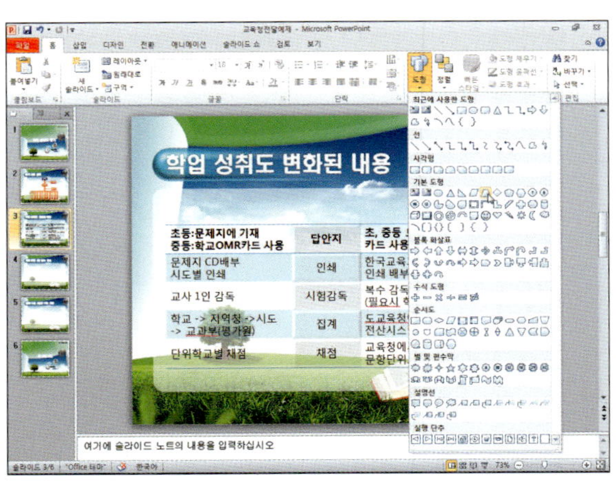
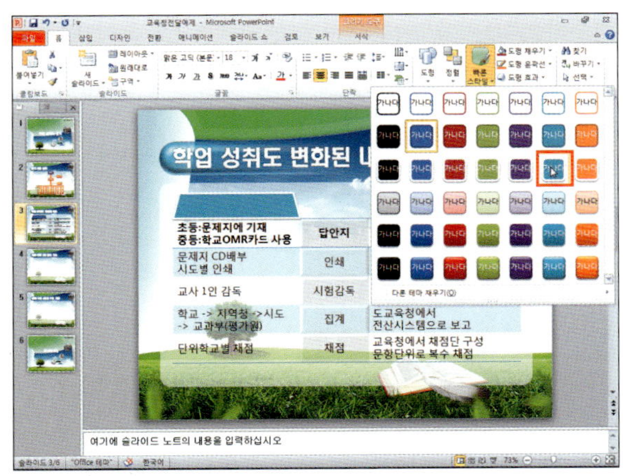

06 ›› 3열 위에도 사다리꼴 도형을 복사하고, 각각 텍스트를 입력합니다.

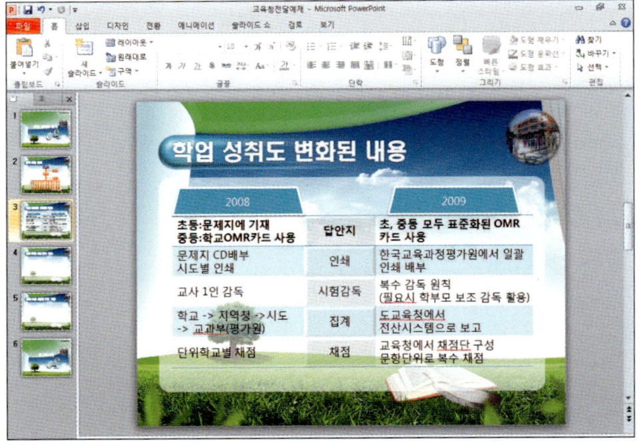

차트 활용하기

Step 05

이런 기능들이 사용됐어요 ➜ 차트, 애니메이션

01 ›› '슬라이드 4'를 선택하고, [삽입] 탭 – [일러스트레이션] 그룹의 [차트]를 클릭합니다. [세로 막대형] – [묶은 원통형]을 선택하고 [확인] 단추를 클릭합니다.

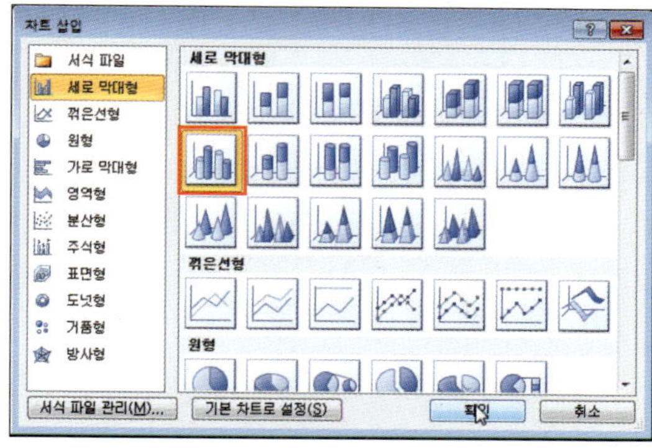

02 ›› 엑셀의 워크시트 창이 나타나면 데이터를 각각 입력합니다. 'B2:B3'은 백분율로 표시하기 위해 [표시 형식] – [%]를 선택하고, 데이터를 입력합니다. 오른쪽 아래 모서리를 끌어서 차트 범위를 'A1:B3'으로 조정한 후 엑셀의 [닫기(⊠)] 단추를 클릭하여 닫습니다.

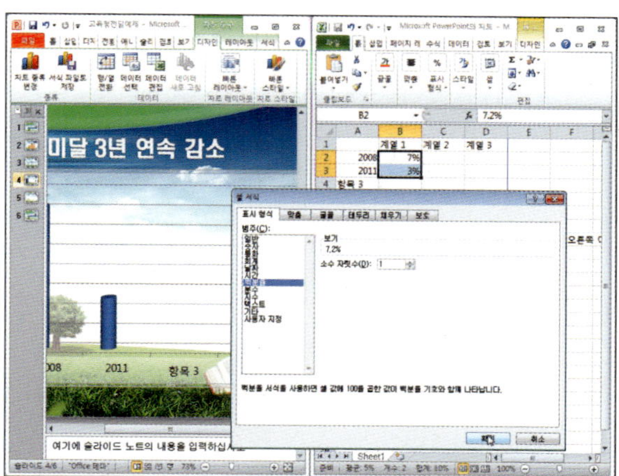

[셀 서식 : 표시 형식] 대화 상자 표시 아이콘(⬚)을 클릭한 후 '백분율 – 소수 자릿수:1'로 지정하고 [확인] 단추를 클릭하면 데이터를 소수 첫째 자리까지 표시할 수 있습니다.

03 ›› [차트 도구] – [디자인] 탭 – [차트 스타일] 그룹의 [자세히(▼)]를 눌러 [스타일 30]을 클릭합니다. [차트 레이아웃] 그룹의 [레이아웃 2]를 클릭하면 차트 레이아웃이 변경됩니다.

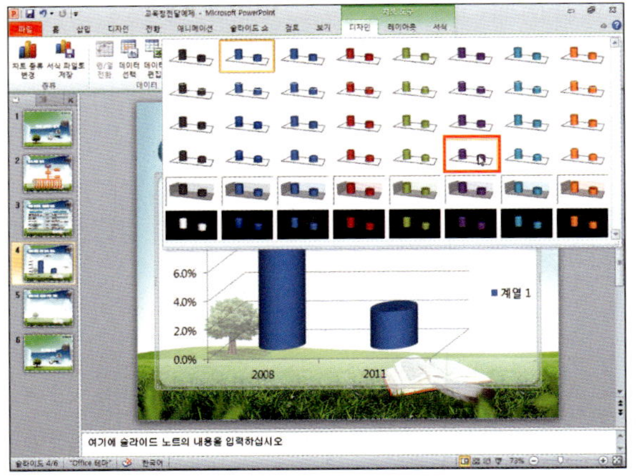
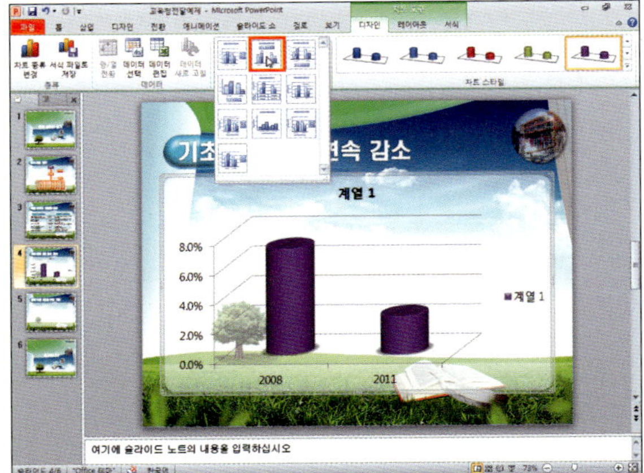

04 ›› [차트 도구] – [레이아웃] 탭 – [레이블] 그룹의 [차트 제목] – [없음], [범례] – [없음]을 클릭합니다.

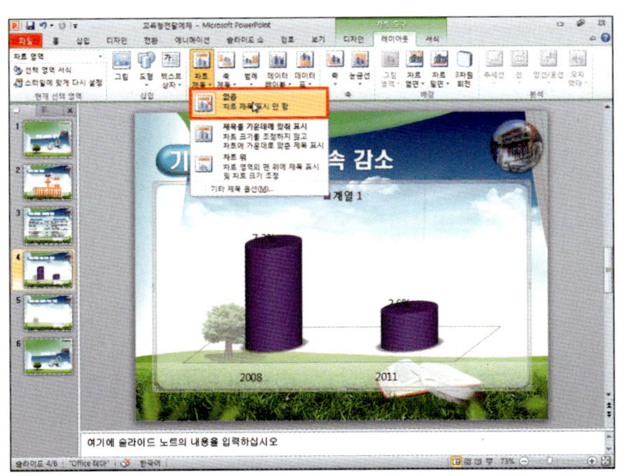
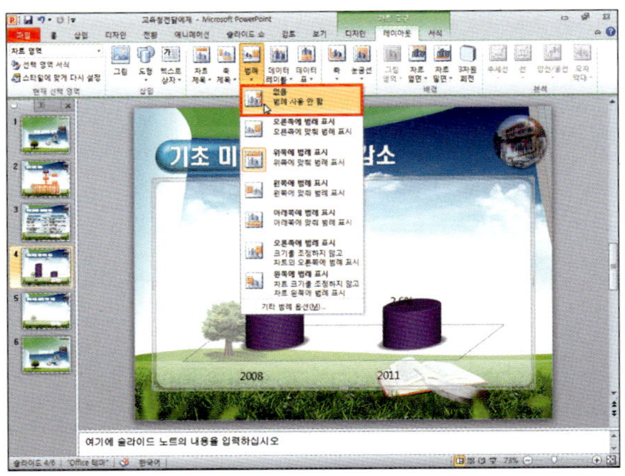

05 ›› [차트 도구] – [서식] 탭 – [현재 선택 영역] 그룹에서 [밑면]을 선택한 후 [도형 스타일] 그룹의 [도형 채우기] – [흰색, 배경 1, 5% 더 어둡게]를 클릭합니다. 밑면이 회색으로 채워졌습니다.

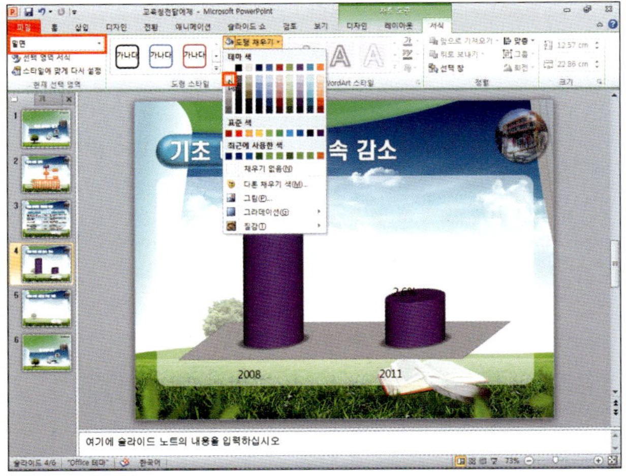

06 ›› '2011' 의 계열을 클릭하면 계열 전체가 선택되는데, 한 번 더 클릭하면 '2011' 만 선택됩니다. [차트 도구] – [서식] 탭 – [도형 스타일] 그룹의 [자세히(▼)]를 눌러 [강한 효과 – 주황, 강조 6]을 클릭합니다.

07 ›› [홈] 탭 – [그리기] 그룹의 [도형] – [구부러진 화살표 연결선(↴)]를 클릭한 후 '2008' 계열 요소에서 '2011' 쪽으로 드래그하여 선을 그립니다.

08 ›› 그린 선 위에서 마우스 오른쪽 단추를 눌러 [개체 서식]을 선택합니다. [선 색] – [그라데이션 선]을 선택한 후 다음처럼 설정합니다. 계속해서 [선 스타일]을 선택하고 '너비' 를 [6pt]로 설정합니다.

- 중지점 1/2 – 위치 : 0%, 색 : 자주, 강조 4, 40% 더 밝게, 투명도 : 0%
- 중지점 2/2 – 위치 : 100%, 색 : 자주, 강조 4, 40% 더 밝게, 투명도 : 100%

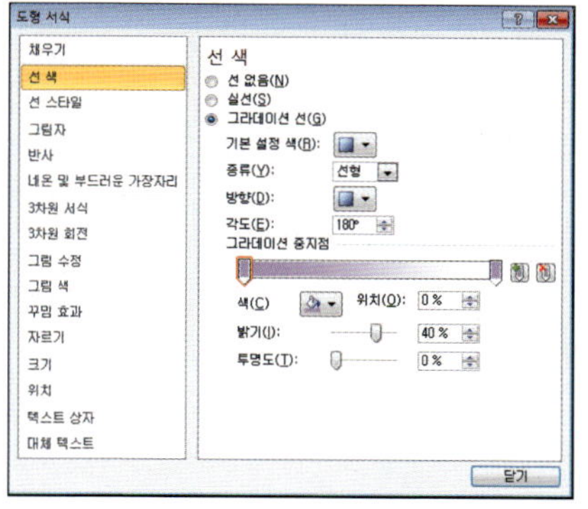 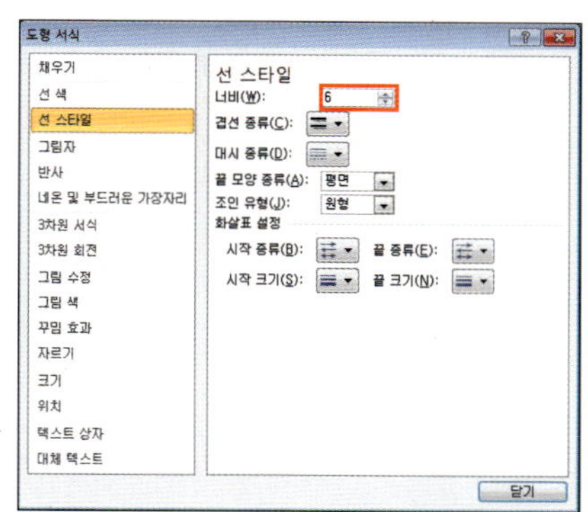

중지점을 제거하려면 제거하려는 중지점을 선택한 후 그라데이션 중지점 제거(🗒)]를 클릭하고, 추가하려면 그라데이션 중지점 추가(🗒)를 클릭합니다.

09 ›› 가로 텍스트 상자를 추가한 후 텍스트를 입력하고 [굵게(**가**)], [글꼴 색(**가 ·**)]은 빨강으로 지정합니다.

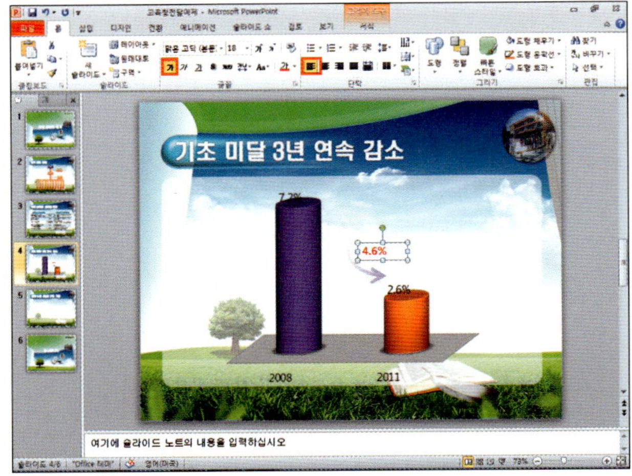

10 ›› '슬라이드 5'를 선택하고, [삽입] 탭 – [표] 그룹의 [표]를 클릭하여 '2×4' 표를 삽입합니다.

11 ›› 텍스트를 입력한 후 [표 도구] – [디자인] 탭 – [표 스타일] 그룹의 [자세히(▼)]를 눌러 [보통 스타일 2 – 강조 4]를 클릭합니다.

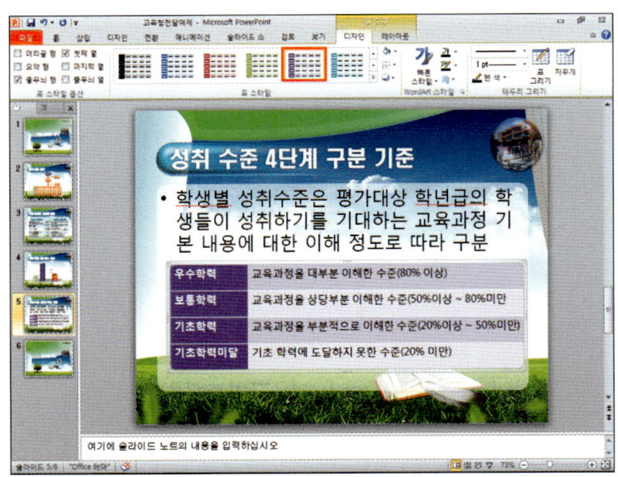

12 ›› [표 도구] – [레이아웃] 탭 – [맞춤] 그룹
의 [세로 가운데 맞춤(▤)]를 클릭하고, 1열만
선택한 후 [맞춤] 그룹에서 [가운데 맞춤(▤)]
를 클릭하여 완성합니다.

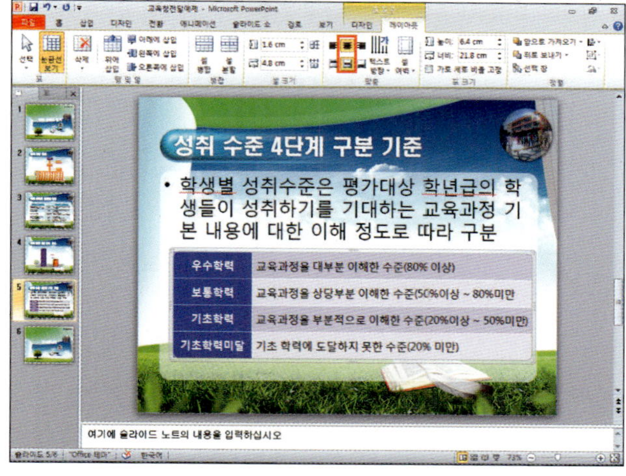

13 ›› F5 를 눌러 슬라이드 처음부터 슬라이드 쇼를 진행하여 수정할 곳이 없는지 확인합니다.

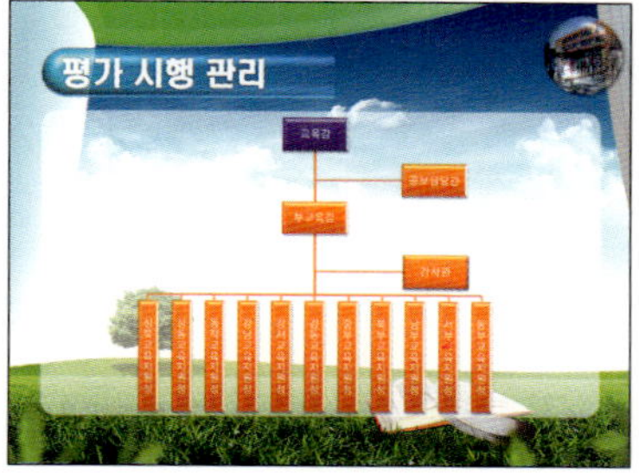

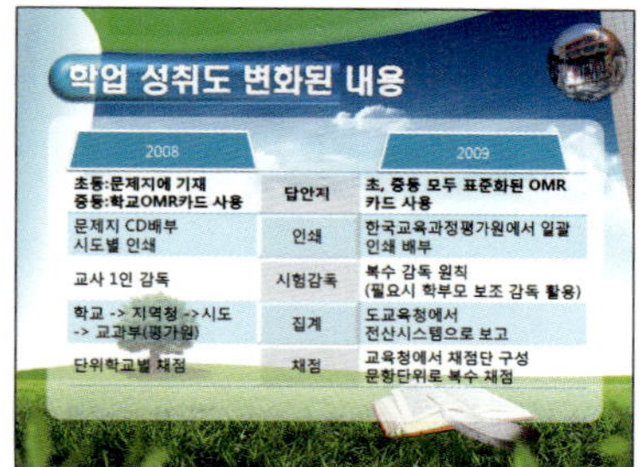

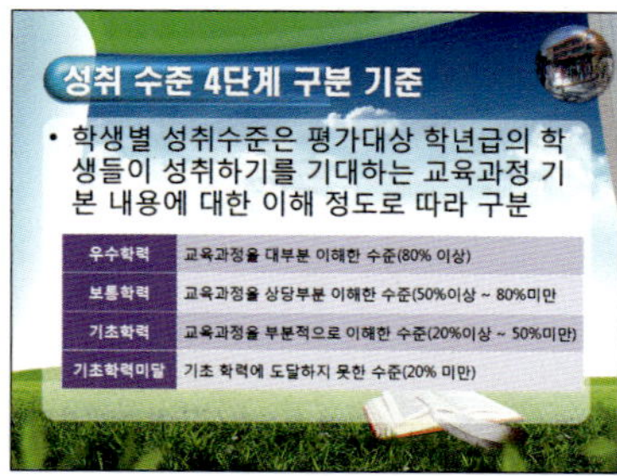

사회과 공개 수업 자료 만들기

파워포인트 2010에서는 여러 가지 서식 파일을 제공하며, 다른 사람과 공유할 수도 있습니다. 멀티미디어 서식을 다운로드하여 문서를 꾸미면 애니메이션, 화면 전환 효과를 그대로 적용할 수 있습니다. 사회과 공개수업 자료를 만들어야 하므로 비디오 파일을 삽입하는 방법을 알아보고, 상반되는 두 가지 내용 또는 개념도 관계형 스마트아트 그래픽으로 그려보도록 하겠습니다.

Section 21   Section 22   **Section 23**   Section 24   Section 25

| 예제 파일 | 소스파일\동양척시.jpg, 토지조사.jpg, 총독1.jpg, 총독2.jpg, 총독3.jpg, 총독4.jpg, 역할극.wmv
| 완성 파일 | 완성파일\사회공개수업완성.pptx

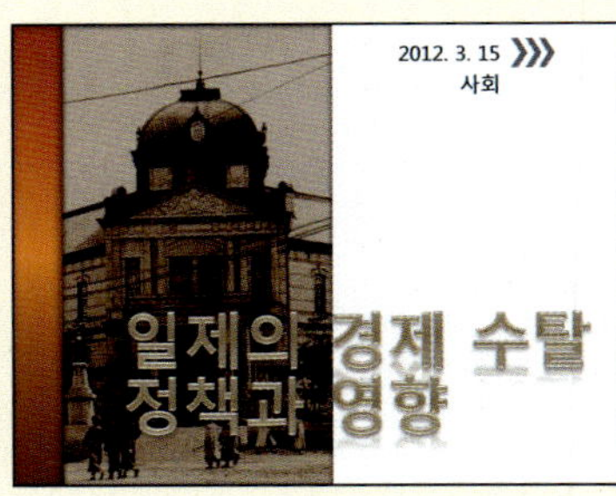

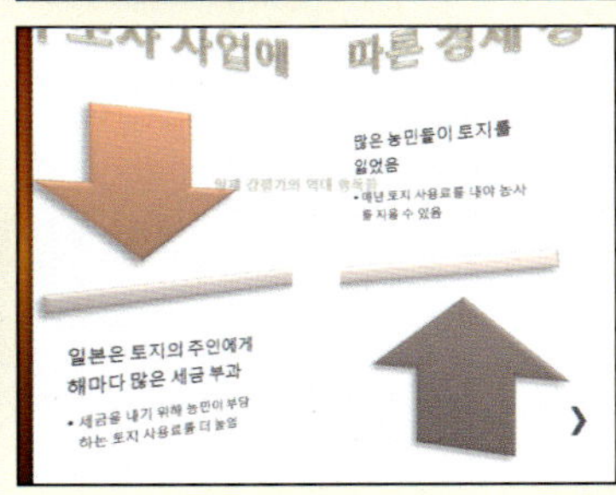

슬라이드 마스터 편집하기

Step 01

이런 기능들이 사용됐어요 ➜ 그림 바꾸기, 그림 자르기

01 》》 파워포인트 2010을 실행한 다음 [파일] 탭 – [새로 만들기] – [PowerPoint 프레젠테이션 및 슬라이드]
클릭하고, [멀티미디어 프레젠테이션] – [비디오를 사용한 수업 프레젠테이션]을 클릭한 후 [다운로드]를 클릭
합니다.

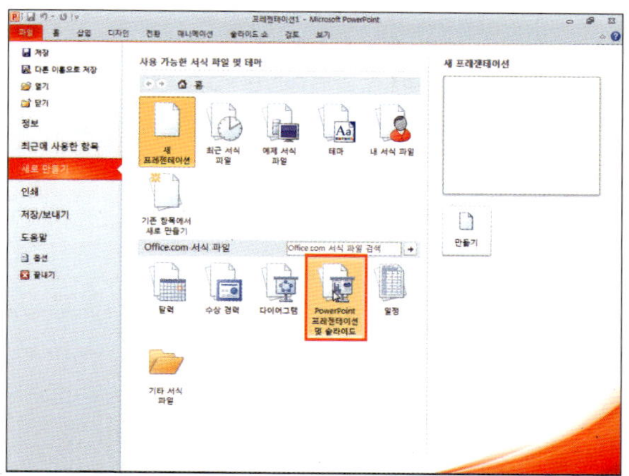 

'Office.com 서식 파일'에서 검색하여 서식 파일을 다운로드하여 사용할 수 있습니다. 반드시 파워포인트 2010 정품 사용자
만 서식 파일을 다운로드하여 사용할 수 있습니다.

02 》》 정품 확인 후 다운로드된 멀티미디어 서
식 파일이 열립니다. 텍스트, 그림, 비디오를
대체만으로 쉽게 멀티미디어 문서를 만들 수
있습니다.

03 ›› 화면 보기 단추 중 기본 보기(▣) 단추를 Shift 와 함께 눌러서 슬라이드 마스터 보기로 이동합니다. 레이아웃 중 '제목 슬라이드 레이아웃'을 선택한 후 그림을 선택하고 마우스 오른쪽 단추를 눌러 [그림 바꾸기]를 선택합니다.

04 ›› [그림 삽입] 대화 상자에서 '소스파일\동양척식.jpg'를 불러옵니다. 그림을 슬라이드 창 크기에 맞게 조절합니다.

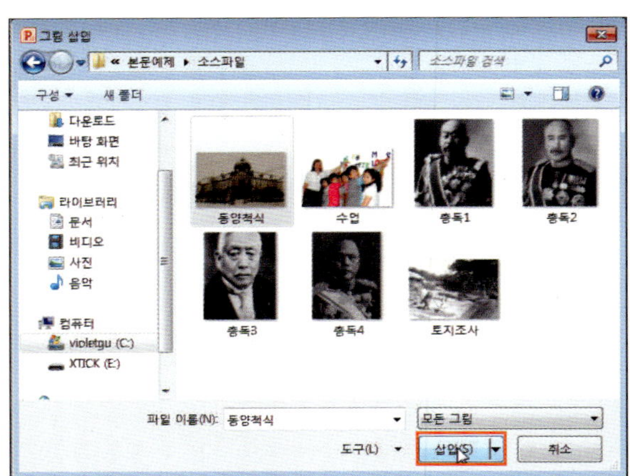

05 ›› [그림 도구] – [서식] 탭 – [크기] 그룹의 [자르기]를 클릭한 후 그림 테두리의 자르기 선을 드래그하여 본래 그림 크기에 맞게 잘라줍니다.

06 ›› 제목 텍스트 상자를 선택한 후 [그리기 도구] – [서식] 탭 – [WordArt 스타일] 그룹의 [자세히(▼)]를 눌러 [채우기 – 밤색, 강조 6, 부드러운 무광택 입체]를 클릭합니다.

07 ›› [그리기 도구] – [서식] 탭 – [WordArt 스타일] 그룹의 [텍스트 효과(가▼)]를 클릭하여 [반사] – [근접 반사, 터치]를 클릭합니다, 제목 텍스트 상자를 아래쪽으로 이동하고 크기 조절합니다.

08 ›› 레이아웃 중 '제목 및 내용 레이아웃'을 선택한 후 제목 텍스트 상자를 선택하고, [그리기 도구] – [서식] 탭 – [WordArt 스타일] 그룹의 [자세히(▼)]를 눌러 [채우기 – 밤색, 강조 6, 부드러운 무광택 입체]를 클릭합니다.

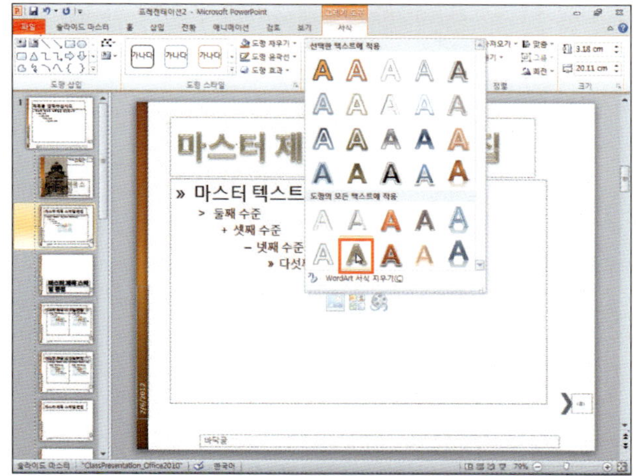

09 ›› [홈] 탭 – [글꼴] 그룹의 글꼴 크기를 [40pt]로 지정한 후 화면 하단의 기본 보기(⊞) 단추를 눌러 기본 보기 화면으로 이동합니다.

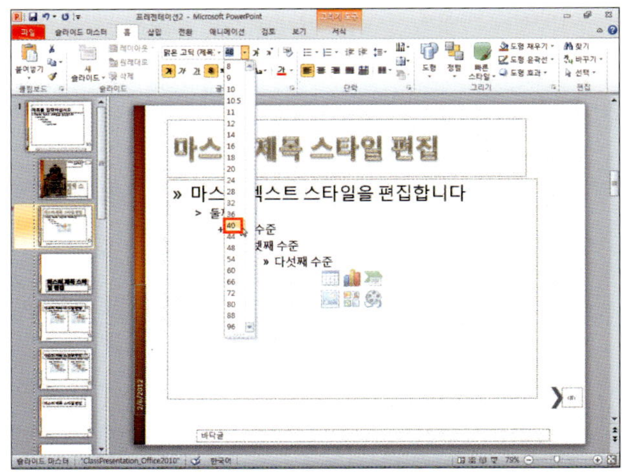

비디오 파일 삽입하기 Step **02**

이런 기능들이 사용됐어요 ➜ 미디어 클립 삽입

01 ›› '슬라이드 1' 의 제목과 부제목을 각각 입력하고, 제목 텍스트 상자의 크기를 조절합니다.

02 ›› [개요 및 슬라이드] 창에서 '슬라이드 5'를 '슬라이드 1' 아래로 이동시킵니다.

03 ›› 슬라이드 제목을 입력하고, 삽입되어 있는 비디오 파일을 선택한 후 **Delete**를 눌러 삭제합니다.

04 ›› 텍스트 상자 안의 [미디어 클립 삽입(🎞)]을 클릭하고, '소스파일\역할극.wmv'를 선택한 후 [삽입]-[파일에 연결]을 클릭합니다.

> **파일에 연결**
> 비디오 파일을 삽입할 때 [비디오 삽입] 대화 상자에서 [삽입] 단추를 눌러 [파일에 연결]을 클릭하면 외부 비디오 또는 동영상 파일에 연결하여 프레젠테이션 파일의 크기를 줄일 수 있고, 프레젠테이션과 동일한 폴더 안에 해당 비디오 파일을 포함하지 않아도 됩니다.

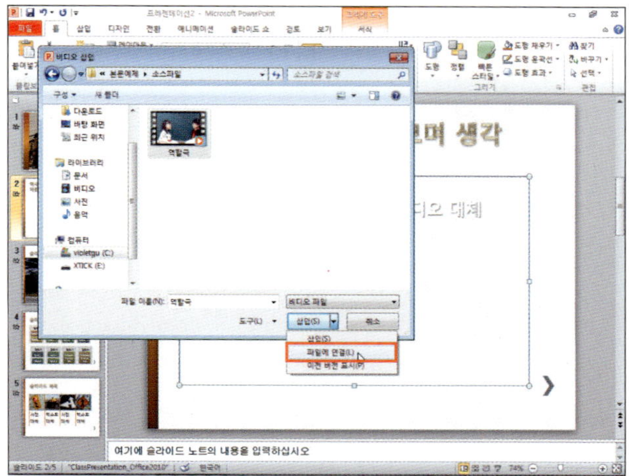

비디오 스타일 변경하기 Step 03

이런 기능들이 사용됐어요 ➜ 비디오 스타일, 포스터 틀

01 ›› [비디오 도구] – [서식] 탭 – [정렬] 그룹의 [뒤로 보내기]–[맨 뒤로 보내기]를 클릭합니다. 스타일을 변경하기 위해 [비디오 스타일] 그룹의 [자세히(▾)]를 눌러 [둥근 대각선 모서리, 흰색]을 클릭합니다.

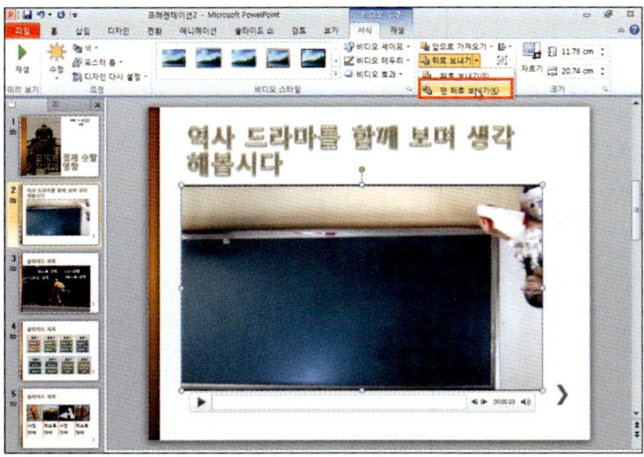

02 ›› [모양 조절점(◇)]을 왼쪽으로 드래그하여 둥근 모서리를 조절합니다.

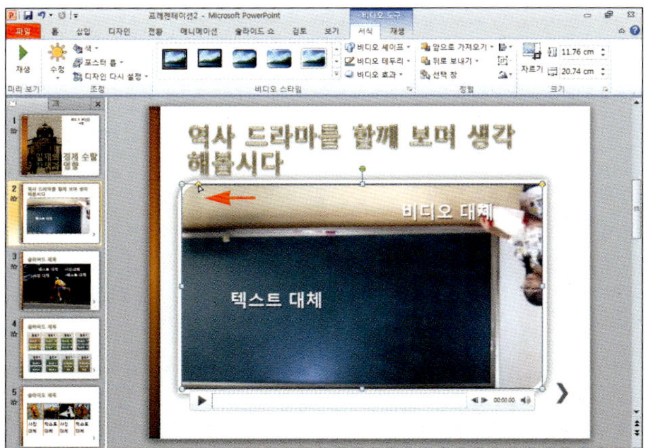

03 ›› [비디오 도구] – [재생] 탭 – [비디오 옵션] 그룹의 '시작'을 [자동 실행]으로 지정합니다. 슬라이드 쇼를 시작하면 자동으로 실행하게 됩니다.

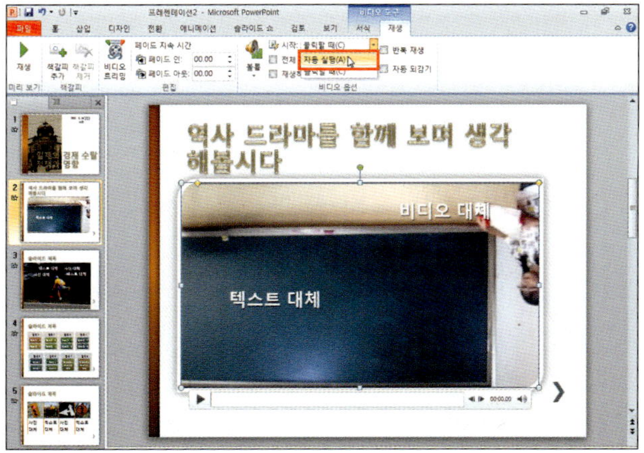

04 〉〉 비디오의 미니 도구 모음에서 [재생(▶)]을 클릭하면 비디오가 재생됩니다. 재생 중 마음에 드는 장면이 나오면 [비디오 도구] – [서식] 탭 – [조정] 그룹의 [포스터 틀] – [현재 틀]을 클릭하여 현재 장면을 미리 보기 화면으로 만듭니다.

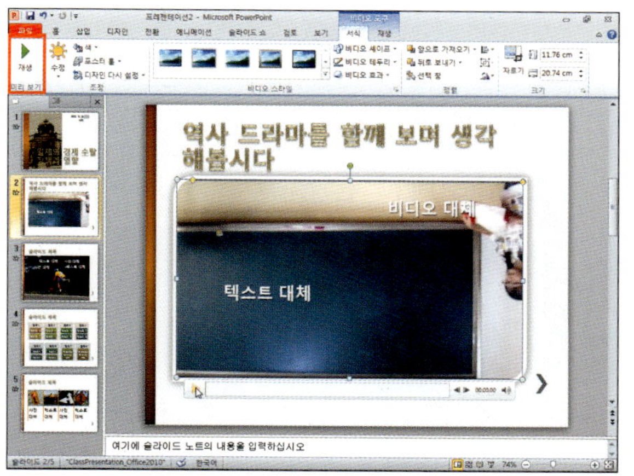

05 〉〉 비디오 위의 텍스트를 수정합니다.

06 〉〉 **Shift** + **F5** 를 눌러 현재 슬라이드부터 슬라이드 쇼를 진행합니다. 텍스트가 먼저 애니메이션으로 진행되고, 클릭하면 다음 애니메이션이 진행되며 역할극도 시작됩니다.

애니메이션 추가하기 Step 04

이런 기능들이 사용됐어요 ➡ 애니메이션 추가, 타이밍 효과

01 ›› '슬라이드 3'을 선택하고 슬라이드 창에서 제목을 입력합니다. 그림을 선택한 후 마우스 오른쪽 단추를 눌러 [그림 바꾸기]를 선택합니다.

02 ›› [그림 삽입] 대화 상자에서 '소스파일\토지조사.jpg'를 선택하고, [삽입] 단추를 클릭합니다.

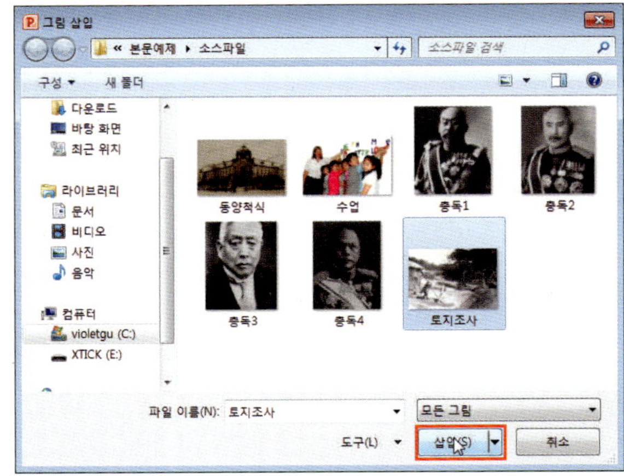

03 ›› 그림의 크기 조절점을 드래그하여 본래 그림의 크기로 조절합니다. 텍스트 상자에 글을 입력하고, 위치를 이동한 후 나머지 텍스트 상자는 삭제합니다. [홈] 탭 – [글꼴] 그룹의 [텍스트 그림자(⑤)]를 클릭하여 그림자 효과를 적용합니다.

04 ›› 계속해서 텍스트 상자를 선택한 채 [애니메이션] 탭 – [고급 애니메이션] 그룹의 [애니메이션 창]을 클릭합니다. 오른쪽에 애니메이션 창이 표시됩니다.

05 ›› 텍스트 상자에 애니메이션 효과가 적용되어 있습니다. 여기에 애니메이션을 하나 더 추가하기 위해 [애니메이션] 탭 – [고급 애니메이션] 그룹의 [애니메이션 추가] – '강조' 의 [색칠하기]를 클릭합니다.

06 ›› [타이밍] 그룹의 '시작' 을 [이전 효과 다음에]로 지정합니다.

07 ›› 애니메이션 창에서 추가한 애니메이션을 선택한 후 마우스 오른쪽 단추를 눌러 [효과 옵션]을 선택합니다.

08 ›› [색칠하기] 대화 상자의 [효과] 탭에서 '소리' 항목을 [요술봉]으로 지정하고 [확인] 단추를 클릭합니다.

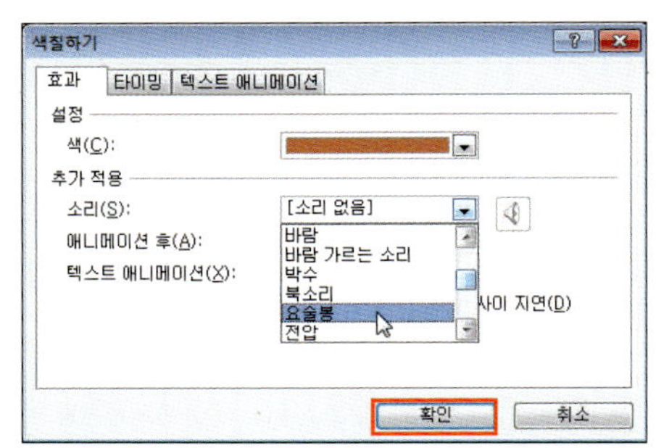

09 ›› [개요 및 슬라이드] 창에서 '슬라이드 4'를 선택한 후 Delete 를 눌러 슬라이드를 삭제합니다. 계속해서 '슬라이드 3'을 선택한 후 Ctrl + C 를 눌러 복사하고 Ctrl + V 를 눌러 붙여넣기 합니다. '슬라이드 4'의 그림을 '동양척식'으로 바꿔줍니다.

관계형 스마트아트에 애니메이션 적용하기   Step 05

이런 기능들이 사용됐어요 ➜ 관계형 스마트아트 삽입, 애니메이션 효과

01 ﹥﹥ **Ctrl** + **M** 를 눌러 새 슬라이드를 추가한 후 제목을 입력합니다. [삽입] 탭 – [일러스트레이션] 그룹의 [SmartArt]를 클릭합니다.

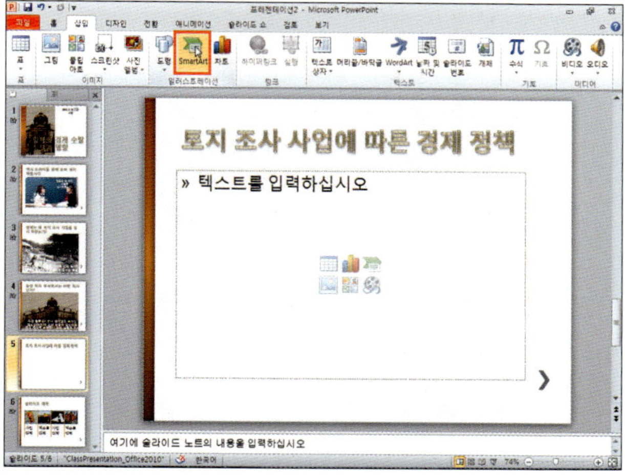

02 ﹥﹥ [SmartArt 그래픽 선택] 대화 상자에서 [관계형] – [평형 화살표형]을 선택한 후 [확인] 단추를 클릭합니다.

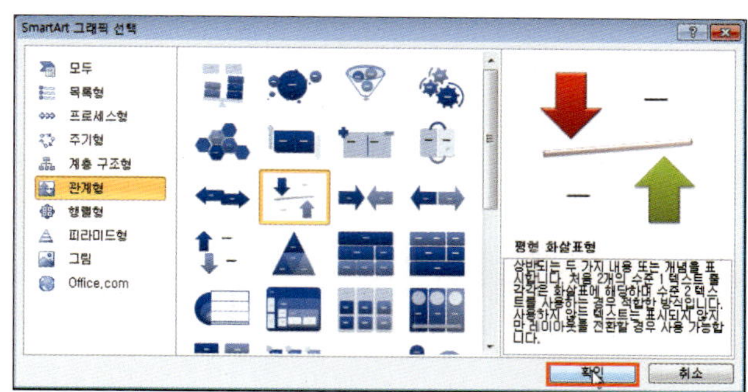

[평형 화살표형]은 상반되는 두 가지 내용 또는 개념을 표시할 때 사용합니다.

03 ﹥﹥ 텍스트 창에 "많은 농민들이 토지를 잃었음"을 입력하고, **Enter** 를 누른 후 한 수준 내리기 위해 **Tab** 을 누르고 텍스트를 입력합니다. 같은 방법으로 나머지 텍스트도 입력합니다.

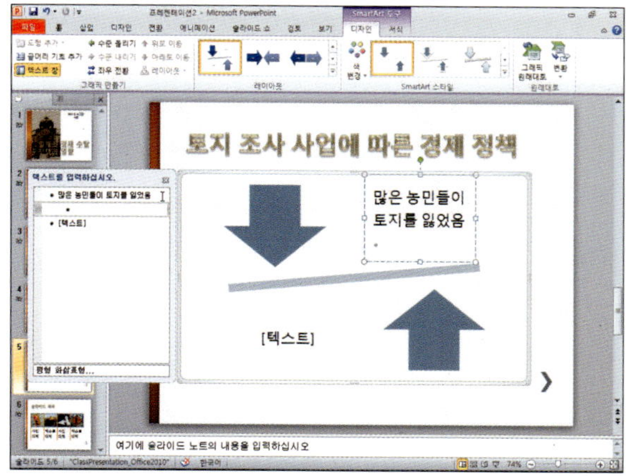

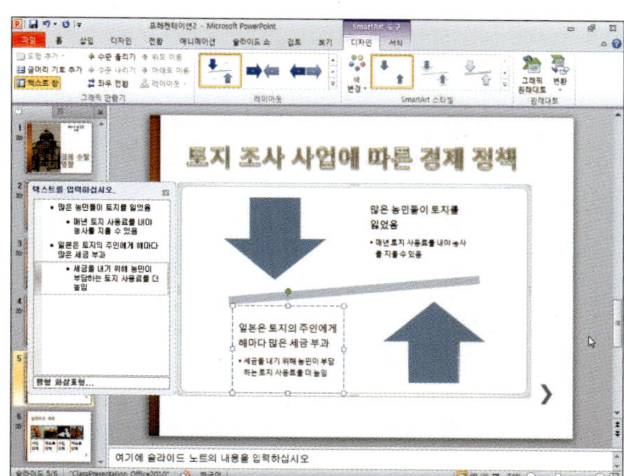

04 >> [SmartArt 도구] – [디자인] 탭 – [Smart Art 스타일] 그룹의 [색 변경] – [색상형 범위 – 강조색 2 또는 3]을 클릭합니다.

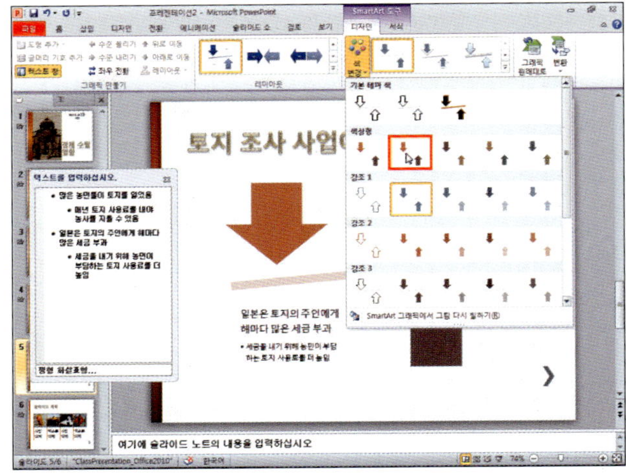

05 >> [SmartArt 스타일] 그룹의 [자세히(▼)]를 눌러 [강한 효과]를 클릭합니다.

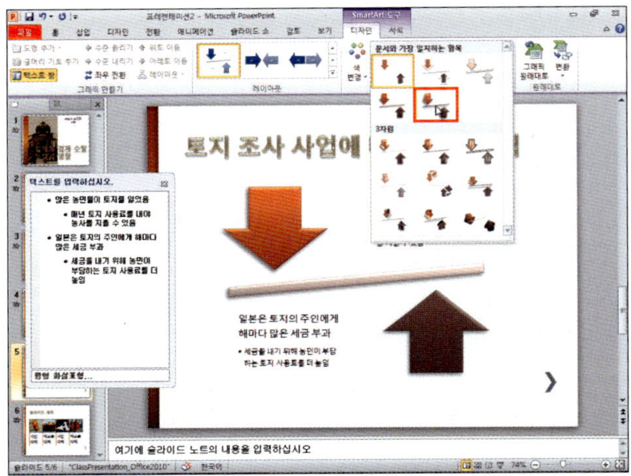

06 >> 스마트아트에 애니메이션 효과를 적용하기 위해 평형 화살표형을 선택한 후 [애니메이션] 탭 – [애니메이션] 그룹의 [자세히(▼)]를 눌러 '나타내기'의 [밝기 변화]를 클릭합니다. [애니메이션] 그룹의 [효과 옵션]을 [개별적으로]로 지정합니다.

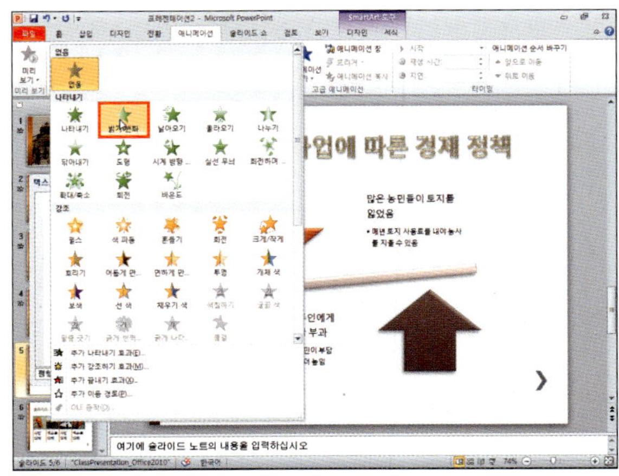

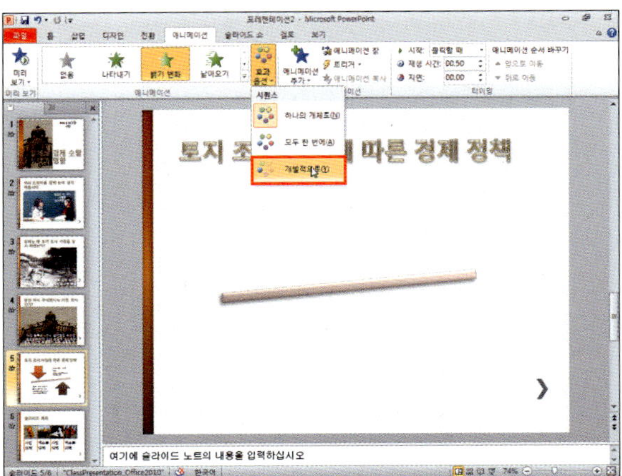

07 ›› **Shift** + **F5** 를 눌러 애니메이션 효과를 확인합니다. 개별적으로 차례로 애니메이션이 진행됩니다.

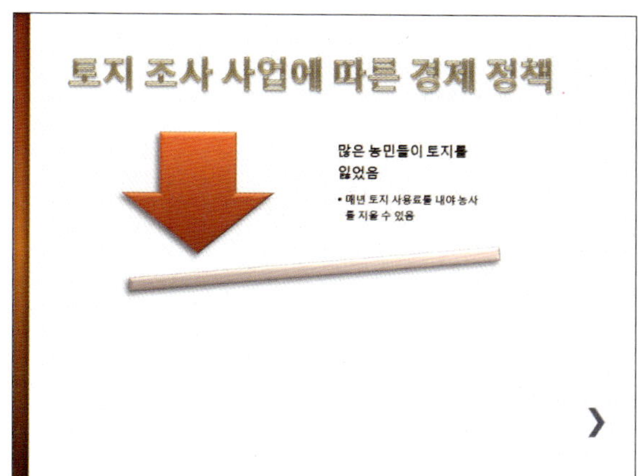

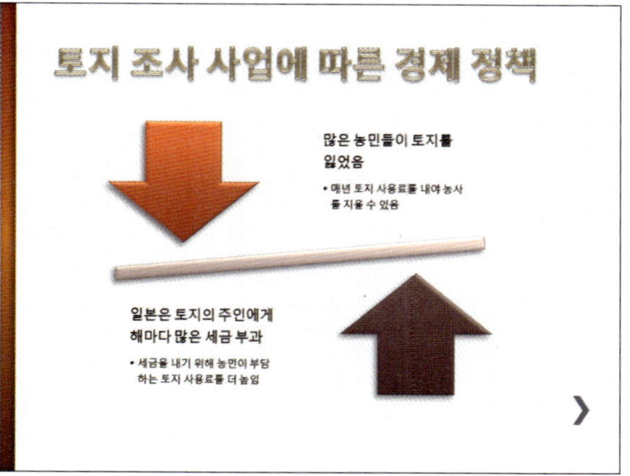

08 ›› [개요 및 슬라이드] 창에서 '슬라이드 6'을 선택하고, 제목을 입력합니다. 스마트아트 그래픽의 텍스트 창에서 첫 번째 그림을 선택한 후 삭제합니다. 새로운 그림을 삽입하기 위해 그림 아이콘(🖼)을 클릭합니다.

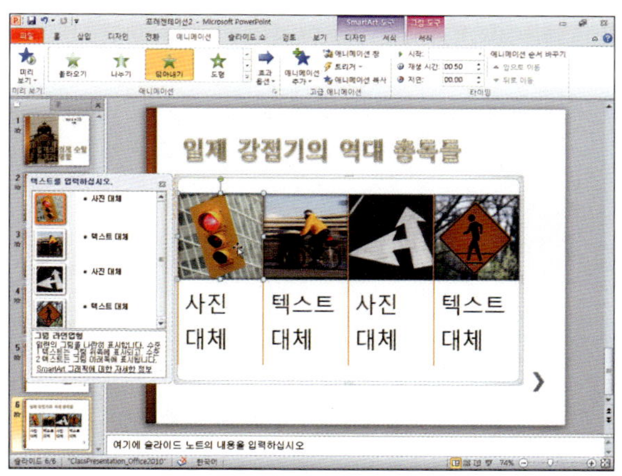

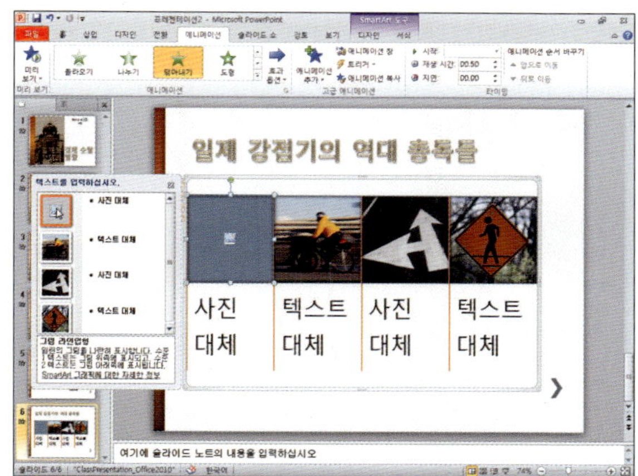

09 ›› [그림 삽입] 대화 상자에서 '소스파일\총독1.jpg' 를 삽입하고, 텍스트를 입력합니다.

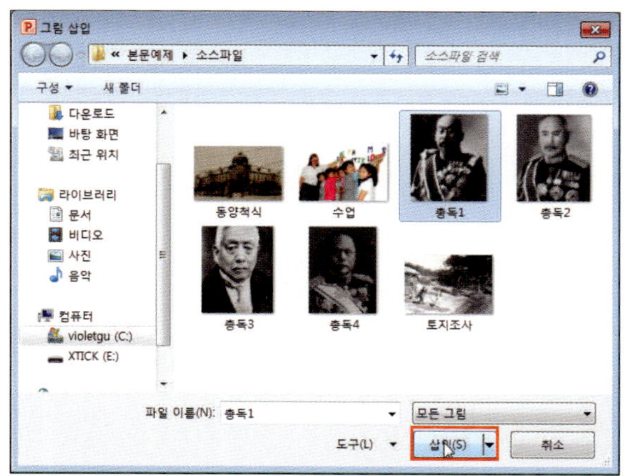

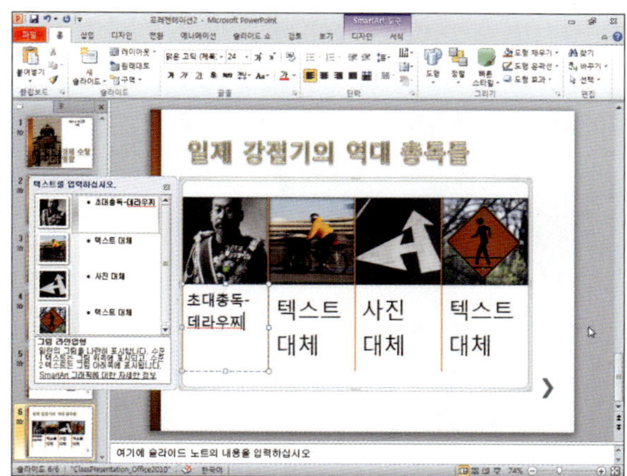

10 ›› 나머지 그림과 텍스트도 같은 방법으로
수정합니다.

11 ›› F5 를 눌러 슬라이드 쇼를 진행합니다. 화면 전환과 애니메이션 효과, 관계형 스마트아트 그래픽을 살
펴봅니다.

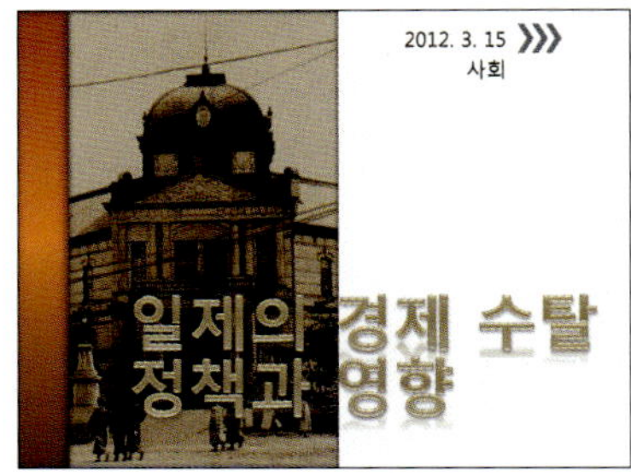  

 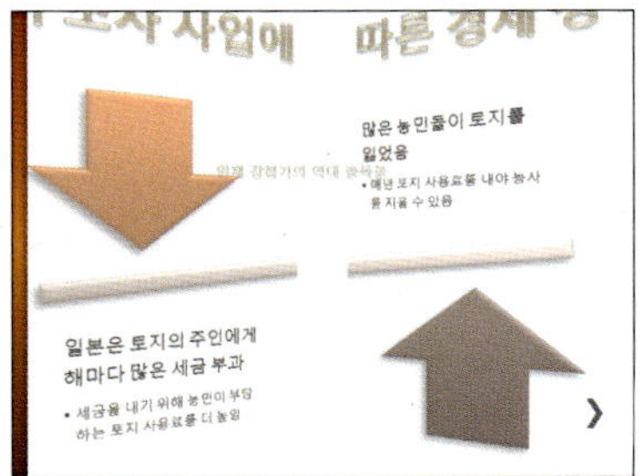 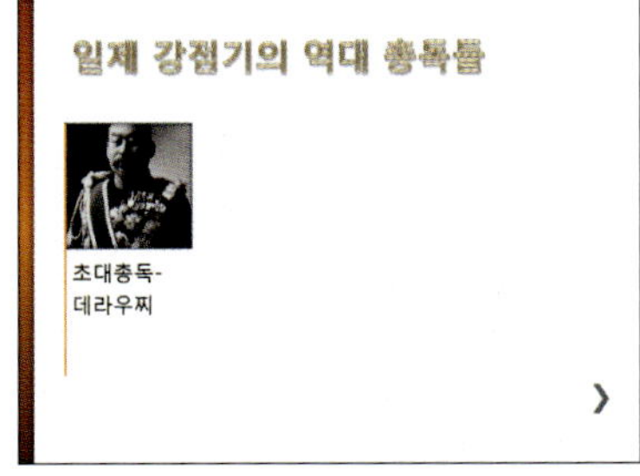

학교 행사 발표 문서 만들기

학교에는 많은 행사가 있는데 이번에는 독서 퀴즈 대회 문서를 만들어 보겠습니다. 행렬형을 이용해서 주의사항을 설명하고, 하이퍼링크를 사용해서 퀴즈 문제를 내보겠습니다. 정답은 애니메이션을 사용해서 확인하는 방법으로 아이들이 흥미를 가질 수 있도록 만들어 보겠습니다.

Section 21   Section 22   Section 23   **Section 24**   Section 25

| 예제 파일 | 소스파일\독서퀴즈예제.pptx
| 완성 파일 | 완성파일\독서퀴즈완성.pptx

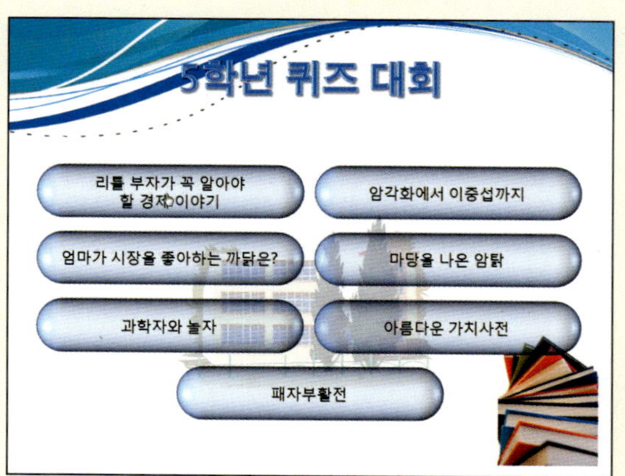

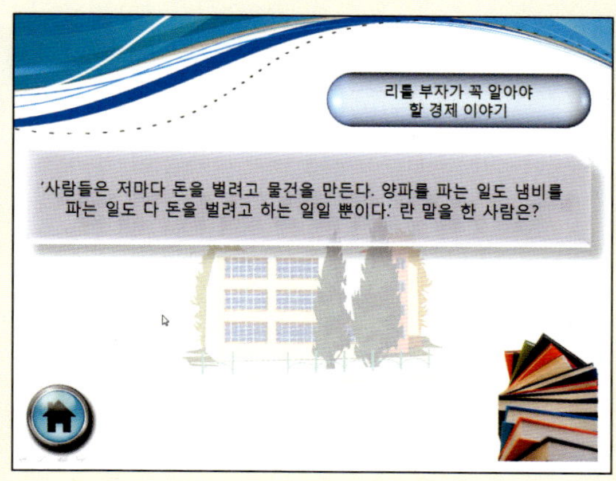

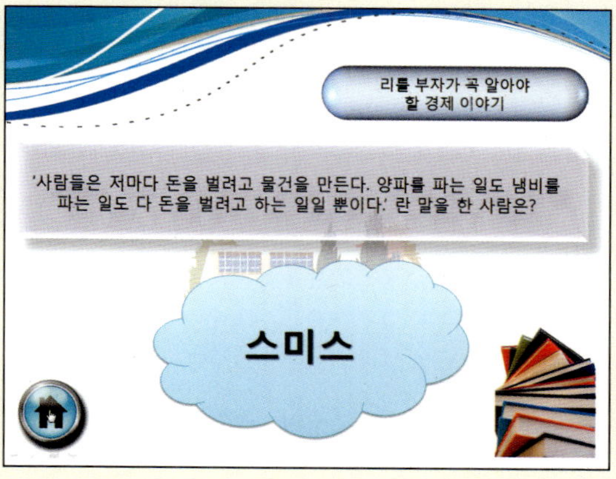

행렬형 스마트아트 삽입하기 Step 01

이런 기능들이 사용됐어요 ➜ 행렬형 스마트아트 삽입, 도형 기본 설정, 3차원 서식

01 >> 파워포인트 2010을 실행한 다음 [파일] 탭 – [열기]를 클릭하여 '소스파일\독서퀴즈예제.pptx'를 불러옵니다. '슬라이드 2'에서 [삽입] 탭 – [일러스트레이션] 그룹의 [SmartArt]를 클릭합니다.

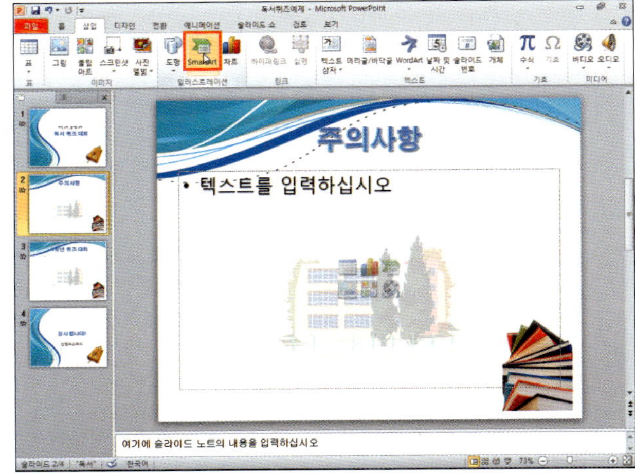

02 >> [SmartArt] 대화 상자가 나타나면 [행렬형] – [기본 행렬형]을 선택한 후 [확인] 단추를 클릭합니다.

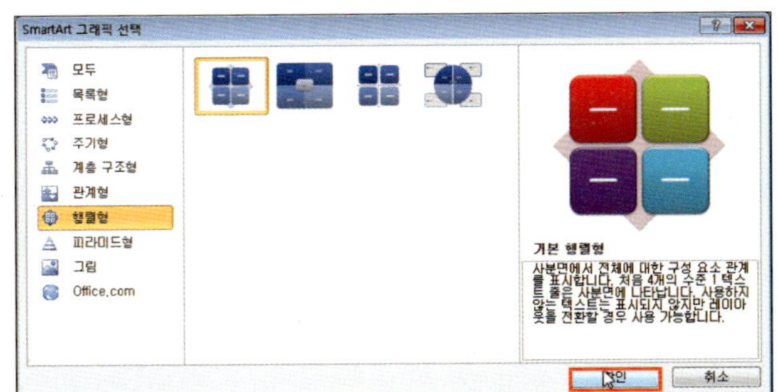

03 >> 텍스트 창에 차례로 텍스트를 입력합니다. [SmartArt 도구] – [디자인] 탭 – [SmartArt 스타일] 그룹의 [색 변경] – [색상형 범위 – 강조색 3 또는 4]를 클릭합니다.

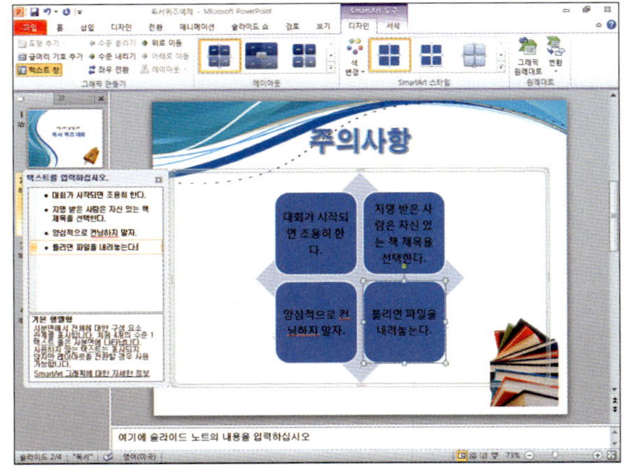

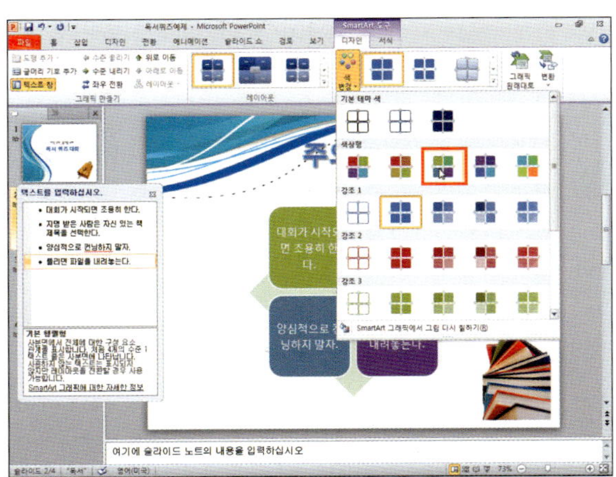

04 ›› **Shift** 를 누른 채 모서리가 둥근 직사각형을 모두 선택한 후 [SmartArt 도구] – [서식] 탭 – [도형 스타일] 그룹의 [도형 효과] – [기본 설정] – [기본 설정 8]을 클릭합니다. 투명한 입체 도형으로 변경되었습니다.

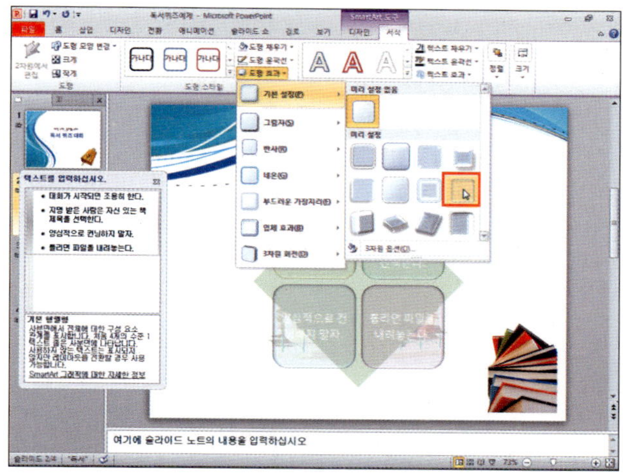

05 ›› [도형 스타일] 그룹의 [도형 서식] 대화 상자 표시 아이콘(⬓)를 클릭합니다. [3차원 서식]을 클릭한 후 '위쪽'의 '너비', '높이'를 각각 [30pt]로, '표면'의 각도는 [35°]로 지정한 후 [닫기] 단추를 클릭합니다.

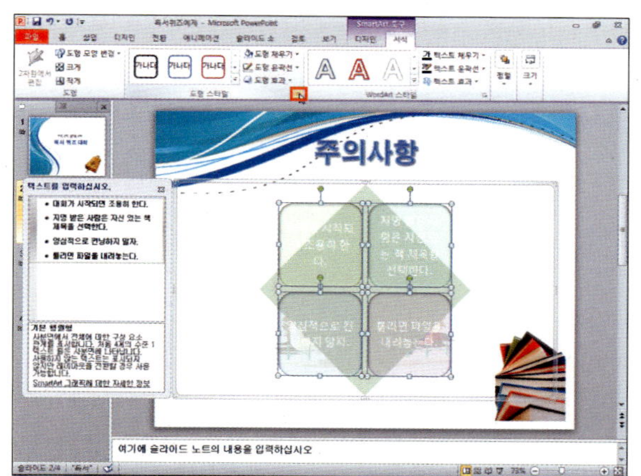
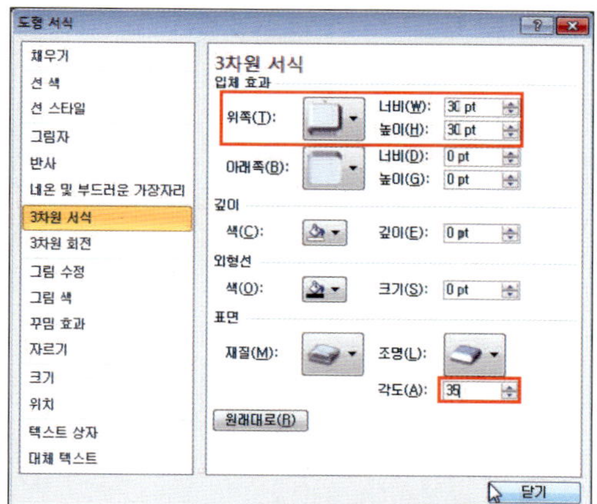

06 ›› 투명 입체 구 안의 글자가 보이도록 [홈] 탭 – [글꼴] 그룹의 [글꼴 색(⬚)]을 클릭하여 [검정색]을 선택합니다.

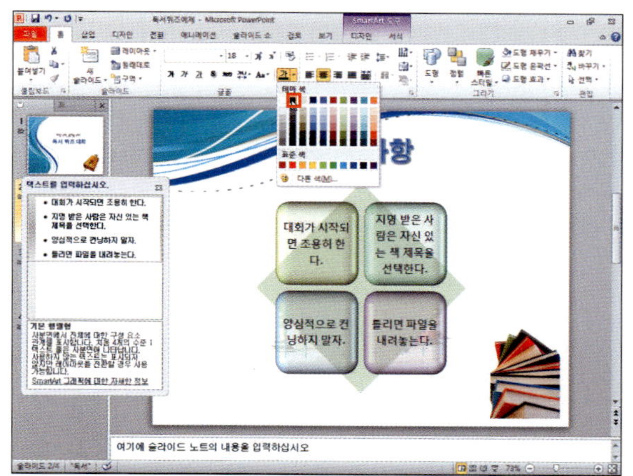
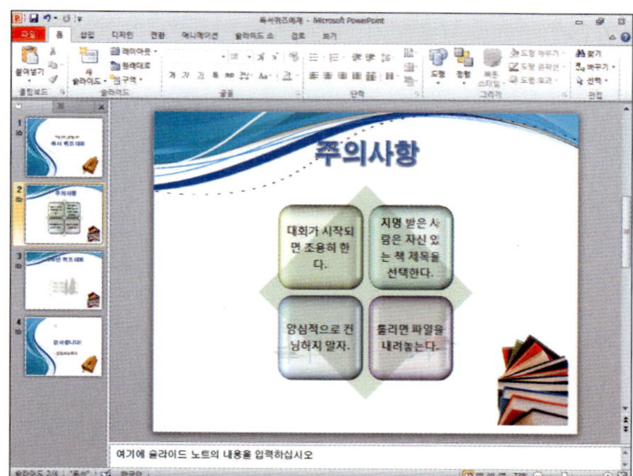

267

여러 가지 도형 그리기   Step 02

이런 기능들이 사용됐어요 ➜ 도형 그리기, 도형 효과 기본 설정, 빠른 스타일

01 » '슬라이드 3'에서 [홈] 탭 – [그리기] 그룹의 [도형] – [모서리가 둥근 직사각형(▢)]을 클릭합니다. 슬라이드 창 위에서 드래그하여 모서리 둥근 직사각형을 그리고, 텍스트를 입력합니다. [모양 조절점(◈)]을 오른쪽으로 드래그하여 모서리를 둥글게 만듭니다.

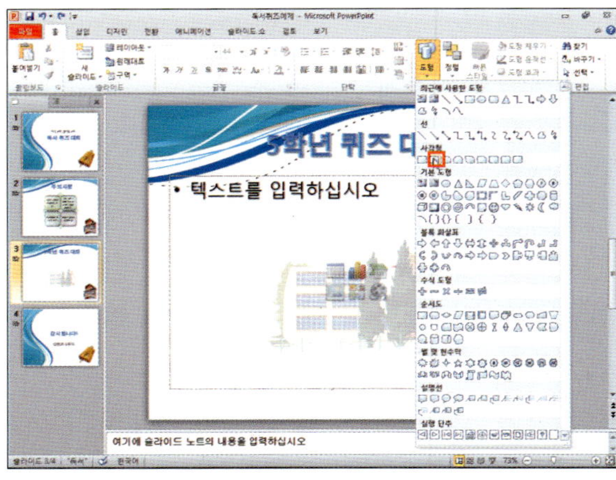
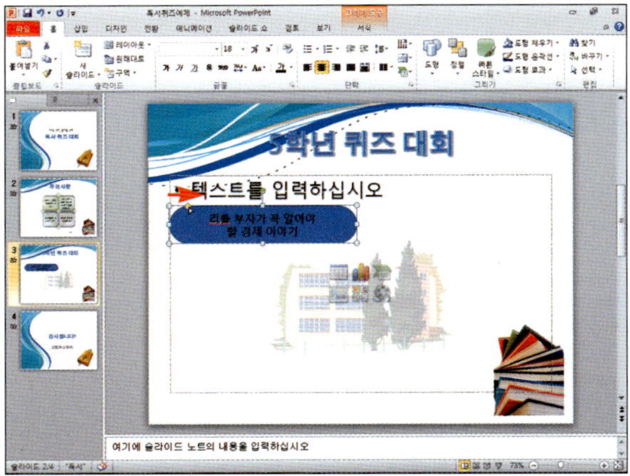

02 » [그리기 도구] – [서식] 탭 – [도형 스타일] 그룹의 [도형 효과] – [기본 설정] – [기본 설정 8]을 클릭하여 투명 입체 도형을 만듭니다. [도형 스타일] 그룹의 [도형 서식] 대화 상자 표시 아이콘(▣)을 눌러 [도형 서식] 대화 상자를 불러옵니다.

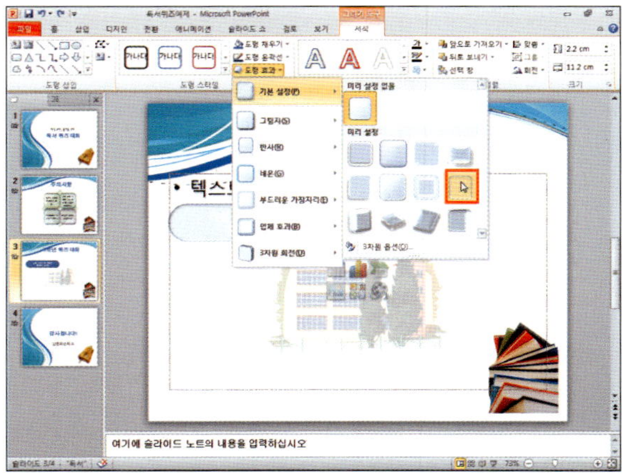

03 ›› [3차원 서식]을 클릭한 후 '위쪽'의 '너비', '높이'를 각각 [30pt]로, '표면'의 각도는 [35°]로 지정한 후 [닫기] 단추를 클릭합니다. [홈] 탭 – [글꼴] 그룹의 [글꼴 색(**가**)] – [검정색]을 선택하여 투명 입체 도형 안의 글자가 보이도록 설정합니다.

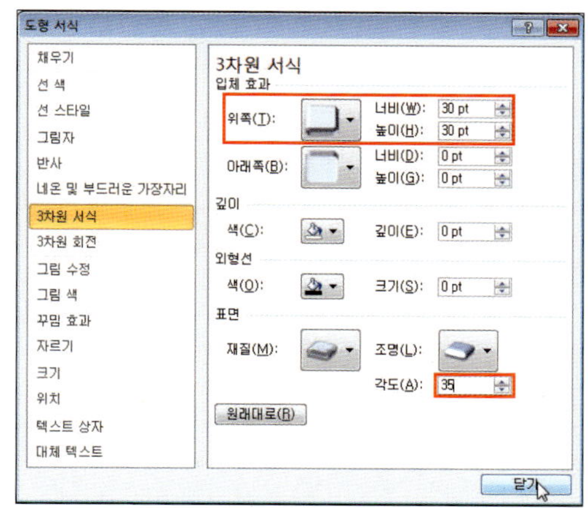
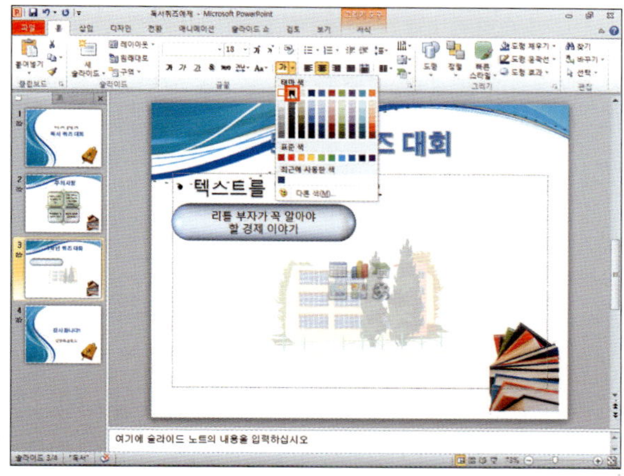

04 ›› Ctrl + Shift 를 누른 채 도형을 오른쪽으로 드래그하여 수평으로 같은 위치에 도형을 하나 더 복사합니다.

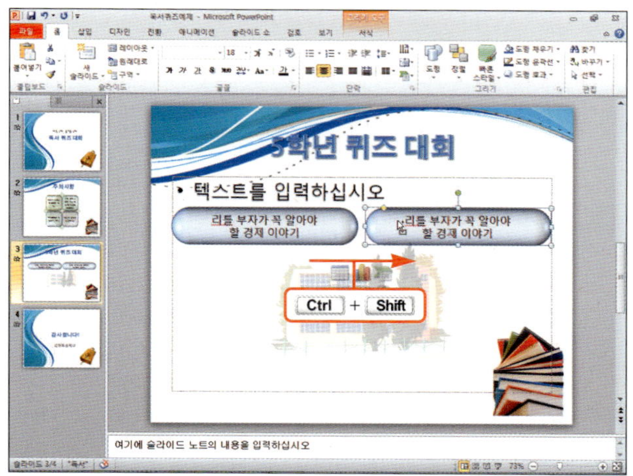

05 ›› 같은 방법으로 도형을 여러 개 복사한 후 알맞은 책 제목으로 도형 안의 텍스트를 수정합니다.

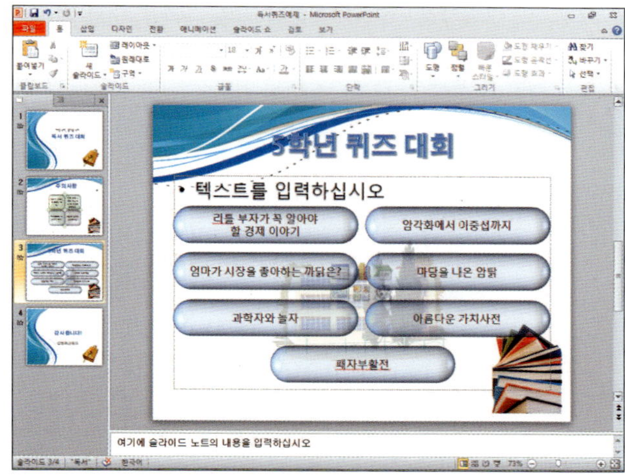

06 >> Ctrl + M 을 눌러 새 슬라이드를 추가한 후 마우스 오른쪽 단추를 눌러 [레이아웃] – [빈 화면]을 클릭합니다. '슬라이드 3'의 '모서리가 둥근 직사각형'을 하나 선택한 후 Ctrl + C 를 눌러 복사합니다.

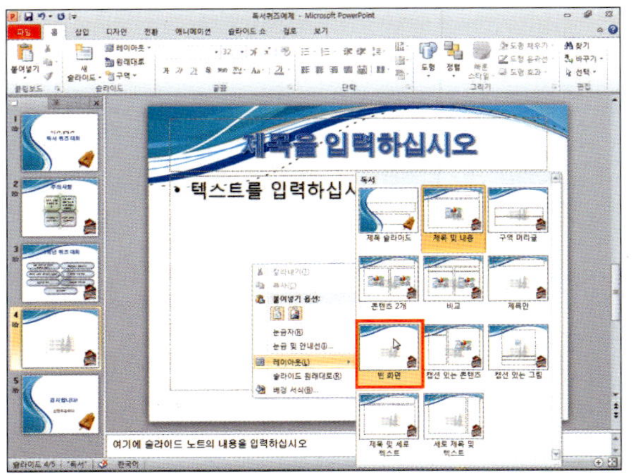
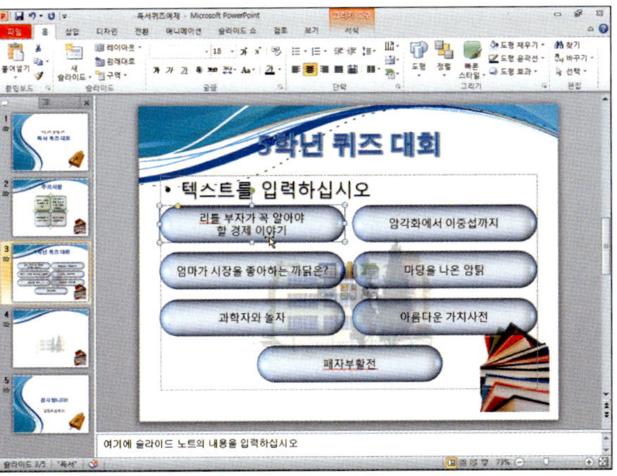

07 >> '슬라이드 4'에서 Ctrl + V 를 눌러 붙여넣기 한 후 오른쪽 위로 위치시킵니다. [홈] 탭 – [그리기] 그룹의 [도형] – [한쪽 모서리가 잘린 사각형(▢)]를 클릭합니다.

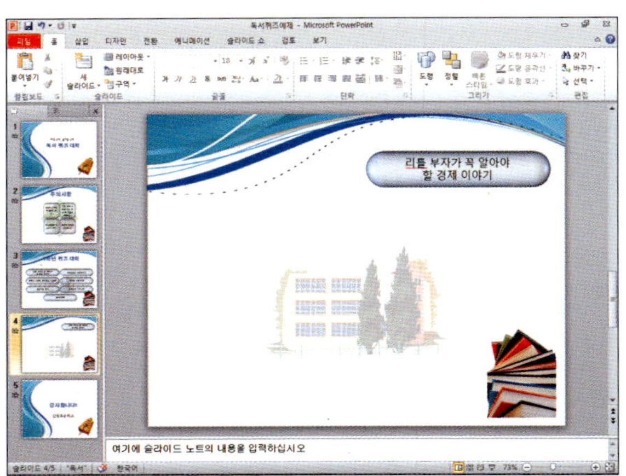
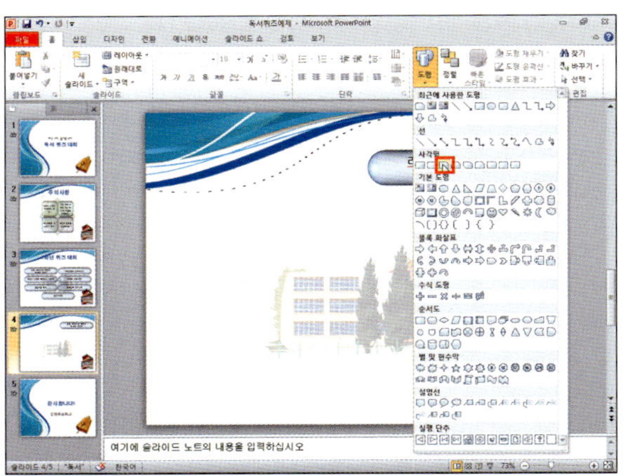

08 >> 모서리가 둥근 직사각형 아래에 드래그하여 한쪽 모서리가 잘린 사각형을 그리고, 텍스트를 입력합니다. [그리기 도구] – [서식] 탭 – [도형 스타일] 그룹의 [도형 효과] – [기본 설정] – [기본 설정 4]를 클릭하여 도형에 효과를 적용합니다.

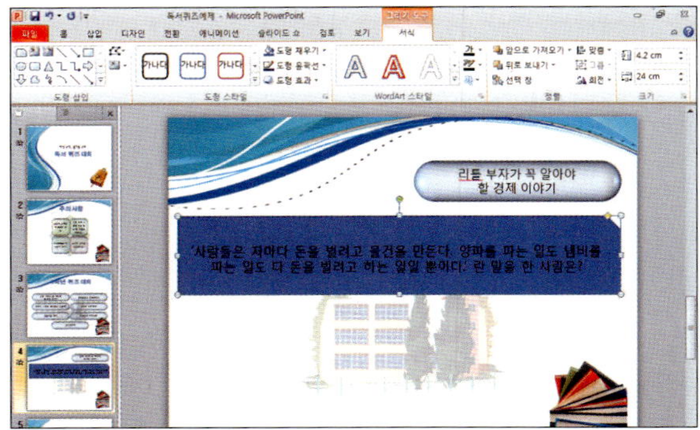
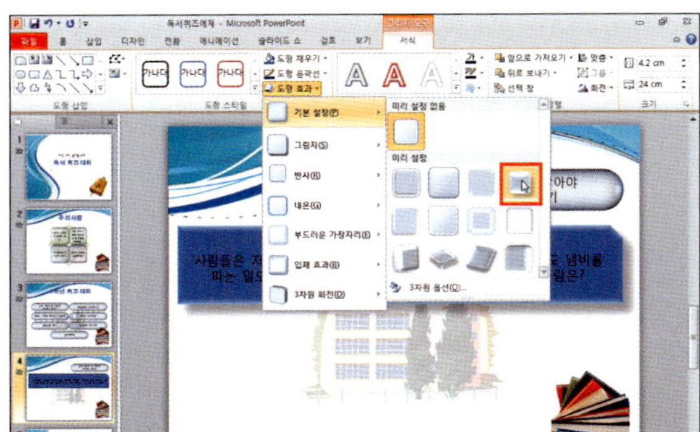

09 ›› [도형 스타일] 그룹의 [도형 채우기] – [자주, 강조 4, 80% 더 밝게]를 클릭합니다. [도형 스타일] 그룹의 [도형 서식] 대화 상자 표시 아이콘(▣)를 클릭하여 [채우기] – [단색 채우기]의 '투명도'를 [40%]로 지정합니다.

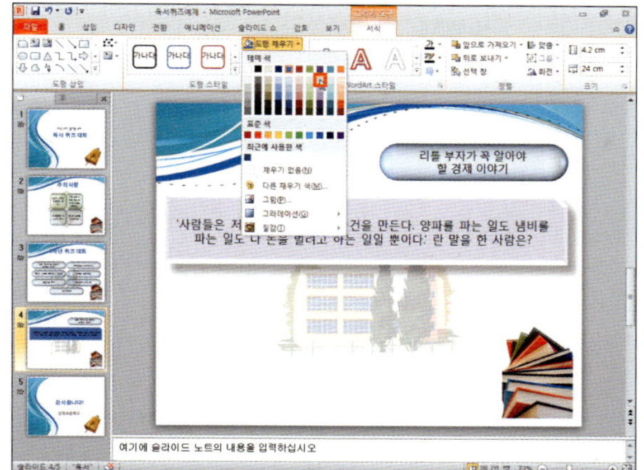
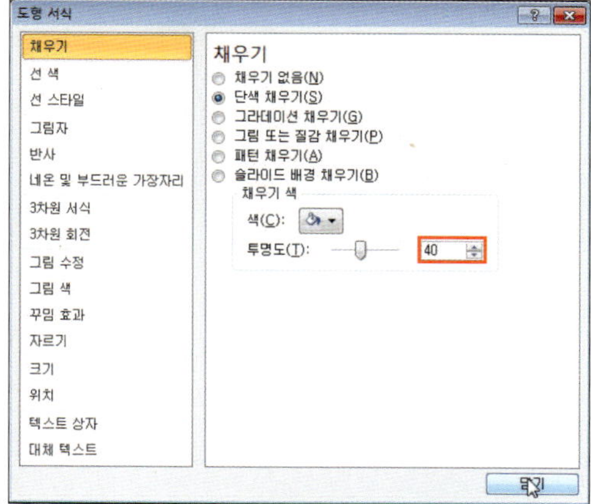

10 ›› [홈] 탭 – [그리기] 그룹의 [도형] – [구름(☁)]을 클릭합니다. 슬라이드 창에서 드래그하여 구름 도형을 그리고, 정답을 입력한 후 [글꼴] 그룹의 [굵게(가)], [텍스트 그림자(s)]를 지정합니다.

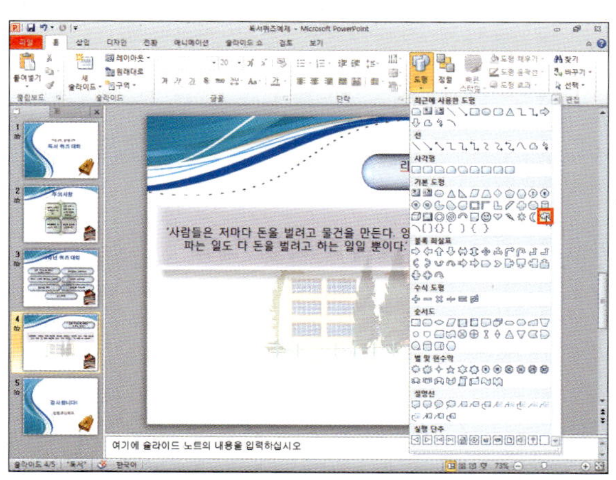
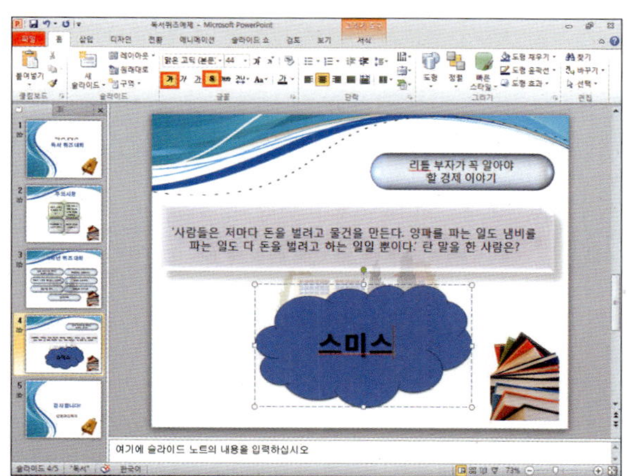

11 ›› [홈] 탭 – [그리기] 그룹의 [빠른 스타일] – [미세 효과 – 바다색, 강조 5]를 클릭하여 도형 효과를 지정합니다.

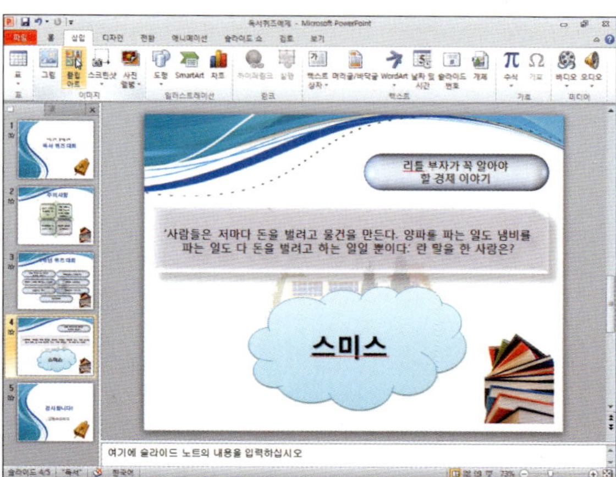

애니메이션 설정하기   Step 03

이런 기능들이 사용됐어요 ➡ 애니메이션 효과, 클립 아트 삽입

01 ›› 구름 도형을 선택하고, [애니메이션] 탭
– [애니메이션] 그룹의 [자세히(▼)]를 눌러 '나
타내기'의 [확대/축소]를 클릭합니다.

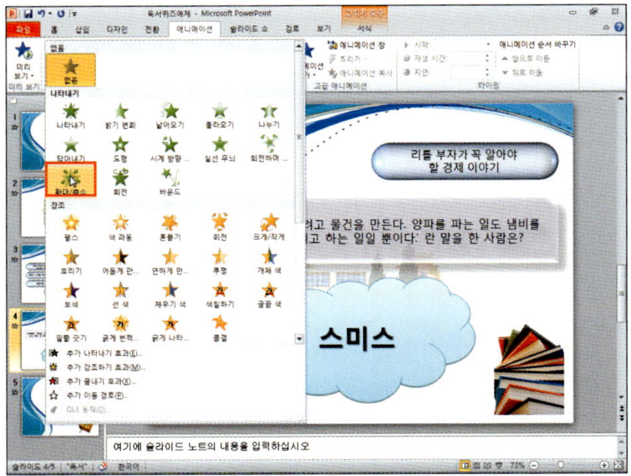

02 ›› [고급 애니메이션] 그룹의 [애니메이션
창]을 클릭합니다. 애니메이션 창의 [확대/축소]
애니메이션을 선택한 후 마우스 오른쪽 단추를
눌러 [효과 옵션]을 클릭합니다.

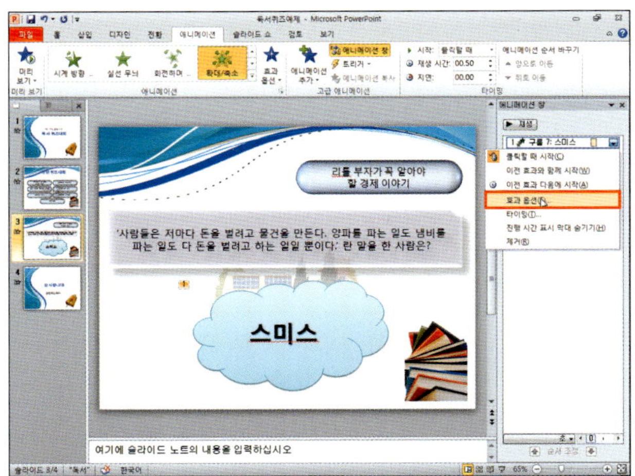

03 ›› [효과] 탭에서 '소리'를 [북소리]로 지정
한 후 [확인] 단추를 클릭합니다.

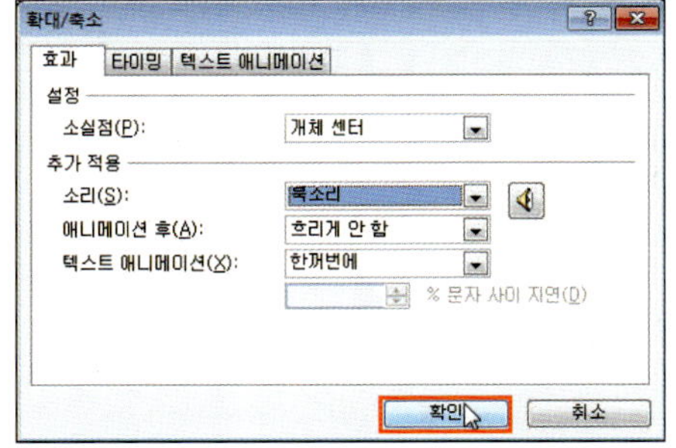

04 ›› [삽입] 탭 – [이미지] 그룹의 [클립 아트]를 클릭하면 오른쪽에 [클립 아트] 창이 나타납니다. '검색 대상'에 '홈'이라고 입력하고 [이동] 단추를 눌러 클립 아트를 검색한 후 클립 아트 목록 중 삽입할 클립 아트를 클릭합니다.

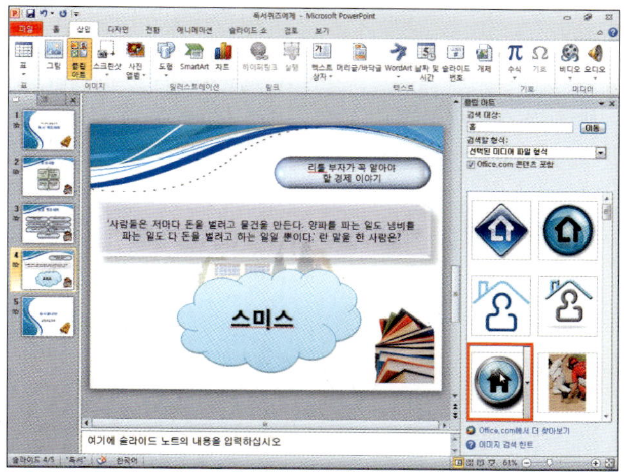

05 ›› 클립 아트가 삽입되면 화면 왼쪽 아래로 이동시킨 다음 크기를 조절합니다.

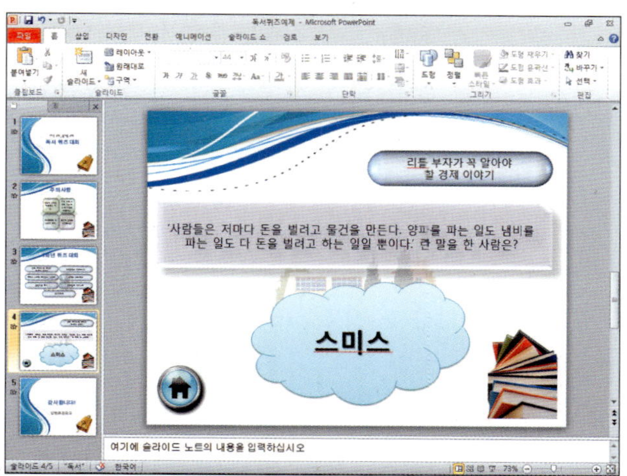

06 ›› 같은 방법으로 슬라이드 5 ~ 10까지 추가합니다.

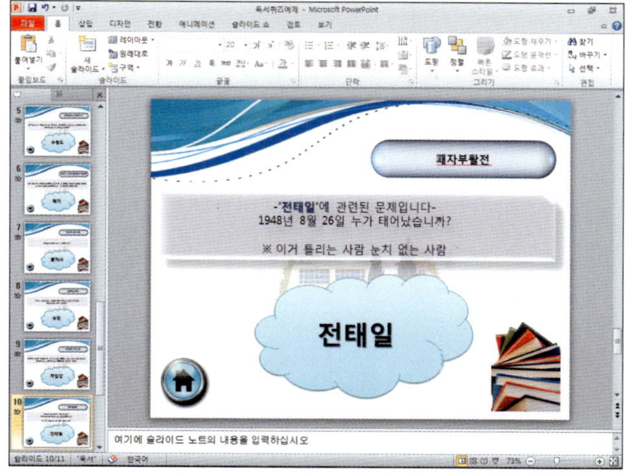

하이퍼링크 삽입하기 Step 04

이런 기능들이 사용됐어요 ➜ 하이퍼링크

01 ›› '슬라이드 3'을 다시 선택한 후 첫 번째 '모서리가 둥근 직사각형'을 클릭하고, [삽입] 탭 – [링크] 그룹의 [하이퍼링크]를 클릭합니다.

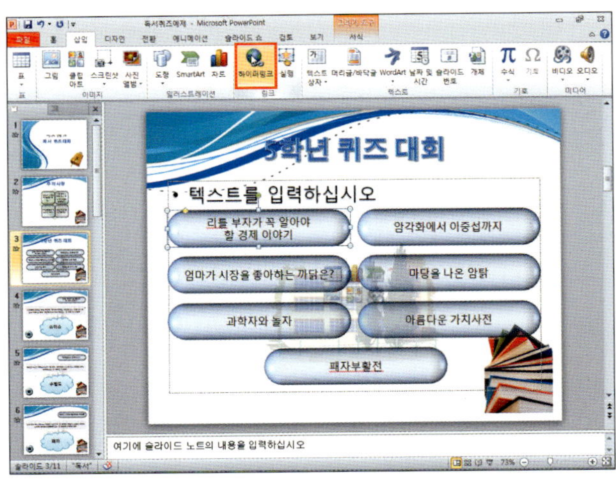

↱ 웹 페이지, 그림, 전자 메일, 프로그램, 현재 문서 내에서 링크를 만듭니다. 바로 가기 키는 **Ctrl** + **K** 입니다.

02 ›› '연결 대상'을 [현재 문서]로 선택하고, '이 문서에서 위치 선택'을 [4. 슬라이드 4]로 선택합니다. 오른쪽의 '슬라이드 미리 보기'에서 링크될 문서를 확인한 후 [확인] 단추를 클릭하면 '모서리 둥근 직사각형'과 '슬라이드 4'가 링크됩니다.

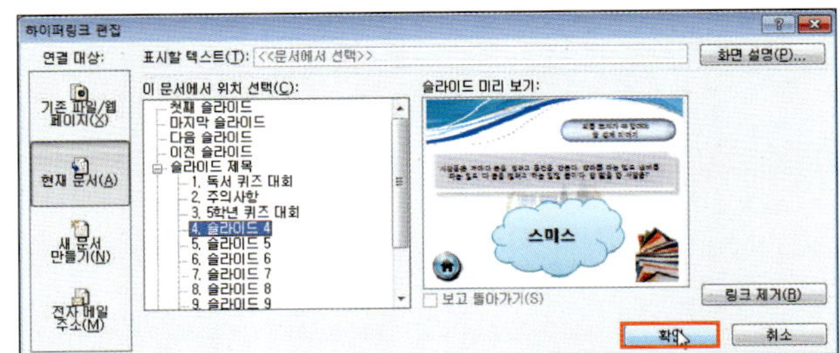

03 ›› 같은 방법으로 나머지 모서리가 둥근 직사각형도 모두 현재 문서 안의 슬라이드로 링크시켜 줍니다.

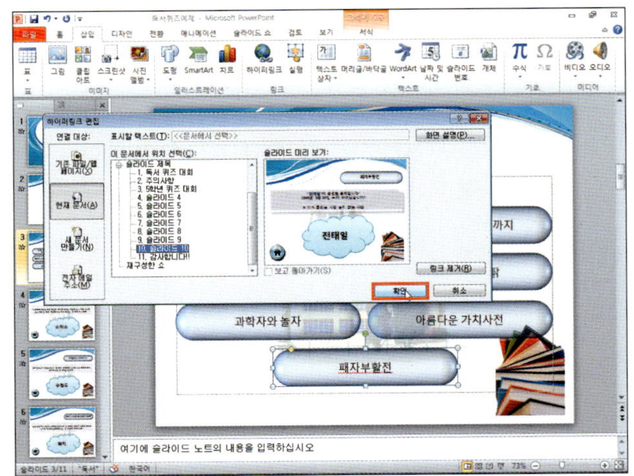

04 ›› '홈' 클립 아트를 선택하고, [링크] 그룹의 [하이퍼링크]를 클릭한 후 '이 문서에서 위치 선택'을 [3. 5학년 퀴즈 대회]로 선택하고 [확인] 단추를 클릭합니다. '슬라이드 5~10'의 '홈' 클립 아트도 '슬라이드 3'과 링크시켜 줍니다.

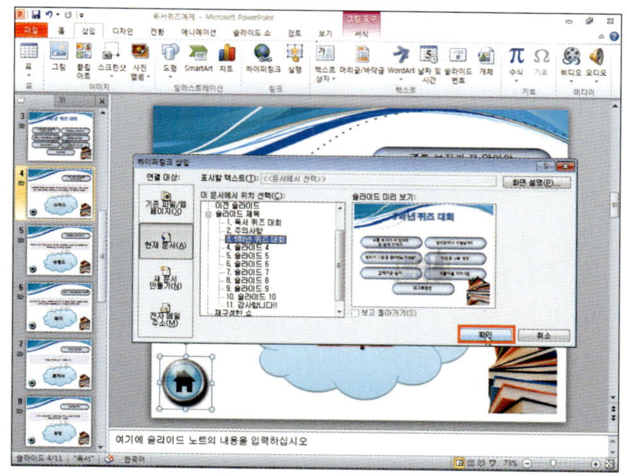

05 ›› F5 를 눌러 슬라이드 쇼를 처음부터 진행합니다. '슬라이드 3'에서 모서리가 둥근 직사각형을 클릭하면 해당 페이지로 이동합니다. 해당 슬라이드를 클릭하여 정답을 확인하고, '홈' 클립 아트를 눌러 다시 '슬라이드 3'으로 이동합니다.

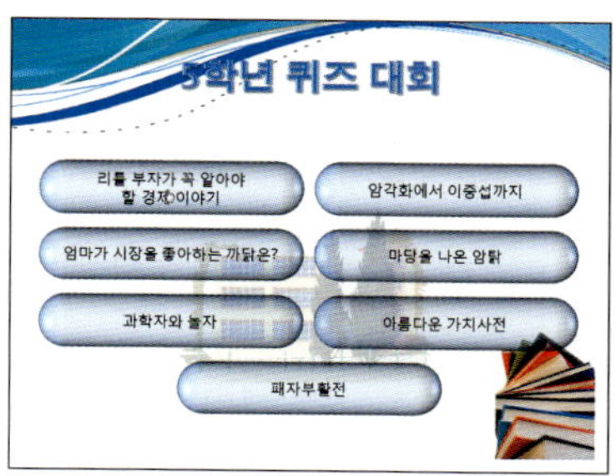

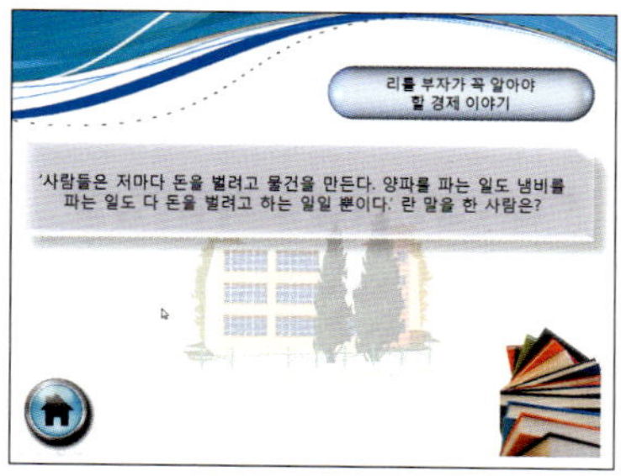

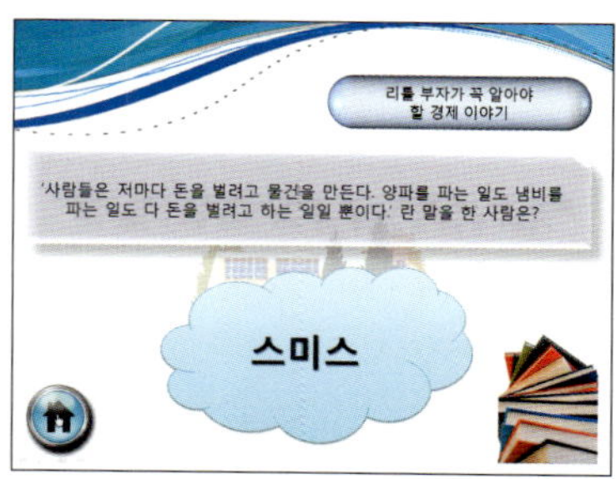

학교 평가 보고서 만들기

피라미드형 스마트아트는 보통 위로 좁아지는 계층 관계를 표시할 때 사용합니다. 여기서는 스마트아트 그래픽으로 피라미드 그래픽을 삽입하고, 차트를 만들어 계열 요소별로 애니메이션을 적용하는 방법을 알아보겠습니다. 또한 3D로 동적으로 진행하는 전환 효과도 전체 프레젠테이션에 적용해 보겠습니다.

Section 21 Section 22 Section 23 Section 24 **Section 25**

| 예제 파일 | 소스파일\학교평가예제.pptx
| 완성 파일 | 완성파일\학교평가완성.pptx

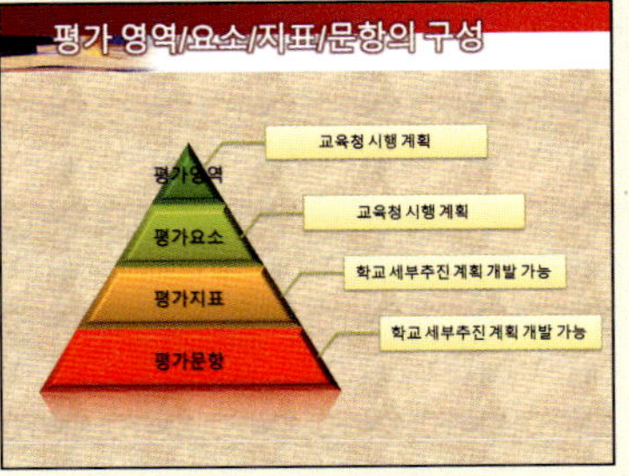

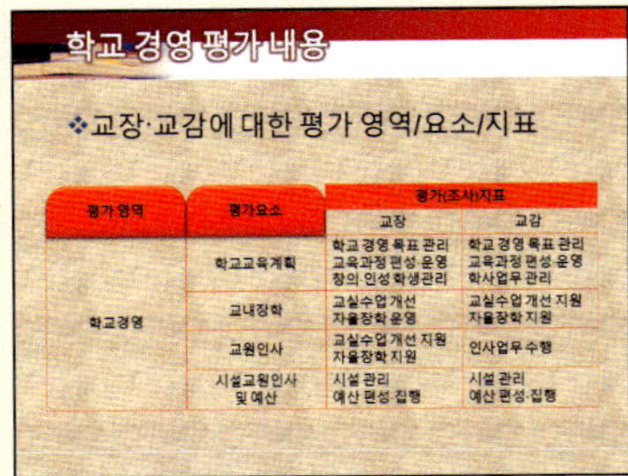

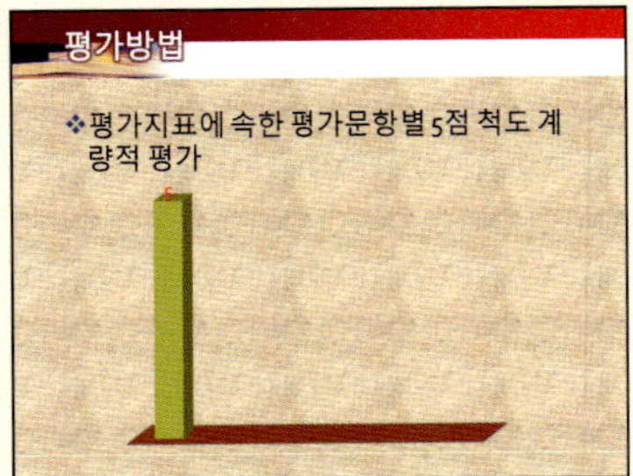

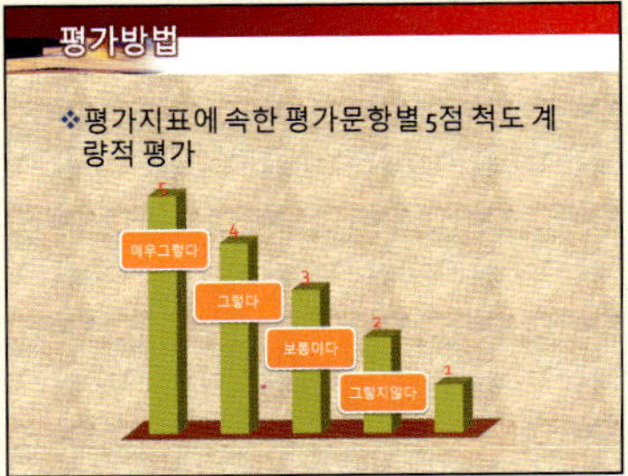

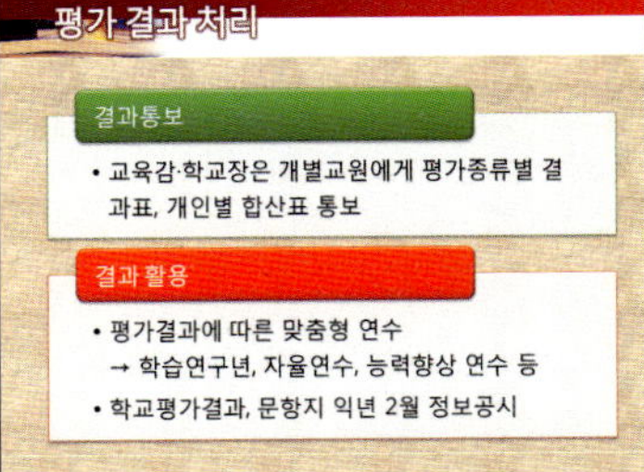

피라미드형 스마트아트 삽입하기 Step 01

이런 기능들이 사용됐어요 ➜ 피라미드형 스마트아트 삽입, 반사, 선, 직사각형 그리기

01 ›› 파워포인트 2010을 실행한 다음 [파일] 탭 - [열기]를 클릭하여 '소스파일\학교평가예제.pptx'를 불러옵니다. '슬라이드 2'에서 [삽입] 탭 - [일러스트레이션] 그룹의 [SmartArt]를 클릭한 후 [피라미드형] - [기본 피라미드형]을 선택하고 [확인] 단추를 클릭합니다.

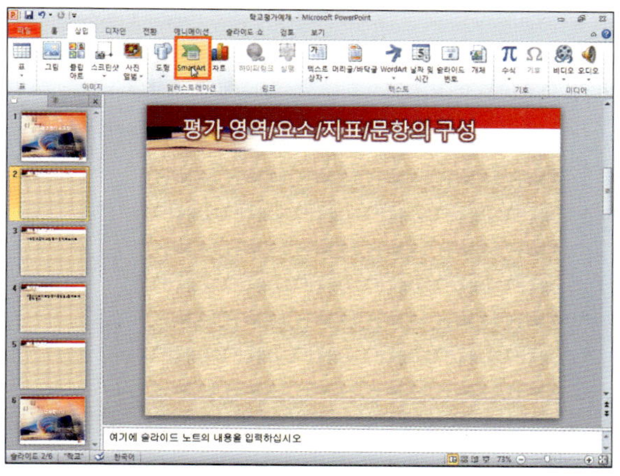

02 ›› 피라미드형 스마트아트 그래픽이 삽입되면 텍스트 창에 텍스트를 입력합니다. [SmartArt 도구] - [디자인] 탭 - [SmartArt 스타일] 그룹의 [색 변경] - [색상형 범위 - 강조색 4 또는 5]를 클릭하고, [자세히(▾)]를 눌러 [강한 효과]를 클릭합니다.

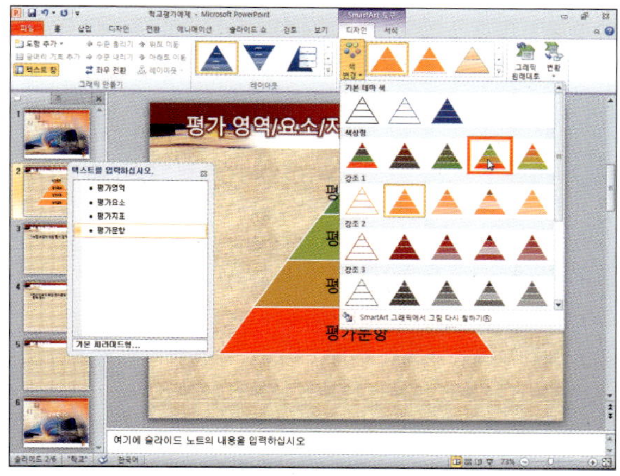
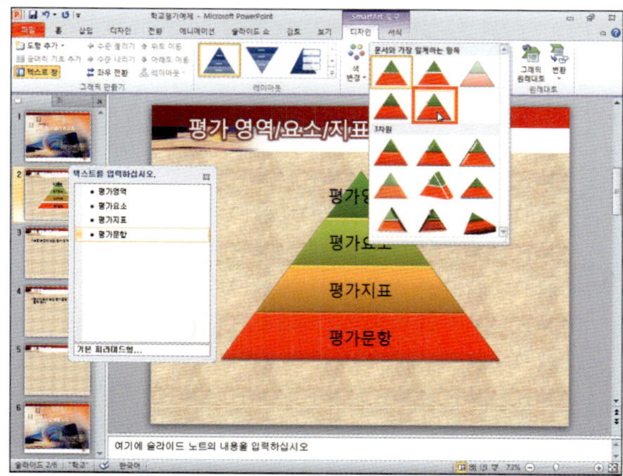

03 >> 입체 효과를 적용하기 위해 [SmartArt 도구] – [서식] 탭 – [도형 스타일] 그룹의 [도형 효과] – [입체 효과] – [비스듬하게]를 클릭합니다.

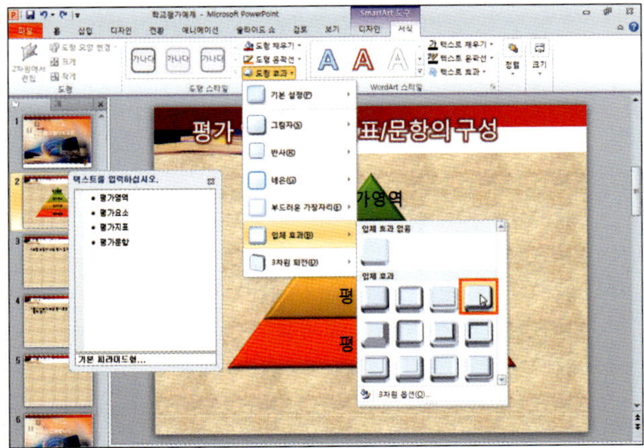

04 >> [홈] 탭 – [글꼴] 그룹의 [텍스트 그림자(⑤)]를 클릭하여 텍스트에 그림자 효과를 적용합니다. 피라미드 제일 아래쪽 도형을 선택하고, [SmartArt 도구] – [서식] 탭 – [도형 스타일] 그룹의 [도형 효과] – [반사] – [1/2 반사, 터치]를 클릭합니다.

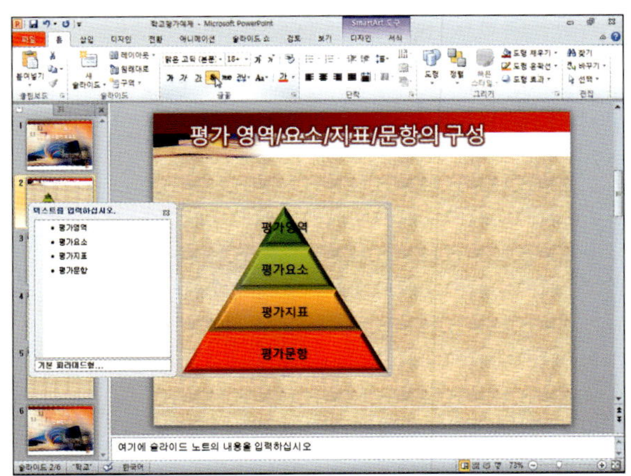

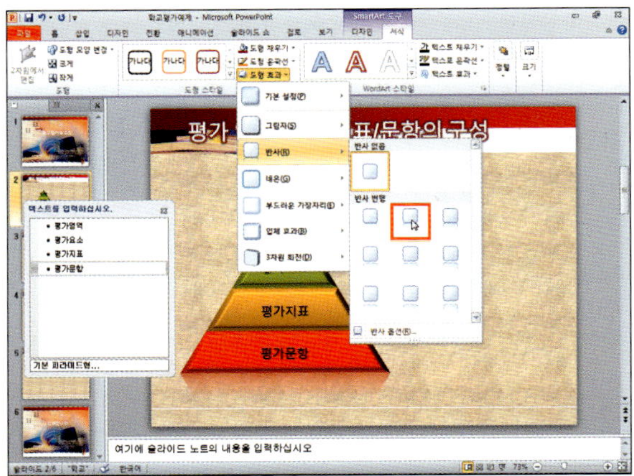

05 >> [홈] 탭 – [그리기] 그룹의 [도형] – [직사각형(▭)]을 클릭한 후 피라미드 오른쪽에 드래그하여 직사각형을 그립니다.

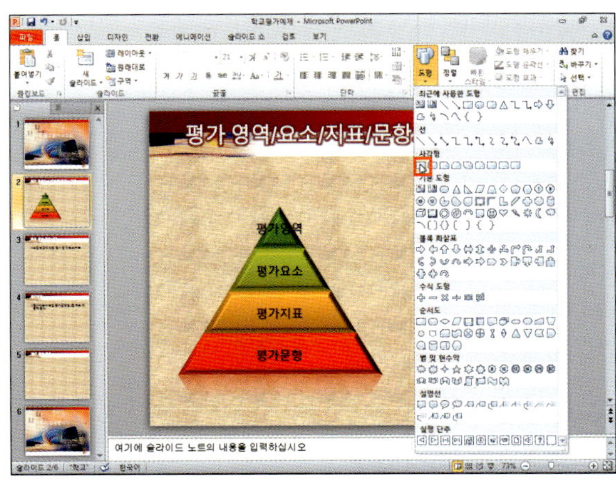

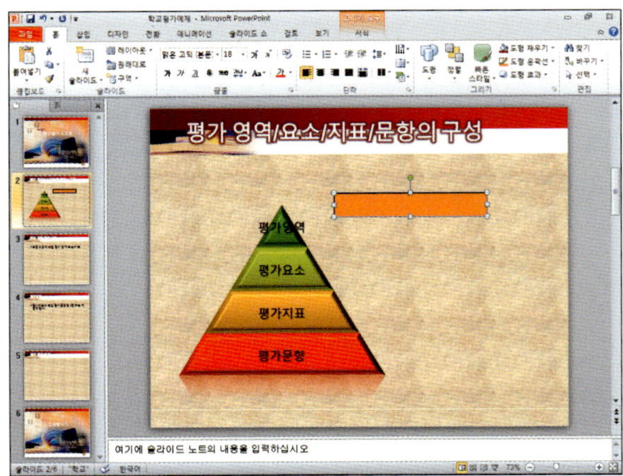

06 ›› [그리기] 그룹의 [빠른 스타일] – [미세 효과 – 녹색, 강조 6]을 클릭하고, 직사각형에 텍스트를 입력합니다.

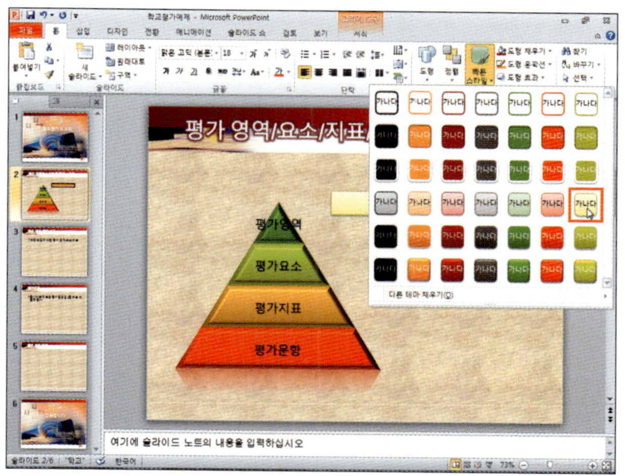

07 ›› [홈] 탭 – [그리기] 그룹의 [도형] – [선(◿)]을 클릭한 후 피라미드와 직사각형을 연결하는 선을 그립니다. [그리기] 그룹의 [빠른 스타일] – [보통 선 – 강조 6]을 클릭합니다.

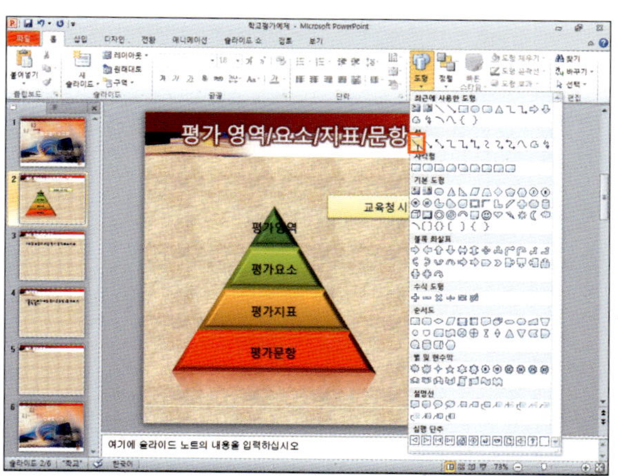
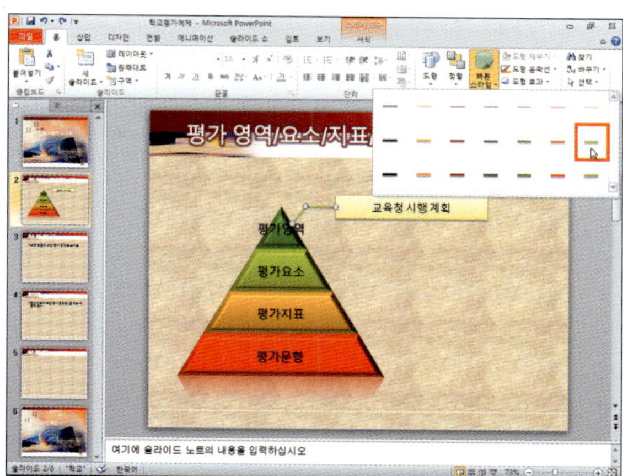

08 ›› 직사각형과 선을 모두 선택한 후 **Ctrl** + **G** 를 눌러 그룹으로 만든 후 **Ctrl** 를 누른 채 아래로 드래그하여 복사하고 텍스트를 수정합니다.

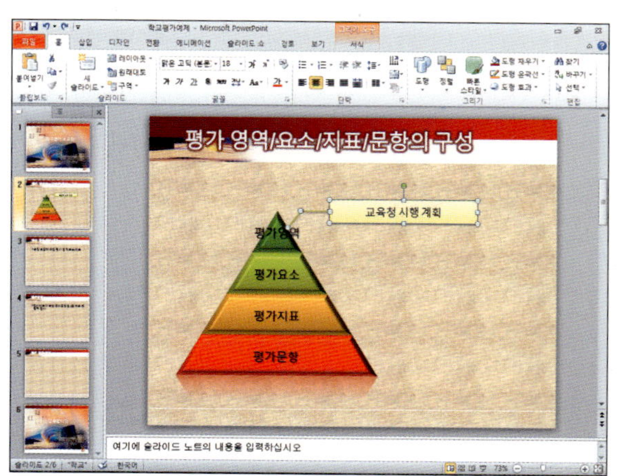
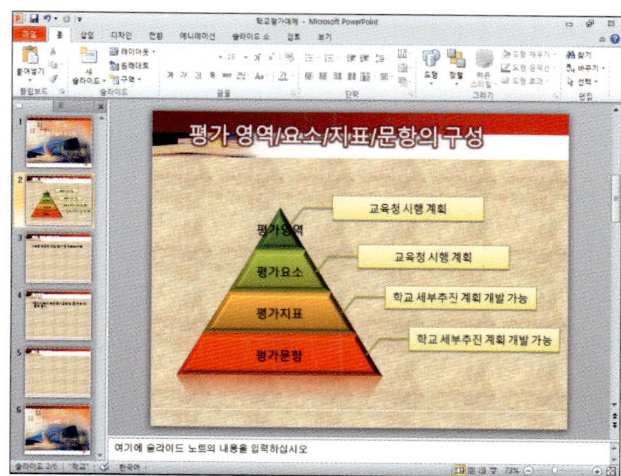

도형 사용해서 표 그리기

Step 02

01 ›› '슬라이드 3'에서 [삽입] 탭 – [표] 그룹의 [표]를 클릭하여 [4×6]의 표를 삽입합니다.

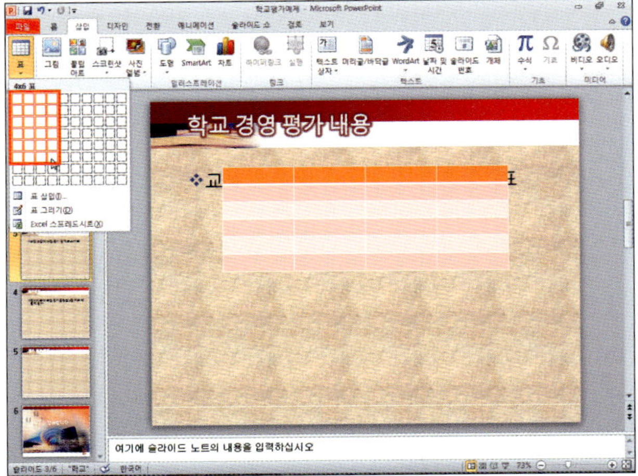

02 ›› '1행1열 ~ 2행1열'을 드래그하여 블록 지정한 후 [표 도구] – [레이아웃] 탭 – [병합] 그룹의 [셀 병합]을 클릭합니다.

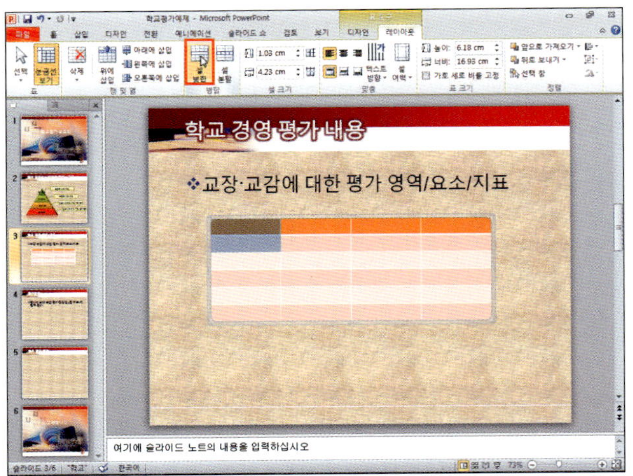

03 ›› 같은 방법으로 '1행2열 ~ 2행2열', '3행 1열 ~ 6행1열', '1행3열 ~ 1행4열'을 각각 블록 지정한 후 셀 병합합니다.

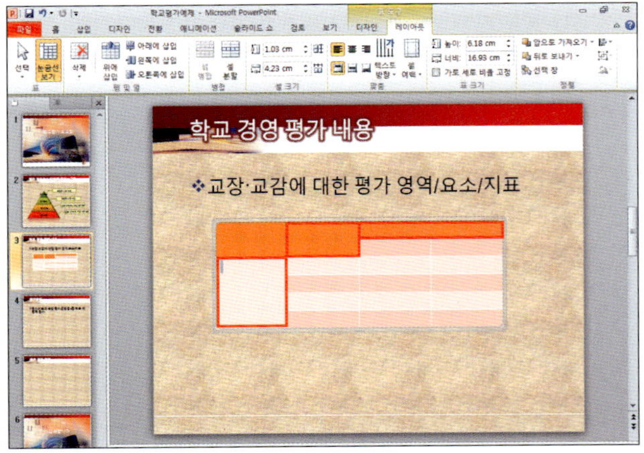

04 ›› 텍스트를 입력하고 표 전체를 선택한 후 [표 도구] – [레이아웃] 탭 – [맞춤] 그룹의 [세로 가운데 맞춤(᭙)]을 클릭합니다. 다시 '1열', '2열', '1행3열 ~ 2행4열'을 선택한 후 [맞춤] 그룹에서 [가운데 맞춤(᭙)]을 클릭합니다. [표 도구] – [디자인] 탭 – [표 스타일] 그룹의 [자세히(᭙)]를 눌러 [스타일 없음, 눈금 없음]을 클릭합니다.

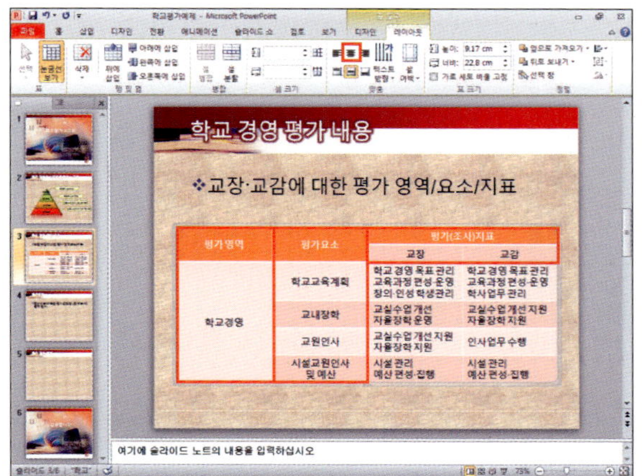

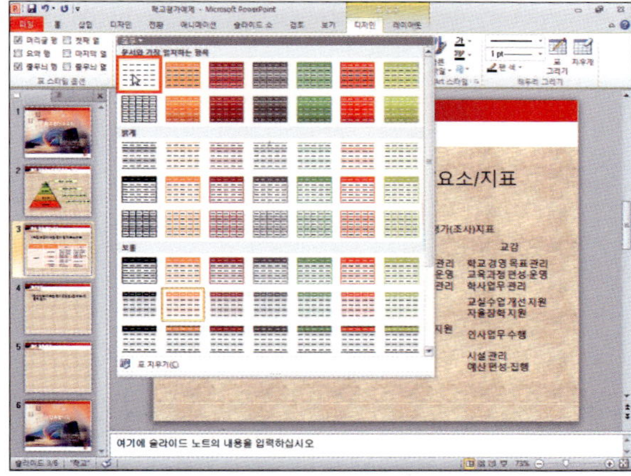

05 ›› 다시 테두리에서 [표 도구] – [디자인] 탭 – [테두리 그리기] 그룹의 [펜 색] – [주황, 강조 5]를 클릭합니다. [표 스타일] 그룹의 [테두리(᭙)] – [모든 테두리]를 클릭하면 주황색의 테두리 선이 그려집니다.

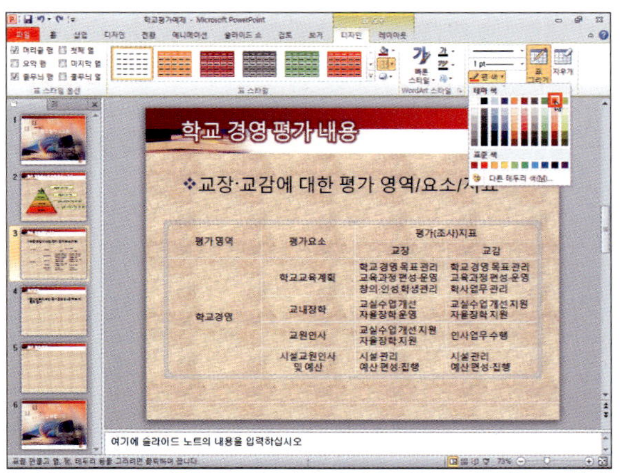

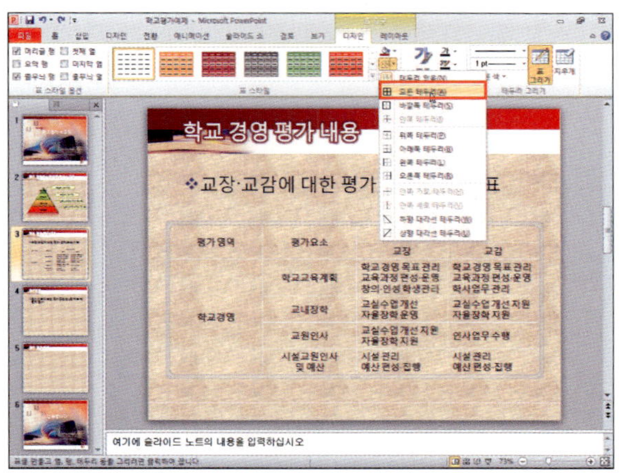

06 ›› 계속해서 다음처럼 블록 설정한 후 [표 도구] – [디자인] 탭 – [표 스타일] 그룹의 [테두리(᭙)] – [테두리 없음]을 클릭합니다. 선택한 부분만 테두리가 없어집니다.

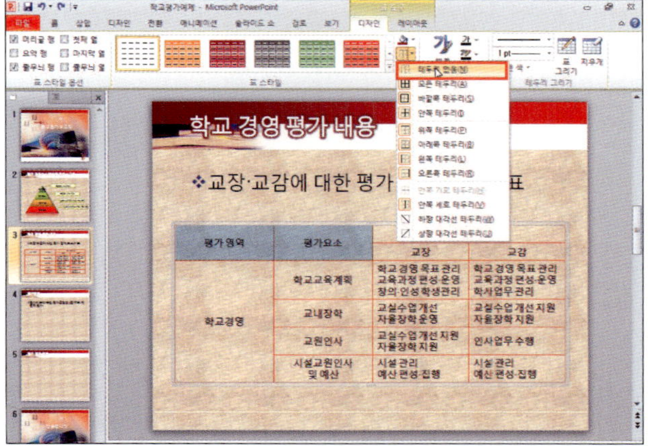

07 >> '평가(조사)지표' 셀에 커서를 두고, [표 스타일] 그룹의 [음영(🖌)] – [주황, 강조 5]를 클릭합니다.

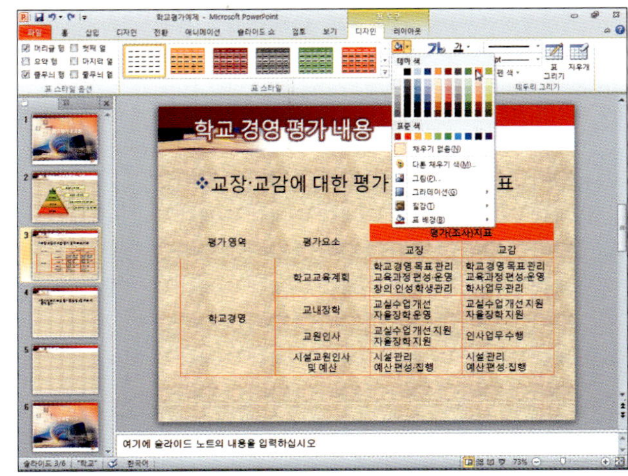

08 >> [홈] 탭 – [그리기] 그룹의 [도형] – [양쪽 모서리가 둥근 사각형(▢)]를 선택한 후 '평가영역' 셀 위에서 드래그하여 그립니다. [그리기] 그룹의 [빠른 스타일] – [강한 효과 – 주황, 강조 5]를 클릭합니다.

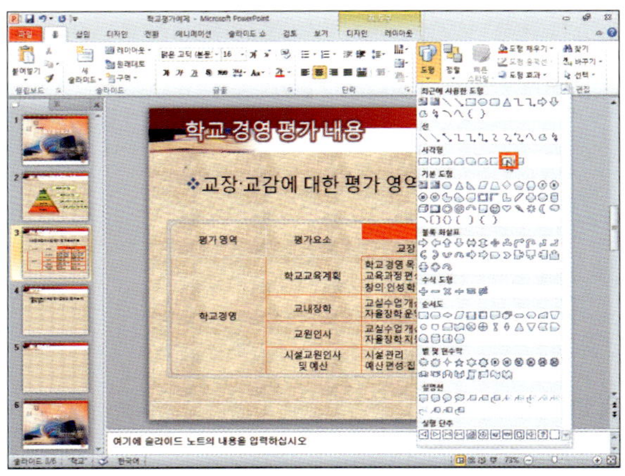
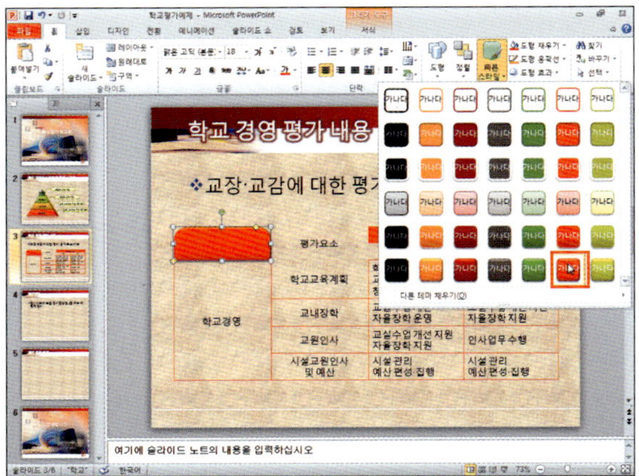

09 >> [홈] 탭 – [그리기] 그룹의 [정렬] – [맨 뒤로 보내기]를 클릭합니다. Ctrl + Shift 를 누른 채 '평가요소' 셀 위로 드래그하여 수평 복사합니다. 표가 완성되었습니다.

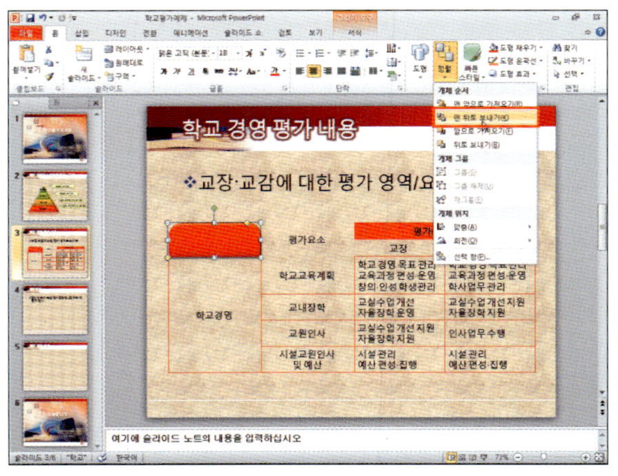
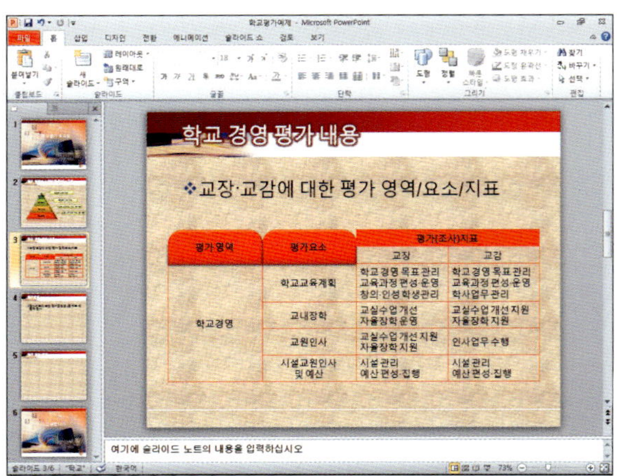

세로 막대형 차트 그리기   Step 03

이런 기능들이 사용됐어요 ➔ 3차원 묶은 세로 막대형, 모서리가 둥근 직사각형 그리기

01 ›› '슬라이드 4'에서 [삽입] 탭 – [일러스트레이션] 그룹의 [차트]를 클릭합니다. [세로 막대형] – [3차원 묶은 세로 막대형]을 선택한 후 [확인] 단추를 클릭합니다.

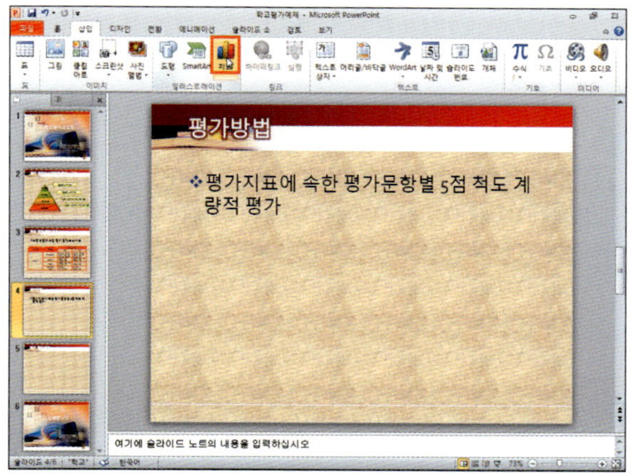
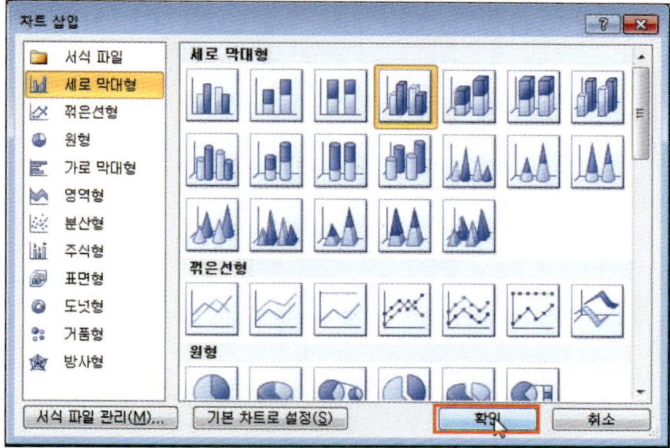

02 ›› 엑셀의 워크시트가 나타나면 데이터를 입력하고, 다음처럼 차트 데이터 범위를 조정한 후 엑셀의 [닫기([x])]를 클릭합니다. 차트가 삽입되면 [차트 도구] – [디자인] 탭 – [차트 스타일] 그룹의 [자세히([▾])]를 눌러 [스타일 24]를 클릭합니다.

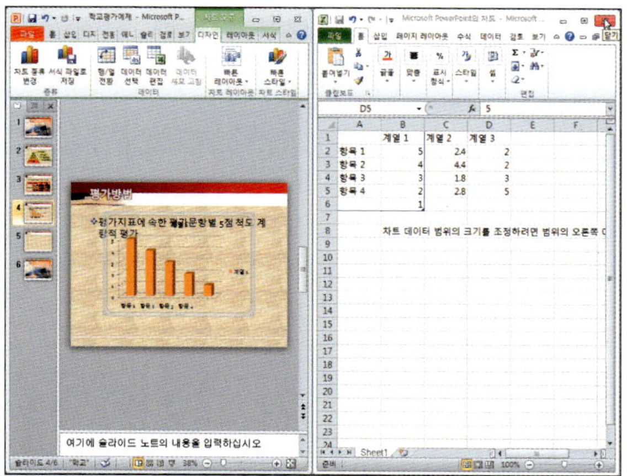
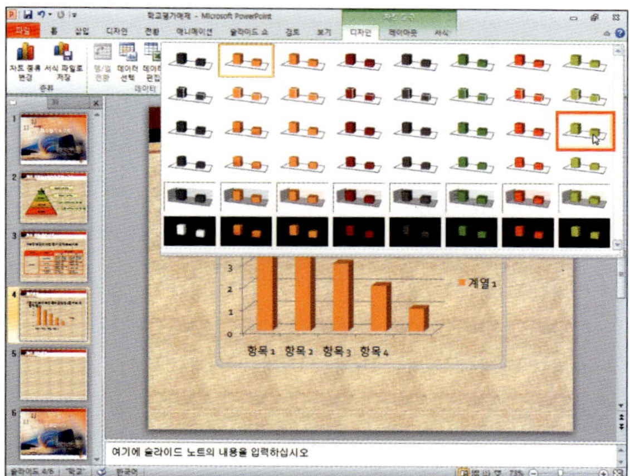

03 ≫ [차트 도구] – [레이아웃] 탭 – [레이블] 그룹의 [차트 제목] – [없음], [범례] – [없음]을 클릭하고, 차트에 점수를 표시하기 위해 [데이터 레이블] – [표시]를 클릭합니다.

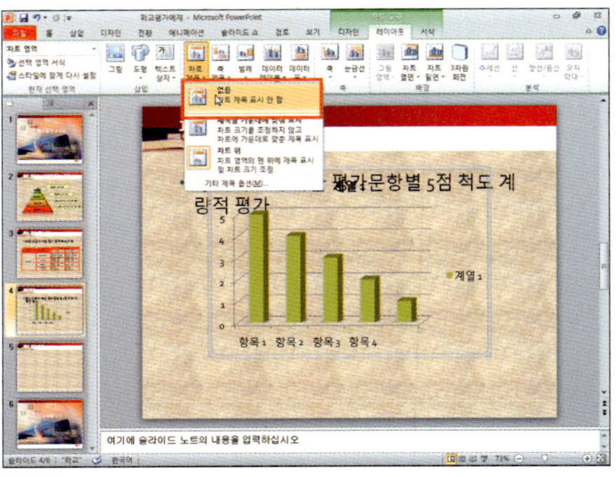 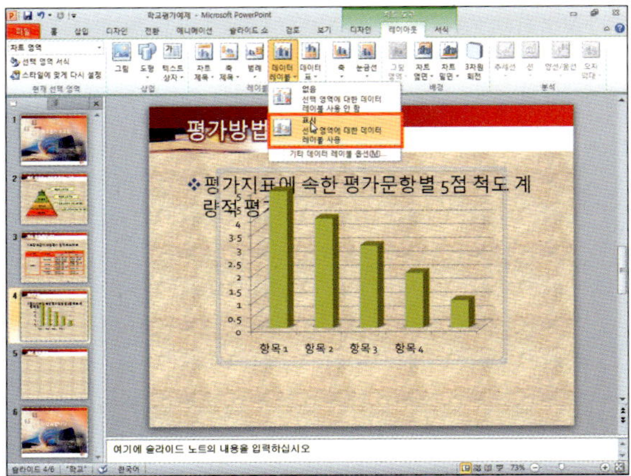

04 ≫ 계속해서 기본 세로 축과 기본 가로 눈금선도 없애줍니다.

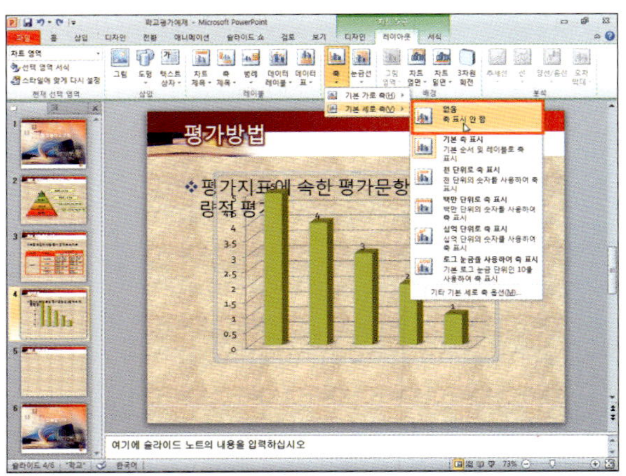 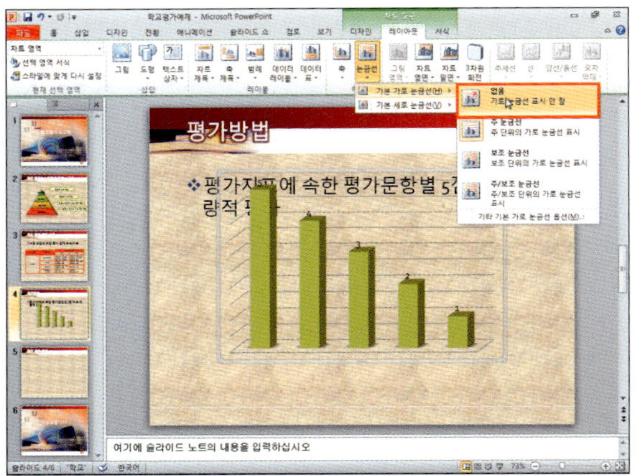

05 ≫ 차트 위치를 옮기고, 밑면을 선택한 후 [차트 도구] – [서식] 탭 – [도형 스타일] 그룹의 [도형 채우기] – [주황, 강조 1, 25% 더 어둡게]를 클릭합니다. 데이터 레이블도 선택하여 [홈] 탭 – [글꼴] 그룹의 글꼴 크기는 [24pt], 글꼴 색(☑)은 [빨강]으로 지정합니다.

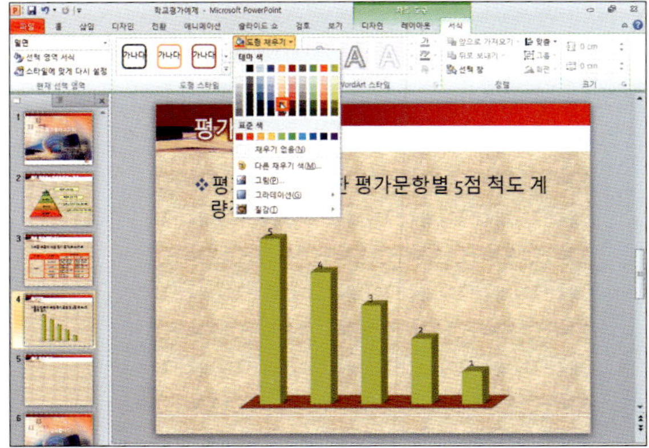 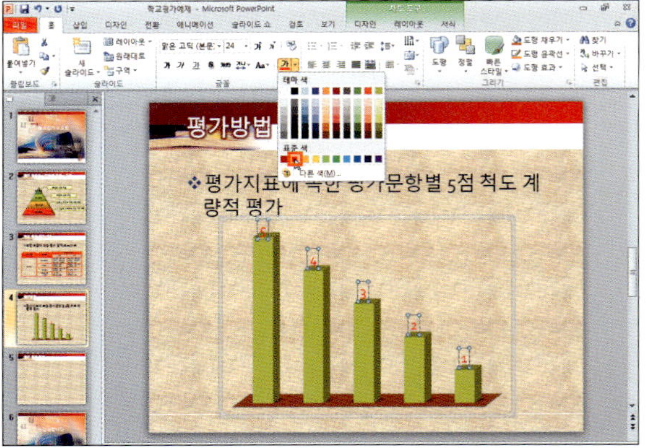

06 ›› 모서리가 둥근 직사각형을 '5' 계열 위에 그린 후 [홈] 탭 – [그리기] 그룹의 [빠른 스타일] – [밝은 색 1 윤곽선, 색 채우기 – 주황, 강조 1]을 선택하고 텍스트를 입력합니다. **Ctrl** 를 누르고, 드래그하여 다른 계열 위로도 복사한 후 내용을 수정합니다.

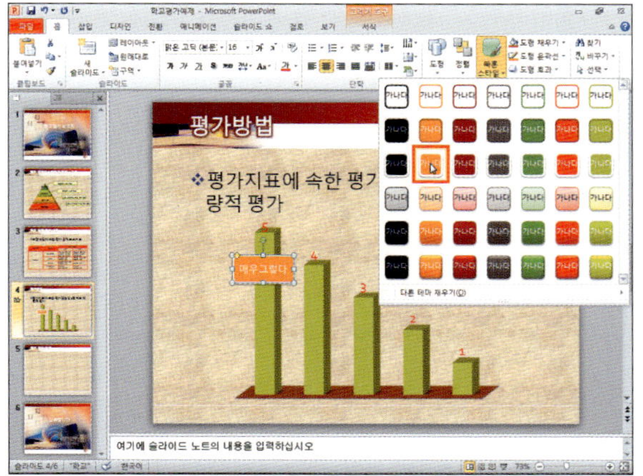
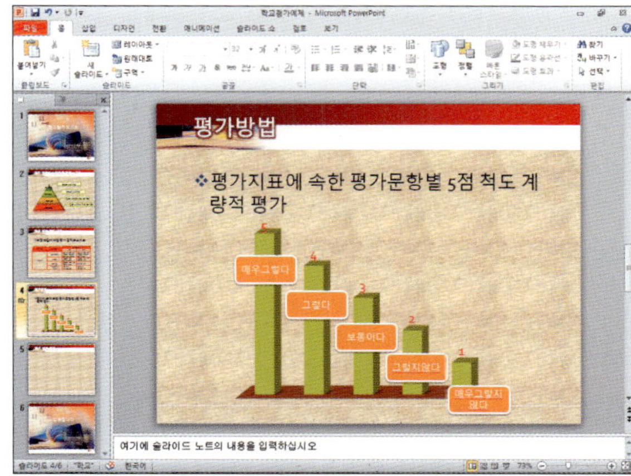

차트에 애니메이션 효과 적용하기 Step 04

이런 기능들이 사용됐어요 ➔ 계열 요소별 차트 애니메이션 효과

01 ›› 차트를 선택한 후 [애니메이션] 탭 – [애니메이션] 그룹의 [자세히(⊡)]를 눌러 '나타내기' 의 [닦아내기]를 클릭합니다. 아래에서 위로 올라오는 애니메이션을 만들기 위해 [효과 옵션]을 클릭한 후 [아래에서]와 [계열 요소별로]를 클릭합니다.

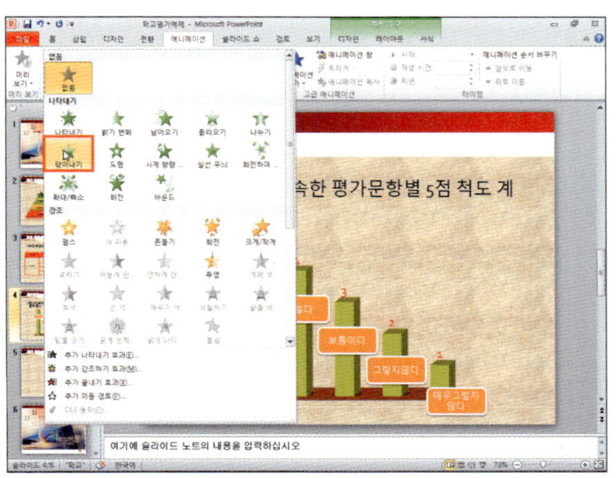
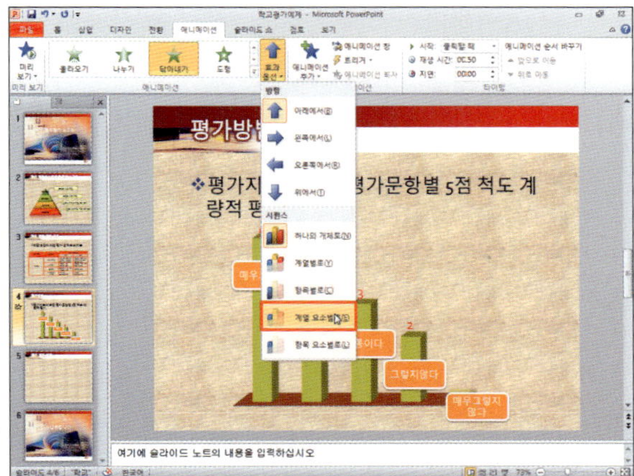

02 ›› [타이밍] 그룹의 '시작'을 [이전 효과 다음에]로 지정합니다. 그러면 차트가 계열별로 차례차례 애니메이션이 진행됩니다.

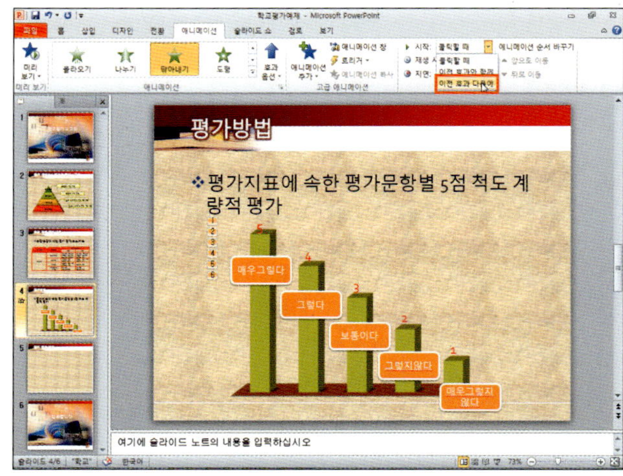

03 ›› '5' 계열 위의 모서리가 둥근 직사각형을 선택한 후 [애니메이션] 그룹의 [자세히(▼)]를 눌러 '나타내기'의 [밝기 변화]를 클릭합니다.

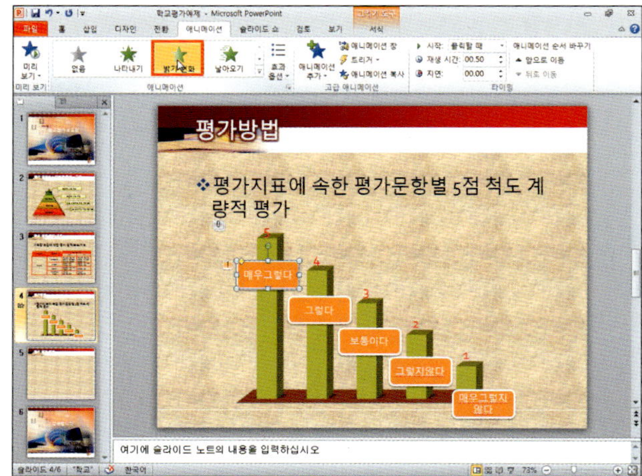

04 ›› 다른 계열 위의 모서리가 둥근 직사각형에도 [밝기 변화] 애니메이션을 지정합니다. [애니메이션] 창에서 모서리가 둥근 직사각형 애니메이션을 모두 선택한 후 '시작'을 [이전 효과 다음에]로 지정합니다. [애니메이션] 창의 [재생] 단추를 눌러 애니메이션을 확인합니다.

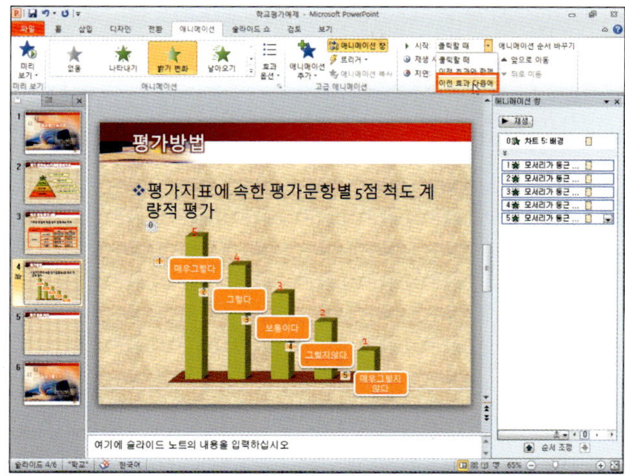

05 ›› '슬라이드 5' 에서 [목록형] – [세로 상자 목록형] 스마트아트를 삽입한 후 텍스트를 입력하고, [색 변경]을 클릭하여 [색상형 범위 – 강조색 4 또는 5]를 선택합니다. [SmartArt 스타일]은 [강한 효과]로 지정합니다.

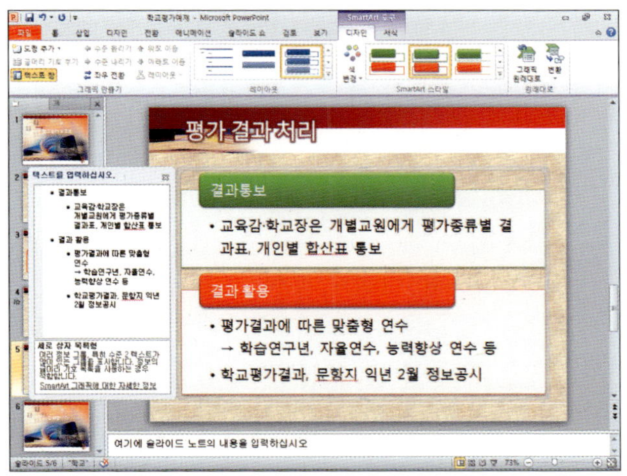

06 ›› F5 를 눌러 슬라이드 처음부터 슬라이드 쇼를 진행하여 수정할 곳이 없는지 확인합니다.

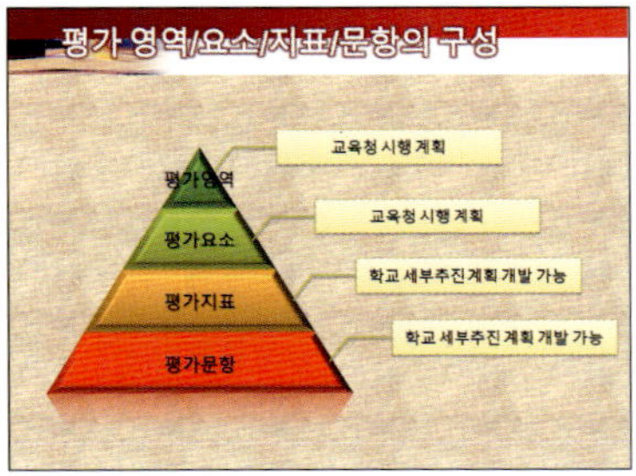
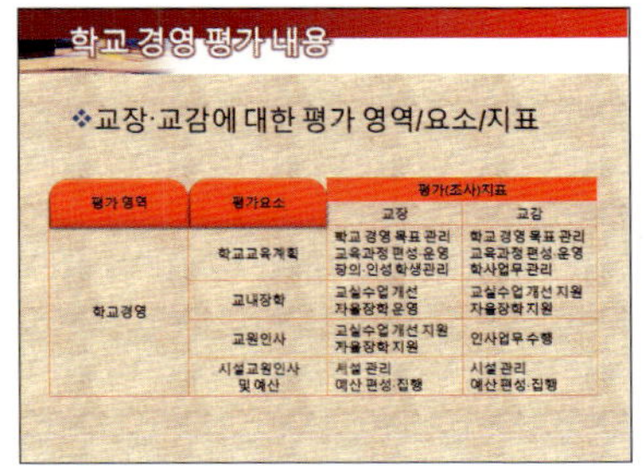
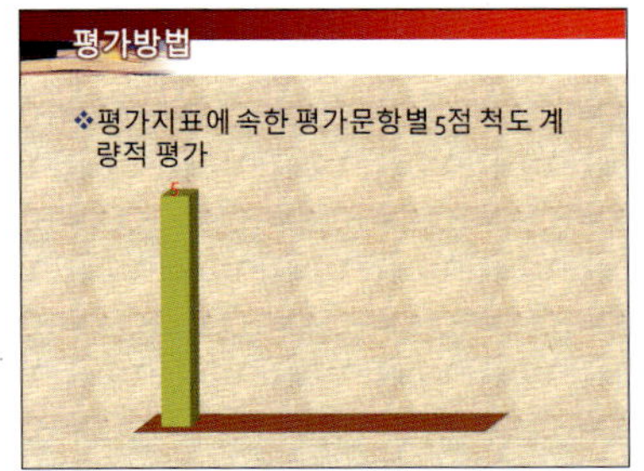
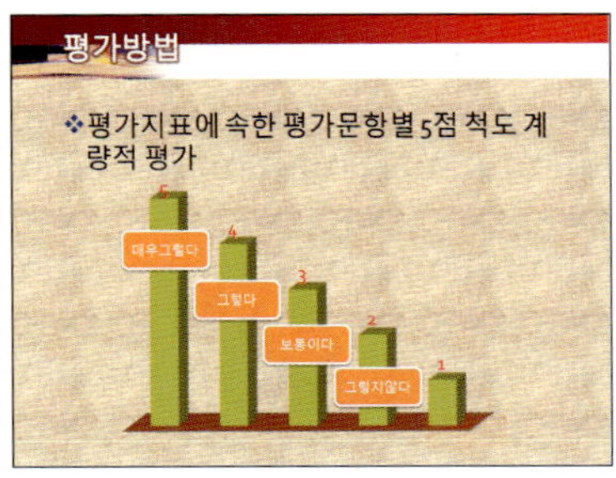
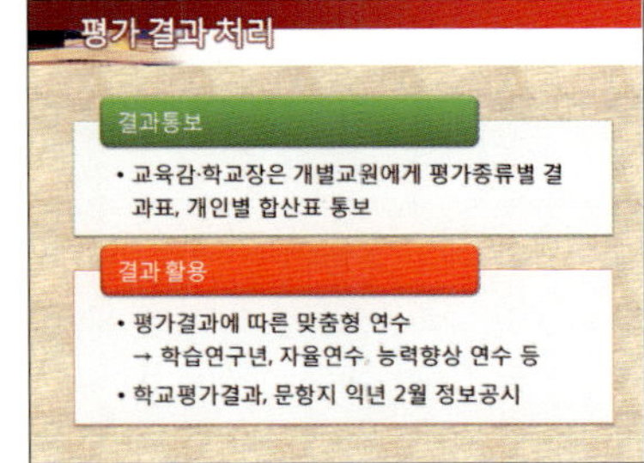

학교에서 통하는 프레젠테이션

스마트러닝을 향한 공유와 협업이 가능한 프레젠테이션 도구

한쇼는 한글과컴퓨터에서 만든 프레젠테이션 도구로 테마와 디자인마당을 제공하기 때문에 전문가 수준의 프레젠테이션 문서를 손쉽게 만들 수 있습니다. 그 외에 웹 오피스 도구를 사용하면 웹에 무료 저장 공간을 사용할 수 있고, 휴대폰만 있다면 언제 어디서나 공유한 파일을 확인할 수 있습니다. 여기에서는 공유와 협업이 가능한 여러 가지 프레젠테이션 도구에 대해서 알아보도록 하겠습니다.

프레젠테이션 전문가로 만들어주는 한쇼 2010

한쇼는 한글과컴퓨터에서 만든 프레젠테이션 도구입니다. 전문가 수준의 프레젠테이션 문서를 손쉽게 만들 수 있도록 디자이너가 제작한 최신 트렌드의 테마와 디자인마당을 제공하고 있습니다. 한쇼 2010은 파워포인트와의 호환성을 더욱 강화하여 파워포인트 문서를 불러오고, 작성한 문서를 파워포인트 파일 형식으로 저장할 수 있습니다. 한글 문서 작성을 주로 하시는 선생님들에게 꼭 필요한 프로그램입니다.

Section 26 Section 27 Section 28 Section 29 Section 30

| 완성 파일 | 완성파일\세계화.show

프레젠테이션 전문가가 극찬하는 디자인 서식 Step 01

이런 기능들이 사용됐어요 ➡ 테마, 디자인마당, 디자인 서식

01 ≫ 한쇼 2010을 실행하면 [새 프레젠테이션] 대화 상자가 열립니다. 전문가 수준의 40여 종의 테마 중에서 선택할 수 있습니다.

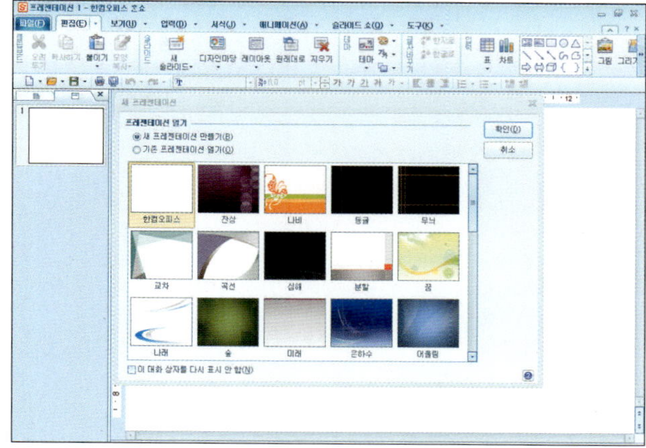

각 테마 위로 마우스 포인터를 가져가면 디자인에 관한 설명, 색상, 글꼴들이 상세히 나타납니다. 이 디자인 도우미를 읽어 보고, 마음에 드는 테마를 선택합니다.

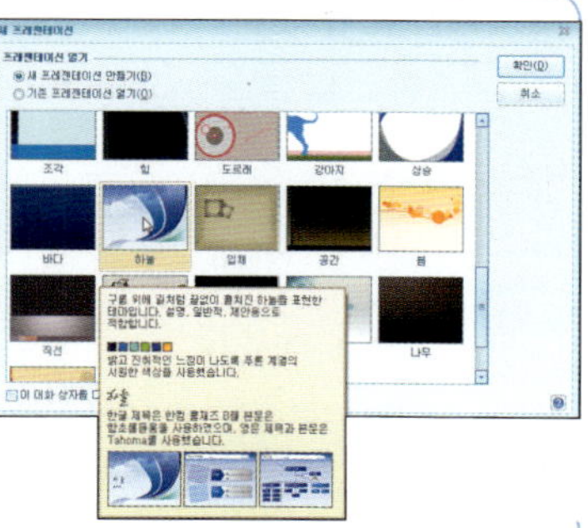

02 ≫ 한쇼에서는 슬라이드를 구성할 수 있는 다양한 디자인 서식을 테마별로 15개 제공하고 있습니다. 따라서 테마를 선택할 때 쓸 내용을 고려하여 선택하는 것이 중요합니다. [편집] 탭 - [슬라이드] 그룹의 [디자인마당]을 클릭하여 원하는 서식을 선택하면 새 슬라이드가 추가되면서 서식이 적용됩니다.

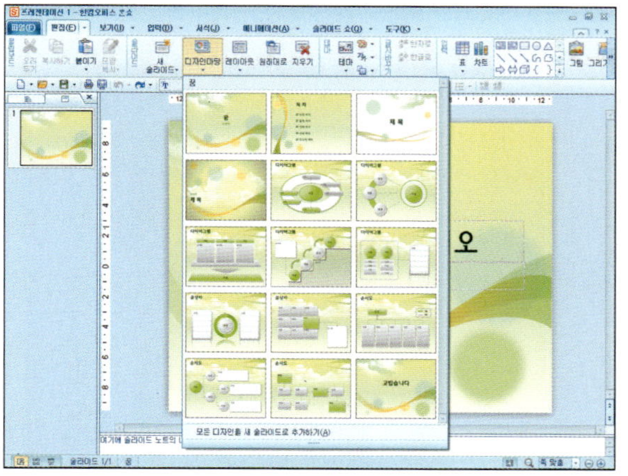

03 ›› [보기] 탭 – [표시/숨기기] 그룹의 [작업 창]을 클릭하면 화면 오른쪽에 작업의 능률을 높여주는 작업 창이 나타납니다. [디자인] 아이 콘을 클릭하면 150여 종의 디자인 서식을 볼 수 있습니다. 다른 서식으로 변경하려면 디자인 서식 파일 중 하나를 선택합니다.

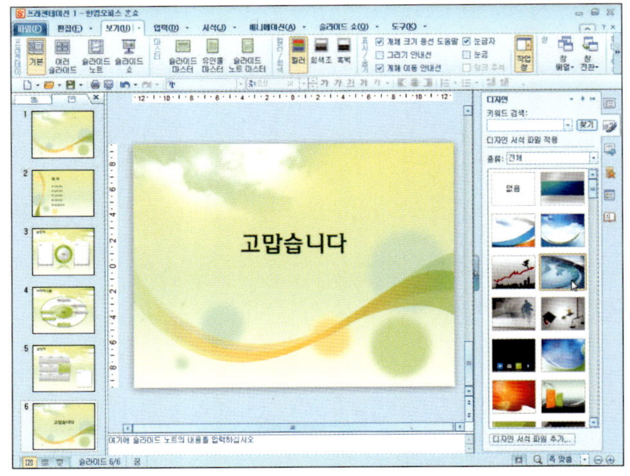

04 ›› 프레젠테이션 문서 전체 디자인이 한꺼 번에 변경되었습니다. [작업 창 접기/펴기] 단 추를 눌러 디자인 창을 접습니다.

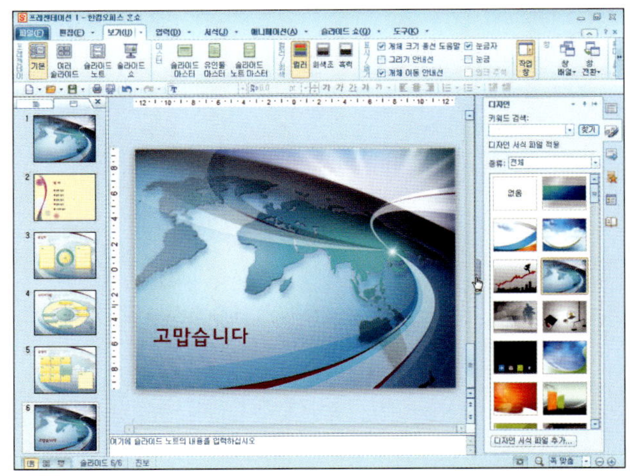

05 ›› 각 슬라이드에 내용을 입력하면 간단하 게 전문가의 손길이 닿은 듯한 프레젠테이션 문 서가 완성됩니다.

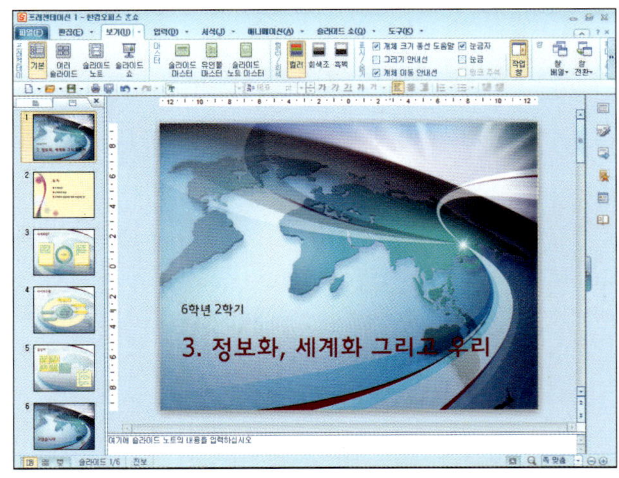

클릭 한 번으로 도형과 그림 디자인하기

Step 02

이런 기능들이 사용됐어요 ➜ 도형 스타일, 그림 스타일

01 ›› [입력] 탭 – [개체] 그룹의 [도형]과 [그림]을 클릭하여 슬라이드에 도형과 그림을 추가하고 텍스트를 입력합니다.

02 ›› [도형] 탭 – [스타일] 그룹의 [자세히(↓)]를 누르면 다양한 도형 스타일이 표시됩니다. 원하는 스타일을 선택하면 도형에 적용됩니다.

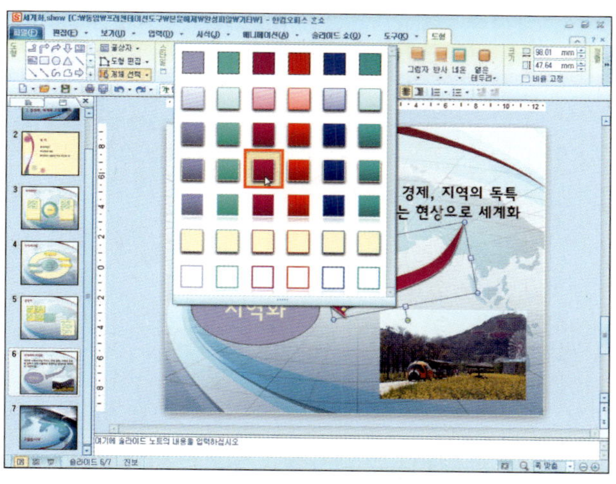

03 ›› 왼쪽의 원형도 선택하여 다른 스타일로 변경합니다.

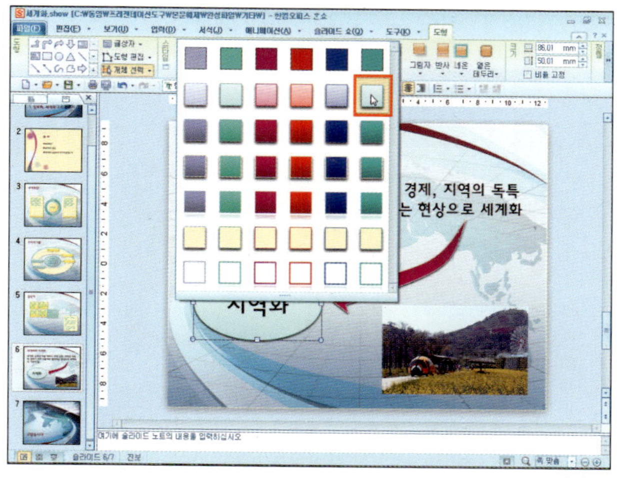

04 ›› 삽입한 그림을 선택하고, [그림] 탭 – [스타일] 그룹의 [자세히(⬇)]를 누르면 다양한 그림 스타일이 표시됩니다. 원하는 스타일을 선택하여 그림에 적용합니다.

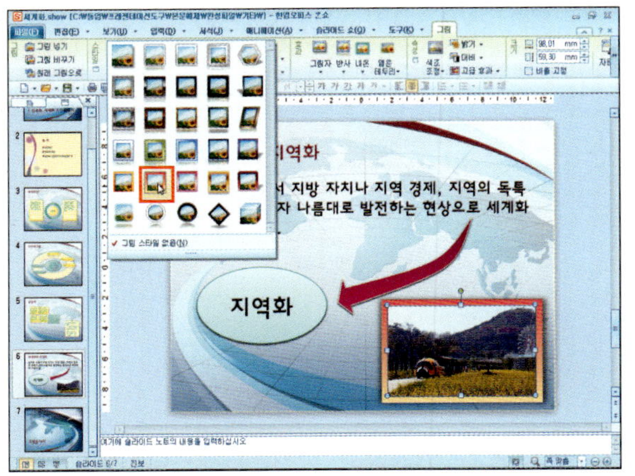 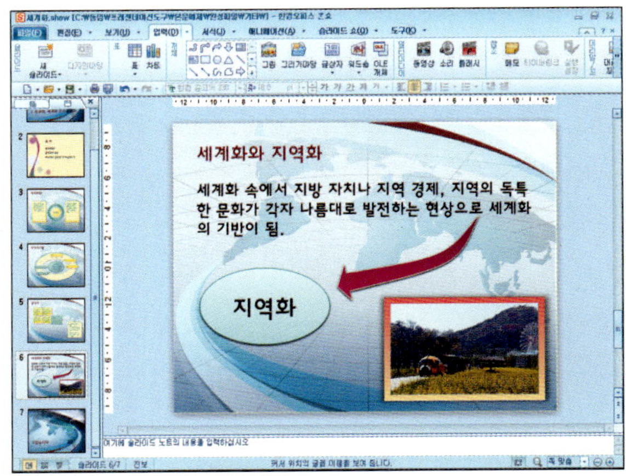

다양한 그림 효과

❶ 그래픽 프로그램이 없어도 다양한 그림 효과를 적용할 수 있습니다. [그림] 탭 – [속성] 그룹의 [고급 효과]를 클릭하면 네온 가장자리, 유화, 수채화, 스케치 등 고급 효과를 적용할 수 있습니다. [색조 조정]를 클릭하면 17가지 다양한 색조 기능으로 같은 그림, 다른 분위기를 만드는 색조 효과를 적용할 수 있습니다.

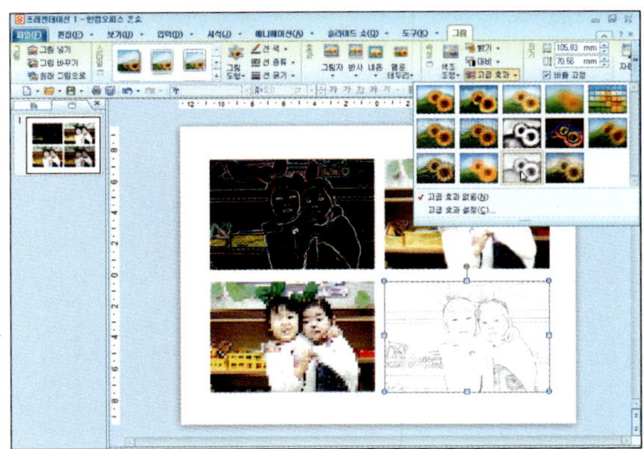 

❷ [그림] 탭 – [크기] 그룹의 [자유형으로 자르기]를 클릭한 후 그림 위에서 자를 부분을 클릭하여 선택하면 원하는 부분만 잘라서 사용할 수 있습니다.

시선을 끄는 화면 전환 효과

Step 03

이런 기능들이 사용됐어요 ➜ 화면 전환 효과, 테마 쇼

01 》 화면 전환 효과를 적용하기 위해 [애니메이션] 탭 – [화면 전환 효과] 그룹의 [자세히(▼)]를 누르면 다양한 화면 전환 효과가 나타납니다. '2D 효과' 중 하나를 선택하고 모든 슬라이드에 적용합니다. F5 를 눌러 슬라이드 쇼를 실행하면 화면 전환 시 2D 효과를 확인할 수 있습니다.

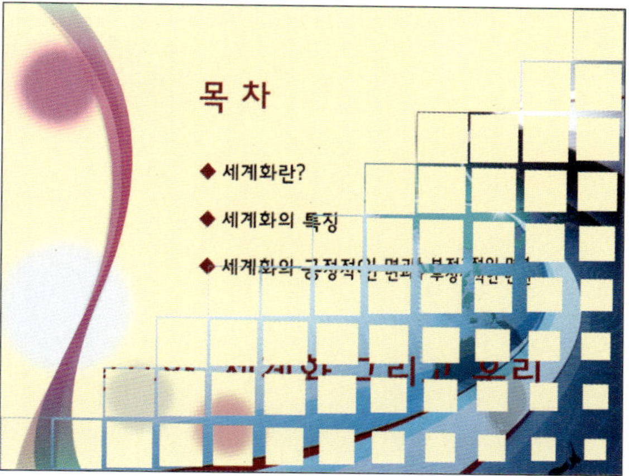

02 》 화면 전환 효과 스타일 중 '3D 효과'에서 하나를 선택합니다. F5 를 눌러 슬라이드 쇼를 실행하면 화면 전환 시 3D 효과를 확인할 수 있습니다.

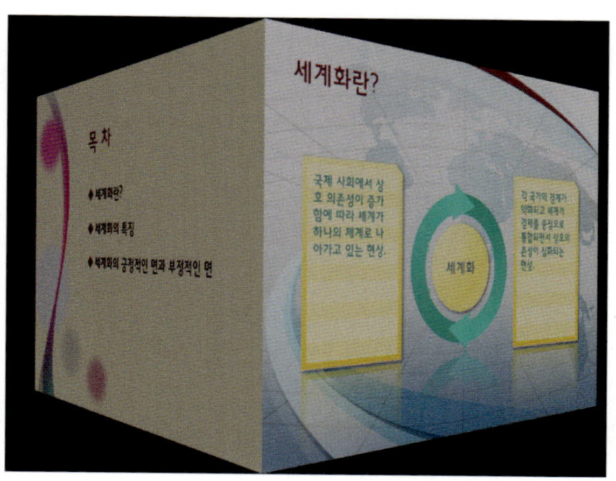

> 📌 **테마 쇼**
>
> 다른 프레젠테이션 도구에서 볼 수 없는 한쇼만의 테마 쇼를 볼 수 있습니다. 테마 쇼는 테마 쇼 스킨과 화면 전환 효과가 조합된 쇼입니다. [슬라이드 쇼] 탭 – [쇼 보기] 그룹의 [테마 쇼]를 클릭합니다. 테마 쇼 스타일 중 하나를 선택하면 테마 쇼가 시작됩니다.

무료 프레젠테이션 공간 씽크프리(ThinkFree)

씽크프리는 사용자 PC에 별도의 오피스 프로그램을 설치하지 않더라도 웹 브라우저를 통해 오피스 문서를 편집하고, 공유할 수 있는 웹 오피스 프로그램입니다. 씽크프리 모바일을 사용하면 스마트폰을 통해 이동 중에도 오피스 문서를 보고 편집할 수 있습니다. 편리한 씽크프리 서비스를 받으려면 미리 회원가입을 해 두어야 합니다. 그럼 씽크프리 서비스에 대해서 자세히 알아보겠습니다.

Section 26   **Section 27**   Section 28   Section 29   Section 30

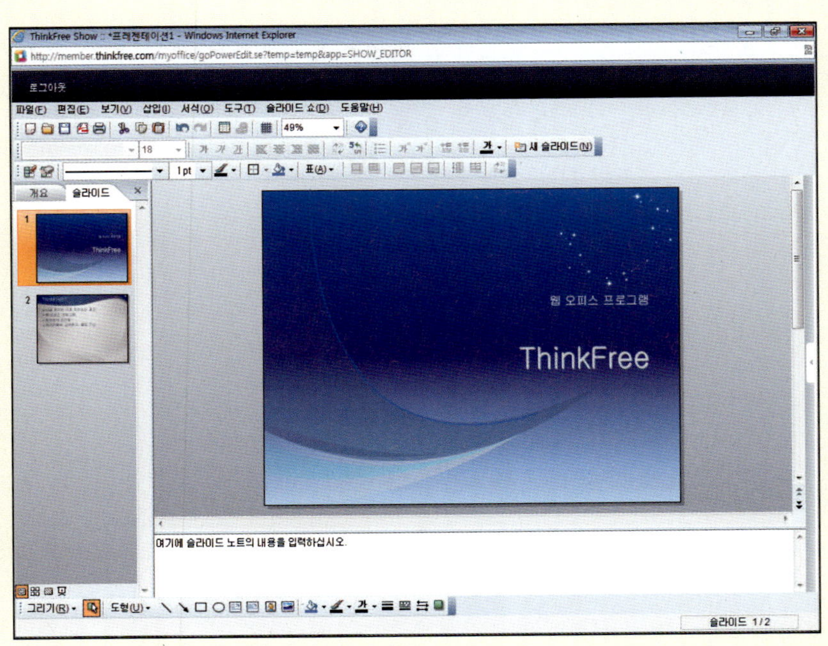

씽크프리(ThinkFree)란?

Step **01**

이런 기능들이 사용됐어요 ➜ 웹 오피스, 씽크프리 모바일

씽크프리는 웹 오피스 서비스로 사용자 PC에 오피스 프로그램이 없더라도 웹 브라우저에 접속만 하면 온라인 상에서 문서를 작성, 저장, 공유하고 어디서든 문서를 다시 열어볼 수 있습니다. 회원가입만 하면 1GB 저장 공간을 무료로 사용할 수 있습니다.

❶ **웹 오피스 :** 평생 무료로 사용할 수 있는 1GB 저장 공간에 MS 오피스 호환 문서를 작성할 수 있습니다.

❷ **씽크프리 모바일 :** 스마트폰이나 태블릿을 통해 이동 중에도 오피스 문서를 편집하고 볼 수 있습니다.

❸ 데스크톱이나 노트북에 오피스 프로그램이 설치되어 있지 않아도 온라인에 접속하여 오피스 문서를 보고, 서로 협업할 수 있습니다.

씽크프리 온라인에서 오피스 문서 만들기　　Step 02

이런 기능들이 사용됐어요 ➔ 오피스 문서 만들기

01 » 씽크프리(http://www.thinkfree.com)에 접속한 후 상단 메뉴 중 [씽크프리 온라인]을 클릭합니다. 로그인 화면이 나타나면 회원가입하고 로그인합니다.

02 » 씽크프리 온라인의 [내 폴더]가 열립니다. 처음 로그인하면 폴더 안에는 파일이 하나도 없습니다. 오피스 문서를 만들기 위해 [프리젠테이션 만들기]를 클릭합니다.

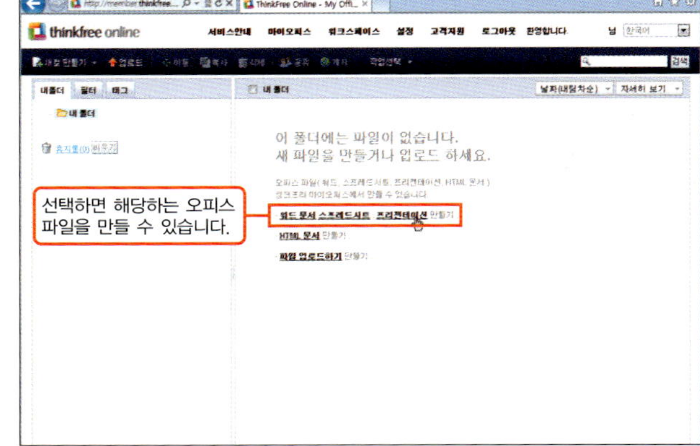

> MS 오피스 2003, 2007의 모든 문서 포맷을 지원하나 아직까지 MS 오피스 2010은 100% 호환하지는 않습니다.

03 » 씽크프리 오피스 프로그램이 로딩되면 문서를 작성합니다. 씽크프리 오피스 프로그램은 MS 오피스와 동일한 기능과 사용자 환경을 갖추고 있기 때문에 쉽게 문서를 작성하고 저장할 수 있습니다.

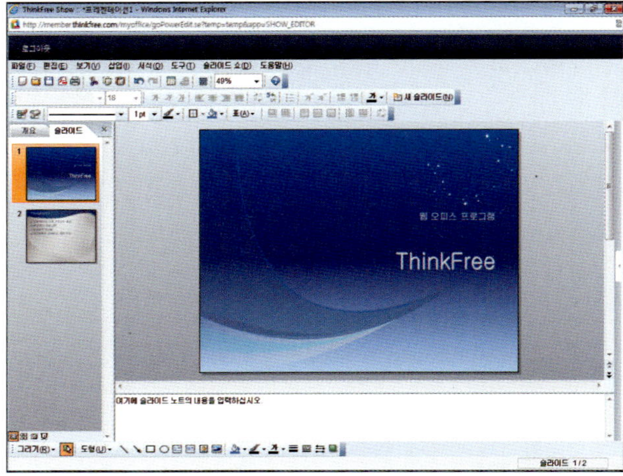

> 처음 씽크프리 오피스 프로그램이 로딩될 때는 시간이 꽤 걸리는데, 기다리는 동안 씽크프리의 특징이 하나씩 보여집니다.

04 ›› [마이오피스] 메뉴를 클릭하면 [내 폴더] 안에 새로 만든 문서가 저장된 것을 확인할 수 있습니다.

한쇼에서 Show 파일 업로드하기   Step 03

이런 기능들이 사용됐어요 ➜ [씽크프리 온라인에 연결] 대화 상자

01 ›› 한쇼 2010에서 작성한 문서를 업로드하기 위해 [파일] 탭 – [다른 이름으로 저장하기]를 클릭합니다. [다른 이름으로 저장하기] 대화 상자에서 [씽크프리]를 클릭하면 [씽크프리 온라인에 연결] 대화 상자가 나타납니다. 씽크프리의 '사용자 아이디'와 '사용자 비밀번호'를 입력하고 [확인] 단추를 클릭합니다.

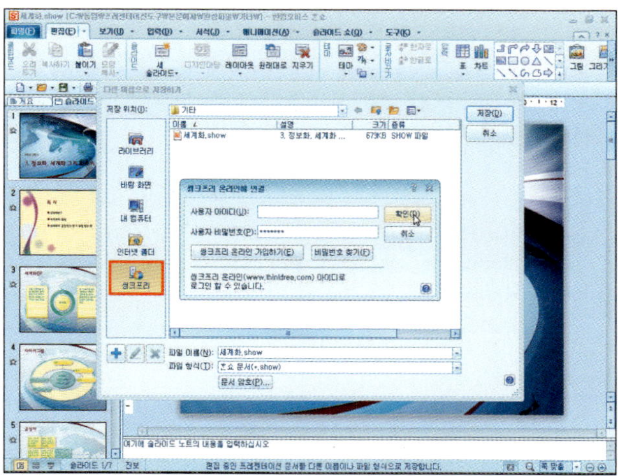

02 ›› 파일 이름을 입력하고, [저장] 단추를 클릭합니다.

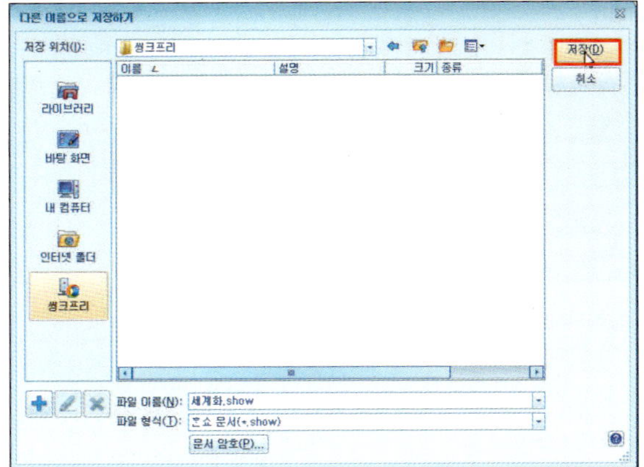

03 ›› 씽크프리(http://www.thinkfree.com)에 접속한 후 로그인하면 한쇼 파일이 업로드된 것을 확인할 수 있습니다.

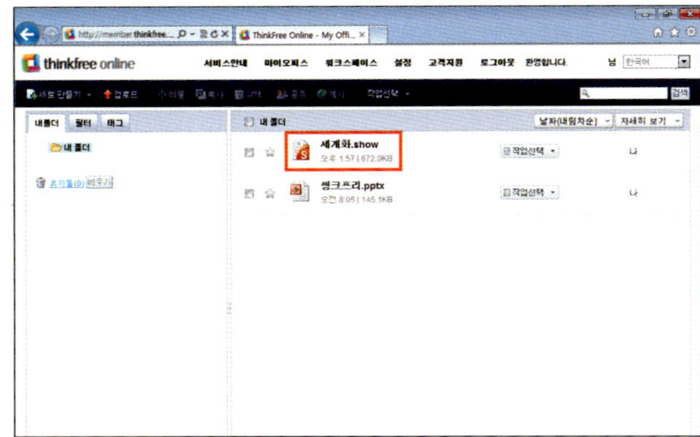

씽크프리에 파일 업로드하고 편집하기   Step 04

이런 기능들이 사용됐어요 ➜ 업로드, 편집

01 ›› 씽크프리에 접속한 후 [업로드] 메뉴를 클릭합니다.

02 ›› [업로드] 창의 [파일 선택] 단추를 클릭합니다. 업로드할 파일을 선택한 후 [열기] 단추를 클릭합니다.

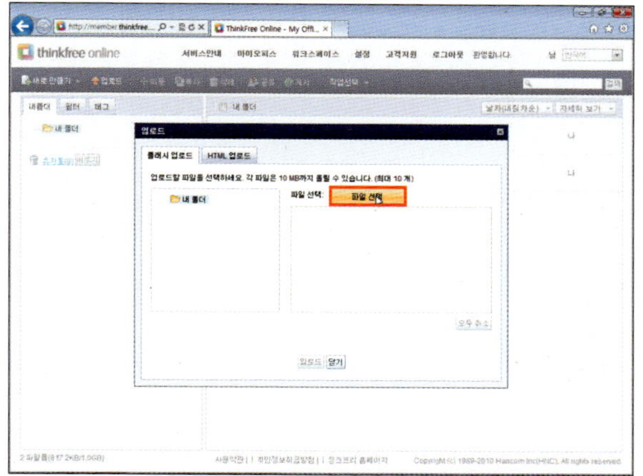

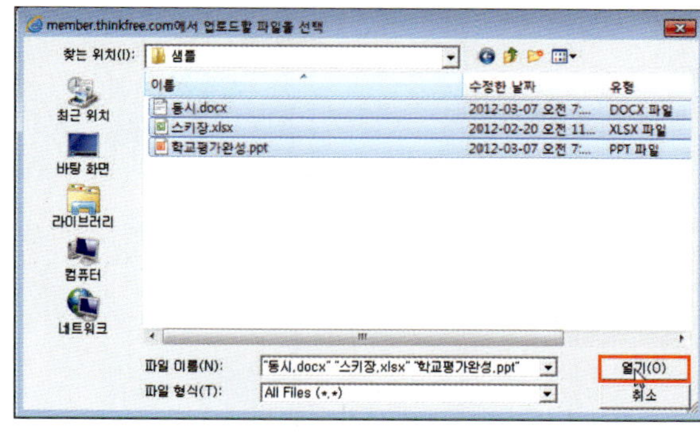

03 ›› [업로드] 창에 선택한 파일이 나타나면 [업로드] 단추를 클릭합니다. 업로드되면서 파일이 하나씩 사라지는데 모두 사라지면 [닫기] 단추를 클릭합니다.

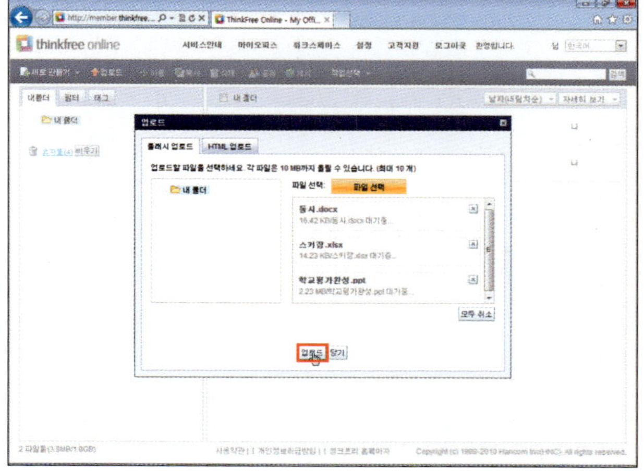

04 ›› [마이오피스] 페이지를 F5 를 눌러 새로 고침하면 업로드된 파일이 나타납니다. 편집할 파일에 체크한 후 [작업선택] 단추를 클릭하고, [편집]을 클릭합니다.

05 ›› 오피스 프로그램이 실행되면서 업로드한 파일이 열립니다. 다시 온라인에서 편집한 후 저장합니다.

여러 사람과 문서 공유하기 Step **05**

이런 기능들이 사용됐어요 ➡ 작업선택, 게시, ThinkFree Docs, 공유

01 ›› 공유할 파일에 체크한 후 [작업선택] 단추를 클릭하고, [게시(임베딩)]을 클릭합니다.

02 ›› 공유하기 전에 먼저 누구나 인터넷에서 문서에 접근하거나 볼 수 있도록 [파일 관리] 창의 [문서 게시] 단추를 클릭합니다.

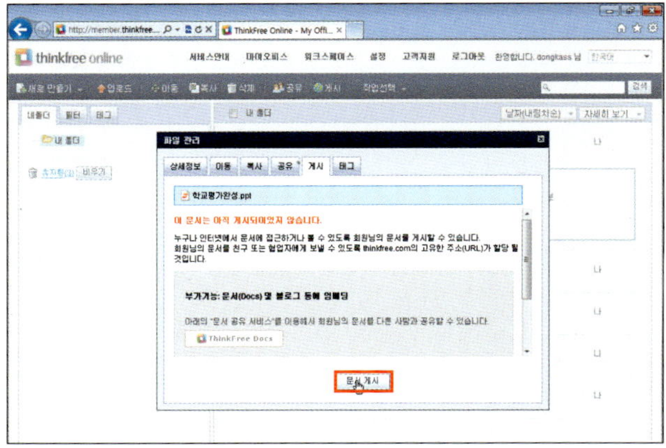

03 ›› 문서가 게시되면서 공개적으로 볼 수 있는 주소가 생성되었습니다. [주소 복사] 단추를 눌러 URL을 복사한 후 공유할 학생이나 선생님들께 메일로 복사한 URL을 보냅니다. 메일을 받은 사람은 URL을 통해 문서를 볼 수 있습니다.

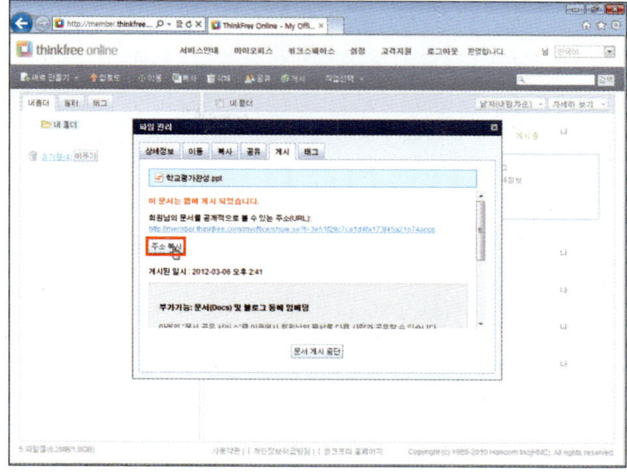

04 ›› 스크롤을 내려서 씽크프리의 공유 서비스인 [ThinkFree Docs] 단추를 누릅니다. '문서 제목', '간략한 설명'을 입력한 후 [지금 공개] 단추를 누르면 문서가 공개되면서 다른 사람과 공유할 수 있습니다.

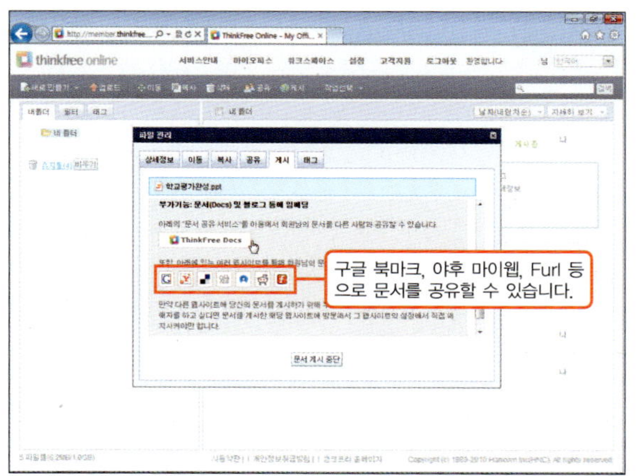

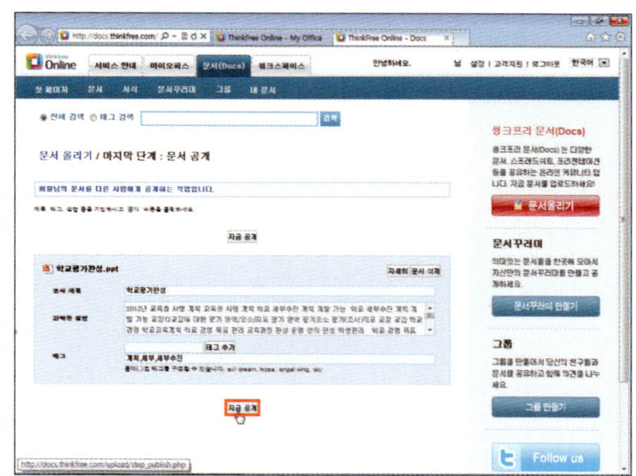

05 ›› 여러 사람과 한꺼번에 공유 메시지를 보내려면 게시된 문서의 [작업선택] 단추를 눌러 [공유]를 클릭합니다.

06 ›› '공동 편집자들'과 '뷰어들'에 각각 메일을 입력한 후 [사용자 초대] 단추를 눌러 여러 사람에게 공유 메시지를 보냅니다. 메일을 받은 사람은 게시한 문서 URL로 접속하여 공동 편집하거나 문서를 볼 수 있습니다.

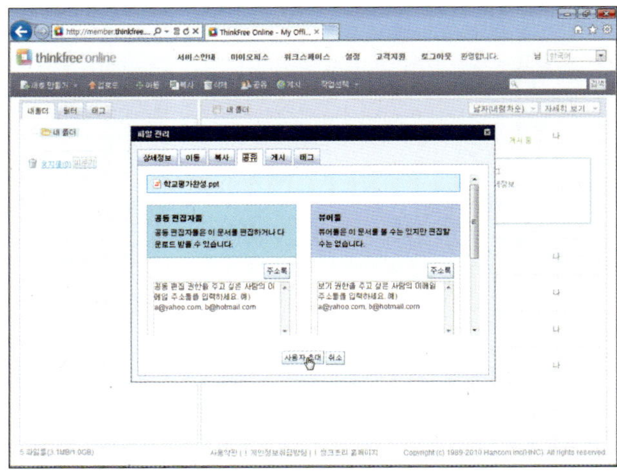

모바일 기기에서 오피스 문서 확인하기 Step **06**

이런 기능들이 사용됐어요 ➜ 모바일 웹, 전용 APP

01 ›› 씽크프리는 아이폰이나 갤럭시 등의 안드로이드 폰의 모바일 기기에서도 사용할 수 있습니다. 씽크프리 모바일을 통해서 이동 중에도 문서 작업이 가능하며, 이메일의 첨부 파일을 실시간으로 확인하거나 보낼 수 있습니다.

※ 그림 출처는 씽크프리(www.thinkfree.com)입니다.

02 ›› 전용 App을 설치하지 않아도 모바일 웹(http://m.thinkfree.com)으로 사용이 가능합니다. 모바일 웹에 접속한 후 로그인하면 씽크프리 온라인에 저장된 문서를 확인할 수 있습니다. 문서 하나를 탭하면 내용을 볼 수 있습니다.

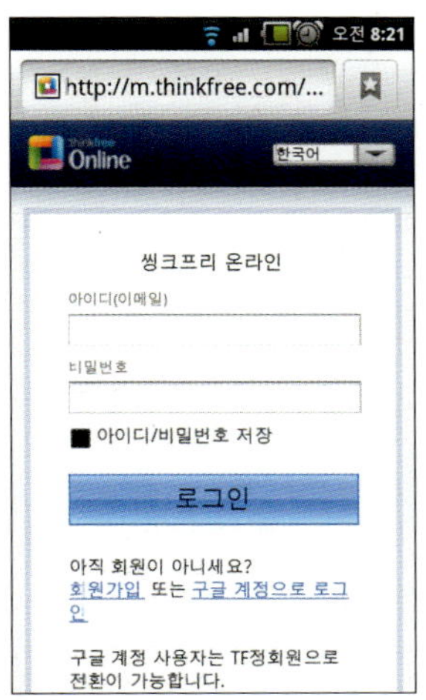
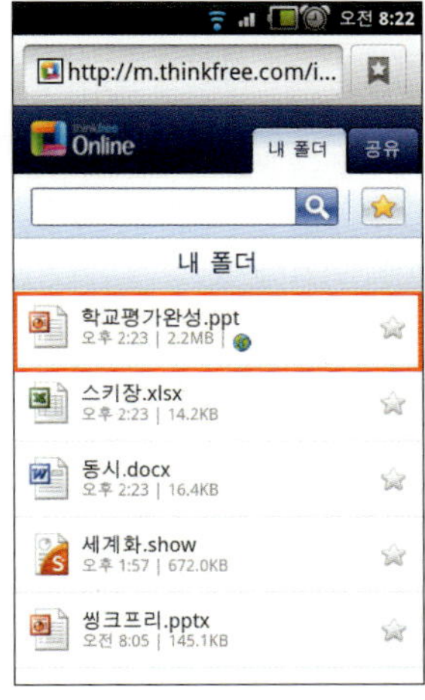
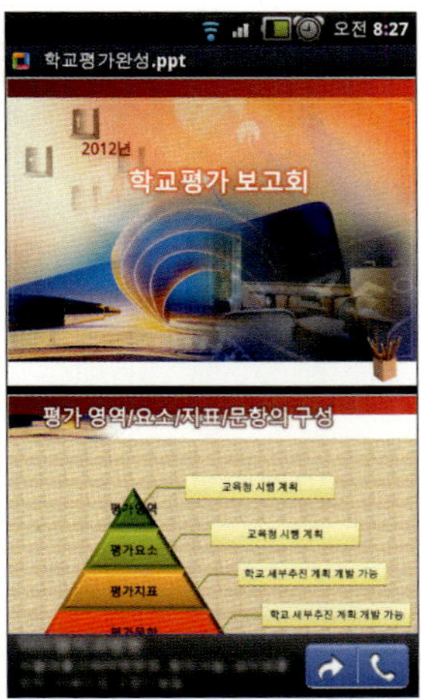

03 ›› 스마트 기기에서 전용 App을 설치한 후 로그인해도 씽크프리 온라인에 저장된 문서를 읽고, 편집 및 이메일 전송 등을 할 수 있습니다.

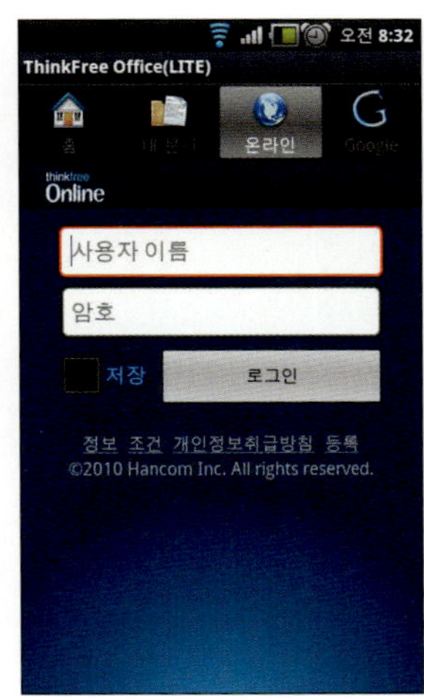

넓은 저장 공간에서 협업이 가능한 SkyDrive

SkyDrive는 연동되는 웹 오피스를 사용하여 다른 사람이 최신 버전의 Microsoft Office를 설치하지 않은 경우에도 Word, Excel, PowerPoint 문서를 온라인에서 편집하고, 여러 사람과 협업으로 작업할 수 있습니다. 또한 사진과 문서 등을 저장할 수 있게 온라인에 25GB 무료 저장 공간을 제공합니다.

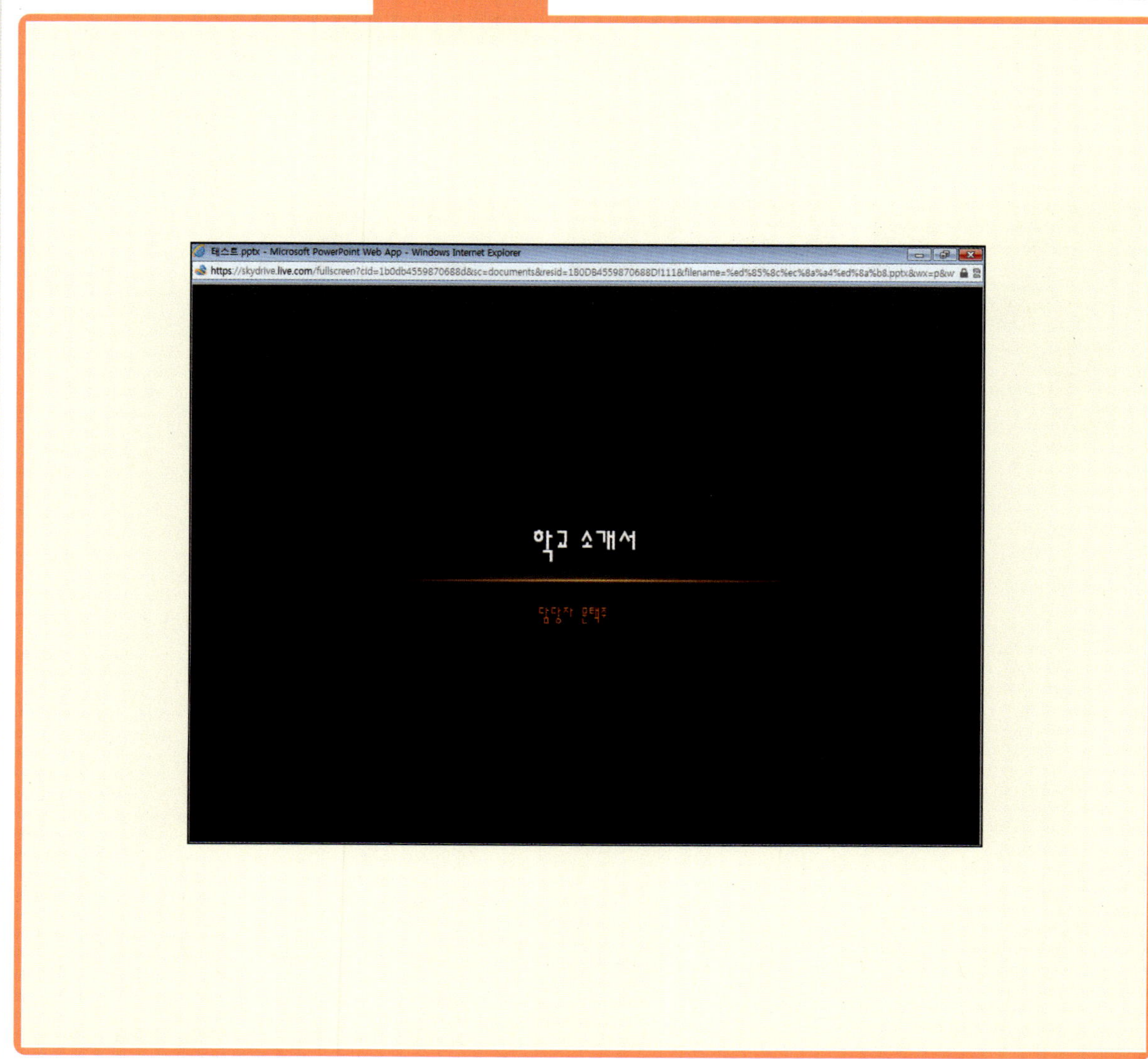

웹 오피스 사용하여 파워포인트 문서 만들기　Step 01

이런 기능들이 사용됐어요 ➜ SkyDrive, Office Web Apps

01 》 SkyDrive(http://skydrive.live.com)에 접속하여 Windows Live 아이디와 암호로 로그인합니다.

Hotmail, MSN, 혹은 Xbox LIVE 아이디가 있으면 새로 생성할 필요 없이 로그인할 수 있습니다.

02 》 프레젠테이션 문서를 만들기 위해 '만들기' 중 [PowerPoint 프레젠테이션 만들기] 아이콘(■)을 클릭합니다. [새 Microsoft PowerPoint 프레젠테이션] 창에 파일 이름을 입력하고 [만들기] 단추를 클릭합니다.

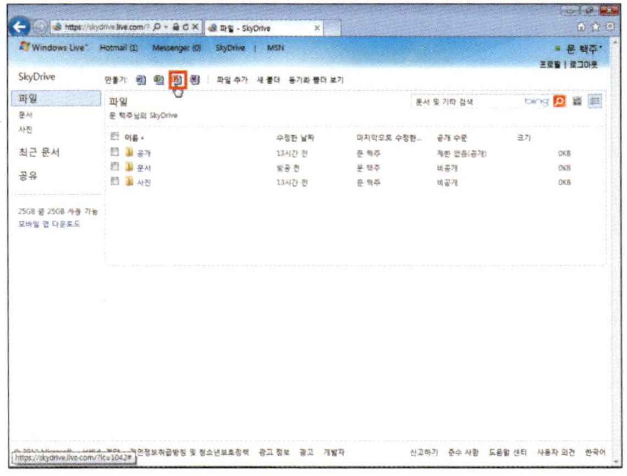

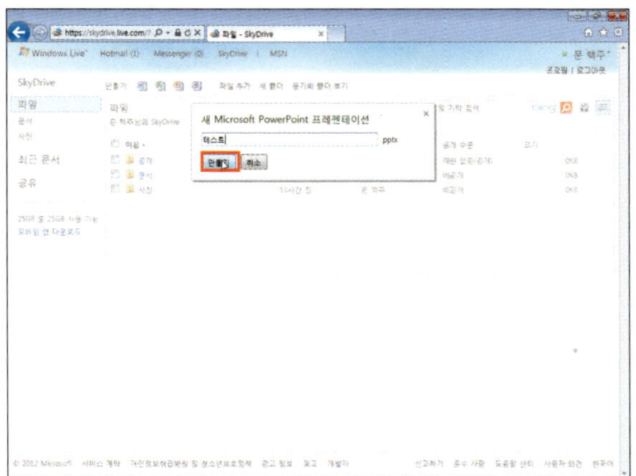

Office Web Apps

Windows Live SkyDrive에서 Office Web Apps를 사용하면 웹에 연결할 수 있는 곳이라면 어디에서든 브라우저로 Office 문서를 보고 편집할 수 있습니다. Microsoft Office 2010이 있는 경우 Word, Excel, PowerPoint 및 OneNote 문서를 Office 프로그램에서 바로 SkyDrive에 저장할 수 있습니다. Microsoft Office 2010이 없는 경우에도 SkyDrive에 문서를 저장하고 Office Web Apps를 바로 사용할 수 있습니다.

03 ≫ 파워포인트를 보는 것 같은 화면이 열리면서 테마를 선택할 수 있습니다. 원하는 테마를 선택합니다. 파워포인트와 동일한 사용 방법으로 문서를 작성하고 자동으로 저장되므로, 'SkyDrive'를 클릭합니다.

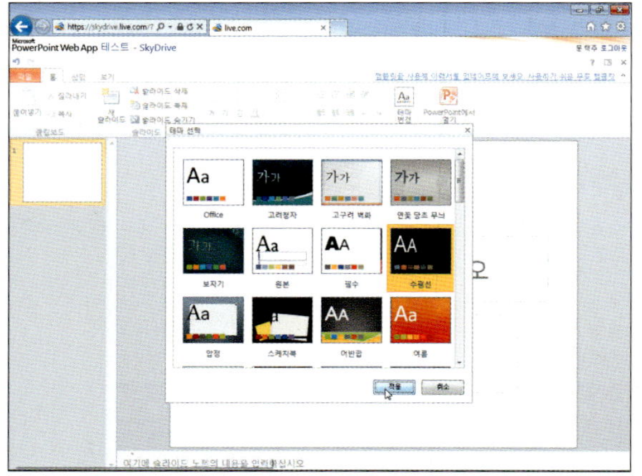
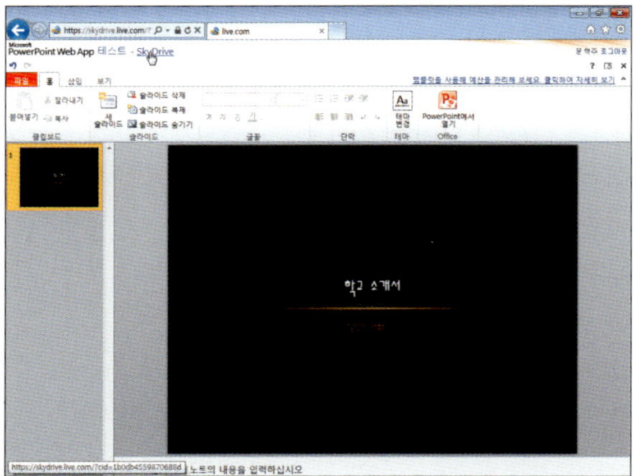

웹 오피스

PC에 Office가 없거나, 버전이 달라도 어떤 OS에서도 문제없이 웹 오피스를 사용할 수 있습니다. 온라인에서 사용하는 프로그램이기 때문에 오프라인에 비해서 메뉴는 단순화되어 있습니다. [파일], [홈], [삽입], [보기] 탭으로 구성되어 있으며 바로 가기 키도 파워포인트와 동일하게 사용할 수 있습니다. [삽입] 탭을 클릭하여 그림, 클립 아트, SmartArt도 삽입할 수 있습니다.

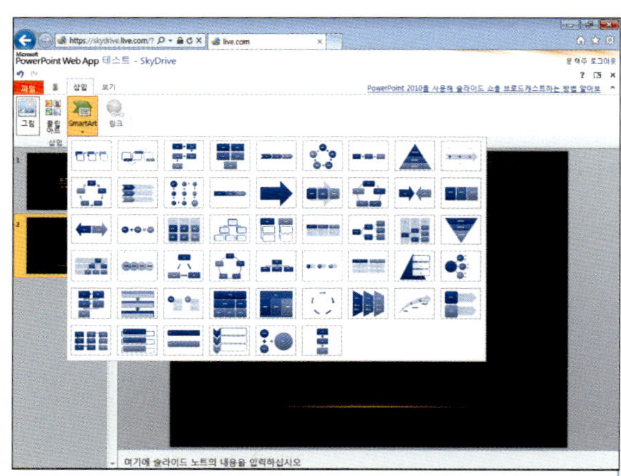

04 ≫ 새로 만든 파일이 자동으로 저장된 것을 확인할 수 있습니다.

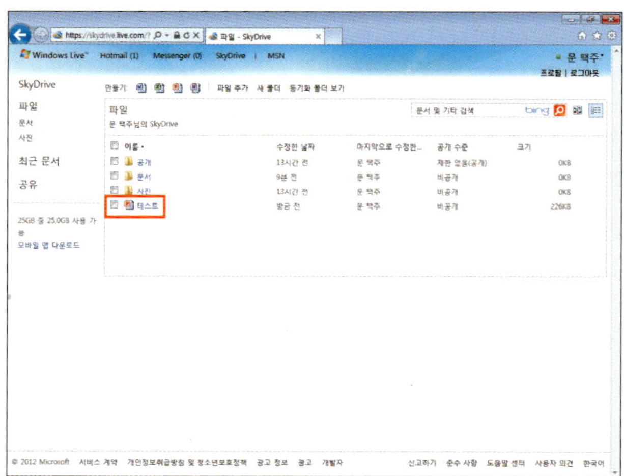

폴더 안에 문서를 저장하려면 먼저 폴더를 선택한 후 '만들기'의 아이콘을 클릭하여 문서를 만듭니다. [새 폴더]를 만든 후 저장할 수도 있습니다.

파워포인트에서 SkyDrive로 문서 올리기 Step 02

이런 기능들이 사용됐어요 ➡ 웹에 저장

01 ›› 파워포인트 2010에서 작성한 문서를 업로드하기 위해 [파일] 탭 – [저장/보내기]를 클릭합니다. [웹에 저장]을 클릭한 후 [로그인] 단추를 클릭합니다.

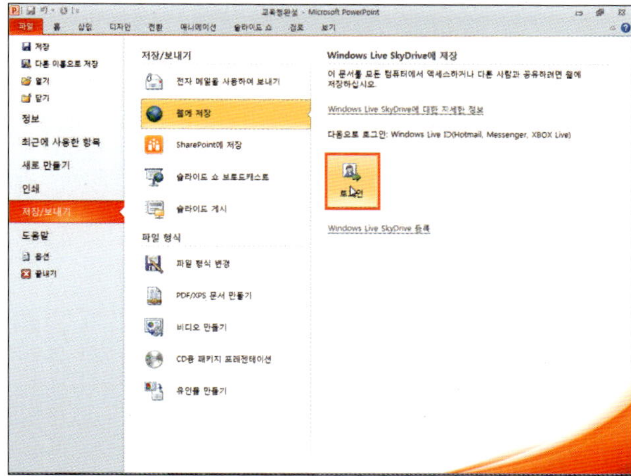

02 ›› Window Live의 아이디와 암호를 입력하여 로그인합니다.

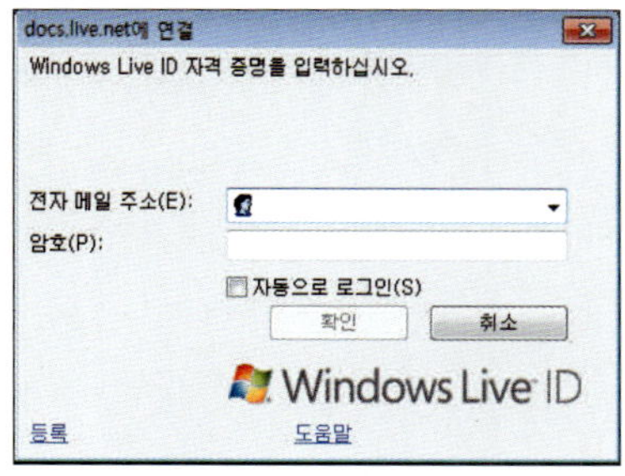

03 ›› 폴더를 선택하고, [다른 이름으로 저장] 단추를 클릭합니다.

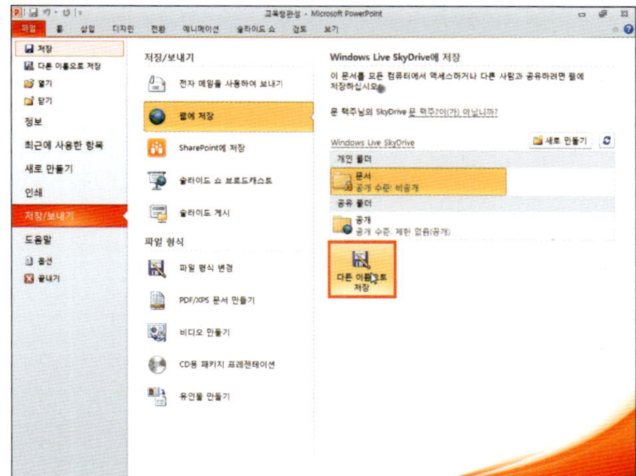

04 ›› [다른 이름으로 저장] 대화 상자가 나타나면 파일 이름을 입력하고, [저장] 단추를 클릭합니다.

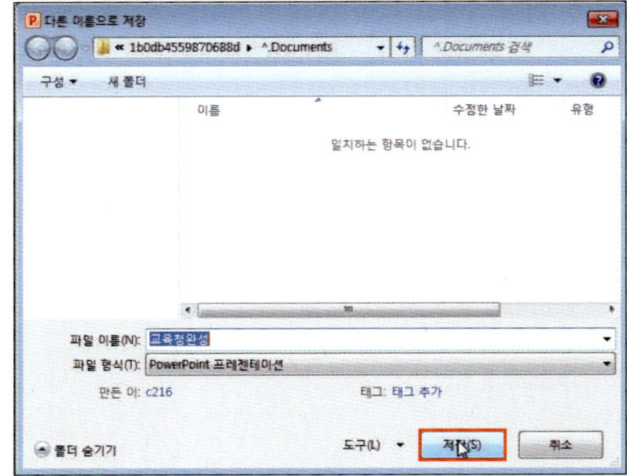

05 ›› '서버에 업로드하는 중'이라고 상태 표시줄에 나타납니다.

06 ›› 업로드가 완료되면 SkyDrive(http://skydrive.live.com)에 접속하여 로그인한 후 업로드된 파일을 확인합니다.

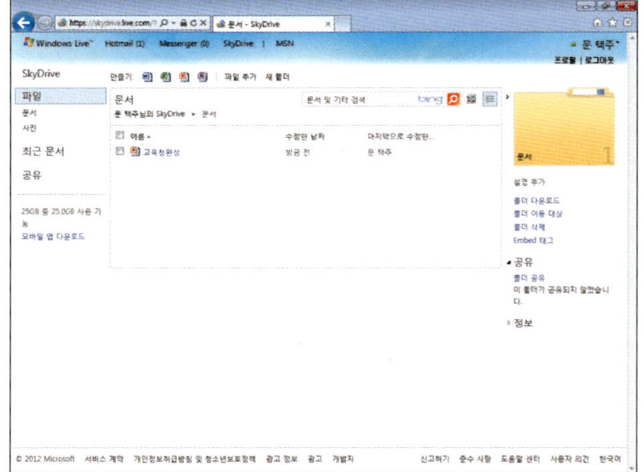

SkyDrive에 파일 업로드하고 편집하기 Step 03

이런 기능들이 사용됐어요 ➜ 파일 추가, 브라우저에서 편집

01 ›› SkyDrive에서 업로드할 폴더를 선택한 후 '파일 추가'를 클릭합니다.

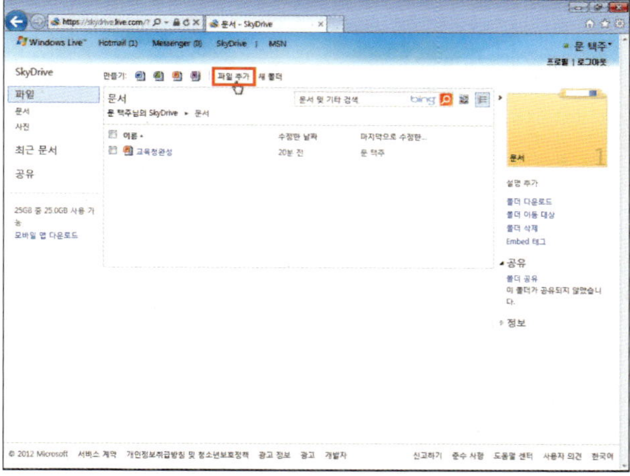

02 ›› [파일 추가] 창이 나타나면 '컴퓨터에서 선택'을 클릭합니다.

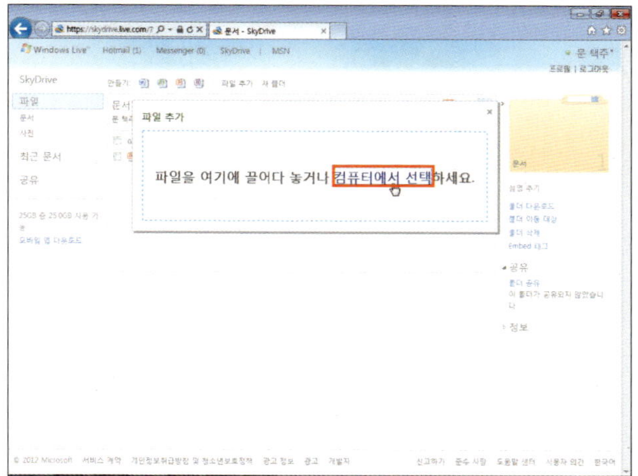

03 ›› [열기] 대화 상자가 나타나면 파일을 선택하고 [열기] 단추를 클릭합니다.

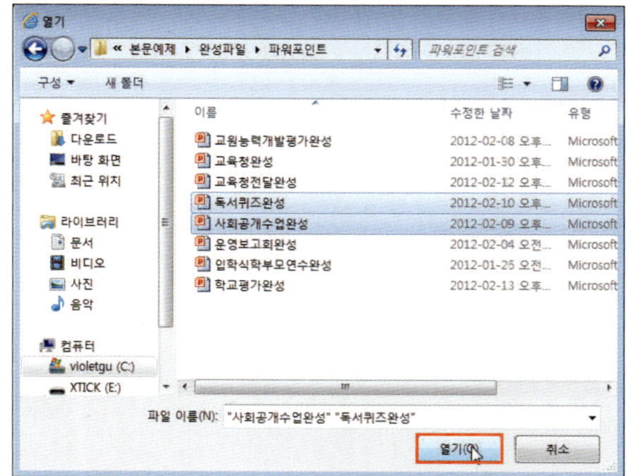

311

04 ›› 업로드 중이라는 메시지 창이 나타난 후 폴더에 파일이 업로드됩니다.

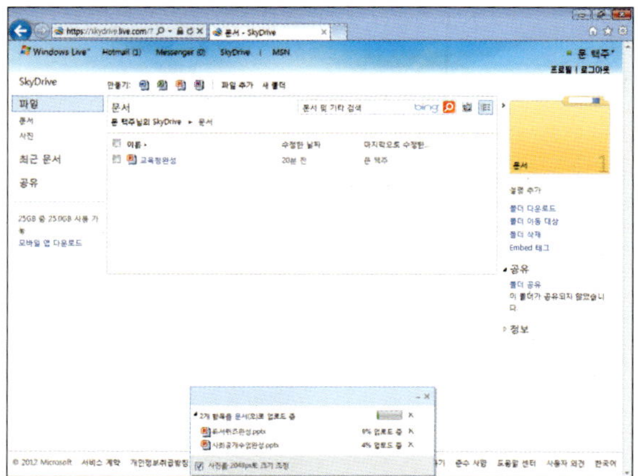 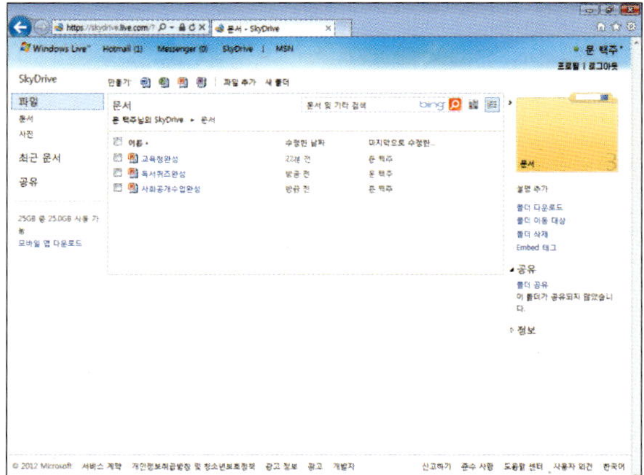

05 ›› 업로드된 파일 중 편집할 파일을 클릭합니다. 파일이 열리면 [브라우저에서 편집]을 클릭합니다.

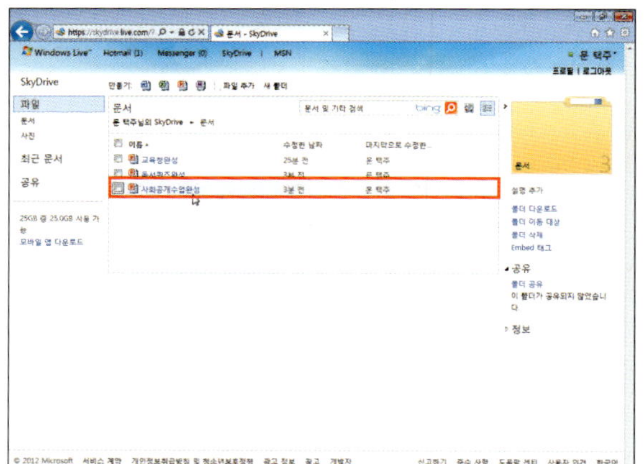 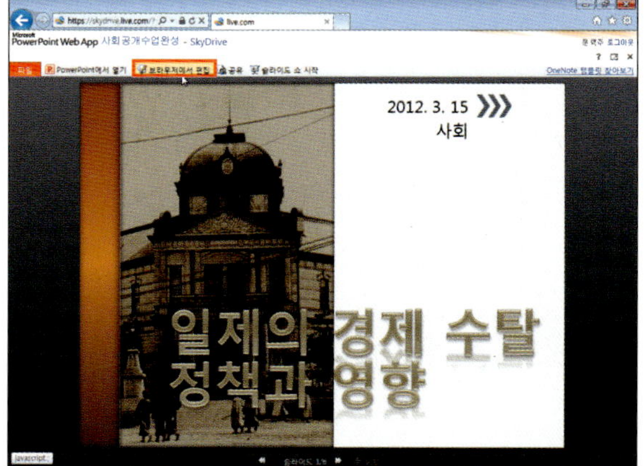

[슬라이드 쇼 시작]을 클릭하면 [슬라이드 쇼] 창이 열립니다. 클릭하여 슬라이드 쇼를 진행하고, 쇼를 마치려면 **Esc** 를 누릅니다.

06 ›› 웹 오피스 프로그램이 열리면 업로드된 파일을 편집합니다.

여러 사람과 문서 공유하기

Step 04

01 ›› 업로드한 파일을 공유하기 위해 [공유]를 클릭합니다.

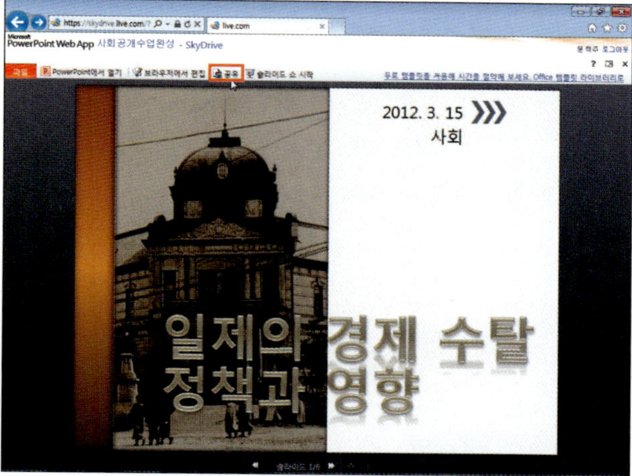

02 ›› '받는 사람'에 메일 주소를 입력하고, 초대글을 쓴 후 [공유] 단추를 클릭하여 메일을 보냅니다.

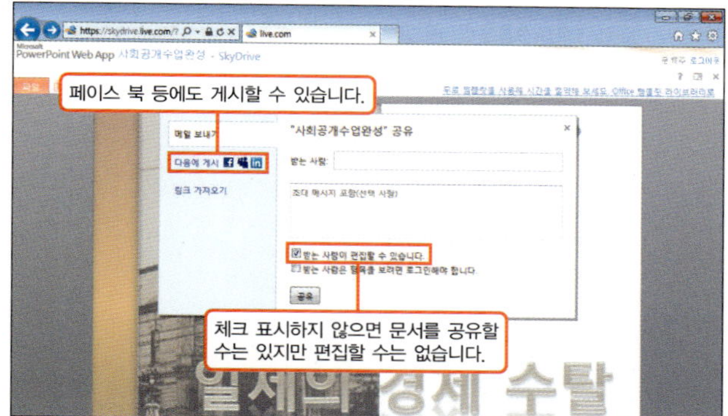

03 ›› 메일을 받은 사람은 파일 링크 부분을 클릭하여 프레젠테이션 문서를 공유하고 협업 작업을 할 수 있습니다.

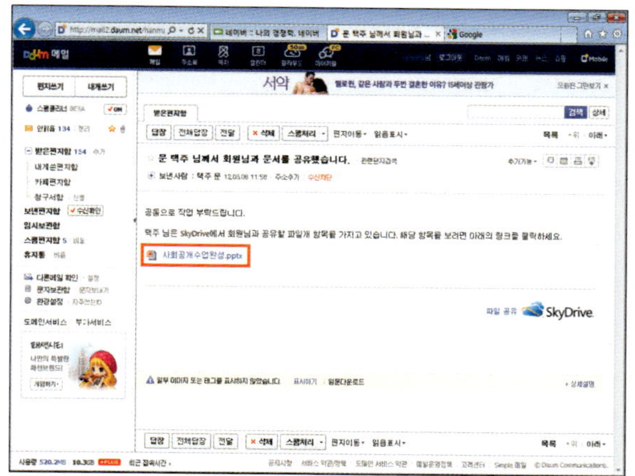

모바일 기기에서 오피스 문서 확인하기   Step 05

이런 기능들이 사용됐어요 ➜ 전용 App

01 ›› 스마트 기기에서 전용 App을 다운로드하여 설치한 후 전용 App을 탭합니다.

휴대폰이 있다면 언제든지 파일을 확인할 수 있습니다. SkyDrive를 사용하면 사진과 문서를 어디로든 가져갈 수 있습니다. 아이폰 또는 안드로이드폰용 SkyDrive 응용 프로그램을 다운로드한 후 휴대폰의 브라우저를 통해 SkyDrive에 액세스할 수 있습니다.

▲ 아이폰

▲ 안드로이드폰

※그림 출처는 SkyDrive(http://SkyDrive.live.com)입니다.

02 ›› Windows Live에 아이디와 암호를 입력하여 로그인하면 SkyDrive에 저장된 문서나 사진, 공유한 파일 등을 볼 수 있습니다.

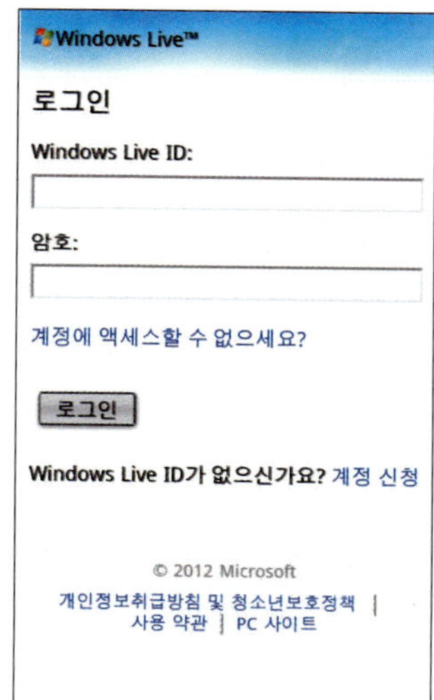
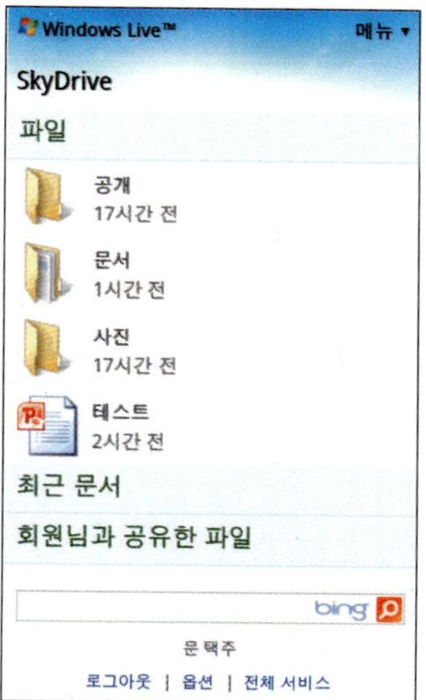

03 ›› 파워포인트 문서를 클릭하면 축소판 그림 색인이 표시됩니다. 자세히 보기 위해 해당 슬라이드를 선택하고, 슬라이드 내용을 확인합니다. 스마트 기기에서도 파워포인트 문서를 보고, 다운로드할 수 있습니다.

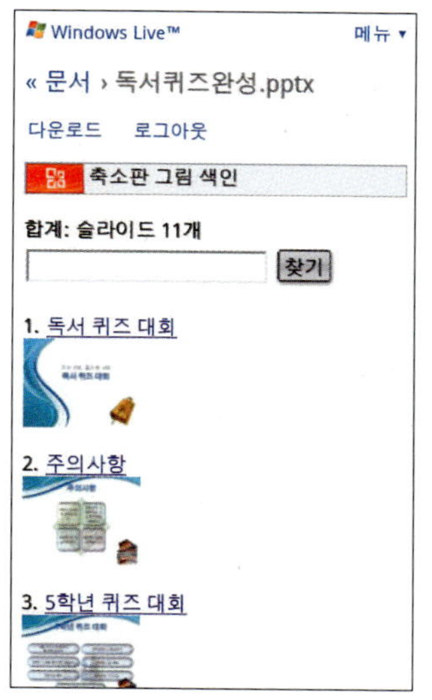
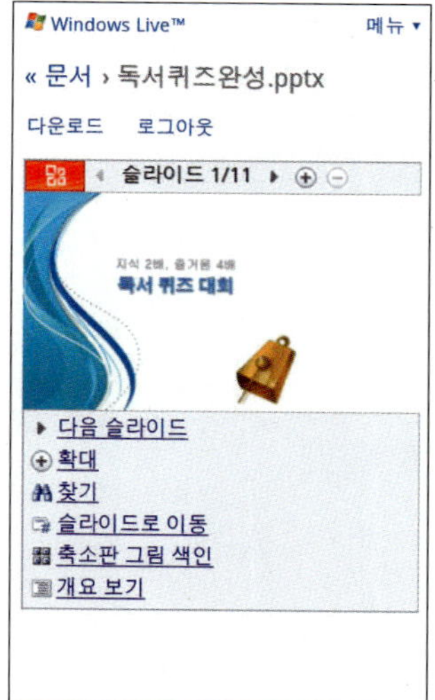

페이스북에서 즐기는 독스(Docs)

프레젠테이션 도구는 보통 오프라인에서 사용하는 파워포인트, 키노트 등을 생각하는데, 웹에서도 프레젠테이션을 만들 수 있습니다. 독스(Docs.com)는 마이크로소프트에서 만든 MS 오피스의 온라인 버전으로 구글독스(Google Docs)에 대항하여 페이스북과 손을 잡고 만든 것입니다. 따라서 독스는 페이스북의 아이디로 로그인이 가능하며 페이스북에서 독스를 사용하여 프레젠테이션 문서를 만들고 페이스북 친구들과 공유할 수 있습니다.

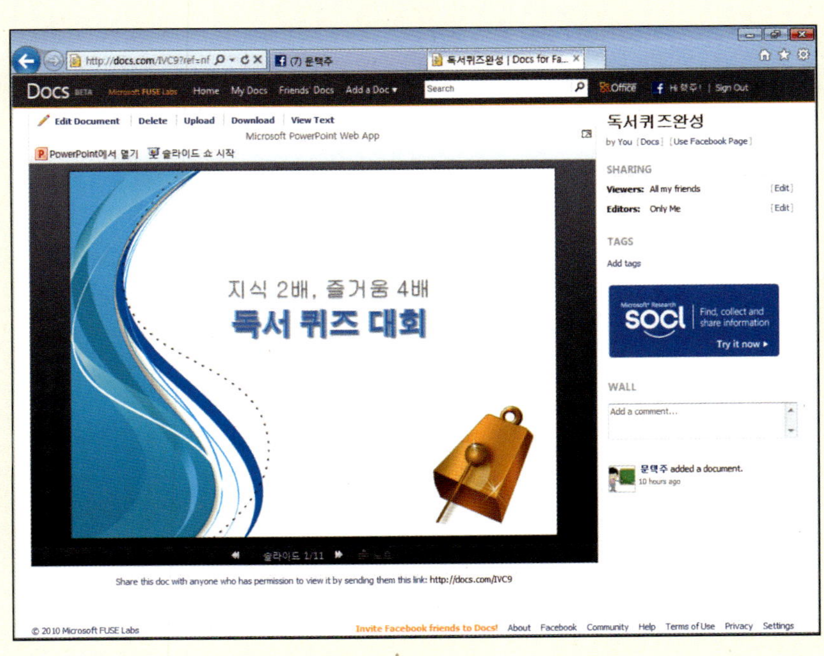

독스에서 파워포인트 문서 만들기

Step 01

이런 기능들이 사용됐어요 ➜ CREATE A NEW DOC

01 》 독스(http://docs.com)에 접속한 후 [Sign In]을 클릭합니다.

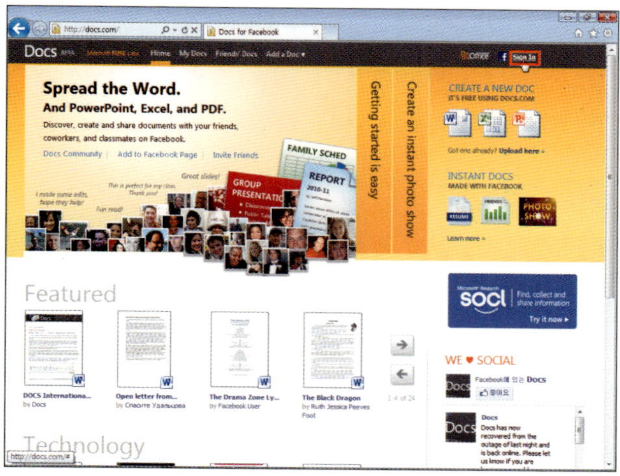

> 독스를 제대로 사용하기 위해서는 마이크로소프트사의 실버라이트(Microsoft Silverlight)가 설치되어 있어야 합니다. 실버라이트가 설치되어 있지 않을 경우 자동으로 설치 화면이 뜨므로 반드시 설치하도록 합니다.

02 》 페이스북 아이디와 비밀번호를 입력하여 로그인합니다.

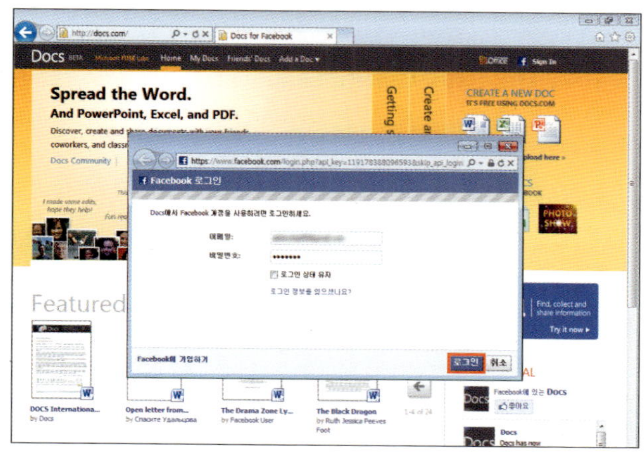

03 》 아래쪽에 카테고리별로 다른 사용자가 만든 문서 파일이 정리되어 있습니다. 다른 사용자가 만든 파워포인트 문서를 클릭합니다.

04 ›› 클릭한 파워포인트 문서를 웹에서 볼 수 있습니다. [슬라이드 쇼 시작]을 클릭하면 새 창에 슬라이드 쇼가 시작됩니다.

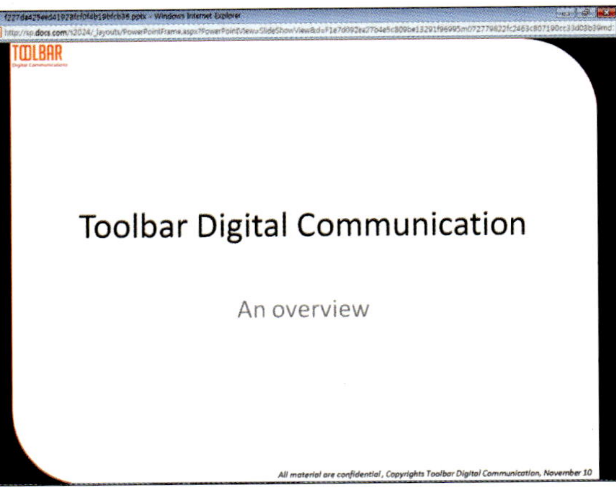

독스는 MS 오피스 2010을 기반으로 하고 있기 때문에 별다른 어려움 없이 슬라이드 문서를 작성하거나 페이스북 사용자가 작성한 프레젠테이션 파일을 확인할 수 있습니다.

05 ›› 독스 홈 화면으로 다시 이동한 후 'CREATE A NEW DOC' 에서 [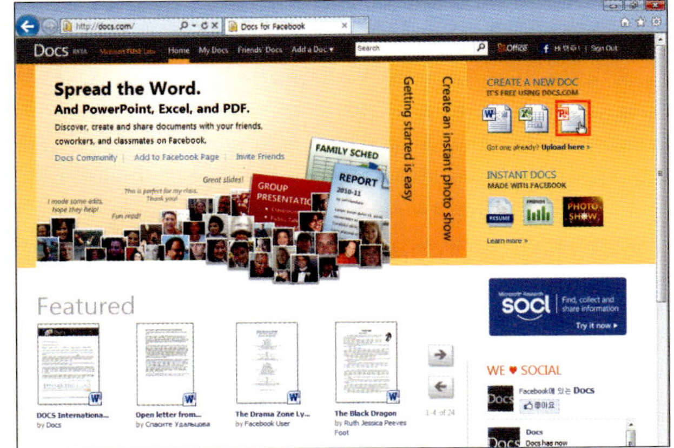]를 클릭합니다.

06 ›› 프로그램이 실행되면 [새 슬라이드] 창에서 원하는 슬라이드를 선택한 후 [슬라이드 추가] 단추를 클릭합니다.

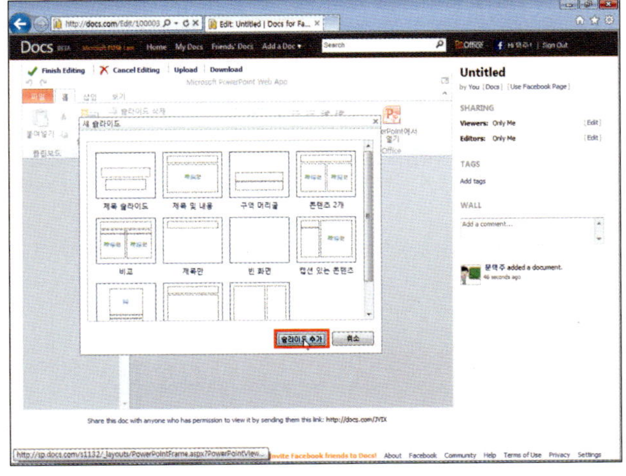

07 〉〉 파워포인트와 사용 방법이 동일하므로 쉽게 문서를 작성할 수 있습니다. 오른쪽 상단의 'Untitled'를 클릭하여 문서 이름을 입력하고, [Finish Editing]을 클릭합니다.

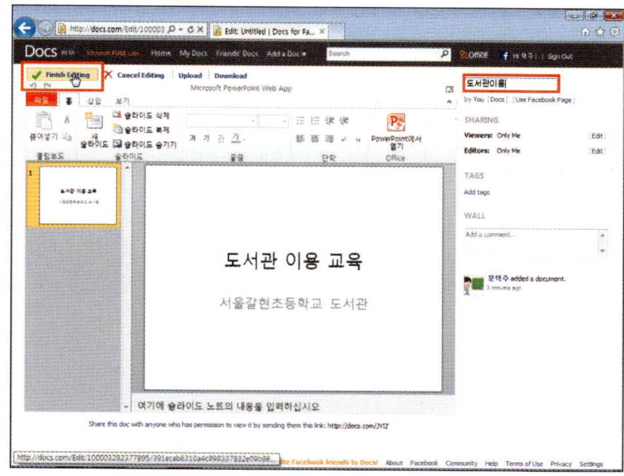

08 〉〉 My Docs 페이지에 자동으로 새로 만든 문서가 저장된 것을 확인할 수 있습니다.

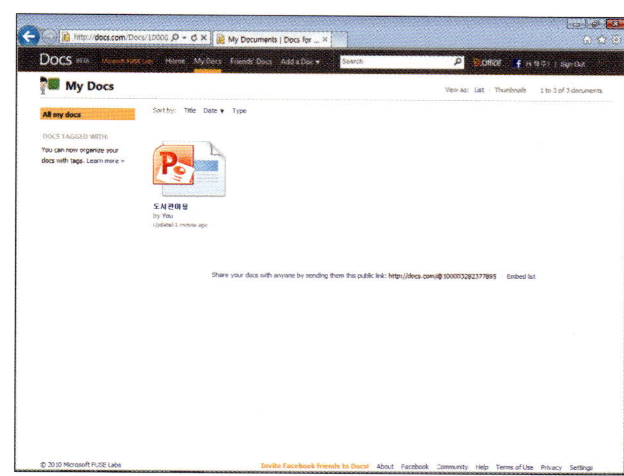

독스에 업로드하기

Step **02**

이런 기능들이 사용됐어요 ➜ Add a Doc

01 〉〉 추가적인 기능을 실행하기 위해 상단 메뉴 중 [Add a Doc]을 클릭한 후, [Upload a Doc]을 클릭합니다.

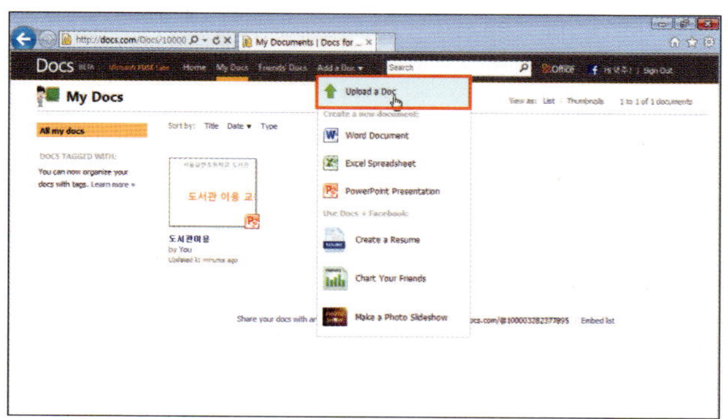

02 ›› UPLOAD A DOC 페이지로 이동하면 [찾아보기] 단추를 클릭하여 [업로드할 파일 선택] 대화 상자에서 파일을 선택하고, [열기] 단추를 클릭합니다.

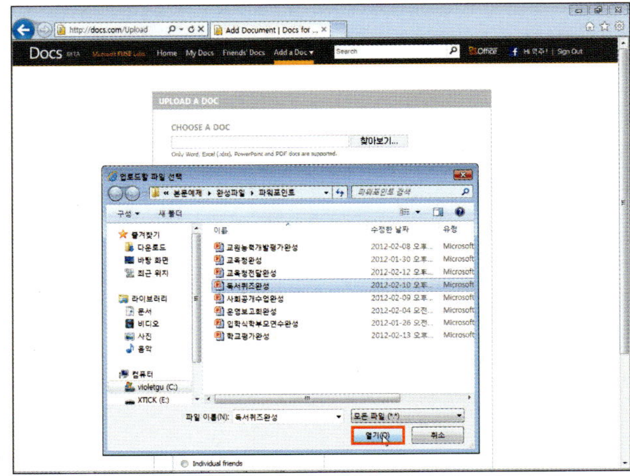

03 ›› 'Viewers' 항목에서 'All my friends', 'Editors' 항목에는 'Only Me' 를 선택한 후 [Upload] 단추를 클릭합니다.

'Viewers' 항목에서 'All my friends'를 선택하면 페이스북에 등록된 나의 전체 친구가 해당 문서를 볼 수 있습니다. 편집은 'Editors' 항목을 'Only Me' 로 설정하였으므로 친구들과 공동 편집 작업은 할 수 없습니다. 여기서는 문서를 볼 수 있는 사람의 권한과 문서를 편집할 수 있는 사람의 권한을 지정할 수 있습니다.

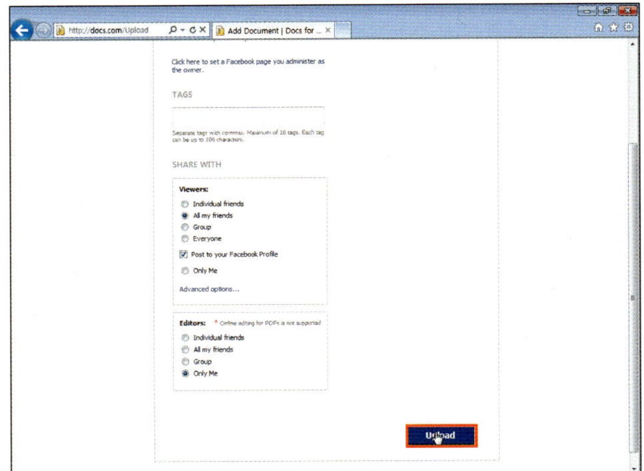

04 ›› '허가 요청' 페이지가 나타나면 페이스북과 뉴스피드에 게시된다는 내용이므로, [Allow] 단추를 클릭하여 허가합니다. My Docs에 문서가 업로드되었습니다.

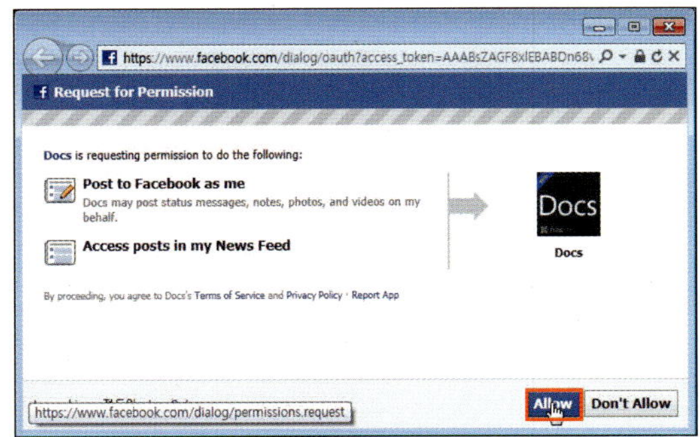

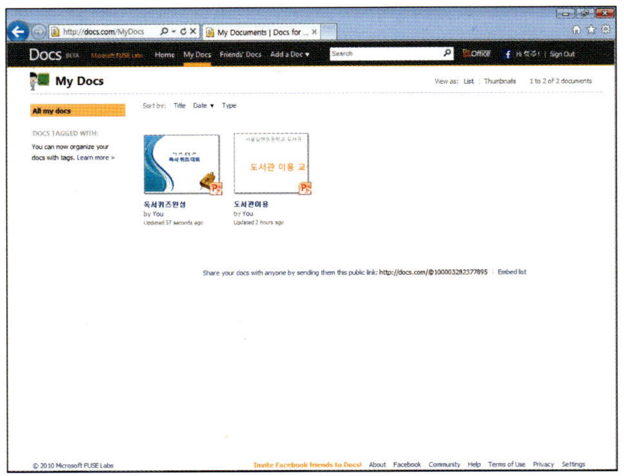

05 ›› 오른쪽 상단의 페이스북 계정 이름을 클릭합니다.

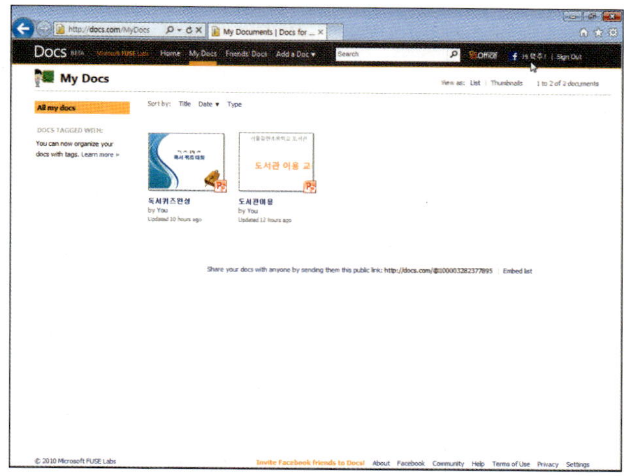

06 ›› 페이스북으로 이동되면 업로드한 파워포인트 문서가 등록된 것을 확인할 수 있습니다. 해당 문서를 클릭합니다.

07 ›› 독스가 열리면서 파워포인트 문서를 볼 수 있습니다. 나의 친구들도 모두 등록된 파워포인트 문서를 볼 수 있습니다.

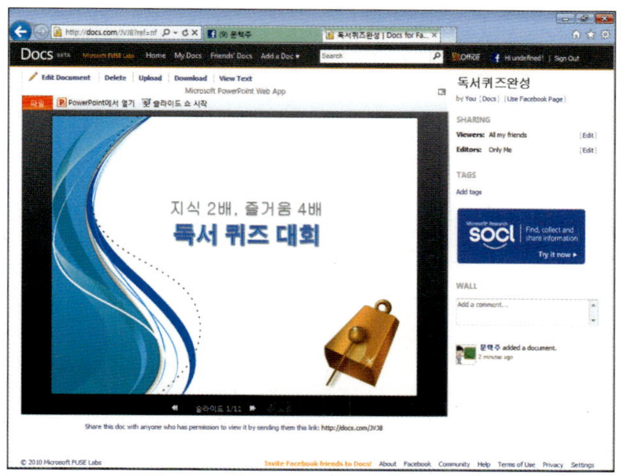

이제 페이스북은 단순히 친구를 사귀고 정보를 교환하는 장소가 아닌 프레젠테이션을 공유하고 오피스 문서를 작성하는 공간으로서도 가치가 있습니다. 페이스북을 통해 전 세계 누구와도 오피스 파일을 편집하고 공유할 수 있습니다.

페이스북에 Docs 앱 설치하기   Step 03

이런 기능들이 사용됐어요 ➡ Docs 앱

01 ›› 페이스북에 로그인한 후 검색 창에 'Docs'라고 입력하고, 검색 목록 중 'Docs'를 선택합니다.

> 독스(http://docs.com)에서 페이스북으로 문서를 공유한 적이 있으면 이미 Docs 앱이 설치되어 있습니다. 페이스북에서 독스를 처음 사용할 경우 Docs 앱이 설치됩니다.

02 ›› '허가 요청' 페이지가 나타나면 [허가]를 클릭합니다. 잠시 후 페이스북에서 Docs 앱이 실행됩니다.

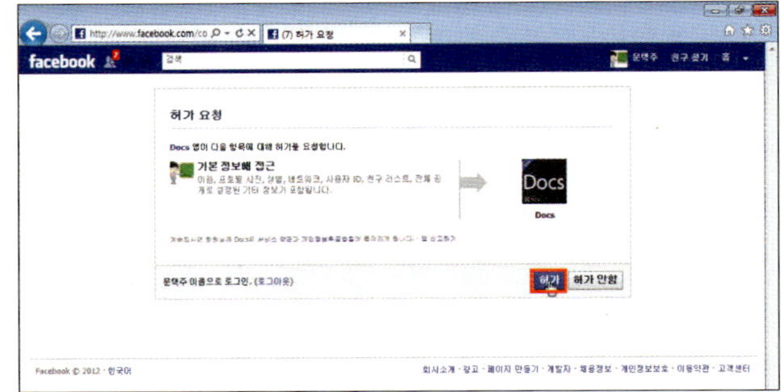

03 ›› 독스(http://www.docs.com)의 화면 그대로 페이스북에서 사용할 수 있습니다. 다시 나의 페이스북으로 이동하면 최근 글에 'Docs 앱을 사용합니다.'라고 되어 있습니다. 여기서 'Docs'를 클릭하면 독스를 사용하여 파워포인트 문서를 만들고, 공유할 수 있습니다.

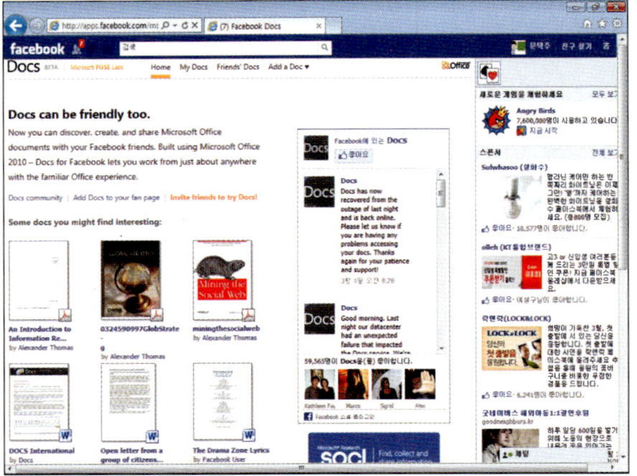

구글 독스로 문서 공유하기

구글 문서도구(Google Docs)는 구글의 웹 기반 오피스 도구로서 워드프로세서, 스프레드시트, 프레젠테이션 등이 제공됩니다. 오프라인 문서 작성 프로그램과 비슷한 인터페이스를 갖고 있어서 편집하기 쉽습니다. 구글 문서도구는 마이크로소프트의 엑셀이나, 파워포인트, 워드 문서뿐 아니라 ODT, ODS, RTF, CSV 등을 포함한 대부분의 파일 형식을 지원합니다.

01 구글(http://www.google.com)에 접속하여 로그인한 후 상단 메뉴 중 [문서도구]를 클릭합니다.

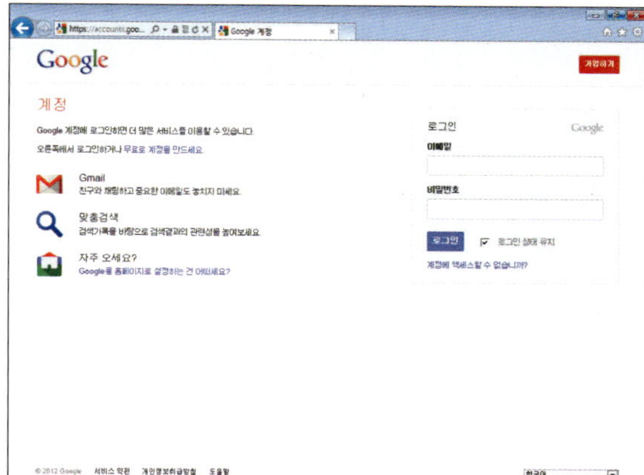
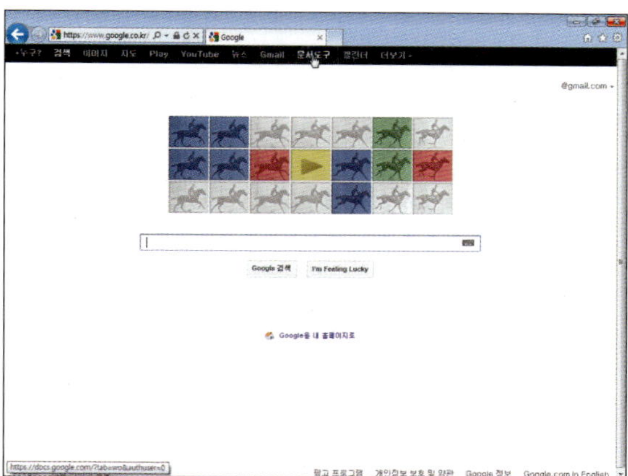

구글 계정이 없다면 [문서 도구]를 한 번 클릭한 후에는 [드라이브]로 메뉴명이 바뀌므로 [드라이브]를 클릭하여 구글 문서를 만들 수 있습니다.

02 왼쪽 메뉴 중 [만들기] – [프레젠테이션]을 클릭합니다. [새로운 Google 프레젠테이션 시작하기] 창에서 [시작하기] 단추를 클릭하면 프레젠테이션 도구가 시작됩니다.

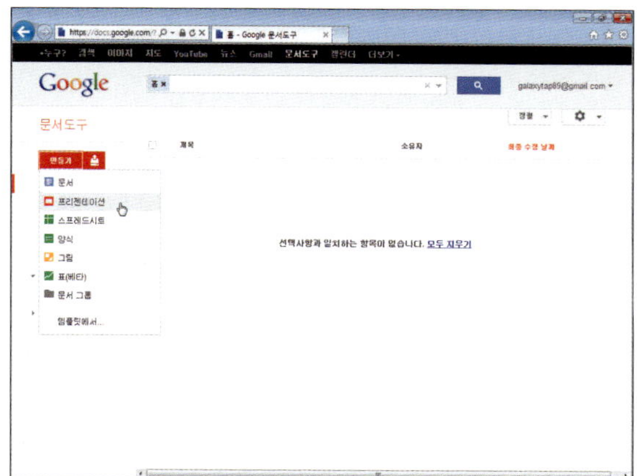
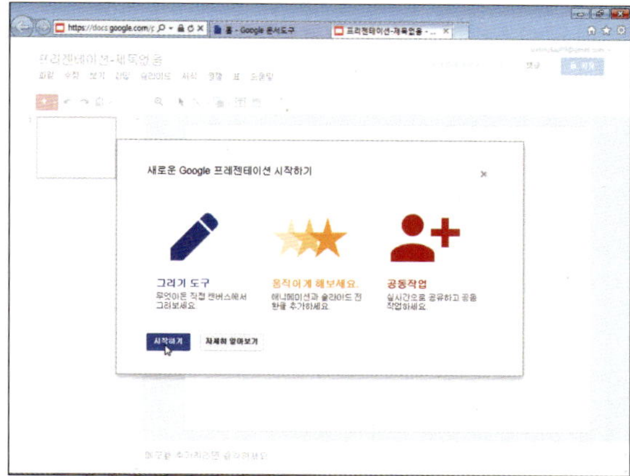

03 [테마 선택] 창에서 테마를 선택한 후 [확인] 단추를 클릭합니다.

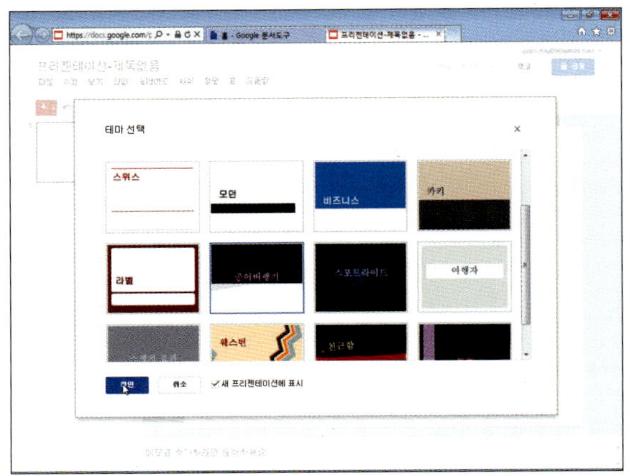

04 오프라인 프로그램과 인터페이스가 비슷하므로 쉽게 문서를 완성할 수 있습니다. [프레젠테이션 – 제목없음]을 클릭하여 제목을 입력하고, ←를 눌러 Google 문서도구로 되돌아옵니다.

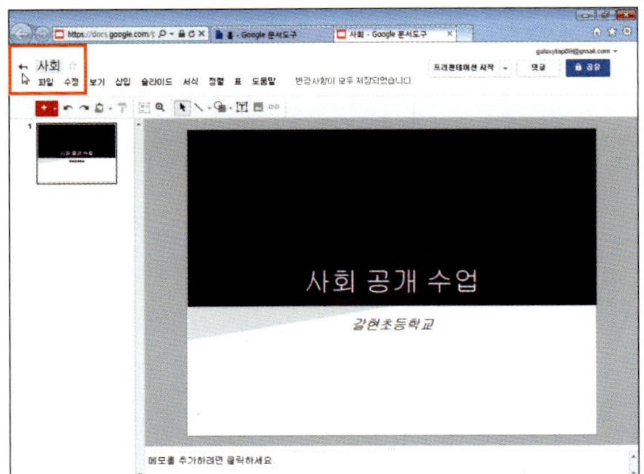

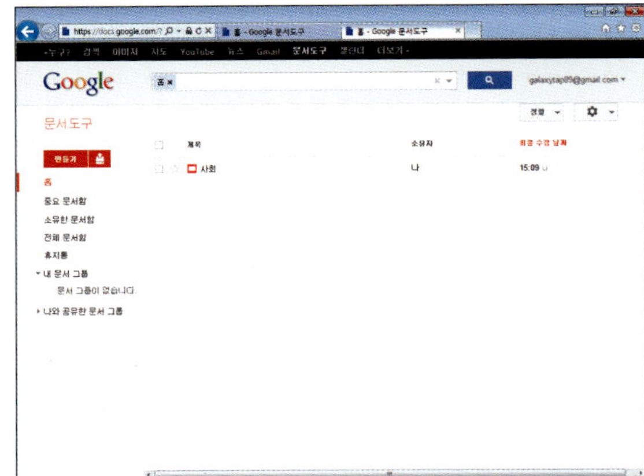

굵게, 밑줄, 내어쓰기와 같은 서식을 적용하거나, 글꼴, 글꼴 크기 또는 색상 등을 변경하려면 도구 모음에 있는 버튼을 클릭합니다.

05 새로 만든 프레젠테이션 문서를 확인한 후 체크 표시하면 위쪽에 여러 메뉴가 표시됩니다. [ ]를 클릭하여 '친구 추가'에 공유할 친구의 메일 주소를 입력하고 [공유 및 저장] 단추를 클릭합니다. 이메일을 받은 친구는 링크된 주소를 클릭하여 문서를 공유합니다.

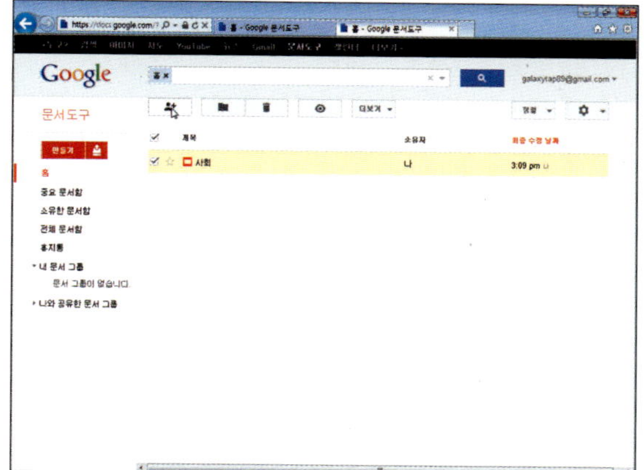
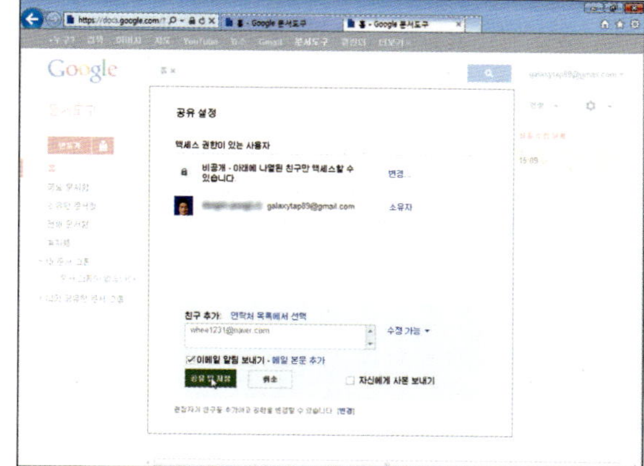

06 이메일에 공유할 문서를 첨부해서 보내려면 [더보기] – [공유] – [이메일에 첨부하기]를 클릭합니다.

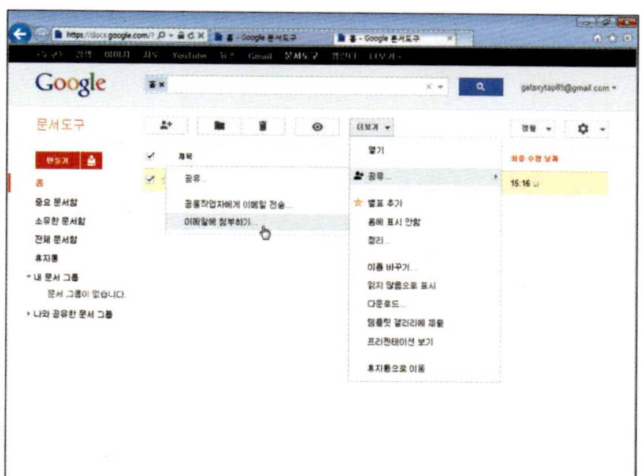

07 메일 내용을 작성한 후 [보내기] 단추를 클릭하면 현재 문서가 첨부되어 보내집니다.

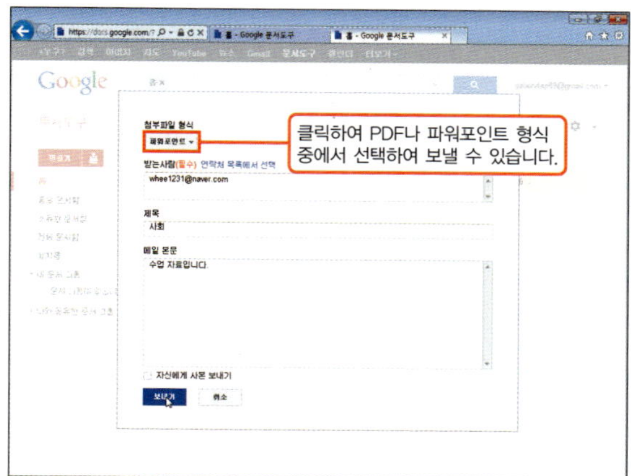

방대한 자료를 공유하는 슬라이드쉐어(SlideShare)

슬라이드쉐어는 프레젠테이션 파일이나 PDF, Word 파일 등을 공유하는 사이트로 여러 사람들의 방대한 자료가 담겨져 있습니다. 공유된 자료도 카테고리별로 잘 정리되어 있어서 수업 자료나 회의 자료 등을 찾을 때 편리합니다. 무료로 20MB 이하의 파일을 업로드할 수 있으나 동영상 등의 파일까지 업로드하려면 유료로 구입해서 사용해야 합니다.

Section 26   Section 27   Section 28   Section 29   **Section 30**

슬라이드쉐어에서 원하는 자료 찾기 Step 01

01 ›› 슬라이드쉐어(http://www.slideshare.net)에 접속한 후 회원가입하고, 로그인하기 위해 [Login]을 클릭합니다. 이름과 패스워드를 입력하고 [LOGIN] 단추를 클릭합니다.

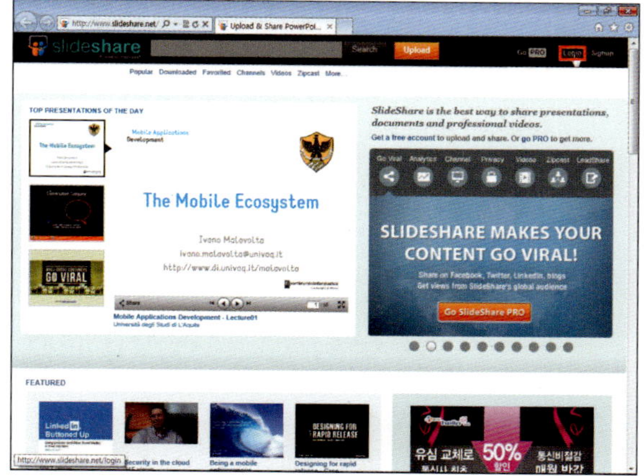
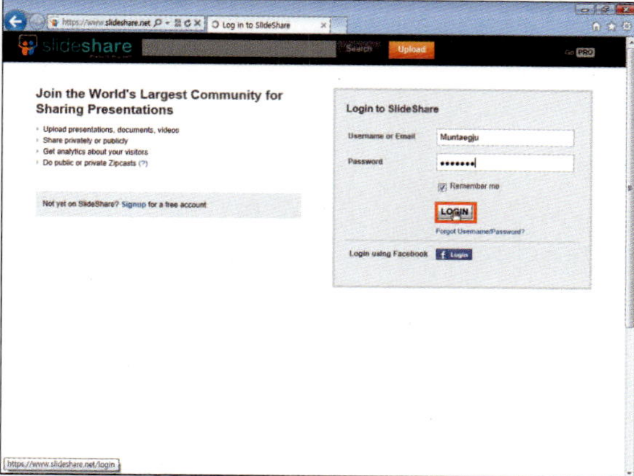

02 ›› 슬라이드쉐어의 My Newsfeed 페이지가 열립니다. 페이스북 친구들과 연결을 원할 경우 [Connect with Facebook]을 클릭합니다. 허가 요청 창이 나타나면 [Allow] 단추를 클릭합니다.

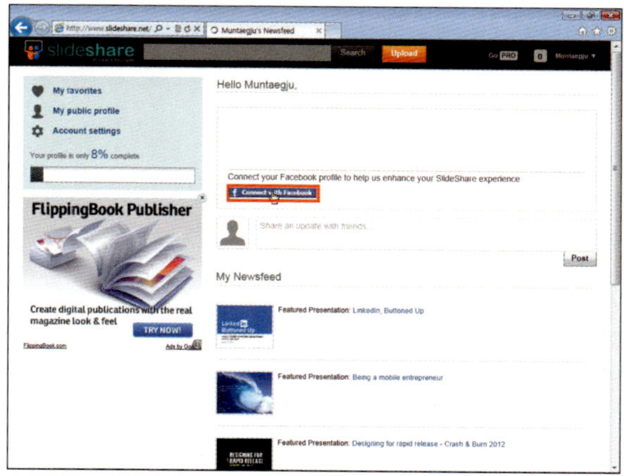
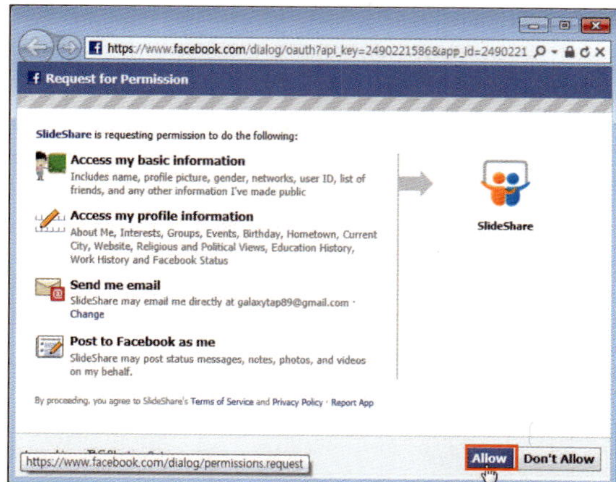

03 ›› 검색 창에 '교육'이라고 검색어를 입력하고, [Search] 단추를 클릭합니다. 관련된 자료가 검색되면 그 중 하나를 선택합니다.

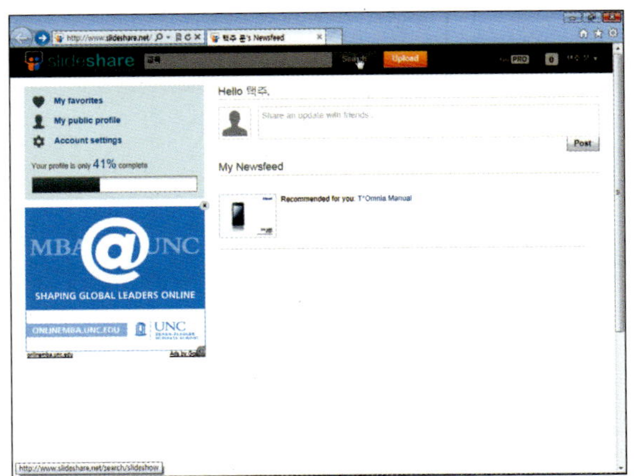
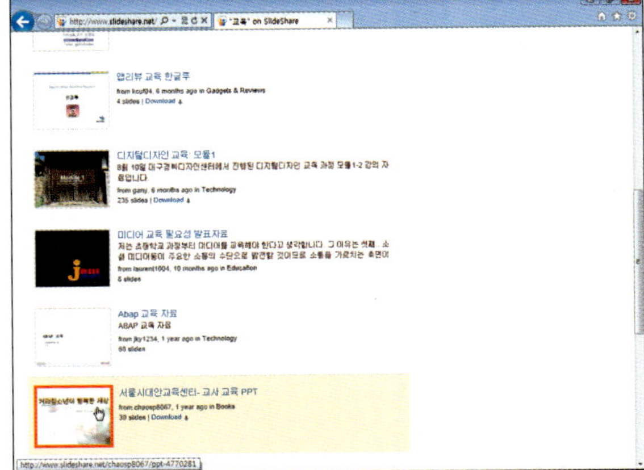

🏫 **슬라이드쉐어의 공유된 자료**

슬라이드쉐어에서는 공유된 자료를 검색할 수 있을 뿐만 아니라 카테고리별로 정리되어 있어서 원하는 문서를 찾기 쉽습니다. 오늘의 프레젠테이션이 소개되기도 하고 매일매일 유저들에게 가장 많은 표를 얻은 슬라이드를 소개하기도 합니다. 페이스북, 트위터 등에서 반응이 좋은 슬라이드를 소개하기도 합니다.

---

04 ›› 내용을 확인하고, 전체 화면으로 보기 위해 ⊞를 클릭합니다. 전체 화면으로 프레젠테이션을 진행한 후, 종료하려면 **Esc** 를 누릅니다.

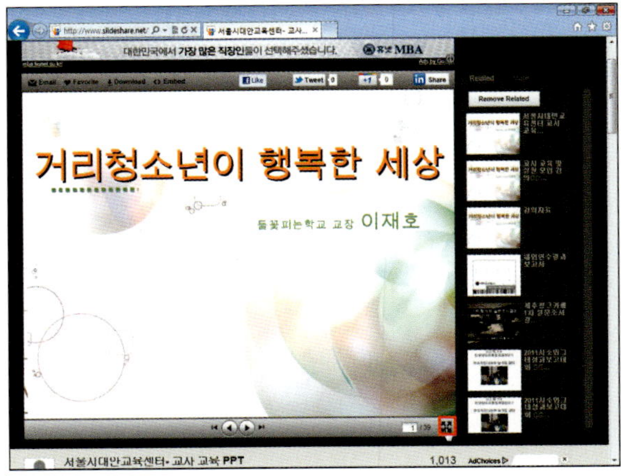

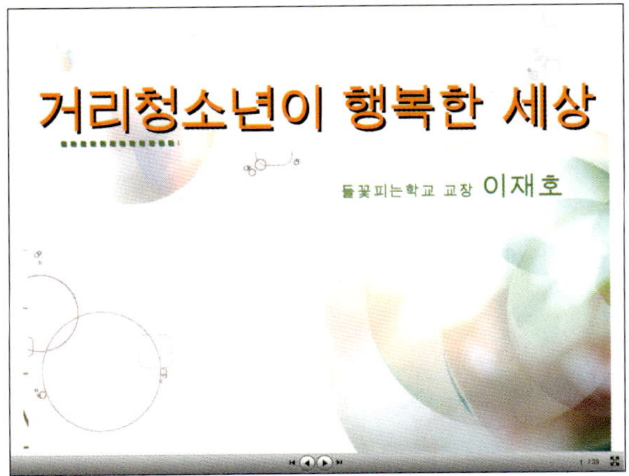

슬라이드쉐어에서 자료 다운로드하기　Step 02

이런 기능들이 사용됐어요 ➡ Download

01 ›› 현재 프레젠테이션 문서를 다운로드하기 위해 [Download]를 클릭합니다.

02 ›› 하단에 다운로드 창이 나타나면 [저장] – [다른 이름으로 저장]을 클릭하여 저장 위치와 파일 이름을 입력합니다.

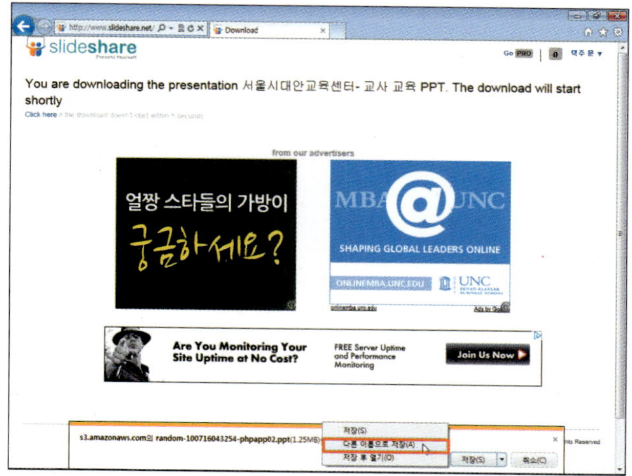

03 ›› 다운로드한 파일을 파워포인트 2010에서 확인합니다.

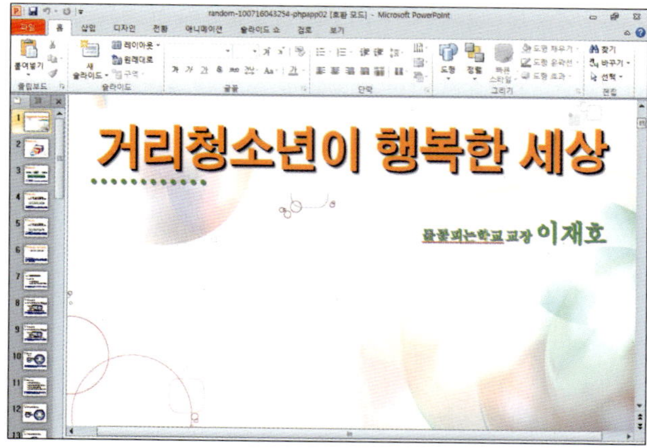

슬라이드쉐어에 자료 업로드하기　　Step 03

이런 기능들이 사용됐어요 ➡ Upload

01 ›› 슬라이드쉐어 홈 화면 상단의 [Upload] 단추를 클릭합니다.

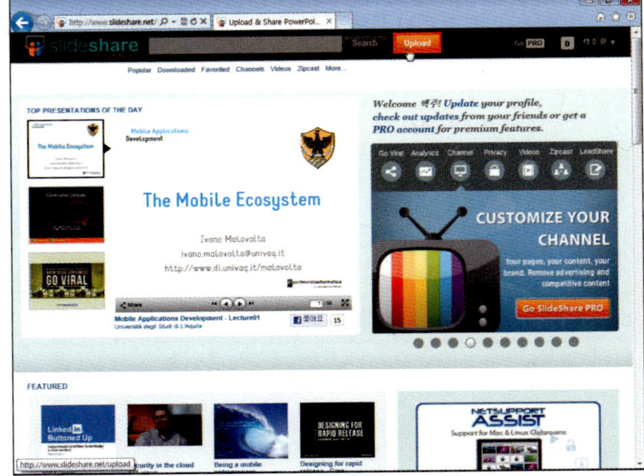

02 ›› [UPLOAD] 단추를 클릭한 후 [www.slideshare.net에서 업로드할 파일을 선택] 대화 상자에서 파일을 선택하고 [열기] 단추를 클릭합니다.

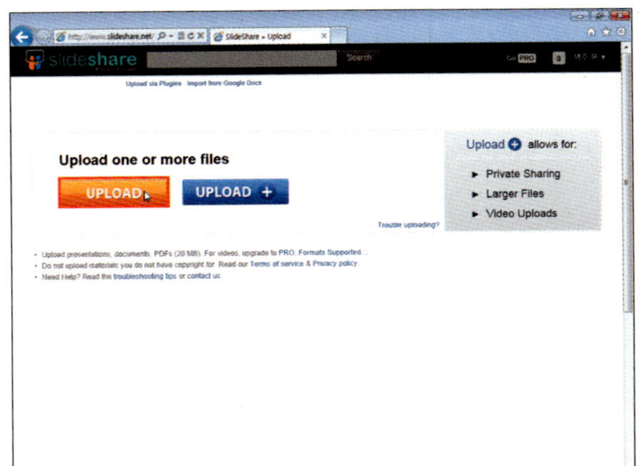

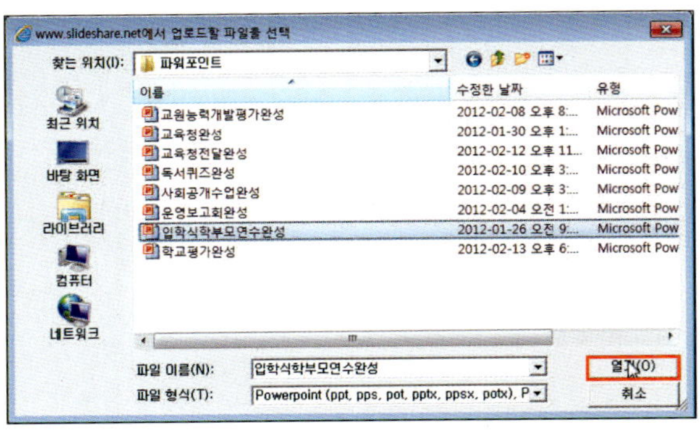

[UPLOAD +]를 클릭하면 용량이 더 큰 파일, 동영상, 비공개 파일도 업로드할 수 있으나 유료 서비스입니다.

03 ›› 업로드 진행 화면이 보이고, 완료되면 업로드한 프레젠테이션을 미리 볼 수 있습니다.

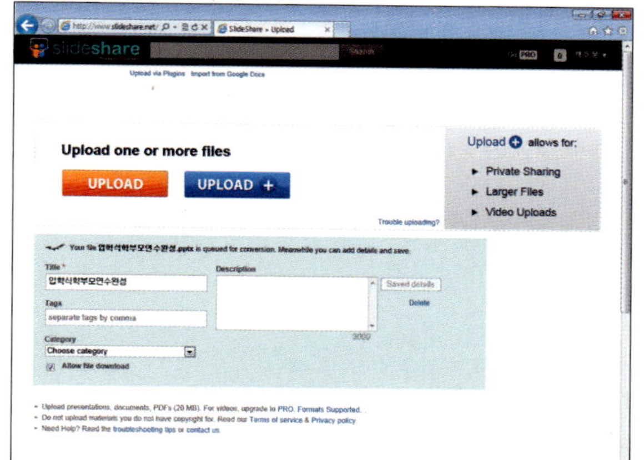 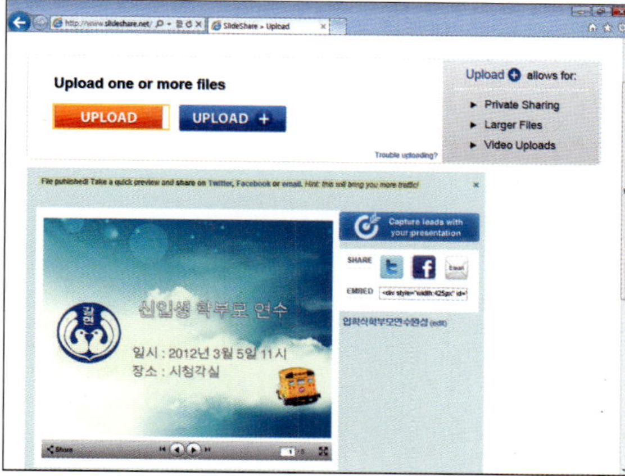

슬라이드쉐어로 공유하기　　　　Step 04

이런 기능들이 사용됐어요 ➜ 링크 공유하기

01 ›› 업로드한 파일을 페이스북에 공유하기 위해 🇫를 클릭합니다. [링크 공유하기] 창에 내용을 입력하고, 문서를 볼 수 있는 사람의 권한을 지정한 후 [링크 공유] 단추를 클릭합니다.

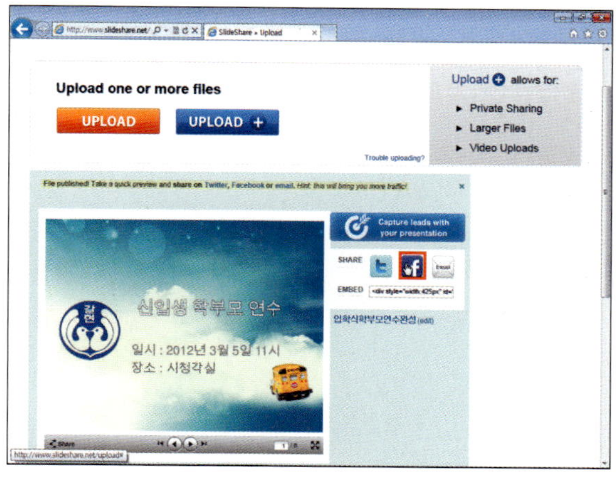 

> 같은 방법으로 트위터에도 공유할 수 있고, 이메일 아이콘을 클릭하여 공유할 URL을 보낼 수도 있습니다.

02 ›› 페이스북에 로그인하면 슬라이드쉐어에 공유된 파일이 페이스북에 공유된 것을 확인할 수 있습니다. 등록된 친구들과 문서를 공유해서 볼 수 있습니다.

03 ›› 블로그에 슬라이드를 공유하기 위해 [EMBED]의 소스를 드래그하여 블록 지정한 후 **Ctrl** + **C** 를 눌러 복사합니다.

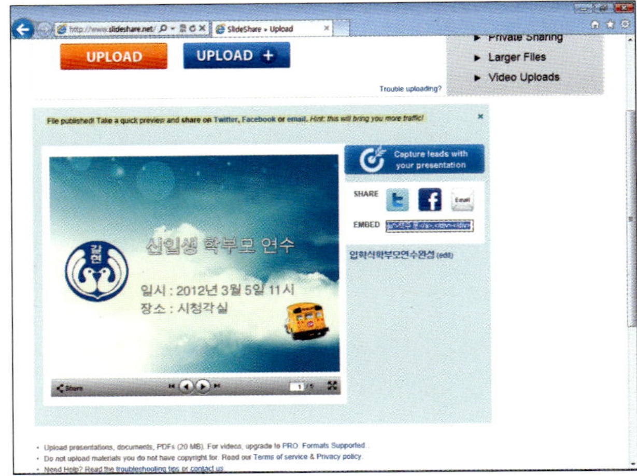

04 ›› 본인이 관리하는 블로그에서 html/css 편집 화면을 불러와 소스를 **Ctrl** + **V** 를 눌러 붙여넣기합니다. 슬라이드쉐어에 공유된 파일이 블로그를 통해 공유됩니다.

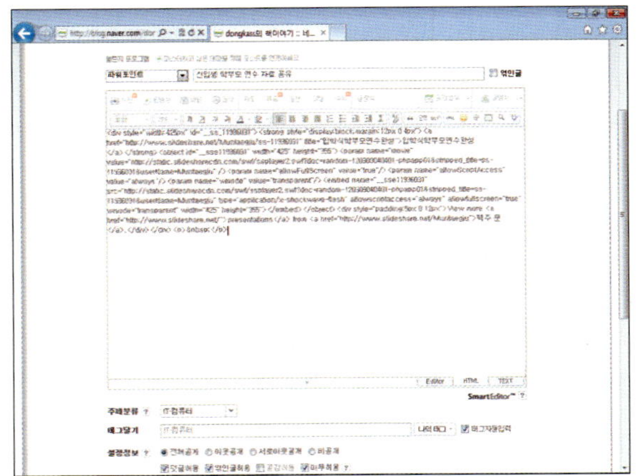

페이스북에 슬라이드쉐어 앱 설치하기 Step 05

이런 기능들이 사용됐어요 ➜ SlideShare 앱

01 ›› 페이스북에 접속하여 로그인한 후 검색 창에 'SlideShare'를 입력하여 검색하고 선택 합니다.

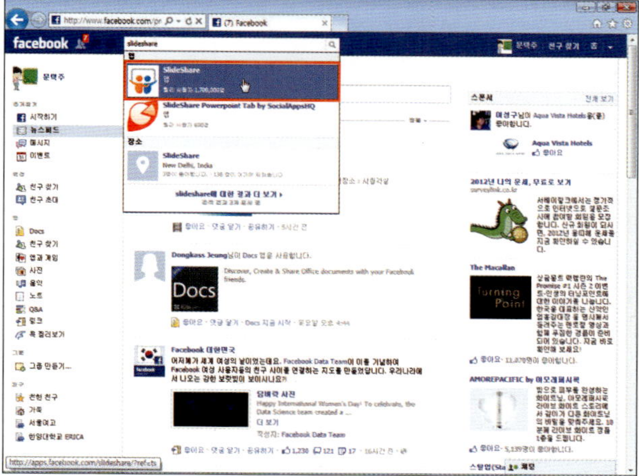

02 ›› 슬라이드쉐어 계정을 연결하기 위해 [Sync SlideShare.net Account]를 클릭합니다.

03 ›› 이름과 패스워드를 입력한 후 [Link to SlideShare]를 클릭합니다.

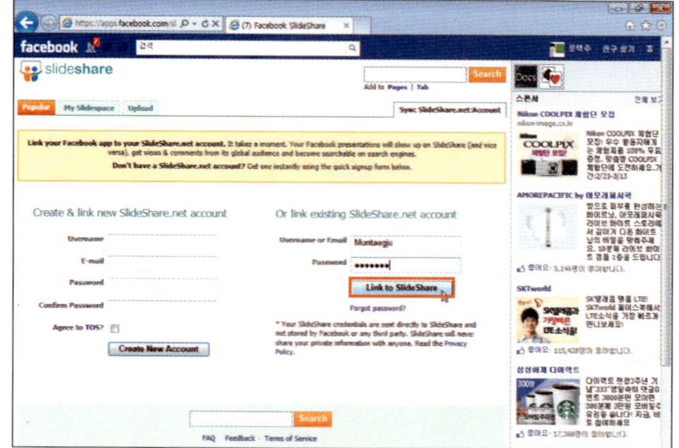

04 ›› My Slidespace 페이지가 열리면서 Slide Share 앱이 설치되었다는 메시지가 나타납니다. 등록된 프레젠테이션 문서도 확인합니다.

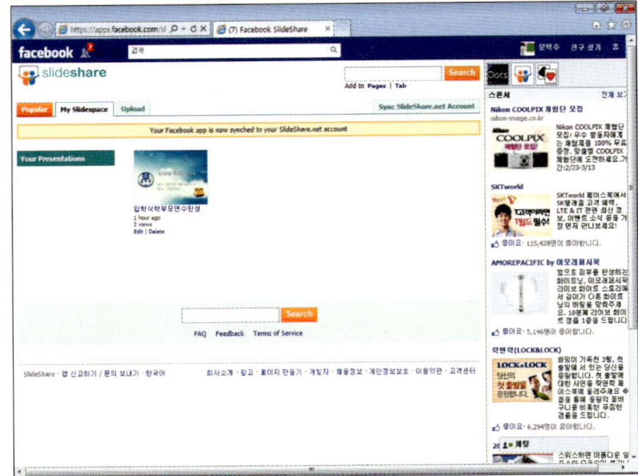

05 ›› [Popular] 탭을 클릭하여 인기 있는 자료를 찾아봅니다. 페이스북에서 슬라이드쉐어 (http://www.slideshare.net)의 화면 그대로 사용할 수 있습니다. 인기 있는 프레젠테이션 중 하나를 선택합니다.

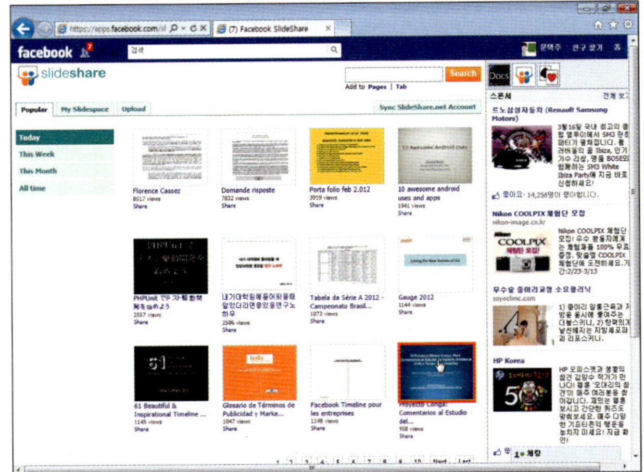

06 ›› 허가 요청 페이지가 나타나면 [허가] 단추를 클릭합니다. 프레젠테이션 문서를 미리 보기 할 수 있습니다.

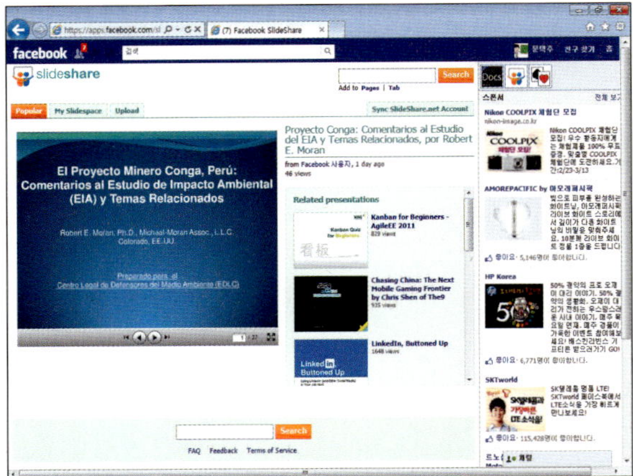

학교에서 통하는 프레젠테이션(개정판)

1판 1쇄 발행   2013년 6월 24일

저   자   문택주, 정동임
발 행 인   김길수
발 행 처   (주)영진닷컴
주   소   서울시 금천구 가산동 664번지 대륭테크노타운 13차 10층
대표전화   1588-0789
대표팩스   (02) 2105-2200
등   록   2007. 4. 27. 제16-4189호

값 **18,000** 원

ⓒ 2013.   (주)영진닷컴

ISBN 978-89-314-4387-5

※ 본 도서의 내용 문의는 저자 e-mail(mtj798@nate.com)로 해주시기 바랍니다.

http://www.youngjin.com

창의적이고 혁신적인 프레젠테이션을 위한 영진닷컴 books

멋지고 효과적인 프레젠테이션을 하기 위해 꼭 필요한 영진닷컴의 프레젠테이션 도서들을 소개합니다.
파워포인트, 프레지, 키노트 등 대표적인 프레젠테이션 도구들의 핵심 기능을 쉽게 이해하고
빠르게 활용할 수 있는 다양한 방법을 제시합니다.

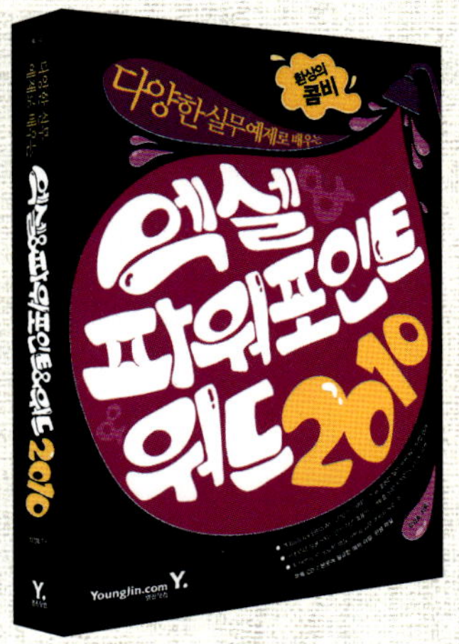

다양한 실무 예제로 배우는
환상의 콤비 엑셀&파워포인트&워드 2010
장경호 저 | 568쪽 | 19,000원

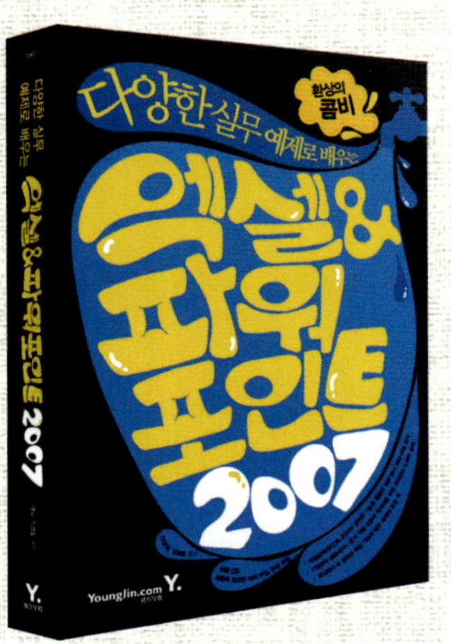

다양한 실무 예제로 배우는
환상의 콤비 엑셀 & 파워포인트 2007
이영숙, 장경호 저 | 544쪽 | 18,000원

다 가져라! 세상의 모든 프레젠테이션!
환상의 콤비 프레지&키노트&파워포인트 2010
장경호 저 | 464쪽 | 18,000원

How To Prezi 실무 활용 테크닉
장경호 저 | 272쪽 | 15,000원

How To Keynote 실무 활용 테크닉
장경호 저 | 264쪽 | 15,000원